Zu diesem Buch

An Lehrer und Pädagogen wird gesellschaftlich die Aufgabe delegiert, den jüngeren Generationen «Lehren» aus der deutschen Geschichte zu vermitteln. Mit den Problemen, die dies in der pädagogischen Praxis birgt, werden sie indes allein gelassen. Dieses Buch will hier Abhilfe schaffen und konkrete Vorschläge für eine «Erziehung nach Auschwitz» im schulischen Alltag unterbreiten. Die historische Literatur zum Thema füllt mittlerweile Bibliotheken. Und nicht nur im Hinblick auf die fachliche, sondern auch auf die pädagogische Auseinandersetzung mit dem Holocaust gibt es international wichtige neue Entwicklungen. Matthias Heyl und Ido Abram wollen diese erziehungswissenschaftlichen Ansätze vorstellen und, in Abstimmung mit dem Unterrichtskanon, Vorschläge zum Transfer für die schulische Praxis machen. Sie knüpfen dabei an die Ergebnisse renommierter Historiker an.

Dieses Buch enthält einen ausführlichen Praxisteil mit Unterrichts- und Projektvorschlägen und einen Serviceteil, der über Quellen, Literatur, Materialien, Gedenkstätten und Exkursionen informiert.

Die Autoren

Ido Abram Erziehungswissenschaftler; Jahrgang 1940, geboren in Jakarta, Indonesien (damals: Batavia, Niederländisch-Indien); während des Zweiten Weltkrieges in japanischen Lagern interniert; nach der Befreiung Schulzeit und Studium in den Niederlanden. Veröffentlichungen zur jüdischen Kultur und Identität, zur multikulturellen Erziehung und «Erziehung nach Auschwitz». Seit 1990 bekleidet Ido Abram die erste europäische Professur für «Holocaust Education» an der Universität Amsterdam.

Matthias Heyl Historiker und Erziehungswissenschaftler; Jahrgang 1965, geboren in Hamburg. Veröffentlichungen zur jüdischen Kultur und Geschichte, zu Fragen deutscher Identität nach Auschwitz und zur «Erziehung nach Auschwitz».

Margit Maronde-Heyl Germanistin, Historikerin und Pädagogin, Jahrgang 1967, geboren in Greifswald. Lehrerausbildung in Greifswald und Hamburg. Sie besorgte den Serviceteil.

Ido Abram/Matthias Heyl

Thema Holocaust
Ein Buch für die Schule

Rowohlt

rororo Mit Kindern leben
Lektorat Bernd Gottwald
Redaktion Barbara Wenner

Originalausgabe
Veröffentlicht im Rowohlt Taschenbuch Verlag GmbH,
Reinbek bei Hamburg, April 1996
Copyright © 1996 by Rowohlt Taschenbuch Verlag GmbH,
Reinbek bei Hamburg
Umschlaggestaltung: Büro Hamburg
(Illustration: Mike Loos)
Satz: Aldus und Excelsior PostScript, QuarkXPress 3.31
Gesamtherstellung Clausen & Bosse, Leck
Printed in Germany
1690-ISBN 3 499 19733 2

Inhalt

Ido Abram / Matthias Heyl

Einleitung

Dieses Buch richtet sich an alle, die sich im Rahmen ihrer pädagogischen Arbeit mit dem Thema Holocaust auseinandersetzen wollen. An Lehrer und Pädagogen ist gesellschaftlich die Aufgabe weitgehend delegiert, den «nachgeborenen Generationen» im Land der Täter und Zuschauer historisches Wissen über den Nationalsozialismus und den Mord an den europäischen Juden zu vermitteln. Bei kaum einem anderen Thema bewegt man sich in einem vergleichbaren Spannungsfeld. Die Notwendigkeit, über den Holocaust zu sprechen, stellt Angehörige aller Generationen in Deutschland vor besondere Schwierigkeiten, da es Deutsche waren, die Auschwitz erdachten und realisierten.

Die geschichtswissenschaftliche Literatur zum Thema füllt mittlerweile Bibliotheken. Nicht nur im Hinblick auf die fachhistorische, sondern auch die pädagogische Auseinandersetzung mit dem Holocaust gibt es in den Vereinigten Staaten, den Niederlanden und in Israel überaus interessante und instruktive Diskussionen. In den genannten Ländern und allmählich auch hier in der Bundesrepublik werden Konzepte zu einer «Erziehung nach Auschwitz» debattiert, die einen Transfer auf die schulische Praxis erlauben.

Wir verstehen unser Buch als einen Beitrag dazu, diese erziehungswissenschaftlichen Ansätze weiter bekanntzumachen, und hoffen, die Lücke zwischen theoretischer Erörterung und den praktischen Erfordernissen zu füllen. Es ist uns wichtig zu betonen, daß wir mit unseren Vorschlägen an Überlegungen von renommierten Historikern und Pädagogen anknüpfen. Wir arbeiten mit ihren Ergebnissen weiter, und manche Anregung konnte aus der Kritik vorhandener Ansätze gewonnen werden.

Auch wenn es im Grunde selbstverständlich ist, möchten wir an dieser Stelle deutlich machen: die Anregungen, die wir zum pädagogischen Umgang mit dem Holocaust geben, sind *Vorschläge*. Dieses Buch versteht sich ausdrücklich nicht im Sinn einer definitiven Kanonregelung, die es unserer Meinung nach weder geben kann noch sollte. Dem von uns vertretenen Ansatz und auch der von uns zusammengestellten Quellenauswahl liegen bestimmte Auffassungen zugrunde. Soweit wie möglich haben wir uns darum bemüht, unsere Haltung und unsere Entscheidungen transparent und nachvollziehbar zu machen.

Am Anfang dieses Buches steht ein eher theoretischer Teil – in zwei pädagogischen Essays geht es um die Probleme der «Erziehung nach Auschwitz»: Wie soll und kann nach Auschwitz noch erzogen werden? Welche «Lehren aus der Geschichte» verbinden sich mit dem Holocaust? Wie wird der Holocaust in der deutschen Gesellschaft erinnert? Welche besonderen Probleme ergeben sich bei der Vermittlung?

Wir teilen die Auffassung der pädagogischen Theorie, daß das Selbstverständnis von Erziehenden heute ein wesentlicher Faktor ist – versucht wird überdies, intensiv auf die Erfordernisse der pädagogischen Praxis, ob in der Schule oder in der außerschulischen Bildungsarbeit, einzugehen, um die Situation, in der wir arbeiten, genauer zu verstehen. Nur so eröffnen sich konstruktive Perspektiven, die bei der Behandlung dieser Thematik mit Jugendlichen dringend notwendig sind.

Die Anregungen für den Unterricht, die wir vorstellen, beziehen sich nicht nur auf den Geschichtsunterricht. Überlegungen zur Perspektivwahl, Identifizierung und zur Komplexität des Geschehens werden für die erzieherische Arbeit aufbereitet.

Mit dem Abstand von nunmehr über fünfzig Jahren haben sich die Fragen gewandelt, die die Nachgeborenen an die Geschichte stellen. Der familiäre Bezug der heutigen Schülergeneration zum Geschehen ist in der Regel bereits über drei Generationen – Urgroßeltern, Großeltern und Eltern – vermittelt. Für sie liegt das Geschehene sehr weit zurück, und je nachdem, ob und welche Erinnerungen an die dreißiger und vierziger Jahre in ihren Familien vermittelt wurden, sehen sich Lehrerinnen und Lehrer vor die Aufgabe gestellt, Brücken in die Vergangenheit zu bauen.

Dieses Buch bietet
- Anregungen für die theoretische und praktische pädagogische Auseinandersetzung mit dem Geschehen, für das Auschwitz steht, jedoch
- keine «Erfolgsrezepte» für die Behandlung des Holocaust im Unterricht oder für den pädagogischen Umgang mit Antisemitismus, Rassismus, Fremden- oder Ausländerfeindlichkeit;
- Beispiele für die Unterrichtspraxis, Anregungen für die Quellen- und Lektürearbeit, für Exkursionen und die Spurensuche vor Ort, für den Fachunterricht in den gemeinschaftskundlichen Fächern, in Geschichte, Deutsch, Ethik, Religion, Musik, Kunst und in den Fremdsprachen. Es zielt auf eine interdisziplinäre, fächerübergreifende Behandlung in der Schule, ob im Regelunterricht oder in der Projektarbeit;
- nach Altersgruppen differenzierte Vorschläge für die pädagogische Arbeit, sowohl für die Zielorientierung als auch für die methodisch-didaktische Gestaltung;
- einen groben Überblick über das historische Geschehen in Quellen, jedoch
- keine hinreichende Darstellung der Geschehnisse, für die Auschwitz steht; es ist also kein Geschichtsbuch oder Nachschlagewerk.

Dieses Hand- und Arbeitsbuch soll dazu beitragen, Perspektiven auf das Thema und unsere eigenen Bezüge zu ihm zu öffnen und zu weiten.

Der Materialteil zielt einerseits auf die Unterrichtspraxis, läßt sich andererseits aber auch als «Lesebuch» zum Thema Holocaust benutzen.

Unsere Vorschläge sind in der Praxis erprobt. Wir interessieren uns sehr für die Erfahrungen und Anregungen der Leserinnen und Leser, die wir gern künftig bei unserer Arbeit berücksichtigen würden. Über entsprechende Reaktionen, die Sie bitte an den Verlag richten, wären wir Ihnen überaus dankbar.

Ido Abram
Erziehung und humane Orientierung

1966 führte der Philosoph und Soziologe Theodor W. Adorno in seinem bahnbrechenden Vortrag «Erziehung nach Auschwitz» diesen Ausdruck, der später zu einem festen Begriff werden sollte, wie folgt ein:

«Die Forderung, daß Auschwitz nicht noch einmal sei, ist die allererste an Erziehung. [...] Daß man aber die Forderung, und was sie an Fragen aufwirft, so wenig sich bewußt macht, zeugt, daß das Ungeheuerliche nicht in die Menschen eingedrungen ist, Symptom dessen, daß die Möglichkeit der Wiederholung, was den Bewußtseins- und Unterbewußtseinsstand der Menschen anlangt, fortbesteht. Jede Debatte über Erziehungsideale ist nichtig und gleichgültig diesem einen gegenüber, daß Auschwitz nicht sich wiederhole. Es war die Barbarei, gegen die alle Erziehung geht. Man spricht vom drohenden Rückfall in die Barbarei. Aber er droht nicht, sondern Auschwitz *war* er; Barbarei besteht fort, solange die Bedingungen, die jenen Rückfall zeitigten, wesentlich fortdauern. Das ist das ganze Grauen.»

Mit «Erziehung nach Auschwitz» meint Adorno eine Erziehung, die auf Entbarbarisierung zielt und den Holocaust – «die Bedingungen, die diesen Rückfall zeitigten» – zu ihrem Ausgangspunkt macht. Nach Adorno ist Barbarei gleichbedeutend mit dem Fehlen von Wärme und dem Unvermögen zur Identifikation:

«Unfähigkeit zur Identifikation war fraglos die wichtigste psychologische Bedingung dafür, daß so etwas wie Auschwitz sich inmitten von einigermaßen gesitteten und harmlosen Menschen hat abspielen können.»

Dieses Unvermögen, sich mit anderen identifizieren zu können, und die Weigerung, sich für andere einsetzen zu wollen, bezeichnet er als «ein besonders auffälliges, weitverbreitetes Symptom der universalen Kälte». Jemand, der dies nicht kann und nicht will, ist ein «Erkalteter», der «seinen eigenen Vorteil vor allem anderen wahrnimmt», geprägt von der «Indifferenz gegen das Schicksal der anderen». Ist dies ausschließlich *ihr* Problem: das der Nazis, der Mitläufer, der Zuschauer und der Hassenden von *damals*? Nein, es ist ein Problem, daß sich *heute* auch *uns* stellt. Adorno formuliert es so:

«Jeder Mensch heute, ohne jede Ausnahme, fühlt sich zuwenig geliebt, weil jeder zuwenig lieben kann.»

Wärme und Liebe, sagt Adorno, können nicht im Duktus eines kategorischen «Ihr sollt» verordnet werden:

«Die Aufforderung, den Kindern mehr Wärme zu geben, dreht die Wärme künstlich an und negiert sie dadurch. Überdies läßt sich in beruflich vermittelten Verhältnissen wie dem von Lehrer und Schüler, von Arzt und Patient, von Anwalt und Klient Liebe nicht fordern. Sie ist ein Unmittelbares und widerspricht wesentlich vermittelten Beziehungen. Der Zuspruch zur Liebe – womöglich in der imperativischen Form, daß man es soll – ist selber Bestandteil der Ideologie, welche die Kälte verewigt. Ihm eignet das Zwanghafte, Unterdrückende, das der Liebesfähigkeit entgegenwirkt. Das erste wäre darum, der Kälte zum Bewußtsein ihrer selbst zu verhelfen, der Gründe, warum sie wurde.»

Erziehung nach Auschwitz muß nach Adorno auf «Selbstreflexion» zielen und schon sehr früh beginnen.

«Erziehung wäre sinnvoll überhaupt nur als eine zu kritischer Selbstreflexion. Da aber die Charaktere insgesamt, auch die, welche im späteren Leben die Untaten verübten, nach den Kenntnissen der Tiefenpsychologie schon in der frühen Kindheit sich bilden, so hat Erziehung, welche die Wiederholung verhindern will, auf die frühe Kindheit sich zu konzentrieren. […]

Spreche ich von der Erziehung nach Auschwitz, so meine ich zwei Bereiche: einmal Erziehung in der Kindheit, zumal der frühen; dann allgemeine Aufklärung, die ein geistiges, kulturelles und gesellschaftliches Klima schafft, das eine Wiederholung nicht zuläßt, ein Klima also, in dem die Motive, die zu dem Grauen geführt haben, einigermaßen bewußt werden [...]. Die einzig wahrhafte Kraft gegen das Prinzip von Auschwitz wäre Autonomie [...], die Kraft zur Reflexion, zur Selbstbestimmung, zum Nicht-Mitmachen.»

Adorno glaubt nicht, daß es viel Sinn machen würde, «ewige Werte» zu verkünden oder den Akzent auf die «positiven Qualitäten, die verfolgte Minderheiten besitzen» zu legen. Seiner Meinung nach ist es notwendig, sich in die Verfolger und nicht in die Opfer hineinzuversetzen, in die Aggressoren und nicht in die Ermordeten, um sich «der Mechanismen bewußt zu werden, die Menschen dazu bringen, solche Greueltaten zu begehen».

«Ich glaube nicht, daß es viel hülfe, an ewige Werte zu appellieren, über die gerade jene, die für solche Untaten anfällig sind, nur die Achseln zucken würden; glaube auch nicht, Aufklärung darüber, welche positiven Qualitäten die verfolgten Minderheiten besitzen, könnte viel nützen. Die Wurzeln sind in den Verfolgern zu suchen, nicht in den Opfern, die man unter den armseligsten Vorwänden hat ermorden lassen. Nötig ist, was ich unter diesem Aspekt einmal die Wendung aufs Subjekt genannt habe. Man muß die Mechanismen erkennen, die die Menschen so machen, daß sie solcher Taten fähig werden, muß ihnen selbst diese Mechanismen aufzeigen und zu verhindern trachten, daß sie abermals so werden, indem man ein allgemeines Bewußtsein jener Mechanismen erweckt. Nicht die Ermordeten sind schuldig, nicht einmal in dem sophistischen und karikierten Sinn, in dem manche es heute noch konstruieren möchten. Schuldig sind allein die, welche besinnungslos ihren Haß und ihre Angriffswut an ihnen ausgelassen haben. Solcher Besinnungslosigkeit ist entgegenzuarbeiten, die Menschen sind davon abzubringen, ohne Reflexion auf sich selbst nach außen zu schlagen.»

Dem ist noch ein wesentliches Moment hinzuzufügen. Man

muß Auschwitz auch an sich selbst herankommen lassen, darf es nicht von sich wegschieben. Die Möglichkeit einer solchen Haltung ist dem Grauen von Auschwitz und der Sinnlosigkeit dieses Grauens inhärent:

«Mich hat einmal eine Erfahrung sehr erschreckt: ich las auf einer Reise an den Bodensee eine badische Zeitung, in der über das Sartre-Stück ‹Tote ohne Begräbnis› berichtet wurde, das die furchtbarsten Dinge darstellt. Dem Kritiker war das Stück offensichtlich unbehaglich. Aber er hat dieses Unbehagen nicht mit dem Grauen der Sache, die das Grauen unserer Welt ist, erklärt, sondern hat es so gedreht, daß wir gegenüber einer Haltung wie der Sartres, der damit sich abgebe, doch – ich möchte beinahe sagen – einen Sinn für etwas Höheres hätten: daß wir die Sinnlosigkeit des Grauens nicht anerkennen könnten. Kurz: der Kritiker wollte sich durch edles existentielles Gerede der Konfrontation mit dem Grauen entziehen. Nicht zuletzt darin liegt die Gefahr, daß es sich wiederhole, daß man es nicht an sich herankommen läßt und den, der auch nur davon spricht, von sich wegschiebt, als wäre er, sofern er es ungemildert tut, der Schuldige, nicht die Täter.» Adorno sagt zweierlei:

- Die primäre Forderung, die an Erziehung zu stellen ist, besteht darin, eine Wiederholung von Auschwitz zu verhindern.
- Das Negieren dieser Forderung und der Fragen, die sie aufwirft, kommt einer Wiederholung von Auschwitz entgegen.

Es ist seiner Meinung nach möglich und denkbar, daß ein zweites Auschwitz andere Opfer fordert:

«Weiter wäre aufzuklären über die Möglichkeit der Verschiebung dessen, was in Auschwitz sich austobte. Morgen kann eine andere Gruppe drankommen als die Juden, etwa die Alten, die ja im Dritten Reich gerade noch eben verschont wurden, oder die Intellektuellen, oder einfach abweichende Gruppen.»

Soweit Adornos Entwurf einer Erziehung nach Auschwitz, den er selbst als umrißhaft charakterisierte und aus dem ich einige seiner Gedanken noch einmal Revue passieren lassen möchte.

«Erziehung nach Auschwitz» mit der Betonung auf dem ersten Wort *Erziehung*:

1. Erziehung muß Entbarbarisierung zum Ziel haben. Barbarei – wie Auschwitz – ist das Fehlen von Liebe und Wärme, ist Kälte, ist das Unvermögen zur Identifikation. Identifikation bedeutet, sich in andere Menschen und Situationen hineinzuversetzen. Barbarei ist, kurz gefaßt, das Unvermögen zur Empathie. Erziehung muß sich zur Aufgabe machen, diese Fähigkeit zur Empathie beim Erzogenen herauszubilden.

2. Der Schüler muß nicht nur lernen, einen Bezug nach außen herzustellen, sondern auch auf sich selbst und seine Situation. Adorno faßt dies mit den Begriffen Selbstreflexion, Nachdenken, Bewußtmachung der «Kälte» und Selbstbestimmung (die Fähigkeit, eigene Entscheidungen zu treffen). Und es bedeutet auch die Ablehnung, Haß und Aggression gedankenlos an anderen Menschen und Dingen auszuleben und sich automatisch an der Mehrheit zu orientieren.

3. Adorno verwendet den Begriff der «Erziehung» so weit, daß er Unterricht, Schule, Bildung und Aufklärung einschließt. Erziehung nach Auschwitz muß schon in der frühen Kindheit beginnen.

«Erziehung nach Auschwitz» mit der Betonung auf dem zweiten Wort *nach*:

4. Das Grauen von Auschwitz ist das Grauen unserer Welt, und die Sinnlosigkeit des Grauens von Auschwitz ist die Sinnlosigkeit alles Grauens.

   Wenn der Schüler nicht zu der Einsicht kommt, daß das Auschwitz von damals ein Bestandteil unserer heutigen Welt ist, wird die Möglichkeit einer Wiederholung größer, als wenn er dies begreift. Ein zweiter Holocaust muß nicht bedeuten, daß die Opfer dann wieder Juden, Sinti und Roma, Homosexuelle, Behinderte oder andere Gruppen sein werden, die von den Nazis als «Volksfeinde» oder «minderwertig» abgestempelt wurden.

Erziehung nach Auschwitz mit der Betonung auf dem dritten Wort *Auschwitz*:

5. Der Schüler muß sich in die Täter des Holocaust hineinversetzen. Er muß das Grauen von Auschwitz, wie Adorno sagt, an sich herankommen lassen. Diese beiden Arten von Offenheit sind Formen von Empathie.

6. Der Schüler muß versuchen, zu einer Einsicht in die Mechanismen und Umstände zu kommen, die unter dem Nationalsozialismus Menschen zu Aggressoren und Mördern werden ließen.

Diese Überlegungen Adornos zu einer «Erziehung nach Auschwitz» entstanden vor dreißig Jahren. Wir haben in dieser Zeit eine Menge konkrete Erfahrungen zu dieser Thematik sammeln können. Davon ausgehend, möchte ich an Adornos Überlegungen anknüpfen und sie weiterfortführen.

Meine erste Anmerkung versteht sich als eine konkrete Erweiterung seiner Vorschläge. Adorno (Punkt 5) plädiert für Empathie mit den Tätern des Holocaust. Neben den Tätern waren noch zwei weitere Gruppen wesentlich am Holocaust beteiligt: die Opfer und die Zuschauer (Hilberg 1992). Ich halte es für unmöglich, einen Einblick in die Mechanismen und Umstände zu gewinnen, die Menschen zu Aggressoren und Mördern machen können (Punkt 6), ohne auch die Rolle der Opfer und der Zuschauer mit einzubeziehen. Was ich unter «Opfern» verstehe, habe ich bereits deutlich gemacht (Punkt 4). Als Zuschauer verstehe ich im Kontext des Nationalsozialismus diejenigen, die den Verfolgten geholfen haben, aber auch seine Mitläufer und Gegner. Meiner Meinung nach muß die von Adorno eingeforderte Empathie auch auf diese beiden Gruppen (Opfer und Zuschauer) ausgedehnt werden.

Meine zweite Anmerkung ist im Prinzip ebenfalls eine Erweiterung – und ihrem Charakter nach eine Warnung. Neben der Bekämpfung der Barbarei muß eine Erziehung nach Auschwitz auch die Vermittlung von Wärme, Geborgenheit und Menschlichkeit beinhalten. Dabei tun sich zwei Probleme auf. Das erste wird von Adorno selbst benannt: Liebe und Wärme lassen sich in professionellen Beziehungen nicht einfordern. Wenn es sie dennoch gibt, dann sind sie spontan entstanden und eher trotz als dank solcher Beziehungen. Spontane Formen von Liebe und Wärme verortet Adorno eher in nicht berufsmäßigen, in familiären Beziehungen. Ich denke, daß er hier die nicht professionellen Beziehungen in einem zu rosigen Licht sieht, während seine Einschätzung der berufsmäßigen zu negativ ausfällt. Auch in beruflichen Beziehungen können Wärme und Geborgenheit ihren Platz haben, und das gilt ganz gewiß für das Verhältnis zwischen Lehrern und Schülern. Andersherum kann das Klima in Familien, zwischen Eltern und Kindern, ebenso kühl wie liebevoll sein. Das zweite Problem, das ich ansprechen möchte, ist dem Thema «Auschwitz» inhärent. Der Holocaust kennt kein «Happy-End». Die Punkte 4, 5 und 6 richten sich sicherlich nicht auf das Herz. Meine Kritik an vielen Unterrichtsprojekten und erziehungswissenschaftlichen Ansätzen, die Vorurteile, Diskriminierung, Rassismus und (Neo-)Nazismus bekämpfen wollen, richtet sich denn auch gegen deren Kälte, die einen nörglerischen, humorlosen, pastoralen und besserwisserischen Tonfall bedingt. Eine Erziehung, der es nicht gelingt, diese Kälte zu durchbrechen, kann nicht dazu beitragen, eine Wiederholung von Auschwitz zu verhindern. Im Gegenteil – auf dem Weg zu einem zweiten Auschwitz ist es bitter kalt.

Eine Schlußfolgerung liegt auf der Hand: Adornos Überlegungen müssen um Elemente bereichert werden, die diese Kälte vertreiben können. Auch hierbei kann die schon aus anderen Gründen vorgeschlagene Ergänzung der Täter-Gruppe hilfreich sein. Denn unter Opfern und Zuschauern finden sich einzelne, die uns durch ihren Mut, ihre Integrität und ihre Menschlichkeit inspirieren und als Vorbild dienen können. Dem in Deutschland geborenen niederländischen Schriftsteller und Soziologen Gerhard Durlacher, einem Überlebenden von Auschwitz, der über den Holocaust und seine Jugend in Deutschland und in den Niederlanden eine Reihe von Büchern geschrieben hat, steht ähnliches vor Augen, wenn er sagt:

«Ein Gedanke drängt sich mir unabwendbar auf: Meine Suche (nach Mit-Überlebenden) ist wesentlich mehr als nur ein Aufspüren einzelner Geschichten. Ich grabe nach Lichtpunkten in einer schwarzen Vergangenheit, nach Zeichen von Freundschaft und Solidarität, um die Last der Erinnerung ein wenig leichter zu machen» (Durlacher 1995).

Empathie

Was bei Adorno «Identifikation» heißt, bezeichne ich als «Empathie»: Die Fähigkeit, sich in andere Menschen und unbekannte, «fremde» Situationen hineinzuversetzen. Die schon einmal zitierte nachfolgende Passage bildet den Kern des Adornoschen Plädoyers für eine Erziehung nach Auschwitz:

«Unfähigkeit zur Identifikation war fraglos die wichtigste psychologische Bedingung dafür, daß so etwas wie Auschwitz sich inmitten von einigermaßen gesitteten und harmlosen Menschen hat abspielen können.»

Das Unvermögen, sich mit anderen zu identifizieren und sich für andere einzusetzen, bewirkt eine «Indifferenz gegenüber dem Schicksal anderer» und führt dazu, «daß man seinen Vorteil vor allem anderen wahrnimmt». Eine solche Haltung kann zu so etwas wie Auschwitz führen, zur Vernichtung und Ermordung von Millionen Menschen. Deshalb ist das Sichhineinversetzen in Menschen, die anders fühlen und handeln, nicht nur ein humanes, sondern auch ein erzieherisches Ziel. Und deshalb auch ist «die Gleichgültigkeit die heimtückischste aller Gefahren» (Wiesel 1986).

Empathie ist möglich, auch wenn sie ihre Grenzen hat. Wenn

wir sagen, daß uns nichts Menschliches fremd ist, wollen wir damit zum Ausdruck bringen, daß wir uns in einen Kriminellen wie in einen Heiligen und alle Positionen, die zwischen diesen beiden Polen liegen, hineinversetzen können. In jedem Menschen ist die Fähigkeit zum Guten wie zum Schlechten angelegt. Der Historiker Yehuda Bauer formuliert es so:

«In gewisser Weise gibt es natürlich keinen Menschen, der empfinden könnte, was einem anderen widerfährt. Wenn sich Ihr Kind den Finger verletzt, dann ist es sein Schmerz, und wie sehr wir als Eltern auch mitempfinden mögen, wirklich fühlen können wir den Schmerz nicht. Aber wir wissen aufgrund paralleler Erfahrungen, ‹wie› so etwas ist.

Dieses triviale Beispiel verliert an Trivialität, wenn man es auf kriminelle Handlungen überträgt. Man versteht kriminelles Handeln aus bestimmten Motivationen heraus, empfindet ähnliche oder gleiche Beweggründe (Versuchungen), auch wenn man vielleicht nicht an diesen Taten selbst beteiligt war und die Konsequenz ablehnt, die den Taschendieb, den Einbrecher, den Räuber oder Mörder seine Tat begehen läßt. Gelegentlich eröffnen sich neue Horizonte hinsichtlich der Möglichkeiten oder auch der Fähigkeiten menschlichen Handelns, wie wir sie nie vermutet hätten. Die Tatsache an sich jedoch, daß eine bestimmte Tat geschah, bedeutet, daß sie geschehen konnte, da sie in der menschlichen Natur, in den Seelen, den Instinkten, Trieben oder wo auch immer schon im Keim angelegt war. Wenn jedoch solche Taten von Menschen begangen wurden – schlechte, gute und solche, die wir weder gut noch schlecht nennen – dann werden sie, bedingt durch die Beschaffenheit des Menschen, mit Sicherheit auch für andere wahrscheinlich oder möglich» (Bauer 1990).

Um den Holocaust «erklären» zu können, müssen wir ihn zunächst begreifen, und um ihn «begreifen» zu können, sagt Bauer, ist Empathie nötig. Das bedeutet seiner Auffassung nach, daß wir in die Täter, die Opfer und die Zuschauer hineinschlüpfen müssen.

«Die Geschichte des Holocaust berichtet uns von Greueltaten und Brutalitäten, die wir als unbeschreiblich bezeichnen. Wir meinen damit, daß wir sie mit absoluter Abscheu betrachten, denn selbstverständlich wurden sie beschrieben – wie anders hätten wir sonst von ihnen erfahren? Sie sind in dem Sinne extrem, daß sie die Tiefen menschlicher Verkommenheit ebenso wie die menschlichen Leids ausloten. Die massenhafte Demütigung des Individuums, die brutale Ermordung durch den Knüppel, die Kugel oder das Gas, der Massentod durch Verhungern und, mehr als alles andere vielleicht, die Ermordung von Kindern gehören in diese Kategorie. Kinder, die von Mörderhand ums Leben kamen, Kinder, die bei lebendigem Leib verbrannt wurden – das sind vielleicht die grauenhaftesten der Szenen, die dokumentiert wurden. Solche Geschehnisse liegen so sehr jenseits der Trivialitäten des Alltags und übersteigen selbst die Tragödien des alltäglichen Lebens, daß wir versucht sind, uns zu sagen, daß wir sie niemals ganz verstehen werden, weil wir uns nicht vorstellen können, sie am eigenen Leibe zu erfahren. Dennoch sind sie von Menschen begangen worden und wir alle besitzen Instinkte, die uns unter bestimmten Umständen der Geburt und Erziehung, unter spezifischen gesellschaftlichen und sozialgeschichtlichen Bedingungen zu mehr als nur einer ‹Erklärung› verleiten könnten. Die deutsche Geschichtstheorie des 19. Jahrhunderts kannte die These, daß das ‹Verstehen› über das ‹Erklären› hinausginge, und ‹verstehen› können wir nur, wenn wir instinktiv und/oder existentiell sozusagen in die Haut der (historischen) Akteure schlüpfen. Was meinen wir damit, wenn wir sagen, daß wir in die Haut eines Heinrich Himmler ‹schlüpfen› können? Selbstverständlich werden die meisten von uns eine solche Möglichkeit höchst angewidert von sich weisen: *Wir* wären niemals imstande, so zu handeln. Aber unser Protest klingt zu laut. Der Holocaust enthält ganz unbestritten die Warnung, daß er, unter bestimmten Umständen, von jedem wiederholt werden kann» (ebd.).

Primo Levi drückte diesen Gedanken als Überlebender so aus:

«Es ist geschehen und kann deshalb wieder geschehen; dies ist der Kern dessen, was wir zu sagen haben» (Levi 1990).

Nach Bauer ist der Holocaust im Prinzip erklärbar. Für die dazu notwendige Empathie sind die Historiker allerdings auf die Unterstützung anderer, der Schriftsteller, der Dichter, der Künstler, der Komponisten, der Musiker, der Psychologen und der Theologen angewiesen. Insbesondere denkt Bauer jedoch an die Zeugnisse von Tätern, Opfern und Zuschauern:

«Wenn wir für die grundsätzliche Erklärbarkeit des Holocaust plädieren, meinen wir damit nicht, daß wir heute ein Stadium erreicht haben, in dem wir ihn erklären können. Nicht weniger wahrscheinlich ist, daß wir in absehbarer Zukunft dazu imstande sein werden. Die Tatsache, daß etwas prinzipiell erklärbar ist, bedeutet schließlich nicht, daß es bereits erklärt ist oder ohne immense Schwierigkeiten erklärt werden kann. Ebensowenig läßt sich leugnen, daß es äußerst schwierig, wenn nicht sogar geradezu unmöglich ist, etwas zu ‹erklären›, wenn der vermutlich zivilisierte Historiker nicht einer derjenigen ist, die entweder selbst zu Opfern wurden oder ihren destruktiven Instinkten als Täter erlegen sind. Das bedeutet, daß der Historiker nicht imstande ist, die beschriebenen, an sich nicht beispiellosen Geschehnisse zu ‹fühlen›. Er wird zwangsläufig scheitern, wenn er versucht, den Terror, die Angst, das Leiden der Opfer oder das sadistische Vergnügen und die Brutalität einiger Täter zu rekonstruieren. Er kann erklären und verstehen, aber seine Kunst ist begrenzt, und wir brauchen den Schriftsteller, den Dichter, den Künstler, den Dramatiker, den Musiker, den Psychologen, den Theologen, um tiefer in das Dunkel vorzudringen. Mehr als alles andere brauchen wir jedoch Zeugen. Es gibt keine Geschichte ohne Zeugen, und in diesem Fall haben wir nur den Zeugen, der es uns ermöglicht, etwas von dem zu erahnen, was annähernd einer nachempfundenen Erfahrung gleicht.

In diesem Sinne machen es uns die Überlebenden und die authentischen Beschreibungen jüdischer Menschen, die selbst nicht überlebt haben, leichter, die Situation zu ‹verstehen›. Da sich die meisten von uns mit den Opfern identifizieren wollen und unsere psychische Beschaffenheit die Möglichkeit kennt, das beinah absolute Böse zuzufügen oder zu erleiden, können wir das Opfer ‹verstehen›. Literarische Ausdrucksformen, Dramen, Musik, Skulpturen, Filme etc. erleichtern diese Annäherung. Noch einmal – wir werden weder jemals am eigenen Leibe erfahren, was die Überlebenden erlitten haben, noch ist dies unser (oder ihr) Wunsch. Im Prinzip können wir uns aber sicherlich so weit in unserem Verstehen annähern, wie das bei jedem anderen historischen Ereignis auch möglich ist» (ebd.).

Empathie ist also unabdingbar, um eine Auslegung und Erklärung des Holocaust zu finden, um Einsicht in die Mechanismen und Umstände zu gewinnen, die unter dem Nationalsozialismus Menschen zu Tätern, Opfern und Zuschauern werden ließen. Bauer legt den Akzent vor allem auf diesen methodischen Aspekt, während Adorno und Wiesel Empathie in erster Linie als eine moralische Kategorie betrachten. Ich halte beides für gleich wichtig. Ob sich aber «die meisten von uns» eher mit den Opfern und nicht mit den Zuschauern und Tätern identifizieren werden, wie Bauer annimmt, wage ich allerdings zu bezweifeln.

Über die Zuschauer, die normalen Menschen, die «einigermaßen gesitteten und harmlosen Menschen», ist bis jetzt noch nicht viel gesagt worden. Ein kleiner Teil von ihnen spielte eine aktive Rolle in der Vernichtungsmaschinerie, ein anderer, ebenfalls kleiner Teil, half den Verfolgten. Über die ersten, soweit es Deutsche waren, äußert sich der Historiker A. J. van der Leeuw wie folgt:

«Die weitaus meisten der Tausenden von Deutschen, die eine große oder kleine Rolle in dem Vernichtungsapparat spielten, waren weder Fanatiker noch Sadisten. Es waren vielmehr ganz normale, alltägliche Menschen, ein Querschnitt der deutschen Bevölkerung, keine geborenen Verbrecher. Nach dem Krieg tauchten sie unbemerkt in der Masse unter und benahmen sich wieder wie anständige Bürger. Und genau dies ist einer der widerwärtigsten Aspekte der ‹Endlösung›, daß normale, ‹ordentliche› Menschen unter dem Druck einer unablässigen Propaganda zu diesen Dingen fähig sind» (De Leeuw 1970 / 1975).

Aber auch die Helfer waren in den meisten Fällen ganz normale Menschen. Das Ehepaar Samuel und Pearl Oliner – er Soziologe, sie Erziehungswissenschaftlerin – interviewten fast 700 Personen, die den Holocaust erlebt hatten: 406 Helfer, 126 Personen, die den Opfern nicht geholfen hatten, und 150 jüdische Überlebende. Die meisten von ihnen kamen aus Polen, Deutschland, Frankreich und den Niederlanden und leben noch immer in den betreffenden Ländern. Nur wenige emigrierten in die USA oder nach Kanada (Oliner & Oliner, 1988, S. 2/3). Die Oliners stellten sich die Frage, was ganz gewöhnliche Männer und Frauen – Nichtjuden – dazu gebracht haben konnte, ihr Leben aufs Spiel zu setzen, um Juden zu retten. Ihre Ergebnisse faßten sie in einem Buch mit dem Titel *Die altruistische Persönlichkeit* zusammen, das als eine Art Pendant zur Studie über den «Autoritären Charakter» verstanden werden kann, an der auch Adorno mitgearbeitet hat. Das Buch der Oliners endet mit einer Typisierung dessen, was die Verfasser als «menschlich» betrachten. Ich zitiere aus einer Rezension:

«Die Betonung liegt hier [im Schlußkapitel] auf einer Erziehung zur Toleranz: Oliner und Oliner sind der Meinung, daß Kinder nicht einfach nur diszipliniert werden sollen; Eltern müssen ihren Kindern vor allem die Vernünftigkeit ihrer Auffassungen deutlich machen. Kinder müssen – so die Verfasser – auch lernen, sich in andere hineinzuversetzen» (Soudijn 1989).

Das erinnert an die von Adorno verwendeten Begriffe der Selbstreflexion, der Bewußtmachung und des Nachdenkens. Das Sich-in-andere-Hineinversetzen ist die Empathie, um die es uns in diesem Kapitel geht. In einer von Millionen Zuschauern gesehenen amerikanischen Talk-Show, der «Oprah Winfrey Show», kam in einer Folge, die (vermutlich) Ende 1993 gesendet wurde, auch Samuel Oliner zu Wort. Zusammen mit Abe Foxman, dem Direktor der Anti-Defamation League*, ebenso wie er selbst ein Überlebender des Holocaust, skizzierte Oliner in wenigen Minuten folgendes Bild der Helfer und der Lehren, die sie uns vermitteln können:

- Die Helfer waren gewöhnliche Menschen, die Mitgefühl, Sorge für andere, Empathie, Verantwortungsgefühl und ähnliches zeigten.
- Darüber hinaus hatten sie konkrete Kontakte zu Menschen aus anderen Kulturkreisen, wie beispielsweise Juden.
- Das Gegenteil von Empathie ist Gleichgültigkeit.
- Die Helfer waren vor allem «einfache» Menschen, keine Intellektuellen, Professoren oder Ärzte.
- Den Helfern waren Vorbilder (Rollenmodelle) eines normalen, ethischen Verhaltens aus ihrer unmittelbaren Nähe, von zu Hause (aus der eigenen Familie), vertraut.
- Helfen war für sie etwas «ganz Normales» und in ihren Augen nichts Besonderes (Intellektuelle wägen das Für und Wider viel zu sehr ab, um imstande zu sein, einfach zu helfen).
- Wir müssen uns in Zukunft vor allem mit den Zuschauern befassen; ihnen müssen wir über Erziehung, Unterricht, Aufklärung (und Fernsehshows) Empathie beibringen.
- Der einzelne «can make a difference», der einzelne kann etwas tun, der einzelne ist nicht machtlos. Dies sollte uns optimistisch stimmen.

Hier werden, wie ich finde, einige wesentliche Dinge gesagt. Oliners negative Beurteilung der Rolle der Intellektuellen in der Nazizeit deckt sich mit dem Urteil von Bauer:

«Die Nazis hatten, von Anfang an, die Intellektuellen angezogen. Zu ihren ersten Anhängern zählten Studenten, Lehrer und

---

* Jüdische Bürgerrechtsorganisation in den USA, die sich gegen Antisemitismus und die Diskriminierung anderer religiöser oder ethnischer Minderheitsgruppen einsetzt.

Akademiker. Ohne die begeisterte Unterstützung der Intellektuellen für das neue Regime hätte es keinen Krieg, keinen Holocaust gegeben. [...] In einer Gesellschaft, die bereitwillig den absoluten Führungsanspruch einer herrschenden Elite und insbesondere ihres Kopfes akzeptierte, wurden die Intellektuellen zum entscheidenden Überbringer mörderischer Befehle [...]. Zwei der vier «Einsatzgruppen» im Osten standen unter dem Kommando eines Dr. Walther Stahlecker und eines Dr. Otto Rasch. Eine dritte wurde von Otto Ohlendorf, einem hervorragenden Wirtschaftswissenschaftler und Juristen, befehligt. Dreiundzwanzig Ärzte in Auschwitz selektierten über eine Million Juden für die Gaskammern. Einige der KZ-Kommandanten rühmten sich akademischer Titel. Die Ärzte, Biologen, Chemiker, Ingenieure, Bürokraten und so weiter, die an allem beteiligt waren, von den Zugtransporten der Deportierten in die Todeslager bis hin zu den medizinischen ‹Experimenten›, bildeten zentrale und keine nebensächlichen Teile der mörderischen Maschinerie» (Bauer 1990).

Jede Gesellschaft oder Gemeinschaft besteht – neben anderen – aus Tätern, Opfern und Zuschauern, auch wenn diese letzten drei Worte in Kriegszeiten eine andere Bedeutung haben als in Zeiten des Friedens. In allen Situationen ist die Gruppe der Zuschauer die weitaus größte und ihre Mobilisierung in Richtung Empathie und Mitleid ist das Ziel einer Erziehung nach Auschwitz.

Lehren aus dem Holocaust:
mehrdeutig und widersprüchlich

Wir haben gesehen, daß der Holocaust nach Meinung Yehuda Bauers im Prinzip zu erklären ist, auch wenn er damit nicht behaupten will, daß wir dazu bereits jetzt, in absehbarer Zeit oder überhaupt einmal imstande sein werden. Demgegenüber vertritt Raul Hilberg, ein Kollege Bauers und der Verfasser des Standardwerkes über den Holocaust *Die Vernichtung der europäischen Juden*, die Auffassung, daß der Holocaust letztendlich nicht erklärbar ist:

«Der Holocaust ist ein grundlegendes historisches Ereignis – nicht nur, weil weltweit ein Drittel des jüdischen Volkes in einem Zeitraum von vier Jahren umgekommen ist, nicht nur aufgrund der Art des Tötens, sondern weil dies – in letzter Analyse – unerklärbar ist» (Hilberg 1991).

Die prinzipielle Erklärbarkeit des Holocaust (Bauer) und seine letztendliche Unerklärbarkeit (Hilberg) verweisen auf seine Komplexität und die unerschöpfliche Fülle an (Be-)Deutungen, die wir ihm geben können. Dies macht alle simplen, geradlinigen Erklärungsansätze von vornherein verdächtig. Aus dem Holocaust sind keine eindeutigen Lehren zu ziehen. Tut man dies dennoch, so müssen sie mit kritischem Mißtrauen betrachtet werden. Sie, die den Holocaust überlebt haben oder ihn zum Objekt ihrer Studien machen, erheben nicht den Anspruch, ihn umfassend zu ergründen. «All die Geschichten von Menschen, die ein Lager überlebt haben, lassen keine Verallgemeinerungen zu. Jeder, der überlebt hat, ist eine Ausnahme», sagt Primo Levi. Die zahllosen ungelösten und unbegreiflichen Aspekte des Holocaust erzeugen viele Fragen, auf die wir zwar keine Antwort wissen, wohl aber reagieren können. Allgemeine Lehren aus dem Holocaust, die für jeden und alle akzeptabel wären, gibt es nicht. Es gibt hingegen Reaktionen, die einander häufig diametral gegenüberstehen und ebenso aufschlußreich sind, wie sie einander widersprechen. Ich möchte acht dieser unterschiedlichen Stellungnahmen herausgreifen, die in jüdischen Kreisen vielfach zu hören sind und von dem israelischen Autor Abraham B. Jehoschua aufgezeichnet wurden (Jehoschua 1983):

1. Der Holocaust kann ein Bewußtsein von der Existenz Gottes schaffen. Das jüdische Volk befand sich am Rande der völligen Vernichtung und ist dennoch wieder aus der Asche erstanden. Der Holocaust zeigt uns die Begrenztheit des menschlichen Verstandes. Man kann sich dem Geschehen ausschließlich in religiösen Begriffen annähern. Trotz des tödlichen Schlages, der dem Volk versetzt wurde, existiert es noch immer. Dies beweist, daß die Hand Gottes in die jüdische Geschichte eingreift. Der Holocaust stärkt den religiösen Juden in seinem Glauben.

2. Die entgegengesetzte Reaktion ist die eines totalen Glaubensverlustes. Der Holocaust beweist unwiderlegbar, daß es Gott nicht gibt und niemals gegeben hat. Wie kann man jetzt noch von göttlicher Vorsehung sprechen, von Belohnung und Bestrafung, von göttlicher Gnade, nachdem eine Million Kinder in Konzentrationslagern ermordet wurden? Wie sinnlos war die jüdische Ethik in einer Situation, in der Gerechte und Ungerechte, Juden, die streng nach den Geboten lebten ebenso wie überzeugte Atheisten, ausnahmslos dasselbe Schicksal erlitten. Wenn ein Gott existiert, der die Macht besitzt, die man *ihm* zuschreibt, müßte *er* als Kriegsverbrecher abgeurteilt werden.

3. Eine vollkommen andere Sichtweise. Der Zweite Weltkrieg hat uns gelehrt, daß die Welt ein einziges gigantisches Chaos ist, in dem das Recht des Stärkeren gilt. Ethik wird niemals etwas anderes sein als Schönfärberei und Recht ist *Macht*. Internationale Garantien und unterzeichnete Verträge waren nichts wert. Aus den Erfahrungen des Krieges sollten wir dies lernen: Vertraue nur auf dich selbst, sei wachsam, sorge dafür, daß du als Volk stark bist und Widerstand leisten kannst.

4. Diametral dazu steht die Auffassung, daß der Zweite Weltkrieg

gezeigt hat, wie stark Demokratien sind. Letztendlich blieben sie, nicht nur im materiellen, sondern auch im geistigen Sinne, dem Naziregime überlegen. Die beste aller Antworten auf den Nazismus ist die Toleranz gegenüber Menschen, die anders denken und sich anders verhalten, die Aufrechterhaltung der Rechtsordnung und die Stärkung internationaler Organisationen, die sich für Frieden und Gerechtigkeit einsetzen.

5. Wieder andere meinen, daß der Holocaust die Notwendigkeit bewiesen habe, den Fortbestand des jüdischen Volkes in Zukunft als Normalität zu betrachten. Gemeint ist damit eine Existenz als ein Volk unter Völkern, mit gleichen Rechten und Pflichten. Dies ist auf zwei Weisen möglich: konzentriert auf ein Staatsgebiet – das ist die zionistische Lösung – oder aber verstreut über die ganze Welt. Die zionistische Argumentation besagt, daß der Mord an sechs Millionen Juden nicht geschehen wäre, wenn es zur Zeit der Naziherrschaft schon einen israelischen Staat gegeben hätte. Für die zweite Auffassung spricht, daß dank der Diaspora («Zerstreuung») nicht alle Juden während des Zweiten Weltkriegs ausgerottet wurden.

6. Diese Einschätzung wird von denjenigen verworfen, die das Schicksal des jüdischen Volkes als singulär betrachten und jenseits der Geschichte anderer Völker ansiedeln. Der Holocaust ist für sie der Beweis dafür, wie sehr das jüdische Schicksal und der Platz der Juden in der Welt sich von dem anderer Völker unterscheidet. Beweisen der Antisemitismus im allgemeinen und der Holocaust im besonderen nicht gerade dieses Anders-Sein des jüdischen Volkes? Aus diesem Grunde weisen sie eine Normalisierung ab und entscheiden sich, das Anders-Sein des jüdischen Volkes, seinen singulären Auftrag zu akzeptieren und zu kultivieren.

Die letzten beiden Standpunkte beinhalten, ebenso wie die beiden ersten, eine individuelle Entscheidung.

7. Offensichtlich ist es unmöglich, einer jüdischen Identität zu entfliehen. Auch assimilierte Juden und solche, die ihre Iden-

tität leugneten, fielen den Nazis zum Opfer. Jeder Jude, der nach dem Holocaust noch versucht, seinem Jüdischsein zu entkommen, gönnt Hitler noch im nachhinein den Sieg. Das ist verwerflich. Ein würdiger Jude ist nach Meinung derjenigen, die diese Auffassung vertreten, nur ein Jude, der seine jüdische Identität akzeptiert.

8. Dem ist entgegenzusetzen, daß es Vorzüge hat, einem Volk anzugehören, das nicht gehaßt und verfolgt wird. Je früher die Assimilation stattfindet, desto besser. Sollte es nochmals zur Ermordung der Juden kommen, hätten die Nachfolgenden zumindest eine Chance. Zu Zeiten des Holocaust geschah das schließlich auch; damals wurden die Nachkommen von Juden, die sich schon Generationen früher assimiliert hatten, verschont.

Diese hier vorgestellten Standpunkte sind nur eine Auswahl aus einer Vielzahl an Konklusionen, die bis heute aus der Judenverfolgung von 1933 bis 1945 gezogen wurden. Jede dieser Sichtweisen besitzt ihre eigene Logik, jede zeigt einen gangbaren Weg auf. Ob man sich nun für den Glauben an Gott entscheidet (Reaktion 1) oder für das Gegenteil (Reaktion 2), ob man für das Recht des Stärkeren plädiert (Reaktion 3) oder sich für ein humanes Rechtssystem ausspricht (Reaktion 4), eine Normalisierung der Existenz des jüdischen Volkes fordert (Reaktion 5) oder gerade seine Singularität betont (Reaktion 6), ob man die eigene jüdische Identität akzeptiert (Reaktion 7) oder sich ihr durch Assimilation entzieht (Reaktion 8).

Neben diesen Reaktionen von jüdischer Seite gibt es Stellungnahmen der aktiven Gegner, Beobachter und Verfolger. Und die der Nachfahren – und selbstverständlich unsere eigenen. Ich werde nicht versuchen, all diese zu Wort kommen zu lassen. Das ist für meine Darlegung nicht erforderlich. Mir geht es letztlich nur darum, argumentativ zu belegen, daß sich die Holocaust-Erfahrungen vor keinen ideologischen Karren spannen, daß sie sich nicht annektieren lassen. Zur Illustration will ich auf nur eine dieser anderen Reaktionen eingehen. Es ist eine Position aus den sechziger Jahren, der Zeit, als man versuchte, die Erfahrung des Holocaust in eine antiimperialistische, linke Ideologie einzubetten. Das Wort hat der niederländische Autor Harry Mulisch:

«In Indien habe ich gesehen, wie Menschen auf der Straße den Hungertod sterben – auf Kuba habe ich gesehen, wie eine junge Gesellschaft, die Ausbeutung, Krankheit, Unrecht, Hunger, Analphabetentum, Korruption abgeschafft hat, im Würgegriff der USA gehalten wird. Dies in Verbindung mit ihrem Völkermord in Vietnam hat die Sache für mich erledigt. Dieser Entschluß fällt mit der Unvermeidlichkeit eines Naturgesetzes. Genausowenig wie ein herabgeworfener Stein ‹sich entscheiden› kann zu fallen, ist es eine Frage der Entscheidung, gegen den amerikanischen Imperialismus zu sein. Es war seinerzeit auch keine Entscheidung, sich gegen den Faschismus zu wenden – und wer 1968 (als Mulisch dies schrieb, d. A.) noch als Argument benutzt, daß uns die Amerikaner doch vom Faschismus befreit hätten, erinnert an jemanden, der noch 1941 sagte, daß die Deutschen doch im Ersten Weltkrieg unsere Neutralität respektiert hätten.

Kuba hat mein Leben gebessert, das sich vor sieben Jahren in Jerusalem (wo der Eichmann-Prozeß stattfand, über den Mulisch ein Buch schrieb, d. A.) verschlechtert hatte. Von Eichmann habe ich gelernt, wohin rechtes Denken führt; von Fidel Castro, was dagegen getan werden kann. Damit ist er kein Gott, denn Eichmann war kein Teufel. Er ist ein guter Mensch im Gegensatz zu einem schlechten: ein Mensch statt einer Maschine. Es ist eben dieser Kampf, der gegenwärtig in Vietnam ausgetragen wird» (Mulisch 1968).

Diese hehren Worte, die einem Teil der Nachkriegsgenerationen aus dem Herzen sprachen, muten jetzt reichlich überholt an – darum geht es mir nicht. Ich möchte nur vermitteln, daß sich die «Lehren aus dem Holocaust» nicht in eine bestimmte Ideologie oder Theorie oder Lebensphilosophie fügen lassen. Elie Wiesel meint ebendies, wenn er sagt:

«Die sogenannte Literatur über den Holocaust existiert nicht und kann auch nicht existieren. Jetzt, da die Generation, um die es geht (die Überlebenden, d. A.), ausstirbt, läßt es sich noch aussprechen, läßt es sich schon nachweisen: Auschwitz widersetzt sich jeglichem literarischen Produkt, wie es sich jedem System, jeder Sittenlehre widersetzt; Auschwitz in eine Philosophie eingliedern zu wollen, hieße: seine Bedeutung eingrenzen; es in Worte zu fassen, hieße: verfälschen. Die Literatur des Holocaust? Allein schon der Begriff ist eine Contradictio in terminis. [...] Eine theologische Betrachtung über Auschwitz ist sowohl für einen Ungläubigen wie für einen Gläubigen eine Lästerung. Ein Roman über Auschwitz ist kein Roman oder er handelt nicht von Auschwitz; Treblinka kann kein Produkt unserer Phantasie sein» (Wiesel 1978).

Die «Lehren aus dem Holocaust» fügen sich seiner Meinung nach in kein System, in keine Moral, Philosophie oder Theologie, geschweige denn in ein Erziehungskonzept, möchte ich hinzufügen, auch wenn es sich als «Erziehung nach Auschwitz» versteht. Das sollte nicht mißverstanden werden, es will kein Plädoyer für das Schweigen und Vergessen sein. Keiner der hier Genannten spricht sich in diesem Sinne aus. Im Gegenteil:

«Verstehen Sie mich [Wiesel] richtig: Ich argumentiere keineswegs dafür, daß es unnötig ist, sich mit dem Konzentrationslager-Problem auseinanderzusetzen. Ich behaupte im Gegenteil, daß es nötig ist, mehr als nötig, darüber zu forschen, alle Aspekte und alle Formen zu untersuchen. Die Beweggründe kennenzulernen, der Menschheit dieses Wissen zu vermitteln, sorgfältige Forschungsarbeit zu leisten und – soweit dies möglich ist: das Geschehene zu verarbeiten. Für diese Generation, die auf der Suche nach einer Erklärung und auf der Suche nach sich selbst ist, gibt es kein dringlicheres Thema» (Wiesel 1978).

Dem Thema muß man sich stellen, um sich selbst kennenzulernen, sagt Wiesel, und um sich nicht in die Reihen des Feindes einzureihen, der will, daß man seine Verbrechen vergißt:

«Der Henker tötet immer zweimal, das zweite Mal, um zu versuchen, die Spuren seiner Verbrechen auszuwischen. [...] Er (der Überlebende, d. A.), der vergißt, wird zum Komplizen des Feindes; er, der seine Mitarbeit anbietet, vollendet seine Taten. Man muß ein Zeugnis ablegen, um nicht in die Reihen des Feindes aufgenommen zu werden» (ebd.).

Das Thema ist auch deshalb dringlich, um die sogenannte Auschwitz-Lüge zu widerlegen, die Leugnung des Holocaust, die noch mehr bedeutet als das Vergessen von Auschwitz.

«Und bei den alten und neuen Nazis geht man noch einen Schritt weiter, da wagt man zu behaupten: Auschwitz, nie gesehen, nie gehört, das sind alles Lügengespinste, von den Juden zusammenphantasiert, um den Deutschen Milliarden abzuluchsen. Das Tagebuch der Anne Frank? Das, so ein arabischer Botschafter bei den Vereinten Nationen, ist eine Fälschung. Dutzende und Aberdutzende von Pamphleten, in Dutzenden von Sprachen publiziert, leugnen kategorisch den Tod der europäischen Juden in den Lagern. Die Schornsteine? sagt ein ehemaliger SS-Richter, ja, an die kann ich mich noch erinnern: das waren die Schornsteine der Backstube. Und ein französischer Akademiker fügt dem hinzu: ‹Es ist nicht zu beweisen, daß es die Gaskammern von Birkenau tatsächlich gegeben hat›» (ebd.).

Gegenwärtig geht es schon nicht mehr um «Dutzende und Aberdutzende von Pamphleten», sondern um eine internationale Bewegung der Vertreter der «Auschwitz-Lüge», mit organisierten Unterabteilungen, mit gut ausgestatteten «Forschungszentren» und Publikationen, die einen neuen, «revisionistischen» Blick auf den Holocaust versuchen (Lipstadt 1996).

Der Holocaust, oder wie Wiesel es nennt, das Konzentrationslager-Problem, ist nicht zuletzt deshalb so dringlich, weil immer noch Vergleichbares geschieht. So schrieb Primo Levi 1972 im Vorwort der italienischen Schulbuchausgabe seines Erfahrungsberichtes aus dem Arbeitslager Monowitz der IG Farben:

«Nein, in diesem Augenblick existieren nirgendwo Gaskammern oder Verbrennungsöfen, wohl aber Konzentrationslager. […] In fast allen Ländern der Welt gibt es Gefängnisse, Erziehungsanstalten, psychiatrische Einrichtungen, in denen der Mensch – wie in Auschwitz – sein Gesicht verliert, seine Würde und seine Hoffnung. Und vor allem – der Faschismus ist nicht tot: In manchen Ländern ist er stark, in anderen übt er sich in Geduld und er verspricht der Welt noch immer eine neue Ordnung. Er hat die KZs der Nazis nie geleugnet, auch wenn er deren Existenz des öfteren zu bezweifeln wagt» (Levi 1987).

Warum hat er an einer Schulbuchausgabe seines Lagerberichtes mitgearbeitet? Weil seine Erfahrungen aus jener Zeit nichts an Aktualität und Relevanz eingebüßt haben: «Denn der Schoß, aus dem der Faschismus kroch, ist fruchtbar noch» (ebd.). Weil er nicht glaubte, daß man die junge Generation schonen sollte, indem man ihr die Fehler der Erwachsenen verschweigt:

«Ich werde mich glücklich preisen, wenn sich herausstellen sollte, daß auch nur einer meiner neuen Leser begriffen hat, wie gefährlich der Weg ist, der im nationalistischen Fanatismus und der Ablehnung vernünftigen Denkens seinen Anfang nimmt» (ebd.).

Eine solche Warnung kann dazu beitragen, sich für einen anderen Weg zu entscheiden, und deshalb ist Warnen besser als Schweigen.

Zweifellos gibt es mehr als die hier genannten Gründe, um über den Holocaust nicht zu schweigen, aber vorläufig möchte ich es hierbei belassen. Es ist dringend notwendig, über ihn zu reden:
- um sich selbst, um die menschliche Natur kennenzulernen;
- um sich nicht in die Reihen der Feinde (der Henker) und der Vertreter der «Auschwitz-Lüge» einzuordnen;
- weil Vergleichbares noch immer geschieht und wir die nächste Generation warnen müssen;
- weil wir den Jungen die Fehler der Erwachsenen nicht verschweigen dürfen.

Wenn wir über den Holocaust sprechen, müssen wir uns, wie wir gesehen haben, davor hüten, seine Lehren zu simplifizieren oder in vorgegebene Denkmuster oder Systeme einzufügen, die das Unverhältnismäßige von Auschwitz auf bestimmte Proportionen zurechtstutzen.

Zurück zur Frage der Erziehung. «Erziehung nach Auschwitz» ist etwas anderes als ein Studium oder die Geschichtsschreibung des Holocaust. «Erziehung nach Auschwitz» ist vor allem Erziehung, und das sollte von dem Lehrer bei der Behandlung dieser Thematik nicht vergessen werden. Teilbereich der Erziehung ist der Schulunterricht. Die Lehrer müssen in der Lage sein, die Lernziele, Arbeitsformen etc. genau zu benennen. In diesem Sinne ist es unvermeidlich, das Unverhältnismäßige des Holocaust in schulische und unterrichtsspezifische Proportionen zu bringen. Aber dieser Problematik entgehen Wiesel, Levi und die anderen auch nicht, wenn sie über ihre Erfahrungen in den Lagern schreiben; auch sie zwingen das Unverhältnismäßige in die Proportionen der Sprache, der Erzählung und der Literatur. Darüber zu schweigen wäre jedoch noch schlimmer. Wiesel findet für dieses Paradox folgende Worte:

«Es ist nicht möglich, darüber zu reden, und es ist nicht möglich, nicht darüber zu reden. Zu viele Leichen erheben sich am Horizont; sie lasten schwer auf jedem Wort, das wir aussprechen, und ihr ausgelöschter Blick verschließt uns den Mund. Es müßten neue Worte erfunden werden, eine neue Sprache, um auszusprechen, was noch kein menschliches Wesen in Worte zu fassen wußte und auch niemals in Worte wird fassen können» (Wiesel 1978).

Solange es diese neue Sprache und diese neuen Worte noch nicht gibt, wird man das Schweigen mit den alten Worten und der alten Sprache durchbrechen müssen. Die Schule kennt ein vergleichbares Problem. Solange die Schule so ist, wie sie ist – auch wenn sie sich, genauso wie die Sprache und die Literatur, ständig erneuert –, werden die Unterrichtsstunden über den Holocaust auf erprobte pädagogische Mittel zurückgreifen müssen wie Schulbücher, Gastredner, Interviews, Filme und Videos, Exkursionen, Museumsbesuche, Wander- und Radtouren, Werke der bildenden Kunst (Zeichnungen, Gemälde und Poster), Gedenkstätten, die Lokalgeschichte (auch die der jüdischen Gemeinden, kleine wie große, Tondokumente und Musik, Wanderausstellungen, (Jugend-)Literatur und Erzählungen, Tagebücher und (Auto-)Biographien, Gedenkveranstaltungen, Klassen- und Examensarbeiten, Theater- und Schauspielaufführungen, Aktionsformen, pädagogische Projekte – und vor allem auf den Dialog zwischen Lehrer und Schülern und der Schüler untereinander.

Das Thema «Holocaust» in der Schule

Indem ich die Linie, die ich bislang gezogen habe, weiterverfolge, will ich zunächst einen allgemeinen, fächerübergreifenden Rahmen skizzieren, um dann in diesem Rahmen bestimmte Aspekte zu erläutern.

Auschwitz beweist, wie tief der Mensch fallen und wie abgrundtief «schlecht» er sein kann. Für manche ist dies die Quintessenz des Holocaust. Andere hingegen meinen, daß der Holocaust mit derselben Gültigkeit belege, wie gut der Mensch sein könne und in welchem Maße «ganz normale» Leute imstande gewesen seien, über sich hinauszuwachsen. So komme ich zunächst einmal zu den folgenden beiden Lernzielen:

1. Der Schüler sieht ein, daß Vorurteile (gegenüber Juden, Roma und Sinti, Homosexuellen, Behinderten…) und die Diskriminierung dieser Gruppen unter bestimmten Umständen zur Massenvernichtung führen können («führen *können*» – nicht automatisch müssen).

2. Der Schüler kommt zu der Überzeugung, daß die letzten Spuren von Menschlichkeit auch in extremen Situationen, unter

bestimmten Bedingungen und in sehr seltenen Fällen nicht gänzlich ausgelöscht werden können. «*Sehr selten*» will sagen, daß es eher die Ausnahme, und zwar die sehr große Ausnahme, als die Regel ist.

Aus pädagogischer Sicht bedeutet dies, daß der Weg ins Nichts, den das Lernziel 1 vorzeichnet, dank Lernziel 2 doch noch eine Perspektive erhält, so daß die Schüler nicht alle Hoffnung verlieren müssen, sondern das Gegenteil erreicht werden kann. Unterrichtskonzepte, die nur auf das Lernziel 1 ausgerichtet sind, grenzen zu Unrecht aus, daß es auch «Lichtpunkte in der dunklen Vergangenheit» (Durlacher) gab. Lehrpläne, die sich nur mit dem Lernziel 2 befassen, verfälschen den Holocaust zu einem Märchen, zu einem Mythos, zu einer Lüge. Mit Sicherheit gilt dies, wenn sie auch noch die Nuancierungen «unter bestimmten Umständen,» «können» und «in sehr seltenen Fällen» weglassen.

Mit der Ausarbeitung und Umsetzung dieser beiden Lernziele ist jedoch erst ein Bruchteil getan. Das Gegenteil von Hoffnungs- und Perspektivlosigkeit erreicht man vermutlich nur dann, wenn der Unterricht über den Holocaust in einen wesentlich breiteren Kontext eingebettet ist, einen Kontext, der auch «abgemilderte» und allgemeinere Formen des Rassenwahns und Rassenhasses thematisiert, die nicht im Mord enden und nicht per se mit den hier benannten Opfergruppen zu tun haben müssen: kleine Bösartigkeiten, leichtes Unrecht und schwache Unterdrückung. Da dieses «Abgemilderte» jedoch unverändert negativ ist, ist der gesetzte Rahmen nach wie vor zu eng. So müssen auch «die Kraft zum Nachdenken, zur Selbstbestimmung, zum Nicht-Mitmachen» (Adorno), die Fähigkeit, sich in Menschen hineinzuversetzen, die anders denken, anders fühlen und anders handeln (Empathie), die Grenzen von Anstand und Unanständigkeit im Alltag damals wie heute, Selbstbeherrschung und Duldsamkeit – und nicht zu vergessen ganz gewöhnliche Dinge wie Hilfsbereitschaft, Freundlichkeit und Aufmerksamkeit zu diesem breiteren Kontext gehören. Allgemein formuliert:

- Wenn man sich darauf beschränkt, ausschließlich über das Böse im Menschen zu reden bzw. es sichtbar zu machen, lernt der Schüler mit Sicherheit nicht, wie er dies verhindern kann.

Es ist ein Irrtum anzunehmen, daß sich das Grauen nicht wiederholen wird, wenn man es ausführlich und detailliert darstellt. Greueltaten wirken nicht unbedingt abschreckend, weder im Unterricht noch im wirklichen Leben. Besäße die These, daß Menschen durch erlebtes Elend geläutert werden, nur Gültigkeit – meistens trifft eher das Gegenteil zu. So sind die nachteiligen Folgen einer unglücklichen Kindheit nur schwer zu überwinden. Und auch in der Schule gilt, daß man noch längst kein Gegengift erzeugt, wenn man sich der Barbarei – in visueller, verbaler oder auditiver Form – aussetzt; man kann Schüler dadurch auch erst auf falsche Gedanken bringen:

- Verhältnismäßig zuviel Aufmerksamkeit für extreme Grausamkeiten führt zu einer Verharmlosung der kleinen Grausamkeiten.

Dies scheint mir ein außerordentlich bedeutsamer Punkt zu sein. Wenn man das Extreme zur Norm erhebt, beschädigt das sowohl die Sensibilität wie auch das Gefühl für Verhältnismäßigkeit. Dies gilt für Schüler im Unterricht, aber auch für die authentischen Opfer extremer Grausamkeit, Entbehrung oder Unterdrückung. In einem Interview sagt eine Frau, die den Hungerwinter im letzten Kriegsjahr in Amsterdam erlebt hat:

«Als ich mir die Bilder von den Hungerleidenden in den Ländern der Sahelzone anschaute, ertappte ich mich bei dem Gedanken: ‹Aber sie müssen Gottseidank nicht frieren›» (Walda 1977).

«Wir müssen aufpassen, daß wir unser Gefühl für die Verhältnismäßigkeit nicht verlieren, indem wir alles, was geschieht, nach den Maßstäben des Holocaust bewerten», sagt Jehoshua – und mit dem «wir» meint er «wir Juden»: «Unsere entsetzlichen Erfahrungen könnten uns manchmal unempfindlich machen für ein Leiden, das kleiner ist, als es das unsere war. Wer selbst viel gelitten hat, kann gegenüber dem Leid anderer gleichgültig werden.

Das ist eine natürliche Reaktion. Aber als Überbringer der Antinazi-Botschaft sind wir gehalten, unsere Sensibilität zu schärfen, statt sie abstumpfen zu lassen» (Jehoshua 1983).

Dies gilt ebenso für die anderen Opfer des Nazismus. Wenn der Unterricht über den Holocaust die Schüler (und Lehrer) gefühllos macht für das «kleinere Leid», ein Leid, das nicht extremer Verfolgung und Massenmord entspricht, dann ist ein solcher Unterricht nicht nur sinnlos, sondern richtet sogar Schaden an. Auch «kleineres Leid» – Einsamkeit und Kummer, das Gefühl, verhaßt oder überflüssig zu sein – auch dieses Leid ist Leid. Oder wie der bekannte polnisch-jüdische Pädagoge Janusz Korczak (1878 bis 1942) es formulierte:

«Alle Tränen sind salzig. Wer das versteht, kann Kinder (und Jugendliche) großziehen, wer das nicht versteht, kann sie nicht großziehen» (Korczak 1981).

Dies hat seine Gültigkeit auch heute nicht verloren. Wenn wir auf eine solche Erweiterung des Kontextes verzichten, ist es unmöglich, den Schritt vom Holocaust zu den heute existenten, abgeschwächteren Formen von Vorurteil, Diskriminierung und Rassismus zu vollziehen. Dazu ist die Entfernung zu groß, die zwischen dem gegenwärtigen Unrecht in seiner alltäglichen Gewöhnlichkeit und der extremen Ungewöhnlichkeit von Auschwitz liegt. Erweitern wir jedoch den Kontext und nehmen wir auch die Lichtpunkte mit hinein, kann diese Distanz überbrückt werden. Dann können die Schüler den Unterricht über den Holocaust auf sich und ihre eigene Situation beziehen und persönlich angesprochen werden.

Soweit der allgemeine Rahmen. Lassen Sie mich in dem hier skizzierten breiteren Kontext noch einige Aspekte erläutern und hervorheben:

«Blaming-the-victim»-Grausamkeiten

Es zeugt von Naivität zu glauben, daß Schüler eine größere Nähe zu den Opfern entwickeln, wenn man ihnen die Leiden dieser Opfer in allen Einzelheiten vor Augen führt. Eher das Gegenteil ist wahr: Die meisten Menschen – Schüler nicht ausgenommen – haben eine Antipathie gegen Opfer.

In der Psychologie wird dieses Phänomen als «blaming the victim» bezeichnet, d. h., man gibt dem Opfer selbst die Schuld an seinem oder ihrem Elend. Doch nicht nur aus diesem Grund sollte man in diesem Punkt zurückhaltend sein. Greueltaten sind absolut nicht spezifisch für den Holocaust. Sie fügen sich ein in eine lange Reihe geschichtlicher Barbarei, die bis in biblische Zeiten zurückreicht (Bauer 1990). Das Spezifische des Holocaust liegt in dem, was wir als Rassenlehre oder Naziideologie bezeichnen.

Die nationalsozialistische Ideologie

Bereits 1950 analysierte der Jurist, Schriftsteller und Historiker Abel Herzberg die Rassenlehre der Nazis, wobei er Hitler in einem Punkt völlig recht gibt:

«Sofern er [Hitler] nämlich den Nationalsozialismus in einen unversöhnlichen Gegensatz zum Judentum setzte. Wohl verstanden zum Judentum als Idee, als Prinzip, als kulturgeschichtliches Phänomen, nicht zu den Juden als Gruppe und noch viel weniger zu den einzelnen Individuen» (Herzberg 1985).

Herzberg argumentiert, daß für Hitler Juden Dämonen sind und innerhalb wie außerhalb des Menschen hausen. Daher ist das Judentum sowohl ein innerer wie auch ein äußerer Feind. Gewissen bezeichnet Hitler als eine «jüdische Erfindung», mit der abgerechnet werden muß. Gleiches gilt für die Zehn Gebote, die den Menschen in seinen zehn Begierden, darunter auch in seiner Mordlust, hemmen. Auch diese Gebote sind für ihn ein Produkt jüdischer Phantasie, von denen sich der germanische Mensch nicht knebeln lassen bzw. denen er sich nicht unterwerfen sollte. «Ich habe kein Gewissen», sagt Göring, «mein Gewissen heißt Adolf Hitler.» Während nichts und niemand anders als dieses stellvertretende Gewissen, sprich Adolf Hitler selbst, sagt: «Wir sind Barbaren. Wir wollen es sein. Es ist ein Ehrentitel. Wir sind nicht imstande, menschliche Gefühle zu berücksichtigen.»

Gegen diese Gefühle führte Hitler seinen Kampf: «Hitlers Mono-Dämonentum, seine Vorstellung vom Juden, der mit dem Bösen identisch sei, und seine beispiellose Judenverfolgung, sind nur zu verstehen als der Aufstand der Heiden gegen die abstrakte monotheistische Idee und ihre weitreichenden Folgen. Und mehr noch als ein Aufstand sind sie als Racheakt zu begreifen» (Herzberg 1985), als ein erbitterter Kampf gegen menschliche Gefühle, die in keinem Menschen völlig auszurotten sind. Auch nicht in einem Menschen, der seine Triebe über sein Verantwortungsgefühl stellt. Dem Judentum setzte Hitler seine eigene Prophetie entgegen, seine eigene Bibel *(Mein Kampf)*, er sah sich selbst als den neuen Messias, als den von der Menschheit ersehnten Erlöser. So trug sein Krieg gegen die Juden dann auch die Züge religiöser Exaltiertheit.

«Hitler sagte: Der Jude sitzt immer in uns. Und der Jude, der dies vernommen und begriffen hat, antwortet: In uns sitzt immer Hitler, zumindest als Möglichkeit; ‹in uns› das heißt, in allen Menschen. Nicht nur groß, sondern auch lehrreich war der Einsatz des Zweiten Weltkriegs» (ebd.).

Auf den Gedanken, daß «Hitler als Möglichkeit in uns allen sitzt», komme ich später noch einmal zurück. Herzberg beschließt seine Analyse der nationalsozialistischen Ideologie und des Hitlerschen Rassenwahns mit den Worten: «Darum wurde die kleine Rosa Brillenschleifer an ihrem siebten Geburtstag in die Gaskammer getrieben.» (ebd.)

Wenn die Ideologie der Nazis das Spezifische des Holocaust ist, darf der Unterricht über den Holocaust sie nicht unbeachtet lassen. Auch Yehuda Bauer ist der Meinung, daß gerade die Motivation der Mörder dem Holocaust seine Sonderstellung verleiht:

«Die Motivation der Mörder war singulär, weil die Ideologie der Nazis die Juden in aller Welt als eine satanische Macht ansah, die, würde sie nicht eliminiert, die Menschheit verderben, vernichten und eine Entvölkerung des Erdballs nach sich ziehen würde. Von daher war die sogenannte ‹Judenfrage› für die Nazis nicht ein begrenzt deutsches, und letztlich nicht einmal ein europäisches Problem, sondern besaß eine globale, universale, selbst kosmische Dimension größten Ausmaßes. Von ihrer ‹Lösung› hing die Zukunft der Menschheit ab. Diese Art pseudo-religiöser, pseudo-messianischer Vorstellung war singulär. Was den Holocaust zu einem singulären Geschehen macht, ist, so möchte ich behaupten, die Motivation der Mörder» (Bauer 1990).

Ich habe den Eindruck, daß wir es hier mit einem der schwierigsten Unterrichtsthemen überhaupt zu tun haben. Vielleicht deshalb, weil diese Ideologie einerseits so abstoßend ist, andererseits jedoch so viele Menschen begeistern konnte. Dennoch darf sie im Unterricht über den Holocaust nicht fehlen, auch wenn es für die meisten Lehrer unmöglich sein wird, ohne Scham darüber zu sprechen.

Juden nicht nur als Opfer

Opfer, auch die des Holocaust, sind Menschen mit einer Geschichte und einem Lebenszusammenhang, mit einem Gesicht und einem Namen. Niemals sind sie nur Opfer. Es muß auch über solche Juden gesprochen werden, die keine Opfer sind (oder waren), die ihre jüdische Identität akzeptieren und schätzen, die Sympathie wecken oder Respekt abnötigen können. Geschieht dies nicht, wird (unabsichtlich) suggeriert, daß Juden ausnahmslos bedauernswerte Geschöpfe sind, daß es besser ist, kein Jude zu sein. Wer will schon immer zu den Gehaßten, Verfolgten und Ermordeten gehören? Es ist mit anderen Worten pädagogisch unverantwortlich, Juden ausschließlich in einem perspektivischen Zusammenhang mit dem Holocaust oder dem Antisemitismus darzustellen. Auch historisch gesehen ist ein solches Verfahren nicht tauglich. Die jüdische Geschichte kennt Höhen und Tiefen. Historiker, die sich auf die «lachrymose theory» der jüdischen Geschichte stützen, haben nur einen Blick für die Schattenseiten (lachrymose bedeutet: weinerlich). Der bekannte amerikanisch-jüdische Historiker Salo W. Baron, von dem dieser Begriff ursprünglich stammt, war der erste, der den Grundgedanken dieser Theorie kritisiert hat. Das war bereits im Jahr 1928; der Holocaust hat seine Einschätzung nicht verändert (Langmuir 1968). In einem Unterricht, der auch den Anspruch hat, vor den Gefahren von Vorurteilen und Rassenwahn zu warnen, wäre es genauso absurd, die Juden ausschließlich als Opfer zu typisieren, wie sie als alttestamentarische Propheten, Geschäftsleute, israelische Soldaten, Kommunisten, begnadete Geiger oder Nobelpreisträger zu porträtieren.

Für Verfolgte im allgemeinen und für die Opfer des Holocaust im besonderen gilt, was über alle (jemals) diskriminierten Gruppen gesagt werden kann: Keine dieser Gruppen will ausschließlich auf ihre Unterdrückung, ihre Opferrolle angesprochen und reduziert werden, selbst dann nicht, wenn diese Diskriminierung zu einem wesentlichen Teil ihre Identität bestimmt. Diese positive Seite kann natürlich auch in anderen Unterrichtsstunden zur Sprache kommen, in Stunden, deren Thema nicht der Holocaust ist. Aber auch hier ist es richtig und vernünftig, darauf einzugehen.

Lebensgeschichten

Was soeben über die Opfer gesagt wurde, ist mit den nötigen Korrekturen auch auf die Täter und die Zuschauer übertragbar. Auch die Täter sind mehr als nur Täter, die Zuschauer nicht nur das. Auch sie sind Menschen. Um den Holocaust als Werk von Menschen zumindest annähernd begreifen zu können, ist es wichtig, von allen Betroffenen nicht nur zu wissen, was sie während des Holocaust taten oder waren, sondern auch, wie ihr Leben vor dem Holocaust ausgesehen hat und wie es denen, die den Zusammenbruch des Dritten Reiches erlebten, in der Folgezeit erging. Etwas über den Lebensweg von Tätern, Opfern und Zuschauern zu erfahren kann Schüler davor bewahren, zu einfache Lehren aus dem Holocaust zu ziehen. Die vermutlich berühmteste Lebensgeschichte ist die von Anne Frank, aber es gibt sehr viel mehr Kinder, die Spuren hinterlassen haben (Dwork 1991; Holliday 1995). Ich plädiere dafür, mehr von diesen Lebensgeschichten, und zwar auch von Tätern und Zuschauern in den Unterricht aufzunehmen. Ein günstiger Nebenumstand ist, daß Schüler häufig an (Auto-) Biographischem interessiert sind.

Die Struktur der Vernichtung

Welche Mechanismen und Umstände haben Menschen unter dem Nationalsozialismus zu Aggressoren und Mördern gemacht, fragt sich Adorno, und wie können wir verhindern, daß Menschen heute und morgen wieder so werden? Es gibt mehrere Arten, für diesen Mechanismus Begriffe zu finden, die sowohl auf den Holocaust – und hier insbesondere auf die Vernichtung der Juden – als auch auf andere Formen des Massenmordes und Genozids zutreffen. Ich möchte drei dieser Möglichkeiten oder Paradigmen beschreiben.

Das erste, sehr weit gefaßte Paradigma habe ich bereits unter dem Lernziel 1 genannt: Unter bestimmten Umständen können Vorurteile und Diskriminierung Menschen zu Mördern werden lassen und zu Massenvernichtung führen. Die Opfer des Holocaust sind in erster Linie Juden, der Mechanismus beschreibt jedoch auch eine allgemeine Vernichtungsstruktur.

Das zweite Paradigma entlehne ich Raul Hilbergs Studie über den Holocaust. Eigentlich muß hier zwischen zwei Strukturen unterschieden werden, nämlich zwischen dem jahrhundertealten Antisemitismus (die Massenvernichtung unter dem Nationalsozialismus eingeschlossen) und dem Holocaust.

Beide Strukturen decken einen größeren Bereich ab und sind nicht nur im Hinblick auf jüdische Schicksale relevant. Hilbergs Antisemitismus-Paradigma lautet: Bekehrung – Vertreibung – Vernichtung:

«Seit dem vierten Jahrhundert n. Chr. kannte man drei antijüdische Strategien: Bekehrung, Vertreibung und Vernichtung. Die zweite entstand alternativ zur ersten, während sich die dritte als Alternative zur zweiten manifestierte. […] Das meiste von dem, was in diesen zwölf Jahren (zwischen 1933 und 1945, d. A.) geschah, war bereits zuvor geschehen. Der von den Nazis geführte Vernichtungsprozeß kam nicht aus dem Nichts; er war der Kulminationspunkt einer zyklischen Bewegung. Wir haben diese Tendenz in den drei aufeinanderfolgenden Zielen antijüdischer Politik beobachten können. Die Missionare des Christentums hatten in Wirklichkeit gesagt: Ihr habt kein Recht, *als Juden unter uns zu leben* (die politische Praxis: Bekehrung, d. A.). Die nachfolgenden weltlichen Herrscher hatten verkündet: Ihr habt kein Recht, *unter uns zu leben* (die politische Praxis: Vertreibung, d. A.). Die deutschen Nazis schließlich erklärten: Ihr habt kein Recht, *zu leben* (die politische Praxis: Vernichtung, d. A.). Damit negierten die deutschen Nazis keineswegs das Vergangene, sondern bauten auf ihm auf. Sie initiierten nicht etwa eine Entwicklung, sondern brachten sie zum Abschluß» (Hilberg 1994).

Hilberg legt den Akzent vor allem auf den bürokratischen Charakter des Holocaust. Adorno würde sagen: auf die Kälte des Judenmords. Daß das Morden nach einem bestimmten Schema verlief, bedeutet jedoch nicht, daß die beteiligten Bürokraten dies durchschauten oder hatten durchschauen können:

«Der zerstörerische Prozeß entfaltete sich zwar nach einem deutlichen Schema, verlief jedoch nicht nach einem grundlegenden Plan. Kein Bürokrat hätte 1933 vorhersehen können, welche Maßnahmen 1938 ergriffen würden; ebenso unmöglich war 1938 vorhersehbar, wie sich die Praxis im Jahre 1942 gestalten würde. Der Prozeß der Zerstörung vollzog sich schrittweise und der Bürokrat konnte selten weiter als einen Schritt voraus blicken» (ebd.).

Hilbergs Holocaust-Paradigma sollte nicht dahingehend interpretiert werden, daß auf jeden Schritt automatisch und unvermeidlich der nächste folgen muß, obwohl «in jedem Schritt bereits der nächste angelegt ist» (ebd.).

Sicherlich muß, was den letzten Schritt, die völlige Vernichtung der Juden, angeht, gesagt werden, daß fast niemand diese tödliche Konsequenz schon in der Anfangsphase vorausgesehen hatte.

«Die einzelnen Phasen des Vernichtungsprozesses vollzogen sich in dieser Reihenfolge: Am Anfang stand die Definition des *Juden*; dann folgten die Enteignungen; in einem dritten Schritt wurden die Juden in Ghettos zusammengefaßt; am Ende stand der Beschluß, das europäische Judentum auszulöschen» (ebd.).

Dies also ist Hilbergs Holocaust-Paradigma: Definition – Enteignung – Konzentration – Vernichtung:

«Der Vernichtungsprozeß deckte zweierlei ab: Emigration (1933–1940) und Vernichtung (1941–1945). Trotz dieses Umschlags blieb die verwaltungsmäßige Kontinuität der Vernichtung gewahrt. Dieses Phänomen liegt darin begründet, daß die vor 1940 eingeleiteten Schritte (Definition, Enteignung und Konzentration) nicht nur die Emigration befördert haben, sondern auch als Sprungbrett einer tödlichen Operation dienten.

Definition
→ Emigration
Enteignung
→ Emigration
Konzentration
→ Emigration
Vernichtung

«Der Weg in die Vernichtung führt direkt über diese jahrhundertealten Schritte» (ebd.). Erst 1945, als die Truppen der Alliierten die Konzentrationslager befreiten, wurde die Realität der ‹Endlösung› in ihrem ganzen Ausmaß sichtbar. In Dachau, Mauthausen und Buchenwald sahen und rochen die Amerikaner den Holocaust, in Bergen-Belsen waren es die britischen Truppen, und die Soldaten der Roten Armee sahen und rochen ihn in Auschwitz. Und erst dann wurde in großem Maßstab darüber geschrieben, erst dann wurde gefilmt und fotografiert (Hilberg 1991).

Das dritte Erklärungsmodell bringt mich zurück zu Yehuda Bauer. Er sieht für den Holocaust vier Elemente als wesentlich an:

- Ein von breiten Bevölkerungsschichten getragener, «gemäßigter» (das heißt nicht auf Mord ausgerichteter) Antisemitismus;
- eine politische Elite, in diesem Fall die Naziführung;
- ein Mordprogramm mit pseudomessianischer Färbung, die Nazi-Ideologie;
- die Unterstützung durch die Intelligenz

In seinen eigenen Worten:

«Der ‹gemäßigte› Antisemitismus des Großteils der deutschen Bevölkerung war absolut entscheidend. Er verhinderte jegliches Zustandekommen einer wirksamen Opposition gegen die Ermordung einer ungeliebten Minderheit. [...]

Es scheint also, daß eine politische Elite, die mit pseudomessianischen Vorstellungen, die Menschheit vor dem Judentum zu erretten, an die Macht gekommen war, sich einer breiten Schicht der Intelligenzia, die sich umfassend mit ihr identifizierte, bedient hat, um ein Mordprogramm durchzuführen, das auf keinen nen-

nenswerten Widerstand traf, da ein weitgehend verankerter, an sich nicht auf Mord bedachter Antisemitismus sowohl als Wegbereiter fungierte, als auch jeglichen wirksamen Widerstand verhinderte. Dies wird durch die Tatsache deutlich, daß das Regime dort, wo sich die Bevölkerung seinen Vorhaben vehement widersetzte – wie im Falle des Euthanasie-Programms – einen Rückzieher machte. Es wich sogar zurück, wenn Juden beteiligt waren – im Februar 1943 protestierte eine Gruppe [nichtjüdischer] deutscher Frauen, die mit Juden verheiratet waren, öffentlich gegen die Verhaftung und Deportation ihrer Männer – und die Gestapo setzte die Männer auf freien Fuß. In Berlin! Mitten im Krieg» (Bauer 1990).

Auch bei ihm besitzt dieses Paradigma eine weiter reichende Gültigkeit und kann auch die Vernichtung anderer Minderheiten erklären:

«Man könnte dieses Beispiel mit einer Art verallgemeinernder Feststellung abschließen, die Bestandteil jeden ‹Warnsystems› wäre: Die ‹gemäßigte› gesellschaftliche Ächtung einer Gruppe oder eine ‹gemäßigte› Abneigung gegen eine Minderheit kann sehr wohl zu einem Massenmord führen, wenn eine politische Elite die Macht ergreift, die von der *fixen Idee* besessen ist, die Minderheit zu eliminieren, gesetzt den Fall, die Intelligenzia identifiziert sich mit der Elite als solcher, auch wenn sie von dem Vorhaben einer Eliminierung der Minderheit ideologisch nicht überzeugt ist» (ebd.).

Soweit also diese drei Paradigmen. Es könnten weitere genannt werden (siehe zum Beispiel Freeman-Apsel und Fein, 1992). Die Lehrer werden sich für eines entscheiden müssen, je nach der schulischen Situation, das heißt je nach Anzahl der zur Verfügung stehenden Unterrichtsstunden, dem Alter und dem Niveau der Schüler.

Individualisieren und verkleinern

Jeder Lehrer weiß, daß ein Schüler nicht alles bewältigt, weder intellektuell noch emotional. Darum bedeutet gutes Unterrichten auch gutes Dosieren, die Lehrinhalte so anzubieten, daß der Schüler nicht überfordert wird, sondern damit umgehen kann. Informationen, die den Schüler «erschlagen», tragen nicht zu seiner geistigen Förderung bei. Ein sprachloser Schüler kann sich nicht entwickeln. Wenn er keine Fragen stellt oder anderweitig einbezogen ist, heißt das, daß er nicht lernt. Lernen ist ein aktiver Prozeß. Der Lehrer muß zu vermeiden wissen, den Schüler auf eine Art und Weise mit dem Holocaust zu konfrontieren, daß dieser sich davor verschließt. Der westdeutsche Schriftsteller Martin Walser hat einmal gesagt, daß «Wer nach Auschwitz schaut», geneigt ist, «gleich wieder wegzuschauen». Erst wenn der Lehrer in der Lage ist, die Darstellung des maßlosen Grauens von Auschwitz auf das Bewußtsein des Schülers zuzuschneiden, erst wenn es ihm gelingt, es auf ein menschliches Maß zu verkleinern, ist der Schüler in der Lage, «es an sich herankommen zu lassen» und nicht «von sich wegzuschieben» (Adorno). Dies ist, sagt der Schriftsteller Aharon Appelfeld, keineswegs nur ein pädagogisches oder künstlerisches, sondern ein allgemeines Problem.

«In all den Jahren war es das Problem [...] den Menschen den Holocaust in seinen immensen, unmenschlichen Dimensionen nahezubringen. Ohne einen solchen Versuch würde er ein weit entfernter und unsichtbarer Alptraum bleiben, der Zeit entrückt und es wäre leicht, ihn zu vergessen. Es ist die große jüdische Erfahrung auch eine nicht-jüdische Erfahrung und wenn er nicht in der notwendigen Form assimiliert wird, werden wir eines Tages wie erwachsen gewordene Kinder sein, denen die grundlegende Wahrheit des Lebens vorenthalten wurde.

Aus vielen und unterschiedlichen Gründen liegt es in der Natur der Kunst, daß die Beschreibung der Realität immer eine gewisse Intensivierung und Überhöhung verlangt. Beim Holocaust ist dies jedoch nicht der Fall. Alles in ihm und an ihm erscheint so durch und durch irreal, als gehörte es nicht mehr zu den Erfahrungen unserer Generation, sondern in das Reich der Mythologie. Von daher die Notwendigkeit, ihn auf den Bereich des Menschlichen zu reduzieren. Dies ist kein mechanisches Problem, sondern ein essentielles. Unter ‹reduzieren› verstehe ich nicht, daß man das Grauen vereinfachen, abschwächen oder verharmlosen sollte, sondern den Versuch, den Ereignissen durch die Person des Einzelnen und in seiner Sprache Ausdruck zu verleihen, den Versuch, das Leiden so vieler vor einer furchtbaren Anonymität zu retten, dem Einzelnen seinen vollständigen Namen zurückzugeben und dem Gefolterten wieder seine menschliche Gestalt zu verleihen, die ihm entrissen worden war» (Appelfeld 1991).

Wenn man auf die Lokalgeschichte von Städten, Dörfern, Stadtteilen und Straßen zurückgreift, literarische Quellen (auch Jugendliteratur), Tagebücher und (Auto-)Biographien nutzt, kann man als Lehrer den anonymen Opfern, aber auch den kleineren Tätern und den weniger bekannten Zuschauern Hände, Füße, einen Namen, ein Gesicht und ein Umfeld geben.

Eine Generation auf der Suche nach sich selbst

Zweifellos hat der Holocaust die Identität aller beteiligten Individuen und Gruppen tiefgreifend beeinflußt. Und, wie wir jetzt wissen, auch die ihrer Nachfahren, der sogenannten zweiten und dritten Generation. Dies gilt für die Juden und trifft auch für die Deutschen zu. Noch immer wirft der Holocaust einen Schatten auf die deutsche Geschichte. Als Willy Brandt 1970 am Denkmal des ehemaligen Warschauer Ghettos niederkniete, ging dieser symbolische Akt der Mehrheit seiner Landsleute zu weit. Selbst schrieb er: «Am Abgrund der deutschen Geschichte und unter der Last der Millionen Ermordeten tat ich was Menschen tun, wenn die Sprache versagt» (Brandt 1989).

Fünf Jahre zuvor geschah im Deutschen Bundestag während der ersten Debatte über die Verjährung von Mord ebenfalls etwas Besonderes (es sollten noch zwei weitere Debatten folgen: 1969 und 1979). Der seinerzeit noch junge Abgeordnete Ernst Benda zitierte jene berühmten Worte über das Vergessen und das Erinnern: «Das Vergessenwollen verlängert das Exil, und das Geheimnis der Erlösung heißt Erinnerung.»

Es sind die Worte des jüdischen Mystikers Israel ben Elieser Ba'al Schem Tow (1698–1760), des Begründers des Chassidismus. Sie stehen auch am Ausgang des Yad-Vashem-Museums in Jerusalem, Gedenkstätte und Studienzentrum, in dem die Erinnerung an den Holocaust lebendig erhalten wird. Indem er gerade diese Worte zitierte, verknüpfte Benda den Holocaust und die jüdische Kultur mit der deutschen Geschichte und der deutschen Identität auf eine Weise, die einen radikalen Bruch mit jener der Naziideologen bedeutete.

Nicht nur die jüdische und die deutsche Identität sind durch den Holocaust beeinflußt. Auch die niederländische Identität – um nur ein Beispiel aufzuführen – ist von diesem Geschehen beeinflußt, wie die niederländische Regierung in einer Erklärung von 1987 es zum Ausdruck brachte:

«Der Zweite Weltkrieg hat in unserer Gesellschaft seine Spuren hinterlassen, die noch immer weiterwirken. [...] Damit [mit dem Zweiten Weltkrieg] denken wir nicht nur an die Geschehnisse in den Niederlanden selber, sondern auch an das, was im ehemaligen Niederländisch Indien [Indonesien] geschah. Um die Kenntnis der jungen Generation über den Zweiten Weltkrieg zu vergrößern, erscheint es empfehlenswert, den Erfahrungen aus der Geschichte eine aktuelle Bedeutung beizumessen. [...] Indem man die Bezüge zwischen Gegenwart und Vergangenheit verdeutlicht, kann das Verständnis für beide vertieft werden. Darum erscheint es notwendig, die junge Generation nicht nur auf die Gefahren von Rassismus und Faschismus, wie wir sie gegenwärtig erleben (antisemitische Äußerungen bei Sportwettkämpfen, Verbreitung faschistischer Pamphlete, Gebrauch von Nazizeichen etc.), hinzuweisen, sondern auch auf bestimmte Übereinstimmungen mit Geschehnissen vor und während des Zweiten Weltkriegs aufmerksam zu machen. [...] Das Thema ‹Erfahrungen aus den Jahren 1940 bis 1945 für die Gegenwart› betrachten wir als wesentlichen Bestandteil der niederländischen Identität und Kultur.»

Der Holocaust und die Kolonialgeschichte gehören, wie die niederländische Regierung hier zum Ausdruck brachte, als ein «wichtiger Bestandteil» zur niederländischen Identität.

«Erziehung kann nur dann sinnvoll sein, wenn sie auf Selbstreflexion zielt» (Adorno). «Für diese Generation, die auf der Suche nach einer Erklärung [des Holocaust] und auf der Suche nach sich selbst ist, gibt es kein Thema, das dringlicher wäre» (Wiesel). Was wollen Schüler erfahren, die sich mit dem Holocaust beschäftigen? Auf welche Fragen suchen sie eine Antwort?

«Etwas in unserer Jugend verlangt zu wissen, was geschehen ist [...]. Diese Suche nach moralischer Gewißheit, dieses Bemühen um eine Definition des Bösen, diese Beschäftigung mit den letzten Wahrheiten menschlichen Miteinanders. Das ist es, was sie wissen wollen» (Hilberg 1991).

Wenn wir sagen, daß eine Generation auf der Suche nach sich selbst ist, meinen wir damit, daß sie auf der Suche ist nach ihrer Identität, nach einer Art, sich selbst zu definieren, nach einer Möglichkeit des Umgangs mit sich selbst, nach einer Antwort auf die Frage: Wie sehe und erfahre ich mich, wie schätze ich mich selbst ein? Neben der Wissensvermittlung sehe ich eine weitere Aufgabe der Schule darin, einen Beitrag zur Identitätsentwicklung der Schüler zu leisten. Eine menschliche Schule versucht dies so zu tun, daß die Identitätsentwicklung des einen Schülers nicht auf Kosten eines anderen oder des Lehrers geschieht. Eine eigene Identität zu finden, die andere nicht einschränkt, ist ein permanenter Lernprozeß.

Der Unterricht zum Thema Holocaust kann zur Entwicklung

einer Identität beitragen, die auch dem anderen Raum läßt. Es gibt Einrichtungen wie «Gefängnisse, Erziehungsheime, psychiatrische Anstalten und Konzentrationslager, wo ein Mensch seinen Namen und sein Gesicht verliert, sein Selbstwertgefühl und seine Hoffnung» (Levi). Die Schule im allgemeinen und der Unterricht zum Holocaust im besonderen müssen für genau das andere stehen:

«Um zu leben, hat man eine Identität, ein Selbstwertgefühl nötig [...]. Diese beiden Begriffe sind deckungsgleich. Wer das eine verliert, verliert auch das andere, stirbt im Geiste; er ist wehrlos und deshalb auch dem physischen Tod ausgeliefert» (Levi 1990).

Die Schule muß den Schülern ein Selbstwertgefühl und Hoffnung geben.

Nicht alle Schüler und Lehrer sind Nachkommen derer, die die Gesellschaft des Holocaust bildeten. Auch für sie ist die Entwicklung einer Identität in dem hier gemeinten Sinn von ebenso großer, lebenswichtiger Bedeutung wie für die Nachkommen der zweiten und dritten Generation. Wenn sie einer Minderheit angehören, resultieren daraus meistens größere Probleme als bei den Angehörigen einer Mehrheit (Abram 1995).

Mit bestimmten Aspekten des Holocaust können auch Schüler der unteren Klassenstufen schon konfrontiert werden, andere gehören eher in die Lehrpläne der höheren Klassen. Ein Schüler, der in der Schule etwas über den Holocaust erfahren hat, sollte am Ende seiner Schulzeit spezifische und allgemeine Fragen beantworten können. Die erste Kategorie bezieht sich auf den Holocaust, die zweite umfaßt einen weiter gesteckten Bereich.

Wissen über den Holocaust (spezifisch)
1. Was hast du über den Holocaust gelernt?
   a) Welche Ereignisse wurden beleuchtet und erklärt?
   b) Was hast du über den Ablauf dieser Ereignisse erfahren?

2. Was hast du über die Naziideologie gelernt?
3. Was hast du über die gelernt, die mit dem Holocaust zu tun hatten (die Täter, die Opfer, die Zuschauer)?
4. Wie ist es ihnen im Holocaust ergangen? Was hast du darüber gelernt?
5. Was war mit ihnen vor dem Holocaust? Was hast du darüber gelernt?
6. Wie erging es ihnen nach dem Holocaust? Was hast du darüber gelernt?

Lehren aus dem Holocaust (allgemein)
7. Wie ist es den Nachkommen der Täter, der Opfer und der Zuschauer ergangen (der zweiten, dritten … Generation)? Was hast du über sie erfahren?
8. Was hast du über den Antisemitismus gelernt?
9. Was hast du über die Struktur der Vernichtung gelernt?
10. Was hast du über abgeschwächte und allgemeine Formen inhumanen Verhaltens gelernt?
11. Was hast du über Menschlichkeit unter extremen Bedingungen gelernt?
12. Was hast du über normale und allgemeine Formen von Menschlichkeit gelernt?
13. Zu welchen allgemeinen Erkenntnissen bist du gekommen? Was hast du für dein persönliches Leben daraus gelernt?
14. Was hast du über dich selbst erfahren?

Triebe, Gewohnheiten und permanentes Lernen

Im Juli 1932, als in Deutschland Reichstagswahlen stattfanden, bei denen Hitlers NSDAP zur stärksten Partei wurde, schrieb Albert Einstein an Sigmund Freud:

«Gibt es einen Weg, die Menschen von dem Verhängnis des Krieges zu befreien? […] Gibt es eine Möglichkeit, die psychische Entwicklung des Menschen so zu leiten, daß sie den Psychosen des Hasses und des Vernichtens gegenüber widerstandsfähiger werden?» (A. Einstein / S. Freud 1972)

Freuds Antwort auf diese Fragen ist für uns schon deshalb relevant, weil die Grundlage von Adornos Annahme, daß die wichtigste Voraussetzung für Auschwitz das Unvermögen zur Identifikation gewesen sei, sich darin abzeichnet. Sie bietet eine wichtige Anregung dafür, Menschen zum Widerstand gegenüber ideologisch motivierter Gewalt zu erziehen.

In dem genannten Brief spricht Einstein vor allem über Krieg, über Gewalt zwischen Staaten, also über sogenannte internationale Konflikte. Zugleich ist er sich jedoch der Tatsache bewußt, daß menschliche Aggressivität sich auch auf kleinerem Niveau manifestiert, und gibt dafür Beispiele: «Bürgerkrieg, früher aus religiösen, heute aus sozialen Ursachen heraus; Verfolgung von nationalen Minderheiten.» Im September 1932 antwortet Freud:

«Darf ich Ihnen aus diesem Anlaß ein Stück der Trieblehre vortragen, zu der wir in der Psychoanalyse nach vielem Tasten und Schwanken gekommen sind? Wir nehmen an, daß die Triebe des Menschen nur von zweierlei Art sind, entweder solche, die erhalten und vereinigen wollen – wir heißen sie erotische […] oder sexuelle mit bewußter Überdehnung des populären Begriffs von Sexualität –, und andere, die zerstören und töten wollen; wir fassen diese als Begriff Aggressionstrieb oder Destruktionstrieb zusammen» (ebd.).

Freud unterstellt also, daß in jedem Menschen zwei Arten von Trieben wirksam sind: solche, die erhalten und vereinigen (erotische oder sexuelle Triebe) wollen, und solche, die vernichten und töten wollen (Aggression und Vernichtungstrieb). Beide Äußerungen lassen sich voneinander nicht oder nur schwer trennen und sind für das menschliche Leben und das Überleben der Menschheit gleichermaßen wichtig.

«Der eine Trieb ist ebenso unerläßlich wie der andere, aus dem Zusammen- und Gegeneinanderwirken der beiden gehen die Erscheinungen des Lebens hervor. Nun scheint es, daß kaum jemals ein Trieb der einen Art sich isoliert betätigen kann, er ist immer mit einem gewissen Betrag von der anderen Seite verbunden, wie wir sagen: legiert, der sein Ziel modifiziert oder ihm unter Umständen dessen Erreichung erst möglich macht. So ist z. B. der Selbsterhaltungstrieb gewiß erotischer Natur, aber gerade er bedarf der Verfügung über die Aggression, wenn er seine Absicht durchsetzen soll. Ebenso benötigt der auf Objekte gerichtete Liebestrieb eines Zusatzes vom Bemächtigungstrieb, wenn er seines Objektes überhaupt habhaft werden soll. Die Schwierigkeit, die beiden Tierarten in ihren Äußerungen zu isolieren, hat uns ja so lange in ihrer Erkenntnis behindert» (ebd.).

Freud glaubt, «daß es keine Aussicht hat, die aggressiven Neigungen des Menschen abschaffen zu wollen». Freud ist mit Bezug auf Kulturen und Systeme skeptisch, die dies ins Auge fassen. Freud plädiert nicht für die Abschaffung der Aggression, sondern für deren Umlenkung:

«Übrigens handelt es sich [...] nicht darum, die menschliche Aggressionsneigung völlig zu beseitigen; man kann versuchen sie soweit abzulenken, daß sie nicht ihren Ausdruck im Kriege finden muß» (ebd.).

Freud schreibt weiter:

«Wenn die Bereitwilligkeit zum Krieg ein Ausfluß des Destruktionstriebs ist, so liegt es nahe, gegen sie den Gegenspieler dieses Triebes, den Eros, aufzurufen. Alles, was Gefühlsbindungen unter den Menschen herstellt, muß dem Krieg entgegenwirken. Diese Bindungen können von zweierlei Art sein. Erstens Beziehungen zu einem Liebesobjekt, wenn auch ohne sexuelle Ziele. Die Psychoanalyse braucht sich nicht zu schämen, wenn sie hier von Liebe spricht, denn die Religion sagt: Liebe deinen Nächsten wie Dich selbst. Das ist nun leicht gefordert, aber schwer zu erfüllen. Die andere Art von Gefühlsbindung ist die durch Identifizierung. Alles, was bedeutsame Gemeinsamkeiten unter den Menschen herstellt, ruft solche Gemeingefühle, Identifizierungen, hervor. Auf ihnen ruht zum guten Teil der Aufbau der menschlichen Gesellschaft» (ebd.).

Liebe und Identifikation können also Freud zufolge die Bereitschaft zum Krieg unterminieren. Adorno meinte, daß die Kälte, das Fehlen von Liebe und das Unvermögen zur Identifikation, Auschwitz erst möglich machten.

Es ist für Erzieher äußerst wichtig, die Triebsphäre der Aggression und Destruktion zu kennen und anzuerkennen. Ohne dieses Wissen und die Anerkenntnis blieben alle Versuche unnütz, um kleine und größere Erscheinungsformen von Unrecht und Gewalt durch Erziehung zu verhindern. Ich denke, daß dies eines der größten Defizite der meisten Lehrmaterialien zum Holocaust ist. Ähnliches gilt für viele Projekte im Bereich z. B. der Friedens- und antirassistischen Erziehung.

Es kann als eine wichtige Einsicht betrachtet werden, daß man «Gott» (dem Guten, Wahren und Schönen…) oder einer «moral education» mit beiden Triebfedern, dem «guten» und dem «schlechten» Trieb dienen solle – sie ist jedoch unzureichend, um dem zu widerstehen, was «totalitäre Verführung» genannt wurde. Darüber schreibt der Philosoph Walter Kaufmann:

«Die Idee, daß wir Gott ‹mit dem guten Impuls und mit dem schlechten Impuls› dienen sollten, ist sehr schön, aber man kann genauso Stalin oder Hitler mit beiden Impulsen dienen. Man kann einer bösen Sache mit enormem Mut und Intelligenz, mit

Selbstkontrolle und Demut dienen, und Millionen haben das in unserer Zeit getan. Viele, deren Leben einer Richtung entbehrte, fanden ein Ziel – ein böses Ziel, das deren ganze Persönlichkeit in Beschlag nahm, bis alles zusammenbrach» (Kaufmann 1973).

Nach Adorno ist die «einzige wahrhafte Kraft gegen das Prinzip von Auschwitz […] Autonomie, […] die Kraft zur Reflexion, zur Selbstbestimmung, zum Nicht-Mitmachen». Versteht man Adorno richtig, schließt dies Liebe und Identifikation ein. Diese Qualitäten sind – wie Vernunft, Ehrlichkeit, unabhängiges Urteilen und Integrität Eigenschaft, Werte und Fähigkeiten, die sich zwar spontan zeigen, aber erlernt und eingeübt werden müssen. Als Pädagoge plädiere ich, anders als Adorno, dafür, dies auch in imperative Formen zu gießen. Kaufmann gibt dafür ein Beispiel:

«Ein hoher Standard in der Redlichkeit eines Menschen bedeutet, daß er über ein Bewußtsein für das, was er sagt und denkt, verfügt. Das bedeutet, daß er sich damit bekümmert, was für oder gegen eine Perspektive spricht, worin die Alternativen liegen, was das eine oder andere stützt und welche Alternative aufgrund dieser Erwägungen vorzuziehen sei. Dies ist der Kern der Vernunft, die Essenz der wissenschaftlichen Methodik und der Sinn intellektueller Integrität. Ich nenne dies den Kanon. Dieser Kanon schließt eine Reihe von Imperativen ein. Diese bestimmen das Wesen wissenschaftlicher Methoden. Die Anwendung einer Methode kann jedoch zur reinen Gewohnheit werden, oder, wie es im Alltagsgebrauch heißt, zum bloßen ‹Instinkt›. Werte sind Gewohnheiten. Sie können durch Praxis erworben und entwickelt werden.

Mit einer Position, einer Perspektive, einer Überzeugung, einer Hypothese oder einem Bekenntnis konfrontiert, wird sich ein besonders den Standards der Redlichkeit Verpflichteter sieben Fragen stellen, die Teil des Kanons sind: 1) Was bedeutet es? 2) Was spricht dafür und 3) was dagegen? 4) Welche Alternativen gibt es? 5) Was spricht für welches und 6) was dagegen? Und

7) welche Alternative erscheint vor dem Hintergrund der Überlegungen am plausibelsten?» (Kaufmann 1973).

Intellektuelle Integrität als Gewohnheit und Instinkt erscheint mir kräftig genug, um dem heimlichen Verlangen, zu zerstören und zu vernichten (oder den Triebfedern, die sich in uns allen finden und zu Auschwitz führen können), Einhalt zu gebieten. Aber Tugenden können nicht nur gelehrt und gelernt, sie müssen auch aus- und eingeübt werden. Erst wenn sie eine Umsetzung in der Praxis erfahren, können sie zur Gewohnheit und zur «zweiten Natur» werden. Dann erst haben wir sie zu einem Teil unserer selbst gemacht, sie internalisiert. Zu wenige Erzieher sehen die Verbindung zwischen Tugenden (dieses Wort hat im Niederländischen nicht den etwas altbackenen Beiklang wie im Deutschen) und Gewohnheiten und widmen ihr daher zu wenig Aufmerksamkeit. Kaufmann formuliert ein Trainingsprogramm, das auf drei Kernbegriffe zielt: «den Kern der Vernunft», «die Essenz der wissenschaftlichen Methodik» und den «Sinn intellektueller Integrität». Die Intellektuellen, auf die Oliner und Bauer Bezug nahmen, haben sich diesen Kanon sicherlich nicht zu eigen gemacht.

Für die Erziehung nach Auschwitz bedeutet das vor allem, daß wir uns bemühen sollten, mit kleineren Kindern Gewohnheiten einzuüben, die auf ein menschliches Verhalten zielen. Später, wenn ihr Verstand herangereift ist, geht es darum, diese Gewohnheiten bewußtzumachen, kritisch zu analysieren und vielleicht sogar zu verändern.

Lernen bedeutet immer auch neben dem Erwerb von Informationen, Kenntnissen und Fähigkeiten die Einübung oder Abkehr von Gewohnheiten und Routinen. Kann Erziehung ein zweites Auschwitz verhindern helfen? Das Leben ist ein permanenter Lernprozeß und muß den Lernenden dazu befähigen, ab einem bestimmten Moment auf eigenen Beinen zu stehen, damit er erwachsen wird und den Lernprozeß in die eigenen Hände nimmt. Angestrebt wird eine Haltung, die Selbsterziehung genannt werden kann.

Im Moment der Ablösung vom Erzieher beginnt das selbständige Lernen. Damit ist der Kampf gegen die «schlechten Triebfedern» nicht ausgefochten; er läßt sich nie ganz zu Ende bringen. Niemand von uns kann wirklich sicher sein, daß es ihm oder ihr gelungen sei, diese schlechten Motive erfolgreich zu bekämpfen oder ihnen eine gute Richtung zu geben. Niemand ist immun gegen unmoralisches Handeln. Dies gilt umso mehr, wenn amoralische Handlungen schöngeredet oder sogar im Kontext eines Heilsplanes propagiert werden, wenn Druck (Terror) auf jene ausgeübt wird, die nicht mitmachen. Auch Erziehung, selbst die vollendete, könnte uns keine Garantie geben, daß Auschwitz sich nicht wiederholen werde. Dennoch kann uns das, was wir in unserer Jugend gelernt haben, helfen, unmoralischem Handeln zu widerstehen. Das unsichere Ergebnis unserer Erziehung entbindet uns jedenfalls nicht von der Verpflichtung, alles zu versuchen, um die Widerstandskraft und eine humane Orientierung zu stärken.

Literatur

Abram, I. B. H. *Identiteit en imago tussen conflict en dialoog*. Over intercultureel opvoeden in een multiculturele democratie. Utrecht 1995

ders. «Erziehung nach Auschwitz in der multikulturellen Gesellschaft der Niederlande», in: Schreier, H./Heyl, M. (Hg.): *Die Gegenwart der Schoah*, Hamburg 1994, S. 111–128

ders. *Joodse identiteit*. Over identiteit en imago als beelden en over joodse identiteit als culturele identiteit. Kampen 1993

ders. *Joodse traditie als permanent leren*. Kampen 1986

ders. «Rassenwahn und Rassenhaß – Lehren aus der Schoah», in: Schreier, H./Heyl, M. (Hg.).: *Das Echo des Holocaust*. Hamburg 1994, S. 185–198

Adorno, T. W. *Studien zum autoritären Charakter*. (1950) Frankfurt 1995

ders. «Erziehung nach Auschwitz». In: ders. *Stichworte. Kritische Modelle 2*. Frankfurt/M. 1969

Appelfeld, A. «After the Holocaust». In: Lang, B. (Hg.) *Writing and the Holocaust*. New York/London 1988

Bauer, Y. «Is the Holocaust Explicable?» In: *Holocaust and Genocide, Studies* 5 (1990) 2

Brandt, W. *Erinnerungen*. Frankfurt/M. 1989

Dwork, D. *Children with a Star*. New Haven / London 1991

Durlacher, G. L. *Die Suche. Bericht über den Tod und das Überleben*. Hamburg 1995

Einstein, A. / Freud, S. *Warum Krieg*. Zürich 1972

Freeman-Apsel, J. / Fein, H. (Hg.) *Teaching about Genocide*. A Guidebook for College and University Teachers. New York 1992

Hayes, P. (Ed.). *Lessons and Legacies*. The Meaning of the Holocaust in a Changing World. Illinois 1991

Herzberg, A. J. *Kroniek der Jodenvervolging 1940–1950*. Amsterdam (1950) 1985

Hilberg, R. *Die Vernichtung der europäischen Juden. Die Gesamtgeschichte des Holocaust*. (1961) Frankfurt / M. 1994

ders. «Opening Remarks: The Discovery of the Holocaust». In: Hayes, P. (Hg.). *Lessons and Legacies*. The Meaning of the Holocaust in a Changing World. Illinois 1991

ders. *Täter, Opfer, Zuschauer. Die Judenvernichtung 1933–1945*. Frankfurt / M. 1992

Holliday, L. *Children in the Holocaust and World War II. Their Secret Diaries*. New York 1995.

Jehoshua, A. B. *Naar een normaal joods bestaan*. Amsterdam 1983

Kaufmann, W. *Without Guilt and Justice*. From Decidophobia to Autonomy. New York 1973

Korczak, J. *Verteidigt die Kinder*. Gütersloh 1981

Lang, B. *Writing and the Holocaust*. New York / London 1988

Langmuir, G. I. «Tradition, History and Prejudice». In: *Jewish Social Studies* 30 (1968) 3

Leeuw, A. J. van der. «Kurfürsten Strasse 115–116». In: Paape e. a. (Hg.). *Bericht van de Tweede Wereldoorlog*. Amsterdam 1970 / 1975

Levi, P. *Ist das ein Mensch? Die Atempause*. München 1991

ders. *Die Untergegangenen und die Geretteten*. München 1990

Lipstadt, D. *Leugnen des Holocaust. Rechtsextremismus mit Methode*. Reinbek 1996

Mulisch, H. *Het woord bij de daad*. Getuigenis van de revolutie op Cuba. Amsterdam 1968

Oliner, S. P. / Oliner P. M. *The Altruistic Personality*. Rescuers of Jews in Nazi Europe. New York 1988

Soudijn, K. «Het profile van de altruïst». *Vrij Nederland*, 10. Juni 1989

Walda, D. *Kind van de rekening*. Odijk 1977

Wielenga, A. F. *Schaduwen van de Duitse geschiedenis*. Amsterdam 1993

Wiesel, E. *Een Jood, vandaag* (Verhalten, opstellen, dialogen). Hilversum 1978

ders. Rede anläßlich der Verleihung des Friedensnobelpreises 11. Dezember 1986

Matthias Heyl
«Erziehung nach Auschwitz» und «Holocaust Education»

Überlegungen, Konzepte und Vorschläge

«Ich kann es nicht mehr hören» – so reagieren manche Schüler und auch Lehrer, wenn sie auf das Thema angesprochen werden. Der Nationalsozialismus und der Mord an den europäischen Juden ist in den vergangenen Jahren zu einem festen unterrichtlichen Gegenstand an deutschen Schulen geworden. Darüber gar nicht zu sprechen, kann man sich heute – im Gegensatz zu den fünfziger Jahren – kaum mehr leisten. Das Thema ist in unserer politischen Alltagskultur allgegenwärtig – nicht nur zu Gedenkanlässen wie dem 9. November oder zu der Reihe der fünfzigsten Jahrestage, die 1995 ihr Ende hatte. Selbst wenn wir es wollten, kämen wir um die Auseinandersetzung mit dieser Thematik nicht herum.

Die Geschehnisse der Jahre 1933 bis 1945 prägen unsere Gegenwart vielleicht stärker als jede andere Periode deutscher und europäischer Geschichte zuvor. Sie liefern uns für die Beurteilung gegenwärtiger politischer und gesellschaftlicher Ereignisse einen Bezugsrahmen. Wenn in Hoyerswerda und Rostock der Mob tobt, in Mölln, Solingen und andernorts Brandsätze fliegen, in Lübeck schon zweimal die Synagoge brannte und an vielen Orten in Deutschland jüdische Friedhöfe geschändet wurden, drängen sich Bilder aus der Vergangenheit auf. Ovids Mahnung «principis obsta!» – «Wehret den Anfängen!» – wird oft so zitiert, als sei sie auf das Geschehen der NS-Zeit gemünzt. Erschrocken stellen wir immer wieder fest, daß die «Lehren aus der Geschichte», die solches unmöglich machen würden, offenbar nur halbherzig gezogen worden sind.

Die Reaktion «Wir können es nicht mehr hören» hängt nicht unbedingt damit zusammen, daß eine intensive Auseinandersetzung mit dem Thema geführt wurde, sondern läßt eher auf die Art und Weise schließen, in der diese Auseinandersetzung vonstatten geht oder ging.[1] Der schulische Unterricht über den Nationalsozialismus und das Schweigen in vielen Familien über das Thema stehen in einem Widerspruch, den weder die Lehrer noch die Schüler aufzulösen in der Lage sind.

Ich möchte versuchen, zunächst die bisherigen Bemühungen auf dem Gebiet der «Erziehung nach Auschwitz» in Deutschland kursorisch darzustellen. Dann sollen Perspektiven aufgezeigt werden, wie die Beschäftigung mit dem Holocaust anders akzentuiert werden kann. Es geht darum, den Unterrichtsgegenstand möglichst konkret zu fassen, als eine von Menschen gestaltete und erlebte Geschichte.

Was kann man, was soll man aus der Geschichte, aus dieser Geschichte lernen? Aus der Geschichte lernen zu wollen bedeutet, sie erst kennenlernen zu müssen. «Erziehung nach Auschwitz», wie Ido Abram sie zu Beginn dieses Buches beschrieben hat, sollte daher zuerst Erziehung über Auschwitz bedeuten. Aber Auschwitz ist nur einer der Bezugspunkte, wenn auch ein wesentlicher, wenn es darum geht, sich mit dem Holocaust auseinanderzusetzen. Uns erscheint es wichtig, die Auseinandersetzung nicht mit Auschwitz zu beginnen, sondern mit dem Weg, der dorthin führte. Auf diesem Weg fällten einzelne Menschen Entscheidungen, die für sie und ihre Umgebung Konsequenzen zeitigten. Diese Entscheidungssituationen versuchen wir im Materialteil transparent zu machen. Die Schüler sollen nachvollziehen und verstehen, wie Handlungsspielräume beschaffen waren. Sie müssen Kategorien zur Beurteilung damaliger und eigener moralischer Entscheidungen entwickeln und diese auf ihr eigenes Handeln beziehen können.

Wenn wir in diesem Band den Begriff «Holocaust» verwenden,

beschränken wir uns im engeren Sinn auf das, was die Nazis die «Endlösung der Judenfrage» nannten – den Mord an den europäischen Juden. Im weiteren Sinn meinen wir auch die Schritte auf dem Weg der Verfolgung der Juden, die wir – in enger Anlehnung an den amerikanischen Historiker Raul Hilberg – mit den Begriffen Definition, Ausgrenzung, Enteignung, Verfolgung, Konzentration und Deportation fassen. Wir wollen den Prozeß, der Auschwitz voranging, für die Schüler erkennbar machen und zugleich zeigen, daß es Menschen waren, die ihn planten, vorantrieben, ausführten, ihm zuschauten, sich ihm widersetzten oder in seinem Verlauf zu Opfern wurden.

Wenn wir uns auf diese quasi klassische Definition des Holocaust beschränken und andere Opfer des NS-Terrors hier keine Berücksichtigung finden, wollen wir deren Pein, Mut und Elend nicht beiseite schieben. Auch die Kommunisten und Sozialdemokraten, Christen, Widerstandskämpfer, behinderten Euthanasieopfer und Zwangssterilisierten, Homosexuellen, Roma und Sinti, Zeugen Jehovas, die Fremd- und Zwangsarbeiter aus den besetzten Ländern, die Angehörigen der von den Nazis als «minderwertig» eingestuften osteuropäischen Völker und all die anderen Opfer nationalsozialistischen Terrors haben ein Anrecht darauf, erinnert zu werden.

Die Verfolgung und der Mord an den europäischen Juden weisen jedoch einige Besonderheiten auf, die es uns gerechtfertigt und notwendig erscheinen lassen, uns hier auf diese Thematik zu beschränken.

Wie Ido Abram in seinem Beitrag zeigt, ist Adornos Ansatz einer «Erziehung nach Auschwitz» für die pädagogische Auseinandersetzung mit dem Thema Holocaust prägend gewesen. Das gilt nicht nur für die Niederlande – kaum ein Beitrag zur erziehungswissenschaftlichen Diskussion in Deutschland kommt ohne den direkten Bezug auf Adornos Aufsatz aus. Das mag verwundern, war Adorno doch kein Pädagoge, sondern Philosoph und kritischer Analytiker gesellschaftlicher Prozesse. Daher geht es ihm mehr um die Bedeutung von Auschwitz für die Erziehung an sich als um das alltägliche Geschäft der pädagogischen Auseinandersetzung. Ido Abram entwickelt eine Lesart des Textes, die Adornos Aussagen pädagogisch auf die Füße stellt, eine Übersetzung also hin auf die pädagogische Praxis.

Wenn wir hier von «Erziehung nach Auschwitz» sprechen, ist damit einerseits das Nachdenken über Erziehung nach Auschwitz im allgemeinen gemeint; andererseits stellt sich in der pädagogischen Praxis unweigerlich die Frage, was wir über den Holocaust vermitteln sollen und wie wir es tun wollen.

Bei diesen Fragen können Lehrerinnen und Lehrer im deutschsprachigen Raum bislang auf wenig Hilfe rechnen. In der geschichtsdidaktischen wie in der Schulbuchliteratur finden sich nur wenige Hinweise. Zwar gibt es mittlerweile eine breite Gedenkstättenpädagogik, in der auf die Unterrichtspraxis zielende Ansätze formuliert und entwickelt werden. Für das Thema Holocaust fallen sie jedoch weniger ins Gewicht, da die auf deutschem Territorium befindlichen Konzentrationslager für den Mord an den europäischen Juden eine eher untergeordnete Rolle spielen, die oft über längere Zeit – wie etwa in Buchenwald oder Sachsenhausen – auch noch verdrängt wurde, was nun jedoch korrigiert wird. Der Gedenkstätte «Haus der Wannsee-Konferenz» kommt in diesem Zusammenhang eine wichtige Bedeutung zu.[2]

Es kündigen sich weitere Veränderungen an – mit der 1995 erfolgten Gründung des Fritz-Bauer-Instituts in Frankfurt ist ein wichtiger Schritt dahingehend getan, Orte zu schaffen, an denen Lehrerinnen und Lehrer Hilfestellung erhalten können.

Es gibt eine intensive Diskussion um die pädagogische Auseinandersetzung mit dem Holocaust, an der deutschsprachige Pädagogen jedoch kaum teilnehmen und die erst allmählich hierzulande wahrgenommen wird. In den Niederlanden, den USA und Israel existieren seit Jahren Einrichtungen, die sich der Erarbeitung von pädagogischen Konzepten und ihrer Evaluation widmen. Genannt seien beispielsweise die auch in Deutschland bekannte Amsterdamer «Anne-Frank-Stiftung», die seit den siebziger Jahren bestehende Organisation «Facing History and Ourselves» in Boston, die 1993 gegründeten Holocaust-Museen in Washington und Los Angeles und die seit den fünfziger Jahren bestehende Gedenkstätte Yad Vashem. In den Vereinigten Staaten engagieren sich über 70 Einrichtungen auf dem Gebiet der «Holocaust Education».

Verschiedene internationale Konferenzen zu diesem Thema haben stattgefunden, darunter im Sommer 1995 die «First European Teachers' Conference». 1990 wurde der erste europäische Lehrstuhl für «Holocaust Education» an der Universität Amsterdam eingerichtet, den Ido Abram innehat.

Den Begriff *Holocaust Education* direkt ins Deutsche übersetzen zu wollen erscheint nahezu unmöglich.[3] Die wörtliche Übersetzung «Holocaust-Erziehung» lädt geradezu zu Mißverständnissen ein. Mit Henryk M. Broder ließe sich gegen den Begriff polemisch einwenden, daß unklar bleibt, ob die Schüler lernen sollen, «wie man einen Holocaust organisiert oder einem Holocaust entgeht».[4]

Aus der Vielfalt der insbesondere in den USA vorhandenen Konzepte sind seit etwa 1990 einzelne Projekte entstanden, in denen versucht wird, amerikanische Curricula für deutsche Bedürfnisse handhabbar zu machen. In Bremen und Rostock versuchen die dortigen Lehrerfortbildungseinrichtungen z. B., das Programm «A World of Difference» (Fokus: Vorurteile, Zusammenleben in einer multikulturellen Gesellschaft) für ihre Bedürfnisse zu übersetzen. Der geschichtsdidaktische Arbeitskreis des Frankfurter Fritz-Bauer-Instituts kooperiert mit der amerikanischen Organisation «Facing History and Ourselves» (Fokus: Demokratische Gesellschaft, Partizipation, individuelle Entscheidungen vor dem Hintergrund der «American experience»).

Außerdem gibt es neben internationalen Projekten wie der

Wanderausstellung «Die Welt der Anne Frank» der Amsterdamer Anne-Frank-Stiftung lokale Ausstellungsprojekte und Geschichtswerkstätten, die die jüdische Geschichte und die Geschichte der nationalsozialistischen Judenverfolgung vor Ort in den Mittelpunkt rückten. Im Spannungsfeld zwischen von «Laienhistorikern» betriebener Alltagsgeschichte, professioneller Geschichtswissenschaft, Geschichtsdidaktik und Erziehungswissenschaft bleibt dort die Frage der geeigneten Vermittlung für Schüler eher im Hintergrund.

Der von uns vorgestellte Ansatz nimmt die vielfältigen Anregungen aus der internationalen Diskussion um «Holocaust Education» und um eine geeignete «Erziehung nach Auschwitz» auf. Neu ist an diesem Ansatz die deutliche Konfrontation von theoretischer Reflexion und praktischer Handlungsorientierung. Wir bemühen uns um eine Umsetzung unserer Überlegungen im bestehenden schulischen Rahmen. Durch die Notwendigkeit zur pragmatischen Reduktion, die jeder Lehrerin und jedem Lehrer zur Genüge vertraut ist, bleiben manchmal auch thematische Zugänge unberücksichtigt, die eigentlich wichtig wären. Dazu gehört die Einbettung dieses Stoffes in den breiteren Rahmen deutscher, europäischer und jüdischer Geschichte, in die Traditionslinien des Antijudaismus und Antisemitismus in den engeren Rahmen der Geschichte des NS-Staates, des NS-Terrors und des Zweiten Weltkriegs (vgl. Skizze, S. 116 / 117 dieses Buches).

Wir bemühen uns in diesem Buch, das Konzept der theoretischen Reflexion über «Erziehung nach Auschwitz» mit dem handlungsorientierten Nachdenken über «Holocaust Education» und einem eigenen Vorschlag für ein Unterrichtsprojekt zu verbinden.

Fragen zur pädagogischen Orientierung

Über den Holocaust unterrichten zu wollen verlangt uns einiges an Nachdenken und Selbstreflexion ab. Unsere Bemühungen als Pädagogen stehen nicht im luftleeren Raum, sondern berühren Fragen unserer eigenen familiären Herkunft, unserer gesellschaftlichen Erfahrungen und Konzepte, unserer Vorstellungen von uns und den jeweils anderen. Wir müssen uns darüber bewußt werden, warum dieses Thema, der Holocaust oder die Schoah, für uns wichtig ist und für die Schüler ein relevanter «Lerngegenstand» sein soll. Ohne selber zu wissen, was dieses Thema für uns bedeutet, werden wir von unseren Schülerinnen und Schülern kaum erwarten können, daß sie dem Geschehenen Bedeutung beimessen.

Die israelische Pädagogin Mirjam Gillis-Carlebach schlägt vor, sich vier Fragen zu stellen, bevor man mit Kindern und Jugendlichen über den Holocaust spricht:
- Warum spreche ich mit ihnen darüber? (Die Frage nach dem Grund für die Beschäftigung mit dem Holocaust)
- Wozu spreche ich mit ihnen darüber? (Die Frage nach den Zielen, die wir mit dieser Auseinandersetzung verbinden)
- Worüber spreche ich mit ihnen genau? (Die Frage nach dem genauen Gegenstand, nach den Unterrichtsmaterialien)
- Wie spreche ich darüber mit ihnen? (Methodisch-didaktische Fragestellung).

Jede dieser Fragen, die den Grund, das Ziel, den Unterrichtsgegenstand, das zu benutzende Material und das methodisch-didaktische Vorgehen in den Blick nehmen, verdient eine genauere Betrachtung. Ido Abram hat eingangs einige wichtige Anregungen dazu formuliert. Mir geht es hier um die Fragen «Warum und wozu über den Holocaust sprechen?» Für die Beantwortung der Frage «Worüber spreche ich mit den Schülern?» findet sich in dem Materialteil dieses Bandes ein Angebot – die Begründung der

Auswahl in diesem Kapitel kann als eine weitere Anregung zur Reflexion über diese Frage verstanden werden.

Die Frage nach dem Grund für unsere Beschäftigung mit dem Holocaust ist sicherlich nicht allgemein zu beantworten. Dem Geschehen kommt eine besondere Bedeutung zu, da er ein Teil unserer Geschichte ist, und zwar ein besonderer Teil – besonders schwerwiegend, besonders belastend, auch besonders sperrig. Das Thema ist mit Emotionen verbunden, die es uns schwermachen, sich ihm zu nähern. Es ruft unter nichtjüdischen Deutschen Widerstände hervor, da es mit Angst und Scham behaftet ist. Es wirft komplizierte Fragen nach Schuld und Verantwortung auf, nach Täter-, Mittäter- und Komplizenschaft unserer Eltern und Großeltern – Menschen, denen wir eng verbunden sind, ob wir es wollen oder nicht. Dieser Komplex wird später noch einmal genauer behandelt.

Die Vehemenz der Auseinandersetzung um das Thema und die Abwehr dagegen weisen auf seine Bedeutung hin. Der Holocaust ist für die deutsche Geschichte ein zentrales Thema, auf das immer wieder direkt oder indirekt Bezug genommen wird, wenn es darum geht, Aussagen über deutsche Identität nach 1945 zu treffen. Der Holocaust ist ein zentrales Geschehen in der Geschichte der Menschheit, an dem wir nicht vorbeikommen, selbst wenn wir es wollten. Es gibt auch rein individuelle Begründungen für die Beschäftigung mit diesem Thema. Diese persönlichen Motive sollten uns so präsent sein, daß wir sie im Unterricht transparent machen können. Unsere Bemühungen, uns selbst und andere mit dem Thema zu konfrontieren, gewinnen dann an Überzeugung.

Welche Ziele sind mit der schulischen Auseinandersetzung mit dem Holocaust verbunden? Vielfach wird «Erziehung nach Auschwitz» als Erziehung zur Menschlichkeit verstanden. Der Holocaust wird dann zum Lernanlaß genommen: Jugendliche sollen am Beispiel dieses historischen Geschehens die Bedeutung von Toleranz, Humanität und Zivilcourage erkennen lernen.

Der israelische Historiker Moshe Zimmermann gehört zu denen, die diese Herangehensweise für unangemessen halten. Er machte seine Bedenken auf einer Tagung in Bergen-Belsen klar, indem er Erzieherinnen und Erzieher bat, sich für einen Moment vorzustellen, es hätte Auschwitz nicht gegeben. – Würde das Kriegsgeschehen des Zweiten Weltkriegs nicht ausreichen, um die genannten Ziele zu rechtfertigen? Auch ohne die Schoah gäben die Ereignisse zwischen 1939 und 1945 genügend Anlaß, über die Fragen von Verantwortung, Schuld, Tun und Unterlassung, über persönliche Entscheidungen und deren Konsequenzen nachzudenken. Kriege stellen Menschen vor Entscheidungssituationen, die von existentieller Bedeutung sein können, etwa: «Mache ich mit? Führe ich einen Befehl aus? Verweigere ich mich?»

Durch die Beantwortung dieser Fragen erhält das Handeln eine Richtung, für die der einzelne die Konsequenzen tragen muß. Und dies ist ein zentrales Thema der Erziehung zur Verantwortung. Die Notwendigkeit, pädagogische Ziele wie Zivilcourage, Engagement, Emanzipation, Toleranz, Humanität oder die Fähigkeit zur Verweigerung zu verfolgen, ließe sich auch durch andere historische Ereignisse hinlänglich begründen. Was tat der oder die einzelne? Welche Handlungsspielräume gab es für ihn oder sie? Wie wurden sie genutzt? Wie einsichtig waren sie dem oder der einzelnen?

Ähnliche Fragen wirft der Holocaust auf, zum Beispiel: Wie konnte es dazu kommen? Wer waren die Verantwortlichen und wie verteilte sich die Verantwortung? Wie verhielten sich die Menschen damals? Was hätte ich an ihrer Stelle getan? Allerdings gibt es einen Unterschied zwischen dem Holocaust und einem «normalen» Kriegsgeschehen: Der Holocaust entbehrt jeder inneren Logik. In einer Gefechtssituation im Krieg läßt sich die Entscheidung, zuerst zu schießen, noch logisch begründen – aber die Teilnahme an der Erschießung von Kindern, Frauen, Männern, Greisen?

Es wäre eine Bagatellisierung, wenn man mit Hinweis auf den

Holocaust das eigentlich Selbstverständliche von der Erziehung verlangte. Doch können wir nach Auschwitz nicht so erziehen, als hätte es Auschwitz nicht gegeben.

Der Erziehungswissenschaftler Micha Brumlik hat aus verwandten Überlegungen heraus formuliert, daß «Erziehung nach Auschwitz» in erster Linie eine Erziehung, ein Lernen über Auschwitz sein und Auschwitz unmittelbar zum Thema haben müsse.[5]

Es ist notwendig, im Unterricht deutlich werden zu lassen, wofür Auschwitz und Begriffe wie Holocaust und Schoah im historischen Kontext stehen. Dieser Frage müssen wir uns stellen, bevor wir Lernziele bestimmen, Quellen und Materialien auswählen und mit dem Unterricht beginnen. Um die Schülerinnen und Schüler zu einer Auseinandersetzung mit dem Geschehen bewegen zu können, sollten wir uns in der Thematik auskennen.

Hier ist es wichtig, einen nachvollziehbaren Einwand aus der pädagogischen Praxis anzusprechen: Ein Geschichtslehrer beispielsweise unterrichtet ein Stoffvolumen, das einen ungeheuren geschichtlichen Horizont abdeckt. Von der Ur- und Frühgeschichte bis in die unmittelbare Gegenwart reicht der Bogen. Es wäre eine Überforderung, sollte er sich nun bei den Gracchischen Reformen, den Lehnsverhältnissen im Mittelalter, den Kreuzzügen, der Reformation, der Französischen Revolution, der Deutschen Reichsgründung, der Weimarer Republik, dem Nationalsozialismus und der Geschichte Deutschlands nach 1945 gleichermaßen auskennen (bei dieser Aufzählung habe ich mich sogar noch auf die relativ gängigen Themen beschränkt). In der Lehrerausbildung erlangen wir vielfach einen recht kursorischen Überblick über die Geschichte, und thematische Spezialisierungen und Vertiefungen sind weitaus seltener möglich, als vielen Studenten und Referendaren lieb wäre.

Ein Phänomen kennen wir wohl alle aus unserer eigenen Erfahrung als Lernende: daß unsere Lehrer, ob an der Schule oder in der Universität, ihrem Fachgebiet eine besondere Bedeutung beimaßen und von uns erwarteten, daß wir ihnen darin folgen. Gewiß ist mein Beharren darauf, daß in diesem Kontext vertiefte Kenntnisse außerordentlich wichtig seien, auch dieser «thematischen Arroganz» geschuldet. Schließlich ist mir bewußt, über welchen Luxus ich verfüge, weil ich keinen Unterrichtsstoff mit einem so weiten thematischen und zeitlichen Horizont zu unterrichten habe. Als Wissenschaftler und Autor dieses Buches kann ich es mir leisten, in die Tiefe zu gehen, wo Lehrerinnen und Lehrer an den Schulen vom Lehrplan und im 45-Minuten-Takt gehetzt von einer Themeneinheit zur nächsten springen müssen und ihnen wenig Zeit zur Vertiefung bleibt. Ein Historiker, der sich mit antiker oder mittelalterlicher Geschichte, mit der Geschichte der Punischen Kriege oder der Entente beschäftigt, wird ähnlich enttäuscht sein, wie ich es bin, wenn ich in die Geschichtslehrbücher schaue. Wie jeder von ihnen behaupte ich, daß meinem Thema eine besondere Bedeutung zukommt, die es rechtfertigt, sich trotz der Zwänge, in denen Lehrerinnen und Lehrer stecken, eingehender mit dieser Thematik zu beschäftigen.

Diese Geschichte, der Holocaust, reicht zeitlich nahe an uns heran, wirft wichtige und für unsere Gegenwart bedeutsame Probleme und Fragen auf. Wenn Sie diese Einschätzung teilen, kann dieses Buch Ihnen die Vertiefung des Themas erleichtern. Sie finden hier Gedanken, Analysen, Konzepte und Materialien, die aus den verschiedensten Quellen, Büchern und Zeitschriften zusammengetragen wurden.

Es ist uns ein Anliegen, so zu schreiben, daß Ihnen ein schneller Zugriff auf Ergebnisse der historischen Forschung und der bislang vor allem in den Niederlanden und den Vereinigten Staaten geführten pädagogischen Diskussion möglich wird. Gerade weil die Zeit, die uns zur Beschäftigung mit dem Holocaust im Unterricht zur Verfügung steht, und die Aufmerksamkeit der Schüler eine knappe Ressource sind, wollen wir Ihnen Materialien an die Hand geben, die den Zugang zu diesem komplexen Thema ein wenig vereinfachen.

Historisches Lernen, Erinnern und Gedenken

Im historischen Lernen, dem Lernen von und aus der Geschichte, sollte Auschwitz nicht als gesellschaftliches Laboratorium mißverstanden werden, aus dem wir nun Werte und Maßstäbe beziehen, die wir weitergeben. Die amerikanische Schriftstellerin Cynthia Ozick hat sich dagegen verwahrt, das Schicksal der Juden im Holocaust als ein bloßes Beispiel menschlicher Grausamkeit gegenüber Menschen zu behandeln. Sie sagt: «Juden sind keine Metaphern.»[6] Sie sind Menschen mit einer eigenen Geschichte und einer eigenen Identität. Wenn ihr Leidensweg während der Schoah lediglich dazu dient, eine pädagogische Lektion in Sachen Menschlichkeit zu illustrieren, mißbraucht man sie und wird ihnen nicht gerecht. Sie werden so zu Metaphern reduziert, zu einer Abstraktion, in der ein Mißbrauch der Geschichte liegt.

Wenn wir uns einig darin sind, daß das Geschehene nicht vergessen werden dürfe und daß ein Ziel unserer pädagogischen Arbeit sein solle, die Erinnerung an das Geschehene weiterzugeben, dann sind wir vor besondere Herausforderungen gestellt. Historisches Lernen kann dann nicht nur bedeuten, Schlüsse und Lehren aus der Geschichte zu ziehen und zu vermitteln, sondern wir müssen die Geschichte selber (kennen)lernen.

In der schulischen Realität ist die Perspektive häufig abhanden gekommen, daß Geschichtsunterricht und Unterricht allgemein eine Weitergabe von Tradition und Geschichte darstellen. Im 45-Minuten-Takt soll abprüf- und benotbares Wissen vermittelt werden. Der Lehrplan diktiert den Stoff, und die Frage, was vermittelt werden soll, bleibt oft genug den Lehrplangestaltern vorbehalten. In der Regel dürfen Lehrer froh sein, wenn sie den vorgeschriebenen Stoff «schaffen», und wenn es ihnen – im günstigsten Fall – gelingt, eine größere Zahl von Schülern zur Aneignung dieses Stoffes zu motivieren.

Das Thema Holocaust sperrt sich dagegen – was soll Gegen-

stand der Prüfung und Benotung sein? Das angeeignete Fakten-
wissen? Die Lehren, die die Schüler aus dem Geschehen für sich
ziehen? Der Grad ihres Mitgehens, ihrer Identifikation oder «Betroffenheit»? Im Zusammenhang mit dem Thema Holocaust
vollzieht sich historisches Lernen auf verschiedenen Ebenen der
Auseinandersetzung. Dazu gehört einerseits, das historische Geschehen kennenzulernen. So werden die Schüler in die Lage versetzt, sich diesem Teil ihrer Geschichte zu stellen und daraus
Schlüsse zu ziehen. Andererseits sind die Formen des Erinnerns
und des Gedenkens wichtig, die diesen engen Rahmen historischen Lernens sprengen. Die Schüler sollen erkennen, daß diesem
Geschehen ein besonderer Platz in der Geschichte zukommt, weshalb es erinnert werden muß, und daß die Opfer ein Anrecht auf
Erinnerung haben.

Die Mehrzahl der Juden Europas wurden von den Nazis umgebracht. Millionen von Menschen tauchten nur noch in den Todes-
statistiken der Täter auf. Die Zahl der Opfer (Stichwort: «sechs
Millionen»), der individuelle Tod sind unvorstellbar. Wir müssen
den Zahlen wieder – wo nur möglich – Gesichter geben, wahrnehmen, daß hinter dieser Zahl Menschen mit Geschichten, (unerfüllten) Träumen, Hoffnungen und Widersprüchen stehen. Wenn
wir uns an sie als namen- und konturlose Masse erinnern, würden
wir den Prozeß der Vernichtung, den die Nazis in Gang setzten,
nur fortführen.

Der jüdische Historiker Yosef Hayim Yerushalmi, der sich intensiv mit den jüdischen Traditionen der Geschichtsüberlieferung
auseinandergesetzt hat, formulierte, daß gegen das Vergessen die
Gerechtigkeit steht.[7] Das Anrecht der Opfer auf unsere Erinnerung steht gegen die von den Nazis gewollte totale Auslöschung
der Juden.

Die Ungerechtigkeit, die darin liegt, seines Namens, seiner Geschichte, seiner Identität und seines Lebens beraubt zu werden,
teilt sich Jugendlichen durchaus mit. Aus dem Mund der Überlebenden erfahren wir von einer Welt, die durch die Schoah aus-

gelöscht wurde. Die Trauer ist aus ihren Berichten spürbar. Vielleicht ist es uns nicht möglich, diese Trauer zu teilen, aber wir sind in der Lage, etwas davon nachzuvollziehen.

Geschichten wie die von Anne Frank wecken auch deshalb unser Interesse, weil sie von einem gewaltsam abgebrochenen Lebensweg erzählen, von unerfüllten Hoffnungen und Träumen gezeichnet ist. Diese Geschichten zu bewahren, weiterzugeben und zu hören ist Teil eines verantwortlichen Umgangs mit der Geschichte. Wir können die Umgekommenen nicht wieder zum Leben erwecken, aber vielleicht gelingt es uns, aus den Erzählungen der Überlebenden und den erhalten gebliebenen Zeugnissen der Ermordeten etwas über deren Welt und Vorstellungen zu begreifen. Daran Anteil zu nehmen konkretisiert das Geschehen, nimmt etwas von der Gewalt der Unvorstellbarkeit, da die Geschichte Gesichter erhält, mit denen wir sie künftig verbinden können.

Es geht nicht darum, deutschen Kindern und Jugendlichen Schuldgefühle einzureden für ein Geschehen, an dem sie keine Schuld tragen, nicht einmal Verantwortung. Oft entsteht jedoch bei den Schülern selbst angesichts der Ungeheuerlichkeit des Geschehens, wenn sie sich davon berühren lassen, der Wunsch, es irgendwie «wiedergut-» oder ungeschehen zu machen.

Aus dem vagen Gefühl heraus, berührt zu sein und mit dem Thema nicht fertig zu werden, rührt oft ein ebenso vages Schuldgefühl. Dies ist im übrigen eine Erscheinung, die nicht nur im deutschen Kontext auftritt, aber hier noch weitere Nahrung erhält: Die Schüler nehmen bewußt oder unbewußt wahr, daß ihre Zugehörigkeit zum Kollektiv der Deutschen ihnen eine besondere Position in Hinblick auf das Geschehen aufnötigt.

Diese Besonderheit bedeutet sicherlich nicht eine ererbte Schuld. Durch die Beschreibung einer Situation, die sich mit Lehramtsstudenten der Universität ereignete, läßt sich dieses Problem konkretisieren. Nachdem wir in einem Seminar ausführlich über den Holocaust gesprochen hatten, stellten mehrere

Studierende die Frage, wie denn Juden nach diesem Geschehen nach Deutschland zurückkehren und heute hier leben könnten. Sie begriffen, daß jüdische Existenz in Deutschland nach Auschwitz keine Normalität darstellt. Mit dieser Frage werden in Deutschland lebende Juden immer wieder konfrontiert, und ihre Antworten fallen sehr unterschiedlich aus. In diesem Gespräch zeigte sich, daß sich deutsche Nachgeborene diese Frage merkwürdigerweise schneller stellen als die Frage, die ich dann zurückgab: «Wie könnt, wie wollt ihr als Deutsche mit dieser Geschichte leben?»

Welche Bedeutung hat der Holocaust im Bewußtsein nachgeborener Deutscher? Die Wichtigkeit der Frage mochten die Studierenden nicht verneinen, da sie sie für die jüdische Seite ja bereits als relevant erkannt hatten. Zweierlei Reaktionen standen im Raum: eine undeutliche Angst, mit einer Geschichte verbunden zu sein, für die sie selbst nicht verantwortlich sind, und zugleich eine Erleichterung darüber, daß sie selbst bestimmen können und müssen, wie sie mit ihr umgehen wollen. Auf diese Frage wird man keine standardisierte Antwort geben oder erwarten dürfen, sie wird individuell anders beantwortet, doch eines wurde allen Anwesenden in diesem Gespräch deutlich: Keiner kommt wirklich um sie herum.

Aus eigenen Kontakten mit Juden der zweiten Generation nach Auschwitz oder aus der Lektüre über sie wußten die Studierenden, daß die Kinder der Überlebenden zu Trägern der Erinnerung wurden; daß sie selber für sich eine ähnliche Verhaftung in einer familialen Tradition in Hinblick auf die Schoah nur schwer wahrnahmen, hängt vielleicht damit zusammen, daß sie selbst weniger zu Trägern des Erinnerns denn des Abdrängens, des Vergessenwollens, wurden. Auch damit werden wir uns später noch einmal eingehender beschäftigen.

Die Beobachtungen aus dem universitären Seminaralltag sind nun keine direkte Anregung für das Unterrichtsgeschehen, denn in der Regel wird es im Schulalltag schwer sein, vergleichbar zu diskutieren. Vielmehr läßt sich an diesem Beispiel unsere eigene Perspektive als Lehrer überprüfen. Erwecken wir den Eindruck, daß der Holocaust letztlich eine jüdische Angelegenheit sei, oder sind wir dazu in der Lage, ihn auch als eigene Angelegenheit wahrzunehmen und erkennbar zu machen? Wird es den Schülern transparent, weshalb wir uns mit dem Thema beschäftigen und warum wir es auch für sie für relevant halten? Und schließlich: tun wir so, als hätten wir bereits mit dem Thema abgeschlossen, als wäre es für uns schon handhabbar, so daß wir über diesen Stoff wie über jeden anderen unterrichten können? Oder können wir uns und unseren Schülern eingestehen, daß wir auf viele Fragen, auf eigene und möglicherweise auf die der Schüler, keine Antworten parat haben?

Wie konnte das geschehen? Diese Frage führt sicher an die Grenzen des Verstehens.[8] Doch gerät sie auch manches Mal zur rhetorischen Bekundung der eigenen Entrüstung. Man signalisiert Umsichtigkeit und Reife, indem man von der Unvorstellbarkeit des Geschehens spricht. Doch sollten wir die Frage als Frage ernst nehmen: Wie konnte das geschehen? Wenn wir uns dieser Frage stellen, müssen unsere Antworten oder Antwortversuche Auskunft über die Bedingungen geben, die dem Holocaust zugrunde lagen. Der Holocaust hat stattgefunden, ob wir ihn uns vorstellen können oder nicht, und die Schilderungen der Überlebenden sind derart konkret, daß wir uns über die von ihnen beschriebenen Facetten des Geschehens sehr wohl ein Bild machen können.

Wir sollten konkret werden, wenn wir uns der historischen Situation nähern, in der die Ermordung der europäischen Juden erdacht, geplant und durchgeführt wurde. Dann können wir die Handlungsspielräume ausloten, die die Menschen in jener Zeit und in verschiedenen Phasen des Geschehens hatten. So läßt sich der Eindruck vermeiden, daß die Geschichte wie ein unabwendbares Schicksal, ein fatum, über die Menschen jener Jahre hereinbrach. Geschichte wird gemacht, war ein gängiger Slogan in der

Diskussion und Forschung der siebziger Jahre, der darauf hinwies, daß Geschichte aus Handlungen und Unterlassungen von Menschen entsteht. Wenn wir Geschichte auch als Geschichte von einzelnen Menschen und Menschengruppen erzählen, werden die Möglichkeiten, die sie hatten und wir haben, Geschichte zu gestalten, deutlicher. Ein Ziel einer «Erziehung nach Auschwitz» sollte es daher sein, sehr konkret zu werden, wenn es um Geschichte geht; Geschichte ist schließlich auch die Gesellschaft und Politik von gestern.

Der Holocaust und gesellschaftliche Tabus in Deutschland

Es gibt kaum eine andere Thematik, die in einem derart verminten Spannungsfeld aus moralischen Ansprüchen, gesellschaftlichen Tabus, historischer Entwirklichung und pädagogischer Reflexion angesiedelt ist. Die Notwendigkeit, über den Mord an den europäischen Juden zu sprechen, stellt uns vor besondere Schwierigkeiten, die dadurch, daß es Deutsche waren, die Auschwitz erdachten und realisierten, hierzulande noch an Schärfe und Gewicht gewinnen. Diese Geschichte ist eine Last.

Ich möchte an einer Situation praktisch beschreiben, was damit gemeint ist: Der niederländische Psychoanalytiker Horst Keilson war als Jude in den dreißiger Jahren aus Deutschland vor den Nazis geflohen. An dem Tag, an dem er vor wenigen Jahren die Ehrendoktorwürde der Universität Bremen erhielt, gingen wir nach einem offiziellen Empfang gemeinsam über den Bremer Rathausplatz. Dort befindet sich auch das «Haus der Heimatvertriebenen», an dem eine Schrifttafel prangt. Der Text bedauert die deutsche Teilung nach dem Zweiten Weltkrieg und das Leid der Vertriebenen. Keilson, auch ein «Heimatvertriebener», sagte leise: «Da fehlt ein Satz wie: Das danken wir unserem Führer, Adolf Hitler.» Die Last der Geschichte, von der wir eben sprachen, kommt nicht von ungefähr, und es gibt, wie Keilsons Bemerkung zeigt, konkrete Verantwortliche. Nicht allein Hitler gerät bei Keilsons Äußerung in das Blickfeld, sondern auch die vielen, die Hitler als ihren «Führer» verehrten und sich den Nationalsozialismus zu eigen machten. Es sind nicht «die anderen», denen wir vorwerfen können oder müssen, daß wir mit einer Geschichte «geschlagen» sind, die uns kaum gefallen kann; es sind die «Unseren», die Nazis und ihre Mitläufer, Helfer und Helfershelfer, die uns mit dieser Geschichte zurückgelassen haben. Dieses Eingeständnis rührt allerdings an Grundlagen unserer Existenz: es zielt auf unser Verhältnis zu Menschen, mit denen wir aufs engste verbunden sind, weil sie unsere Urgroßeltern, Großeltern oder Eltern waren oder sind. Ihre Lebensgeschichte gehört noch unmittelbar in die Sphäre der nationalsozialistischen Herrschaft.

Nun hilft eine pauschale Verurteilung ebensowenig, wie ein pauschaler Freispruch gerechtfertigt ist. In der Pose des Staatsanwalts werden wir uns der Geschichte ebensowenig zuwenden können wie in der des Rechtsanwalts. Das heißt jedoch nicht, daß die Fragen von Schuld und Unschuld oder Verantwortung keine Rolle spielen. Sie sind sicherlich Teil unseres Problems mit dieser Geschichte und lassen sich anhand von Einzelfällen und individuellen Geschichten stellen.

Daß wir in Deutschland oder Österreich heute geneigt sind, uns möglichst abstrakt mit den Geschehnissen jener Zeit zu beschäftigen, kommt nicht von ungefähr. Die konkrete Auseinandersetzung birgt das Risiko, daß wir Dinge erfahren, die uns in unserem Bild von unseren Vorfahren und von uns selbst erschüttern könnten. Es geht dabei nicht darum, der Generation der Deutschen, die (aktive oder passive) Zeitgenossen der Schoah waren, heute den Prozeß zu machen. Die Bedingungen, unter denen sie lebten, ihre Handlungen und Unterlassungen sowie ihre Handlungsspielräume kennenzulernen ist jedoch Voraussetzung dafür, daß wir Stellung beziehen können. Die «Nachgeborenen» haben das Recht, nach gründlicher Beschäftigung zu einer Beurteilung zu kommen. Jan Philipp Reemtsma beschrieb einmal die Abwehr, mit der Vertreter der Generation der NS-Täter und Mitläufer auf Nachfragen zur NS-Geschichte reagierten: es bestünde kein Recht zu fragen, geschweige denn zu beurteilen, weil man ja nicht wisse, wie man selbst gehandelt hätte. Reemtsma schlug vor, man solle das Geschehen sehr wohl beurteilen, und wenn man den Mund dabei ordentlich voll nehme («Ich hätte Widerstand geleistet»), müsse man sich daran künftig auch messen lassen.

Gründliche Auseinandersetzung verbietet vorschnelle Urteile. Die Furcht davor, am Ende der Beschäftigung zu einem Urteil zu kommen, das manches im Verhalten der eigenen Vorfahren fragwürdig oder schlimmer erscheinen ließe, darf uns von der Konfrontation mit dieser Geschichte nicht abhalten. Ich möchte an dieser Stelle noch einmal auf Erfahrungen aus dem Universitäts-Rahmen eingehen. Studierende befragten ihre Eltern und Großeltern nach den familiären Lebensgeschichten in der NS-Zeit. Viele taten es zum erstenmal. Manche Studentinnen und Studenten hatten, wie sie später berichteten, Sorge, auf Familiengeschichten zu stoßen, die Anlaß für Scham und Schuldgefühle bieten würden. Sie stellten in intensiven Gesprächen in der Regel fest, daß ihre Großeltern zwar in einem Bezug zur NS-Realität standen, jedoch die großen Befürchtungen nicht erfüllt wurden. Die «kleinen» Probleme, die sich aus den Gesprächen ergaben, waren sehr wohl nicht frei von Belastungen, aber sie trugen doch zu einer Klärung bei.

Diesen Gesprächen über die eigene Familiengeschichte und über lebensgeschichtliche Bezüge zur NS-Zeit ging eine Diskussion im Seminar voran. Wir verabredeten, einen «Seniorennachmittag» zu veranstalten und dabei selbst in die Rolle unserer Großeltern zu schlüpfen. Unsere Frage war, wie sich diese Generation über die Jahre der NS-Herrschaft unterhält, wenn sie unter sich ist – eine Situation, die wir aus eigenem Erleben nicht kennen. In unserem schwerfällig beginnenden Dialog bemühten wir wechselseitig unsere Erinnerungen an zurückliegende Familiengespräche. Eine Studentin machte den Anfang und «*erinnerte sich*» an «*ihre Vertreibung*». Andere stimmten ein, Erlebnisse in Bombennächten wurden angeführt und dagegen «*aufgewogen*» («Aber wir hatten es auch nicht leicht! Jeden Abend Bombenalarm! Und das mit den zwei kleinen Kindern...»). Fragen nach «Birnbaums», den «*jüdischen Nachbarn*», wurden zunächst übergangen, dann mit Antworten wie «die sind dann ja plötzlich weggewesen, nach Amerika» oder «wir hatten es weiß Gott auch nicht leicht...» bedacht, ergänzt um das abwehrende «Was dann kam, haben wir ja auch nicht gewußt». Auch die Versuche, die Rekonstruktion eigener intergenerationeller Gespräche provokativ aufzulösen und zu stören («Aber das war doch auch eine schöne Zeit – was waren wir jung!» oder «Marianne, dein Mann war doch unser Ortsgruppenleiter, so ein strammer Kerl!»), wurden überwiegend ignoriert. Auffällig war, daß jeder von uns die Aussagen der anderen kannte. Es waren zu Klischees geronnene, möglichst unverbindliche Äußerungen, die die Einbezogenheit in Geschehnisse auf ein passives Dabeisein oder den eigenen Opferstatus (Vertreibung, Bombennächte, Entnazifizierung) reduzierten.

Erinnerungen an entscheidende Situationen im Sinne von Entscheidungssituationen – etwa an die Pogromnacht (meine Vorgabe: «Das hat ja ganz schön gebrannt da in dem Judentempel. Eigentlich schade um den ganzen Krams da drinnen; na ja, 'nen kleinen Leuchter hab ich noch mitgenommen.») oder an den Aprilboykott – wurden wiederum nicht aufgenommen. Einerseits wurden durch diese Seminarsituation familiäre Tabus im Umgang mit dieser Geschichte noch einmal deutlicher. Andererseits wurde das eigene Unvermögen bewußter, sich in die Gedankenwelt dieser Generation hineinzudenken. Die Interventionen, die eine relativ unreflektierte, offensive Bezugnahme auf Geschehnisse vorgaben, wurden im Gesprächsverlauf weitgehend ignoriert. Diese Erfahrung im Seminar bot die Grundlage für eine intensive Diskussion um die eigene Position zum Geschehen, die bis dahin relativ abstrakt geführt wurde.

Die Schwierigkeiten der Studenten, deren Großeltern in der NS-Zeit junge Erwachsene waren, sich mit dieser Zeit auseinanderzusetzen, sind ein Beispiel für das Fortwirken von familiären Tabus. Die Gleichförmigkeit der Erfahrungen in diesem Gesprächskreis weist darauf hin, daß hier mehr als individuelle oder zu individualisierende Momente zum Tragen kamen. Es sind offenbar kollektive Umgangsformen, die die Unsicherheit in der Auseinandersetzung mit dieser Geschichte begründen. Die meisten Studierenden (geboren zwischen 1960 und 1975) hatten einen intensiven schulischen Unterricht zum Nationalsozialismus und zum Holocaust erhalten. Dadurch waren sie aber nicht in die Lage versetzt worden, diese kollektiv vermittelten Hemmungen ernstlich zu durchbrechen.

Hier deutet sich eine Dimension der gesellschaftlichen Schwierigkeiten mit der Thematik in Deutschland an: In der Regel sind wir als Nachgeborene Teil des Problems, das wir verhandeln. Davon sind Pädagoginnen und Pädagogen nicht ausgenommen. Wir sind die Kinder unserer Eltern, die Enkel unserer Großeltern usw. Aus ihren Geschichten gewinnen wir unser Bild von der Zeit des Nationalsozialismus und des Holocaust, und je weniger plastisch diese Erzählungen sind, desto undeutlicher bleibt auch unsere Vorstellung von dieser Zeit.

Generationen nach Auschwitz

Mit dem Abstand von über fünfzig Jahren haben sich die Fragen gewandelt, die die Nachgeborenen an die Geschichte stellen. Der familiäre Bezug der heutigen Schülergeneration zum Geschehen ist, wie gesagt, in der Regel bereits über drei Generationen vermittelt. Für sie liegt das Geschehene sehr weit zurück, und je nachdem, ob und welche Erinnerungen in ihren eigenen Familien vermittelt wurden, sehen sich Lehrerinnen und Lehrer vor die Aufgabe gestellt, Brücken in die Vergangenheit zu bauen. Die Überlieferung ist in deutschen Familien nachhaltig gestört, wie der Frankfurter Psychoanalytiker Sammy Speier aus Erfahrungen in seiner Praxis schließt:

«Nach Auschwitz gibt es keine Eltern und Großeltern mehr, die die Kinder auf den Schoß nehmen und von ihrem Leben in alten Tagen berichten. Kinder brauchen Märchen, aber sie brauchen ebenso nötig Eltern, die ihnen von ihrem Leben erzählen, damit sie einen Bezug zur Vergangenheit herstellen können. Zum Erzählrepertoire der Eltern gehören nun aber nicht mehr einfache Kriegs- und Abenteuergeschichten, sondern bedenkliche, beschämende, ja gefährliche und gräßliche Geschichten. Von den für sie entscheidenden Erlebnissen erzählen zu viele Väter und Großväter, Mütter und Großmütter den Kindern lieber nichts. Was da ausgeblendet wird, erscheint bei den Kindern […] als Leere.»[9]

Unsere Fähigkeit, die Gegenwart zu bewältigen, hängt stark davon ab, ob wir eine reflektierende Vorstellung von der Vergangenheit haben. Der Mensch sei, so Willi Hellpach, «das Lebewesen, das seine Großeltern kennt».[10] Zu unserem Erbe und zu unseren «Erbinformationen» gehört nicht nur unser genetischer Code, sondern auch tradierte Erinnerungen und Erfahrungen, Kultur, Geschichte und Geschichten. «Ich denke, also bin ich» schließt das «ich erinnere, also lerne ich» ein. Wir sind lernfähig, aber dazu bedürfen wir der Erinnerung; um uns selbst sinnvoll denken zu können, müssen wir uns in unsere familiäre Tradition hineindenken können. Eine möglichst konkrete Vorstellung von der Vergangenheit hilft uns, die Geschichte als Geschichte von Individuen zu begreifen, die Einfluß auf den Lauf ihres Lebens genommen haben. Die menschliche Gesellschaft wäre ohne solche Einflußnahme, ohne Partizipation, nicht denkbar.

Weite Teile der damaligen deutschen Bevölkerung hatten große Hoffnungen mit dem Nationalsozialismus verbunden. Es war durchaus für viele verlockend, einen Platz auf der Seite der «Herrenmenschen» anzustreben, dazuzugehören. Erst mit dem absehbaren Scheitern des «Dritten Reiches» lösten sich mehr und mehr Deutsche allmählich von ihren vordem gepflegten Idealen, und nahezu jeder mußte irgendwann wahrnehmen, wenn auch nicht unbedingt anerkennen, daß das kurze «Glück», zu den «Herrenmenschen» zu gehören, mit unsagbarem Leid anderer teuer erkauft war.

Der Nationalsozialismus hat es verstanden, zu seinen Anhängern ein Verhältnis der Komplizenschaft aufzubauen, sie in das Terrorsystem einzubinden. Man wußte allgemein von den Konzentrations-, wenn auch nicht unbedingt von den Vernichtungslagern. Die Zeitungen berichteten von der Einrichtung der Konzentrationslager wie Dachau. Die Nazis eroberten die Straße als öffentlichen Raum, dort fand am 1. April 1933 der sogenannte «Abwehrboykott» statt. Jeder konnte sehen, daß die Juden in Deutschland nach 1933 ausgegrenzt, diskriminiert und verfolgt wurden. Spätestens mit dem Novemberpogrom im Jahr 1938 wurden die Deutschen zu Mitwissern der Judenverfolgung. Und zu diesem Zeitpunkt gab es bereits eine Vielzahl von Tätern, Mittätern und Profiteuren: Juristen, die antijüdische Maßnahmen in Gesetzen und Verordnungen formulierten, Beamte, die sie umsetzten oder sich selbst antijüdische Maßnahmen ausdachten und realisierten, oder die «Arisierungsgewinnler», die materiell von der Verdrängung der deutschen Juden profitierten. Durch die später erlassene Kennzeichnungspflicht («Judenstern») wurde die

Mehrheit der Deutschen zu Zeugen der Ausgrenzung, und als KZ-Häftlinge in den bombardierten Städten Bomben räumten oder als später die Todesmärsche durch Städte und Dörfer des Deutschen Reiches führten, muß es den letzten deutlich geworden sein, was den politischen Gegnern und Verfolgten des NS-Regimes angetan wurde.

Eine Generation der Täter, Mitläufer und Zuschauer stand mit dem Kriegsende 1945 vor dem Problem, mit ihrem Wissen und ihrer graduell unterschiedlichen Beteiligung am Geschehen weiterzuleben. Die Politisierung und Militarisierung des Alltags unter dem Nationalsozialismus war für viele das Argument, sich nicht mehr politisch engagieren zu wollen. Die Erinnerung an das Geschehene war mit Gefühlen der Trauer und des Versagens verbunden. Psychoanalytiker haben beschrieben, wie viele, die ihre Hoffnungen auf den Nationalsozialismus gerichtet hatten, sich ihrer «Ideale» und idealisierten «Führer» beraubt sahen. Die Trauer um die eigenen Verluste wurde weithin abgedrängt; so ist übrigens die Formulierung von Alexander und Margarethe Mitscherlich («Unfähigkeit zu trauern») gemeint.[11] Da Trauer voraussetzt, daß das betrauerte Objekt in irgendeiner Form mit Liebesgefühlen besetzt war, erscheint eine Trauer der Täter um ihre Opfer unmöglich. Sie hätten die Juden lieben müssen, damit sie ihnen später auch hätten fehlen können. Wäre das so gewesen, wären die Täter wohl kaum zu Tätern geworden. Der Begriff der «Unfähigkeit zu trauern» bedeutet also nicht die Trauer um die Opfer der Verfolgung, sondern um den eigenen Verlust, den Deutsche im «Zusammenbruch» ihrer nationalsozialistischen «Ideale» erlebten.

Der schwierige Umgang mit der eigenen Lebensgeschichte resultierte im Schweigen über die NS-Herrschaft, das nach 1945 einsetzte. Die individuelle wie die kollektive Geschichte wurden verschwiegen, schließlich auch geleugnet, verfälscht und umgedeutet[12], entwirklicht oder, um einen psychoanalytischen Begriff zu benutzen, «derealisiert». Helmut Dahmer schreibt:

«Derealisierung war für die Mehrheit der einfachste Ausweg aus der Kalamität des *Zusammenbruchs;* er erwies sich auch als der verhängnisvollste. Deutschland wurde dadurch zum Land des großen Vergessens. Wer den Fluchtweg der Derealisierung einschlägt, *erspart* sich das politisch-psychologische Lernen – die Identitätsarbeit [...]. Die nach den Diktatur- und Kriegsjahren fällige radikale Revision von Lebenspraxis und *Weltanschauung* wurde von der Mitläufermehrheit verweigert. Dadurch wurde die Mentalität, die den Unterbau auch der NS-Ideologie abgegeben hatte, konserviert.»[13]

Die psychologischen Forschungen, die sich mit den Überlebenden des Holocaust beschäftigten, entwickelten die Unterscheidung von erster, zweiter und dritter Generation. Die Überlebenden, die durch den Holocaust traumatisiert wurden, werden als erste Generation betrachtet, ihre Kinder als zweite und ihre Enkel als dritte Generation. Man hat beobachtet, daß die Kinder der Überlebenden im Schatten der Erlebnisse ihrer Eltern aufgewachsen sind und daß auch die Enkelgeneration durch das Holocaust-Geschehen geprägt ist.

Auf deutscher Seite wurde die Selbstbeschreibung als Angehörige der zweiten oder dritten Generation nach Auschwitz in den vergangenen Jahren vielfach übernommen. Vergröbernd spricht man als erste Generation in diesem Zusammenhang von denjenigen, die zwischen 1933 und 1945 Erwachsene und vom Nationalsozialismus geprägt waren – und an ihm Anteil hatten. Die zweite Generation sind demnach ihre Kinder, die dritte ihre Enkel usw. Nun hat jemand, der etwa zwischen 1930 und 1940 geboren wurde, die prägendsten Kindheits- und Jugendjahre im Nationalsozialismus erlebt. Auch dies ist ein Leben im Schatten des Nationalsozialismus, das unmittelbarer von dem Geschehen geprägt war als das der nach 1945 Geborenen. In der Literatur gibt es eine Vielzahl von Darstellungen, die beschreiben, wie die (erste) Generation der Täter, Mitläufer und Zuschauer mit ihrer Vergangenheit umgegangen ist.[14] Eine Fülle von Texten hat die Erfahrungen der zweiten Generation zum Gegenstand, die von der «Last des Schweigens» berichteten.[15] Hinzu kommen kritische Auseinandersetzungen über den eigenen Umgang mit dem Geschehenen aus der zweiten und dritten Generation.[16]

In der Literatur wie im alltäglichen Leben trifft man immer wieder auf das Phänomen der Entrealisierung. Oft spiegeln die Antworten von Studierenden oder Teilnehmern der Lehrerfortbildung auf die Frage, ob sie Nazis kennen oder was sie sich darunter vorstellen, das Dilemma. Man weiß um die Geschichte, kann oder will dieses Wissen aber nicht in Bezug zu sich selbst und zur eigenen Familie setzen. Fernsehfilme, ob Spielfilme oder NS-Propagandabilder, liefern ein Bild von blonden, jungen Menschen, die entschlossen in die Welt blicken und so unwirklich wirken. Hackenschlagend scheint ihr Bewußtsein nur allzu durchschaubar getrübt. Oder es sind Vorstellungen von feisten Männern in zu engen Uniformen, NS-Goldfasane, die an Göring oder Himmler erinnern. Manchen fallen stramme SS-Männer ein, sadistische Figuren wie Amon Goeth, eine Hauptfigur aus Steven Spielbergs Film *Schindlers Liste*. Die Bilder von heutigen Nazis sind von Skinheads, durch Gestalten wie Michael Kühnen oder den NPD-Vorsitzenden Deckert geprägt. Einer Lehrerin, die in einer Klasse nach der Vorstellung von Juden und Nazis fragte, erzählte, daß eine Schülerin eine Gestalt aus der *Lindenstraße*, Franz Wittig, den Onkel der Mutter Beimer, anführte.

Spontane Aussagen zeichnen nur selten ein Bild von Nazis, das in eine – wenn auch in dem *Lindenstraßen*-Beispiel durch das Fernsehen vermittelte – familiäre Realität hinreicht. Wie viele «Wittigs» gibt es in unseren eigenen Familien? Die Angehörigen der zweiten und dritten Generation verbinden mit dem Begriff Nationalsozialist kaum präzise Vorstellungen, können ihn mit den spärlichen Erzählungen ihrer Großeltern oder Eltern nicht in Beziehung setzen. Nazis, das waren die anderen; Oma und Opa werden in der Regel aus dem Gedankenspiel herausgelassen, und man erlaubt sich die Frage allzuoft nicht.

Erfahrungsgemäß begreifen Schüler und Studenten zu Beginn einer intensiveren Auseinandersetzung Nazis als der Demagogie hilflos verfallene Objekte oder als Unmenschen von besonderem Kaliber, das sie ihren Großeltern, heute gebrechlich, ergraut und alt, nicht zutrauen. Sie sind gefangen im Klischee vom Nazi als eindeutigem Täter, nie als Mitläufer, und führen damit nur allzuoft die Sicht ihrer Großeltern bzw. Eltern unhinterfragt und unbewußt fort. Nur wenige wissen Konkretes über die Geschichte ihrer Großeltern bzw. Eltern während des Nationalsozialismus.

Anfangs berichteten Teilnehmer in Seminaren häufig, man habe Widerstandskämpfer in der Familie gehabt; nach einer näheren Beschäftigung brachen diese tradierten Erinnerungen jedoch oft in sich zusammen – ebenso wie die Phantasien vom Nazi als sadistischem Übermenschen. Sie erkennen, wie bereits beschrieben, die Schwierigkeiten innerhalb der Familie, an den Klischees, Tabus und Familiengeheimnissen zu rühren. Schließlich wundern sie sich, wie wenig konkret ihre Vorstellungen von den Jahren des NS-Regimes waren oder sind, so, als sei die Verbindung zu dieser Geschichte einfach abgebrochen worden. Andererseits beschreiben sie oft auch ihr Verhältnis zu der Jugendzeit ihrer Eltern, der ersten Nachkriegsgeneration, als wenig real.

In die Familientradition gehen zumeist die Berichte von den direkten Kriegsfolgen, von Bombennächten und Vertreibung ein. Gelegentlich zeigt sich, daß zwischen der Großeltern- und der Enkelgeneration Gespräche möglich sind, die zwischen der Generation der Zuschauer und Mitläufer (explizite Täterbiographien weisen die wenigsten Großeltern auf) und deren eigenen Kindern nicht möglich waren. Allerdings werden auch weiterhin Klischees transportiert, die die Geschichte des Nationalsozialismus auf das Kriegserleben reduzieren. Dies ist sicher unter anderem eine Folge davon, daß die Großeltern, die noch eigene Erfahrungen an die Zeit haben, damals selber Kinder, Jugendliche oder junge Erwachsene waren – ihr bewußter Erfahrungshorizont war begrenzt und durch traumatisierende Kriegserlebnisse geprägt.

Die Schule und die außerschulische Bildungsarbeit stehen vor einem ungeheuren Problem, wollen sie das «Fehlgehen der Erinnerung» (Freud) in Hinblick auf die NS-Zeit beenden und dazu beitragen, die Erzählung wiederherzustellen. Schließlich sind auch wir Pädagogen Teil des Problems – als Angehörige unserer Generation, als Kinder unserer Eltern und Enkel unserer Großeltern. Unsere Vorstellungen vom Nationalsozialismus und vom Holocaust sind ebenso von den Klischees und Tabus geprägt wie die unserer Schülerinnen und Schüler. Es erfordert einige Zeit und Mühe, uns unserer eigenen – oft unbewußten – Verstrickung in diesen Zusammenhang bewußt zu werden. Und doch kommen wir nicht drum herum, wenn wir es mit der Aufgabe des «politisch-psychologischen Lernens» als «Identitätsarbeit» (Dahmer) ernst meinen. Der Psychoanalytiker S. Speier stellt die Fähigkeit, unsere Gegenwart und Zukunft zu gestalten, in ein enges Verhältnis zu unserem Vermögen, eine vernünftige Beziehung zur Vergangenheit zu entwickeln. Speier formulierte für die sogenannte «Null-Bock-Generation» der achtziger Jahre, daß der Slogan «no future» das Ergebnis einer Haltung sei, die sich am zutreffendsten mit dem Wort «no past» fassen ließe.[17] Um Perspektiven für Gegenwart und Zukunft entwickeln zu können, bedürfen wir tradierter Erfahrungen aus der Vergangenheit, die wir uns im historischen Lernprozeß aneignen. Politisches Bewußtsein ohne historisches Bewußtsein ist kaum denkbar.

Die Auseinandersetzung mit dem Holocaust ist vor dem Hintergrund der Generationenproblematik überaus kompliziert. Es gibt scharfe Vorwürfe aus der dritten Generation gegen die Generation ihrer Lehrer, die auch von pubertären Ablösungskonflikten geprägt sind wie vorher die Auseinandersetzung zwischen erster und zweiter Generation. Das Thema Holocaust ist von großem moralischem Gewicht, und Jugendliche spüren intuitiv, daß es sich im eigenen Ablösungsprozeß von der Elterngeneration instrumentalisieren läßt, da es an neuralgische Punkte der Identität der

Eltern rührt. Das verschärfte schon die Auseinandersetzung zwischen erster und zweiter Generation und verstärkt die Neigung der Eltern, Fragen der Kinder auszuweichen. Wenn die Fragen nach der Beteiligung der Eltern am Nationalsozialismus oft auch den Unterton der Ablösung und Relativierung der elterlichen Integrität besaßen, stand das Wissenwollen bald im Hintergrund. Durch eine pubertär motivierte moralische Überheblichkeit und durch einen jugendlichen Rigorismus wurde der Dialog weiter erschwert, der von den Eltern in der Regel nicht gewollt war.

Die Auskunftsverweigerung der Elterngeneration erhielt eine zusätzliche Begründung in der Form, mit der viele ihrer Kinder Fragen stellten. Das Schweigen, mit dem die Generation der Täter, Mitläufer und Zuschauer den Fragen ihrer Kinder begegnete, war einerseits der Versuch, sich der eigenen Geschichte nicht zu stellen, andererseits aber auch eine Reaktion auf die nicht nur auf sachliches Wissenwollen, sondern zugleich auf Ablösung von den Eltern zielenden Fragen. Erst mit größerem zeitlichem Abstand ist es in einigen Familien gelungen, sich der Zeit des Nationalsozialismus anders anzunähern, während andere im Schweigen und Ausklammern verharren.

Auch in der Auseinandersetzung zwischen zweiter und dritter Generation trägt die Konfrontation mit dem Nationalsozialismus und dem Holocaust ähnlich motivierte Züge. Dies läßt sich deutlich einzelnen Stellungnahmen Angehöriger der dritten Generation entnehmen. Sebastian Fetscher (Jg. 1959) wirft weiten Teilen der zweiten Generation moralischen Rigorismus und «Dünkel der Betroffenheit» vor.[18] Seine Position ist auch die versuchte Lösung von der Eltern- und Lehrergeneration.

Der österreichische Journalist Peter Sichrovsky zitiert in seinem Buch (1986) *Schuldig geboren* eine Neunzehnjährige:

«Ja, ich weiß, es war eine schlimme Zeit. Der Krieg, nichts zum Fressen, die Bomben, die Juden. Wir hatten da einen Geschichtslehrer. Lange Haare, Bart, Norwegerpullover, entweder über der Latzhose oder darunter. Was hat der uns nicht alles vorgelabert.

Stundenlang über die Juden, die Kommunisten, die Zigeuner, die Russen, alles Opfer, nichts als Opfer. Der tat immer so, als ob er verfolgt worden wäre. Als ob heute noch die Nazis hinter ihm her wären. Aber was war er denn? Weder Jude noch Zigeuner, noch Russe. Höchstens Kommunist vielleicht. Ich hab ihm das alles nie abgenommen. Wer weiß, ob das alles so schlimm war. Einer aus der Klasse hat ihn mal gefragt: ‹Wo war denn das Tolle damals? Warum haben denn so viele Hurra und Heil gebrüllt? Warum waren die alle so begeistert? Da muß es doch noch etwas anderes gegeben haben?› Da schaute er blöd, der liebe Lehrer. Fing an, den Schüler als Neonazi zu beschimpfen, ob er denn keine Achtung vor den Opfern hätte usw. Aber wir anderen ließen nicht los. Endlich hat das einer mal ausgesprochen. Wir wollten wissen, was damals wirklich los war. Da hatte sich richtig was aufgestaut. Immer nur Verbrechen und Schandtaten, und immer waren's wir, die Deutschen.»[19]

Die junge Frau beschreibt ein intuitives Unbehagen an der Vorgehensweise und Rolle des Lehrers. Doch sie kann dieses Unbehagen nicht formulieren, in eine Auseinandersetzung mit dem Lehrer überführen. Ihre Schlußfolgerungen geraten in die Nähe zu den Geschichtsklitterungen ihrer Großeltern, die sie später anführt. Da ihr die Brüche in der Darstellungsweise des Lehrers suspekt erscheinen, setzt sie die Geschichte ungebrochen fort.

Der niederländische Historiker Friso Wielenga deutet diese Stelle anders: «Diese Szene trägt die Züge einer Karikatur [...]. Sie illustriert [...], daß in den achtziger Jahren die Glaubwürdigkeit der *hochmoralisierten Kollektivvorstellungen der 68er* durch die folgende Generation unter Druck geriet. Diese Generation fand keine Anschlußmöglichkeit an den Umgang mit der NS-Vergangenheit vieler Ex-68er und verlangte nach mehr als nur einer Anti-Identität gegenüber der Nazi-Vergangenheit.»[20] Wielenga bezieht nicht ein, daß die junge Frau nicht nur die konfrontative Abwehr gegen die Haltung des «68er-Lehrers» formuliert, sondern zugleich an die nationalsozialistischen Wertvorstellungen der idealisierten Großmutter anknüpft. Gewiß ist es fragwürdig, wenn Lehrer auf einer bloßen Anti-Identität beharren oder sich (wie von der Schülerin unterstellt und in der Tat oft zu beobachten) mit einem phantasierten Opferstatus identifizieren. In diesem Beispiel aber wählt die junge Frau eine Position, die die wirkliche Konfrontation mit der Geschichte ebenso umgeht wie die ihres Lehrers, dessen Haltung wir allerdings nur aus ihrer Beschreibung kennen. Wielenga instrumentalisiert meiner Meinung nach die Aussagen der Schülerin als implizite politische Abrechnung mit den 68ern.

Die Auseinandersetzung um den Umgang mit dem Nationalsozialismus und dem Holocaust wird dadurch nicht einfacher, daß sie Teil des Generationenkonflikts ist.

Bodo Morshäuser schreibt 1992 in ‹Hauptsache Deutsch›: «Es sind drei Generationen dazu verdammt, das Deutsche immer wieder neu zu verhandeln, wahrscheinlich so lange, bis es normal wird. Die ‹erste Generation ist die Überleber-Generation, drauf und dran, die Söhne und Enkel der Nazis um ihre Geschichte zu betrügen› (K.H. Bohrer). Die ‹zweite Generation› sind die Kinder der ‹Überleber›, die deren gepanzertes Schweigen in den sechziger Jahren zu beenden versuchten und dafür sorgten, daß über den Faschismus gesprochen wurde. Die ‹dritte Generation› sind jene heute etwa Zwanzigjährigen, die den Typus der ‹zweiten Generation› als Erzieher hatten und die, um sich zu unterscheiden und um zu provozieren, ‹nationales Denken› vorgeben.»[21]

Diese Einordnung ist eingängig, doch geht sie über die Tatsache hinweg, daß nur ein Teil der zweiten Generation die offene Auseinandersetzung suchte und betrieb. Es mag sein, daß man unter den Lehrerinnen und Lehrern der zweiten Generation eine große Zahl von Personen findet, auf die Morshäusers Typologie zutrifft. Sie haben aber oft genug von den Eltern ihrer Schüler, die auch der zweiten Generation angehörten, Abwehr oder Desinteresse zu spüren bekommen, wenn es um die Thematik Nationalsozialismus und Holocaust im Unterricht ging.

Das Denken im Generationenmodell verleitet zu Verallgemeinerungen und manchmal zu allzu einfachen Erklärungen. So ist es unzulässig, die «neudeutsche Unbefangenheit» und die Einstellungen von Teilen der dritten Generation allein auf mißlungene Aufklärungsversuche der zweiten Generation zurückzuführen. Viele Schüler bekommen bereits in ihren Elternhäusern und auch von manchen Lehrern das gesamte Repertoire der Flucht vor und aus der Geschichte mit. Es gibt die Tendenz, die «68er» für die rechtsextreme Orientierung Jugendlicher verantwortlich zu machen. Diese Auffassung überschätzt die Wirkung der Aufklärungsversuche. Morshäusers Kritik an den 68ern trifft sicherlich einen wichtigen Aspekt dieser Auseinandersetzung: «Eine Folge der schnellen ideologischen Aufrüstung der zweiten Generation ist es gewesen, daß der deutsche Faschismus als Argument nützlich war, bevor er persönlich begriffen, also in der eigenen Familie entdeckt wurde. Bevor junge Gesellschaftskritiker sich mit ihren Eltern, die meistens Nazis oder Mitläufer waren, also auch mit dem Nazi in sich selbst beschäftigten, war die Welt erklärt.»[22] Aber auch diese Reaktion steht nicht im luftleeren Raum, sondern im familiären Kontext. Die Ideologisierung der Frage nach dem Nationalsozialismus ermöglichte es manchen Kindern der Täter und Mitläufer, um eine Auseinandersetzung herumzukommen, die ihre eigenen Eltern wirklich in Frage gestellt hätte. Es ist einfach, sich im verminten Terrain deutscher Geschichte zu bewegen, wenn man Wege findet, die Tretminen zu umgehen. Die bleiben dann dort liegen und sind eine Gefahr bei jedem unbedachten Schritt.

Erziehung und humane Orientierung

Wir wissen aus der Geschichte des Holocaust, welche Bedeutung eine humane Orientierung für das Verhalten einzelner hatte. Das durch den Steven-Spielberg-Film *Schindlers Liste* auch in Deutschland bekanntgewordene Beispiel Oskar Schindlers zeigt, daß auch Angehörige der NSDAP trotz ihres Bekenntnisses zum Nationalsozialismus zu richtigen, humanen Entscheidungen gelangen konnten. Überliefert ist etwa das Beispiel einer katholischen Bäuerin, die Juden bei sich untertauchen ließ, nicht *weil*, sondern *obwohl* sie Juden waren. Sie verfügte trotz ihrer strengen religiösen Auffassungen, nach denen «die Juden» am Tode Jesu schuld gewesen seien, über ein Einfühlungsvermögen, das es ihr verbot, wegzuschauen. Je genauer wir die deutsche oder die europäische Gesellschaft zur Zeit der Schoah betrachten, desto deutlicher wird ihre Komplexität.

Wir wissen, wie sehr Anspruch und Realität gerade in der pädagogischen Praxis voneinander abweichen. Schnelle Bekenntnisse sind zuwenig: sie lassen sich ebenso schnell abstreifen, wie sie angelegt werden. Dazu provoziert eine Erziehung, die sich so ganz allgemein der Menschlichkeit, der Erziehung zum Guten und Besseren verschreibt. So unschuldig kann «Erziehung nach Auschwitz» nicht sein, denn sie weiß um das, wozu Menschen fähig waren. Sie muß auf eine grundlegendere, möglichst konkrete humane Orientierung abzielen, nicht auf vorschnelle, politisch und moralisch korrekte Bekenntnisse. Humanität muß an Beispielen mit Inhalt gefüllt werden. Wir finden selbst zur Zeit des Mordes an den europäischen Juden Spuren der Menschlichkeit, die uns zeigen, daß es nicht nur Anpassung, Verfolgung und Mord gab. Sie mögen im Einzelfall noch so bedeutungslos gewesen sein – für die, die sie erlebten und zeigten, hatten sie in der Regel doch Konsequenzen.

Täter, Opfer, Zuschauer –
Historische Kategorien

In der Geschichtswissenschaft konzentrierte sich viele Jahre das Interesse auf eine Personifizierung von Geschichte. Das galt auch für die Erforschung der NS-Geschichte, bei der man sich insbesondere mit der Person Hitlers beschäftigte. Allmählich verschob sich der Akzent auf eine Untersuchung der Strukturen des nationalsozialistischen Systems. Dazu trug die 1949/50 erfolgte Gründung des Münchner «Instituts für die Erforschung der nationalsozialistischen Zeit» (später «Institut für Zeitgeschichte») ebenso bei wie die Sammlung von Dokumenten in den Kriegsverbrecher- und den späteren Prozessen gegen die Exekutoren des NS-Unrechts (z. B. Auschwitz-Prozeß 1964; Eichmann-Prozeß 1961/62). Sowohl in der deutschen wie in der internationalen Forschung begann man, sich der Geschichte des Holocaust in besonderer Weise zu nähern. Forschungseinrichtungen wie die israelische Gedenkstätte Yad Vashem und meist jüdische Historiker wie Raul Hilberg (USA), Joseph Wulf (Deutschland), Abel Herzberg und Jacques Presser (Niederlande) bemühten sich um eine gründliche Erforschung des Geschehens. Dennoch brauchte es beispielsweise bis 1982, bis Raul Hilbergs Monumentalwerk über den Holocaust erstmals in deutscher Übersetzung erschien.

Hannah Arendts Bericht über den Eichmann-Prozeß rückte in der ersten deutschsprachigen Ausgabe von 1964 die Person Eichmanns und die moralischen Dilemmata um die «Judenräte» in das Blickfeld. In der Folge entstanden wiederum häufig von jüdischen Überlebenden verfaßte Monographien über die Bedingungen jüdischen Lebens zur Zeit des Holocaust.

In der bundesrepublikanischen Geschichte waren es vor allem kulturelle Anlässe, die zur Auseinandersetzung mit der NS-Geschichte und dem Holocaust beitrugen. Dazu gehörte die Herausgabe des Tagebuchs der Anne Frank, von dem zwischen 1950 und

1958 immerhin 700 000 Exemplare verkauft worden waren, die Aufführung des auf dem Tagebuch basierenden Theaterstücks und der filmischen Umsetzung seit Ende der fünfziger Jahre. Die Rezeption an deutschen Schulen läßt sich ohne Übertreibung als «kleine Massenbewegung» (Wolfgang Kraushaar) bezeichnen. 1965 wurde das Theaterstück *Die Ermittlung* von Peter Weiss uraufgeführt, in dem der Auschwitz-Prozeß thematisiert wurde (wenn auch pikanterweise das Wort «Jude» nicht darin vorkommt). 1979 führte die Ausstrahlung der Fernsehserie *Holocaust* zu einer Belebung der Diskussion, und ein Jahr darauf veranstaltete die Köber-Stiftung den Schülerwettbewerb Deutsche Geschichte um den Preis des Bundespräsidenten zum Thema «Alltag im Nationalsozialismus 1933–1939», an dem sich fast 13 000 Schülerinnen und Schüler beteiligten. Am Folgewettbewerb zu den Kriegsjahren nahmen immerhin noch einmal beinahe 6 000 Schülerinnen und Schüler teil. Etwa zur selben Zeit war die Bewegung der «Alltagsgeschichte» auf ihrem Höhepunkt, die sich auch den Alltag im Nationalsozialismus zum Gegenstand wählte.

Um 1988 und den 50. Jahrestag der Pogromnacht erschien eine Vielzahl von lokal- und regionalgeschichtlichen Studien zum jüdischen Leben. Dadurch, daß Kommunen solche Arbeiten in Auftrag gaben oder ihre Herausgabe unterstützten, wurde die jüdische Geschichte zusehends wahrgenommen. Weitaus seltener finden wir noch heute Arbeiten über die lokalen «Täter», so daß auch bei den Studien über jüdisches Leben im Nationalsozialismus der lange Weg nach Auschwitz oft so erscheint, als gäbe es zwar identifizierbare Opfer, während die Täter vor Ort, die Synagogenschänder und Arisierer, im Schatten bleiben.[23]

Über lange Zeit standen die historischen Arbeiten, die sich mit einzelnen Aspekten befaßten, mehr oder minder unverbunden nebeneinander. Man widmete sich Personen (den großen Nazis), den Strukturen des Nationalsozialismus und dem Holocaust, oder den Bedingungen jüdischen Lebens im Nationalsozialismus, dem politischen Widerstand, der Verfolgung oder dem Kriegsalltag. Bahnbrechend waren Raul Hilbergs Arbeiten, in denen diese Geschichten zusammengefügt wurden. Beispielhaft sei sein Buch *Täter, Opfer, Zuschauer* genannt.[24]

Allein die deutschsprachige Literatur zum Nationalsozialismus und zum Holocaust füllt heute etliche Regalmeter, und der Blick in viele Schul- und Lehrerbibliotheken zeugt von der Fülle oft für den Unterricht sehr brauchbarer Bücher. Die Zeiten sind also längst vorbei, da Lehrer allein mit dem Tagebuch der Anne Frank, Walter Hofers Quellensammlung zum Nationalsozialismus oder Wolfgang Schefflers Darstellung der Judenverfolgung ausgerüstet in die Klassen gingen.[25] Diese in den späten fünfziger bzw. frühen sechziger Jahren erschienenen Werke tauchen auch heute in den meisten Schulbibliotheken (in Klassenstärke) als Standard zum Thema auf. Ein Problem ist sicherlich, daß man sich in der Vielzahl der Bücher oft schwer zurechtfindet, und überdies muß für die knappe Unterrichtszeit, die für das Thema im Unterricht zur Verfügung steht, eine besonders aufwendige Vorbereitung geleistet werden.

Dieses Buch versucht nun, eine Hilfestellung dabei zu bieten. Im Materialienteil wird der Versuch unternommen, die Perspektive auf das Geschehen so zu gestalten, daß Vertreter der Kollektive, die mit den Begriffen Täter, Opfer und Zuschauer gefaßt werden, zu Wort kommen. In dieser Gegenüberstellung soll die Komplexität des Geschehens deutlich werden.

Die Gruppe der Täter läßt sich in die der direkten Mörder und die der Schreibtischtäter, der Planer des Holocaust, unterteilen. Hinzu kommen die vielen Gehilfen, die Eisenbahner, die Bewacher, die Beamten der Melde- und Standesämter (die bei der Erfassung der Juden halfen), die Pfarrer, die ihre Taufregister zur Verfügung stellten, um zu klären, wer als Jude nach den nationalsozialistischen Kriterien zu gelten habe. Polizisten trieben die Juden zur Deportation zusammen, Gerichtsvollzieher versiegelten ihre Wohnungen und inventarisierten ihr Hab und Gut.

Schuldirektoren wiesen jüdische Schülerinnen und Schüler von den Schulen. Schon kommen wir vom Großen zum Kleinen, von den Tätern zu den Zuschauern. Die Grenzen sind fließend. Wer gestern noch zuschaute, konnte tags darauf einbezogen werden in das Geschehen. Nachbarn verweigerten ihren jüdischen Nachbarn Hilfe und schon die kleinen gefahrlosen Gesten wie das «Guten Tag» im Hausflur. Groß ist die Gruppe der Profiteure, die sich an dem zurückgelassenen Besitz der Juden bereicherten. Geschäfte wurden «arisiert», auswanderungswillige Juden mußten ihr Eigentum unter Wert verkaufen. Auf Auktionen wechselten Häuser und Inventar, von der Kommode bis zum Silberbesteck, die Eigentümer.

Aus Zuschauern konnten einerseits Helfer der Nazis und andererseits Helfer der Verfolgten werden. Sie bildeten die Mehrheit der Bevölkerung im Europa zur Zeit des Holocaust: Zuschauer zu sein, die normale Existenzweise des gesellschaftlichen Menschen. Der Zuschauer entscheidet darüber, welchen Mutes es bedarf, um nonkonform zu handeln; er setzt die Maßstäbe.

Schließlich die Opfer: Die Verfolgten sind nicht nur Opfer. Es sind Menschen mit Geschichten, wie auch die Täter und Zuschauer. Sie haben ein Anrecht darauf, in ihrer Individualität und Verschiedenheit erinnert zu werden – nicht nur als Opfer. Wir sollten ihre Geschichten zu rekonstruieren versuchen, sie erzählen, wo sie es selbst nicht mehr können. Zahllose Zeugnisse berichten von ihrem Leid und ihrer Pein, aber auch von ihrem Mut, ihren großen und kleinen Hoffnungen, ihren Träumen und Wünschen, von ihrem Leben vor der Schoah.

Historische Kategorien:
Singularität – Universalität

Eine der wichtigsten Fragen, die in der Geschichtswissenschaft und oft auch in der politischen Diskussion gestellt wird, versucht zu klären, in welchen Momenten der Holocaust als «singulär», d. h. einzigartig und spezifisch, oder als «universell», verallgemeinerbar, zu begreifen ist. Oft sprechen die von der «Einzigartigkeit des Geschehens», die den Holocaust als unerklärliches historisches Phänomen deuten. Die Besonderheit und die Sinnlosigkeit der Ereignisse rücken das Geschehen scheinbar aus der Geschichte heraus – man spricht von dem «Planeten Auschwitz»[26] oder von dem «Universum der Konzentrationslager»[27], als habe der Holocaust sich in einer anderen Welt als der unseren zugetragen. Doch liegt Auschwitz in dieser Welt, und es waren Menschen «wie du und ich», die es erdachten und umsetzten.

Die Frage nach der Singularität und Universalität wird immer dort gestellt, wo es um die Vergleichbarkeit des Holocaust mit anderen Verbrechen größeren Ausmaßes in der Menschheitsgeschichte geht. Vergleiche sind ein zulässiges Mittel wissenschaftlicher Untersuchung. Nur durch Vergleiche finden wir schließlich etwas über Ähnlichkeiten und Unterschiede zwischen verschiedenen Geschehnissen und den ihnen zugrundeliegenden Konstellationen heraus.

Selbstverständlich kann man den Holocaust mit anderen Geschehnissen vergleichen, etwa mit dem Mord an den Ersteinwohnern Amerikas, den Indianern, dem Völkermord an den Armeniern, mit dem System stalinistischer Herrschaft oder dem Terror der Roten Khmer in Kambodscha. Aber ein redlicher Vergleich kann zu keiner Gleichsetzung des Holocaust mit diesen oder anderen historischen Ereignissen führen. Welchem Zweck würde diese Gleichsetzung dienen? Würde es unser Gewissen beruhigen, zu wissen, daß es andere Verbrechen in der Menschheitsgeschichte gab, denen ein ähnlicher Rang auf einer Skala der Unmenschlichkeit beizumessen wäre? Es drängt sich die Frage auf, welchem Zweck eine solche Perspektive dient. Soll betont werden, daß andere Geschehnisse zu wenig Aufmerksamkeit erhalten? Oder soll die Bedeutung der Schoah relativiert und verkleinert werden? Wenn wir beim Blick in unsere Geschichte feststellen, daß Völkermord und Verbrechen gegen die Menschlichkeit wiederkehrende Faktoren sind, kann dies uns kaum beruhigen – im Gegenteil. Kein Völkermord wird in seiner Bedeutung dadurch geschmälert, daß es vor ihm und nach ihm andere ähnliche Geschehnisse gab. Sie lassen sich nicht gegeneinander aufrechnen oder in Beliebigkeit nebeneinanderstellen.

Was ist nun singulär an dem Geschehen? Die Unschuld der Opfer und die Willkür, mit der sie für den Mord ausgewählt wurden, fällt ins Auge: es gibt keine logische Begründung oder Herleitung für die Ermordung der Juden. Es wurde eine Bevölkerungsgruppe zum Ziel der Verfolgung und eines Mordplans, und die Mörder mußten erst selbst die Kategorien schaffen, nach denen Männer, Frauen und Kinder dieser Gruppe zugeordnet wurden. Diese Kategorien entbehrten wiederum einer sachlichen Grundlage. Schon für Juden ist es schwierig, zu definieren, wer denn als Jude zu gelten habe. Eine rationale Begründung eines Rassebegriffs, nach dem nun Menschen zu Angehörigen einer «jüdischen Rasse» definiert wurden, konnte den Nationalsozialisten gar nicht gelingen. In ihren Rassegesetzen bezogen sie sich auf die jüdische Religionszugehörigkeit der Großeltern – Religion wurde zur Grundlage eines biologistischen Begriffs von «Rasse». Noch nicht einmal eine immanente Logik ist darin zu finden. Außer Frage steht, daß all die Vorstellungen, die die Nazis (und die Antisemiten vor und nach ihnen) auf die Juden projizierten, falsch, irrsinnig und ebenso unlogisch waren, jedoch auf eine lange Tradition antijüdischer Klischees und Vorurteile zurückgreifen konnten.

Oft wird als singuläres Moment der kalte industrielle Prozeß der Judenvernichtung genannt – Auschwitz gilt als Mordmaschinerie und Tötungsfabrik. Der Mord war von langer Hand vorbereitet und bis ins Detail geplant. Die beteiligten Schreibtischtäter vom Schlage eines Adolf Eichmann ließen Hannah Arendt die These von der «Banalität des Bösen» formulieren. Allerdings hatten Gestalten wie Eichmann auch das Interesse, vor Gericht als «ganz normale Männer» ohne eigene Mordambitionen zu erscheinen, da sie so hofften, ein mildes Urteil zu erwirken. Diese Tat bedurfte der Bürokraten und der Exekutoren, der Schreibtischtäter und einer Vielzahl von konkreten Mördern und Mordgehilfen. Der Historiker Eberhard Jäckel wendet sich dagegen, beides – die Willkür und die Bürokratisierung der Tat – zum Argument für die Einzigartigkeit des Geschehens zu machen: «Unschuldige sind immer wieder getötet worden, auch administrativ und mechanisch, und wo sich das ereignet hat, ist für die Frage, ob es einzigartig war, offensichtlich unerheblich.»[28]

Jäckel argumentiert in eine andere Richtung, er wendet sich den komplexen Bedingungen des Holocaust zu und schreibt, «daß der nationalsozialistische Mord an den Juden deswegen einzigartig war, weil noch nie zuvor ein Staat mit der Autorität seines verantwortlichen Führers beschlossen und angekündigt hatte, eine bestimmte Menschengruppe einschließlich der Alten, der Frauen, der Kinder und der Säuglinge möglichst restlos zu töten, und diesen Beschluß mit allen möglichen staatlichen Machtmitteln in die Tat umsetzte»[29].

Das schließt ein, daß die Nazis in der Endphase des Krieges der Ermordung der Juden Vorrang vor anderen Kriegszielen einräumten. Militärisch für die Deutschen wichtige Transportkapazitäten wurden für die Deportationen genutzt, und vor die kriegswirtschaftlicher Logik folgende Ausbeutung der Arbeitskraft der Juden stellten die Nazis die Auslöschung und Vernichtung.

Die Ermordung der europäischen Juden wurde vor etwa fünfzig Jahren von Deutschen geplant und durchgeführt. Der Holocaust gehört direkt in unsere Geschichte und ist eng verbunden mit den Lebensgeschichten der Generationen vor uns, und so vermittelt auch mit uns. Zu dicht und zu offensichtlich sind die Bezüge zu uns und unserer Gegenwart, als daß sie sich leichthin leugnen ließen. Dennoch gilt es, diese Verbindungen mit unserer Gegenwart immer wieder erklärend herzustellen – sie sind nicht selbstverständlich gegeben.

Zu den universellen Aspekten des Holocaust gehört, daß wir uns nach Auschwitz nicht darauf hinausreden können, wir wüßten nicht, wozu Menschen fähig sind oder sein können. Der Begriff der Verantwortung hat sich durch den Holocaust verändert. In der pädagogischen Praxis ist es überaus relevant, die Frage nach Verantwortung sehr präzise zu formulieren. Fest steht: Jugendliche heute sind für den Holocaust nicht verantwortlich. Es wäre verfehlt, bei ihnen Schuldgefühle für ein Geschehen erzeugen zu wollen, auf das sie selber keinen Einfluß hatten.

Die Verantwortung, daß solches sich nicht wiederhole, ist universell. Die Besonderheit für uns ist, daß unser Bezug zum Geschehen unvermittelter ist als der anderer Kollektive. Unsere «Vorfahren», unsere Urgroßeltern, Großeltern oder Eltern waren als Zuschauer, Mitläufer oder gar Täter, passiv oder aktiv, an dem Geschehen beteiligt. Sie waren Zeugen und Zeitgenossen. Wir leben mit diesem Erbe wie mit jedem anderen Erbe, nur sind wir nicht frei, es auszuschlagen. Es gehört zu unserer Geschichte, die wir uns nicht aussuchen können. Allerdings können wir unsere Position zu dieser Geschichte wählen. Wir können entscheiden, was wir mit dieser Geschichte beginnen.

Erinnerungs-Konjunkturen

Die Erinnerung an den Nationalsozialismus und den Holocaust unterliegt auffallenden Konjunkturen. Immer wieder waren es kulturelle und mediale «Ereignisse», die diese Geschichte ins Blickfeld rückten. Der Publizist Eike Geisel notierte 1984 zu den Reaktionen auf die bereits erwähnte Fernsehserie *Holocaust*:

«Die mit Holocaust hervorgerufene Rührseligkeit hat der historischen Begründung der Kollektivschuld der Deutschen nur eine aktuelle Bestätigung hinzugefügt. Nachdem alle Welt längst über das Ausmaß des damals angerichteten Grauens informiert war, daß es ansatzweise auch nachgeahmt werden konnte, nachdem jeder, der die Wahrheit wissen wollte, sie auch wissen konnte, – da ging ein Aufschrei durch das Land: daß es so schlimm gewesen sei, davon habe man keine Ahnung gehabt. Die ganze Nation verhielt sich wie Eichmann in Jerusalem, wo er sich erzählen ließ, was er angerichtet hatte.»[30]

Dies ist eine schneidende polemische Einschätzung, die überdeutlich macht, um wieviel zu spät der «Aufschrei» kam. Doch belegt gerade die heftige Reaktion der deutschen Öffentlichkeit, daß viele Angehörige der Nachkriegsgenerationen aus diesem stark personalisierenden Film erst «lernten», daß die Ermordung der Juden Europas mit ihnen und der Welt, in der sie leben, zu tun hat. In der filmischen Darstellung sind die jüdischen Opfer nicht bloße Ziffern in einer Todesstatistik, bei der sechs Millionen ermordete Juden beliebig gegen andere Kriegstote und Vertriebene aufgerechnet werden konnten, sondern identifizierbare Menschen. Die Geschichte des Nationalsozialismus und des Holocaust wurde in dieser gewiß angreifbaren filmischen Rekonstruktion als von Menschen er- und gelebte, als gestaltete Geschichte erkennbar.

Ende der siebziger, Anfang der achtziger Jahre setzte an vielen

Schulen die Tendenz zur «permanenten Projektwoche» mit thematischem Bezug zum Nationalsozialismus und Holocaust ein.

Viele heutige Studenten bemängeln im Rückblick auf ihre damalige Schulzeit ein «Zuviel» an Auseinandersetzung. Perspektiven aus der Studentenbewegung und der Neuen Linken gewannen in der Geschichtswissenschaft und an den Schulen Westdeutschlands an Bedeutung. Der Nationalsozialismus wurde als eine bloße Spielart des Faschismus dargestellt, der in weiten Teilen der Neuen Linken lediglich als eine verschärfte Variante bürgerlicher Herrschaft[31] galt. Die Unterscheidung zwischen Nationalsozialismus und Faschismus, auf die breitere Teile der Geschichtswissenschaft aufgrund des massiven Antisemitismus der Nazis bestanden, wurde durch eine schleichende Inflationierung des Faschismusbegriffes eingeebnet.

Ein wichtiges Buch jener Jahre, Kühnls «Faschismustheorien»[32], in dem «Antisemitismus und Massenmord an den Juden» gerade mal einen Exkurs von knapp vier Seiten ausmachten, lieferten für viele Lehrer den entscheidenden Deutungshintergrund. Dieser Band wurde von vielen fortschrittlichen Lehrern den Schülern direkt in die Hand gegeben.

Zugleich gehörte das Aufspüren «faschistischer» oder «faschistoider» Tendenzen in der Gegenwart zu den Aufgaben, denen sich ein größerer Teil der Neuen Linken in jenen Jahren widmete. Das Thema «Faschismus» wurde vor allem im Hinblick auf seine Aktualität und Aktualisierungen behandelt und Konzepte einer antifaschistischen Erziehung diskutiert. Oft wurden Aktualisierungen versucht, um auf Parallelen zwischen Vergangenheit und Gegenwart hinzuweisen.[33] Heute ist es schwer, auszuloten, ob die Formel, die «Türken seien die Juden von heute», von rechtsextremen Ausländerhassern oder wohlmeinenden Pädagogen geprägt wurde, denen es um die historischen Parallelen ging. Mit diesem Satz wurde das antisemitische Stigma fortgeführt, das die Nazis mit dem Wort Jude verbanden, und dem Wort Türke hinzugefügt. Daß es unter uns heute Juden gibt, Juden von heute, lebende

Juden also, klammert der Slogan einfach aus. Jude wurde in der Floskel zum bloßen Synonym für Opfer.

Diese Versuche der Parallelisierung und Aktualisierung wirken fort. In einer pädagogischen Materialsammlung aus dem Jahre 1993 zu dem auch heute viel gelesenen Buch *Damals war es Friedrich*[34] heißt es «Damals war es Friedrich – heute ist es Nasrin».[35] In einer 1995 erschienenen Unterrichtshilfe zum Film *Schindlers Liste* werden die Schüler in der Themeneinheit zu den Nürnberger Gesetzen und zum Novemberpogrom aufgefordert: «Fertigt eine Collage zum Thema *Früher Juden, heute Türken!* an. (Reichskristallnacht/Anschläge auf Ausländerwohnungen und Asylbewerberheime)».[36]

Natürlich sind Vergleiche zulässig, und es drängen sich fast unweigerlich Bilder aus der Geschichte auf, wenn – wie in Rostock, Hoyerswerda, Mölln oder Solingen – Brandsätze fliegen. Es sollten jedoch die Unterschiede in der Situation von damals und heute nicht einfach übergangen werden. Wir sollten uns und unseren Schülern die Mühe nicht ersparen, zu überlegen, ob die Bilder aus der Vergangenheit, die sich uns aufdrängen, wirklich stimmig sind. Selbst die wiederholten Schändungen von Synagogen und jüdischen Friedhöfen rechtfertigen die Gleichsetzung mit dem Novemberpogrom und der Judenverfolgung in den Anfangsjahren des Nationalsozialismus nicht, und schon gar nicht mit dem, was mit dem Novemberpogrom 1938 begann. Es ist nicht notwendig, Hoyerswerda, Mölln und Lübeck mit dem damaligen Geschehen gleichzusetzen, um unserem Abscheu Ausdruck zu verleihen. Gleichsetzungen bagatellisieren.

Ebenfalls Ende der siebziger, Anfang der achtziger Jahre entstand eine breite Ratgeberliteratur für antifaschistische Jugendarbeit und Erziehung in der Schule.[37] Dort stößt man auf eine Mischung aus rhetorischer Gewißheit, praktischem Aktionismus und theoretischer Orientierungslosigkeit. Sozialwissenschaftliche Konzepte wurden dort bemüht, wo die eigenen historischen Analysen zu kurz griffen. Die sozialpädagogische Sichtweise, daß rechtsextremistisch orientierte Jugendliche in erster Linie verführte Opfer der Gesellschaft seien, und vulgärmarxistische Theorien, die eine Zwangsläufigkeit darin sahen, daß hohe Arbeitslosenzahlen als Teil der Krise der bürgerlichen Gesellschaft in einen wachsenden Rechtsextremismus münden würden, speisten sich auch aus der Selbstdarstellung vieler Deutscher, die am Nationalsozialismus Anteil hatten. Sie sahen sich im nachhinein als unschuldige Opfer, die in Zeiten der wirtschaftlichen Not Nazis gewählt hatten, von deren Demagogie verführt und in den Abgrund getrieben worden waren. Diese Sicht der Dinge ist zu Recht durch die Geschichtswissenschaft in Frage gestellt worden.

An westdeutschen Schulen wurde damals nicht nur über historische Parallelen, sondern auch über Kontinuitäten gesprochen. Dies geschah eher an dem Beispiel von herausragenden Personen wie Globke, Kiesinger und Filbinger, selten an dem der Nazis vor der eigenen Tür oder gar in der eigenen Familie.

«Nazis raus aus dieser Stadt – wir haben den Faschismus satt!» Ich erinnere mich gut, auf einer großen Demonstration am 9. November 1978 in Hamburg diesen Satz mitskandiert zu haben, inmitten etlicher Mitschüler und Lehrer. Ich bin der Frau sehr dankbar, die uns vom Straßenrand zuraunte: «Wo sollen die denn alle hin?» Dieser verunsichernde Zuruf ist mir heute präsenter als die Deklamationen und schnellen Bekenntnisse, die eine gewisse Ermüdung bei vielen Gleichaltrigen zur Folge hatten.

Mit dem Voranschreiten der Alltags- und Lokalgeschichte, vermittelt etwa durch den «Schülerwettbewerb Deutsche Geschichte», ist seit den achtziger Jahren vielfach ein stärker identifikatorischer Ansatz gewählt worden, um sich der Geschichte im allgemeinen und der des Nationalsozialismus im besonderen zu widmen. Die Bemühung um Identifikation mit den Opfern hat zumeist die stärker theoretisierende und strukturierende Betrachtungsweise abgelöst. Gelegentlich mündeten die Bemühungen der Lehrer in eine «Betroffenheitspädagogik», die ebenfalls zu Ermüdungserscheinungen bei Lehrern und Schülern geführt hat.

Wenn Lehrer kognitive und affektive Konzepte erprobt und angewandt haben, aber immer wieder auf Desinteresse gestoßen sind, resultierte das oft in Ratlosigkeit und einer verständlichen Abwehr, sich weiter gegen Widerstände und offene Ignoranz in diesem Bereich zu engagieren. Vielleicht hilft hier die Reflexion über die persönlichen Bezüge zum Thema und über die allgemeinen gesellschaftlichen Umgangsformen, Blindflecke und Tabus, eine andere Perspektive auf die pädagogischen Möglichkeiten und Notwendigkeiten zu entwickeln.

Gedenken wirkt wie eine Pflichtübung. Spätestens 1988 kann man von einem Gedenkboom sprechen. In diesem Jahr lag die Pogromnacht fünfzig Jahre zurück, eine Vielzahl von deutschen Städten und Gemeinden wollte ihrer «jüdischen Mitbürger» gedenken, Chroniken wurden in Auftrag gegeben oder mit kommunaler Förderung gedruckt. Doch wie in jeder Konjunktur folgt auf eine Hausse über kurz oder lang die Baisse. Man hangelt sich an den Gedenktagen entlang, der November ist der traditionelle Monat für dieses geschichtliche Erinnern – wenn auch der 9. November 1989 den Bezugspunkt 9. November 1938 allmählich abzulösen beginnt. Andere Jahrestage werden nur in Zehnerschritten begangen – etwa der 50. Jahrestag der ersten, zweiten, dritten… Deportation «jüdischer Mitbürger» aus dem Ort oder der Stadt. Die Jahrestage der «Arisierungen» von Unternehmen hingegen, die einmal jüdischen Eigentümern gehörten, werden «neutral» als Firmenjubiläen begangen.

Diese Abhängigkeit von Konjunkturen macht – gerade Jugendliche – mißtrauisch. Geschichte wird so auf eine bloße Chronik von Gedenk- und Lernanlässen reduziert.

Natürlich bietet es sich an, an Tagen wie dem 9. November mit einer Schulklasse den örtlichen jüdischen Friedhof aufzusuchen, die ehemalige oder wieder errichtete Synagoge, mit einem Artikel der Lokalzeitung vom 9., 10. und 11. November 1938 in der Hand. Doch sollte das nicht nur geschehen, weil gerade der 9. November ist. Ein solcher Besuch oder «Lokaltermin» muß sich auch aus anderem erklären und erklärt werden. Genauso läßt sich der Holocaust an anderen Tagen thematisieren – der Gedenktage und möglichen chronologischen Rückverweise gibt es viele –, wie Simon Wiesenthal schrieb: «Jeder Tag ist ein Gedenktag.» Wird der 9. November als «Betroffenheitstag in Sachen Holocaust» inszeniert, reagieren Schüler und Schülerinnen mit berechtigtem Mißtrauen, Langeweile oder Desinteresse. In solchen Situationen ist es hilfreich, gezielt die Erwartungshaltung der Jugendlichen zu irritieren. Wie das erreicht werden kann, hängt gewiß von der jeweiligen Gruppe ab, bei der praktischen Realisierung solcher Absichten ist immer ein ausgeprägtes pädagogisches Gespür vonnöten.

Ein mögliches Beispiel für eine solche Irritation ist, Farbfotos aus jener Zeit zu zeigen, die unter anderem in einem Bildband über das Getto Lodz[38] zu finden sind. Unsere Vorstellungen über die NS-Zeit sind zumeist von Schwarzweißfilmen und -fotos geprägt. Als ich eine studentische Lerngruppe mit diesem Material konfrontierte, reagierten alle Teilnehmer erstaunt, denn auch ihre Vorstellungsbilder waren schwarzweiß und jahreszeitlich mit Herbst/November besetzt. Die grünen Wiesen und der blaue Himmel, auch über Lodz und Auschwitz, bedeuteten einen Bruch in ihrem Vorstellungsvermögen.

Die Medien begleiten Gedenktage flächendeckend, bei «besonderen» Anlässen wie dem 50. Jahrestag des Kriegsendes, ist es kaum noch möglich, mit der Überfülle von Informationen sinnvoll umzugehen. Dadurch entsteht – auch und gerade bei Jugendlichen – das Gefühl der Übersättigung und der Eindruck des «Zuviel», wo es nicht um «viel» oder «wenig», sondern um «geeignet» oder «ungeeignet» geht.

Gedenktage verhindern nicht automatisch, daß man um den heißen Brei herumredet. Ritualisierte Formen und stereotype Formeln führen jedoch dazu, daß das Äußere sich verselbständigt. Damit ist nichts gewonnen, manche Chance vertan. Wenn Gedenkrituale das konkrete historische Erinnern ablösen, ist dies ebenso bedenklich, wie wenn man Betroffenheit zum Lernziel erklärt und hinter der eigenen Betroffenheit die Geschichte zum Verschwinden kommt.

Doch lassen sich auch Formen aktiven Gedenkens und Erinnerns finden, die die Perspektive auf eigene Bezüge zur Geschichte und die Geschichte selbst öffnen, weiten und vertiefen. Kasseler Schüler setzten sich zum Beispiel, auf Anregung und im Rahmen eines künstlerischen Projekts von Horst Hoheisel, mit den Lebensgeschichten von verfolgten und ermordeten Juden in ihrer Heimatstadt auseinander. Sie haben sich mit jüdischen Gedenkriten befaßt und wußten, daß man Steine auf dem Grab eines Angehörigen oder Freundes hinterläßt. Nun wurden die Jugendlichen von ihren Lehrern angehalten, die Geschichte einer oder eines der Ermordeten aufzuschreiben, den Zettel um einen Stein zu wickeln. Die Steine wurden dann auf einem zentralen Platz in Kassel niedergelegt. Ich kann mir vorstellen, daß die Beteiligten vielleicht einmal den Anlaß, aber nicht das Geschehen selbst vergessen, das auf ein anderes Geschehen verweist und auf einzelne, identifizierbare Menschen.

Die Einbettung des Themas und die «Lehren aus der Geschichte»

Immer wieder wird der Ruf nach der schulischen Behandlung des Themas laut, wenn Vorfälle unter Jugendlichen im Zusammenhang mit Fremdenfeindlichkeit, Rechtsextremismus und Antisemitismus geschehen. Das spiegelt sich etwa in der Lehrplandiskussion der Kultusministerkonferenz wider: der erste grundlegende Beschluß zur «Behandlung der jüngsten Vergangenheit im Geschichts- und gemeinschaftskundlichen Unterricht in den Schulen» datiert auf den Februar des Jahres 1960 und wurde durch die Synagogenschändung in Köln am 24. Dezember 1959 und die nachfolgenden antisemitischen Vorfälle motiviert.[39]

Ob nach Solingen, Hoyerswerda, Mölln oder Lübeck – die Pädagogen werden als Kriseninterventionskraft in die Pflicht genommen. Dabei kann es sehr kurzschlüssig sein, auf derlei Vorfälle mit einer isolierten Behandlung des Holocaust gleichsam ad hoc zu reagieren, als immunisiere das schnell und dauerhaft gegen rechtsextreme Tendenzen. Die Auseinandersetzung mit dem Holocaust sollte nicht erst dann begonnen werden, wenn es akute Anlässe geboten erscheinen lassen. Es ist sinnvoller, mit Jugendlichen direkt über solche aktuellen Ereignisse zu sprechen, anstatt den moralisch befrachteten Umweg über den Holocaust zu wählen. Die in diesem Buch schon mehrfach angesprochene Instrumentalisierung des Holocaust weckt bei Jugendlichen Mißtrauen. Es gibt einen Unterschied zwischen dem, was wir hier als «Erziehung nach Auschwitz» begreifen, und dem, was Peter Schneider «Erziehung nach Mölln» nennt.[40] Sprechen wir von Mölln, wenn es um Mölln geht, und von Auschwitz, wenn es um Auschwitz geht! Demokratie, Toleranz und Multikulturalität sollten nicht aus dem Negativbeispiel Auschwitz hergeleitet werden. Die Tat von Mölln steht in einem grundsätzlich anderen Kontext als Auschwitz. Jede Gleichsetzung bagatellisiert Auschwitz.

Ebenso falsch ist der Satz, die Türken seien die Juden von heute, den man in den siebziger Jahren im Eifer des Gefechts gelegentlich hörte. Die Juden von heute sind die Juden von heute. Indem man das Wort zum Synonym für Ausgegrenztsein, bedrohte Minderheit, Vorurteil und Verfolgung setzt, bringt man die tatsächlichen Juden zum Verschwinden, macht den Begriff zum Stigma. Analogschlüsse sind in der Geschichte und der Gesellschaft selten stimmig. Dramatisierungen dieser Art verschleiern eher die Sicht auf damalige und heutige Strukturen und Geschehnisse, als daß sie uns helfen würden, sie zu begreifen.

Wir plädieren für eine Einbettung des Themas in einen größeren Kontext, um sich Auschwitz in seiner Besonderheit anzunähern. Dazu gehört, daß die Schüler eine Vorstellung von jüdischer Religion, Kultur und Geschichte besitzen sollten, die die Juden auch als Subjekte in der Geschichte erkennen läßt. Ihr Beitrag zur europäischen Kultur sollte ebenso bekannt sein wie die antijüdischen Ressentiments, denen sich Juden seit Jahrhunderten gegenübersahen. Die Geschichte des Antijudaismus und des Antisemitismus ist dabei ebenso wichtig zum Verständnis wie die europäische Geschichte insbesondere des 19. und 20. Jahrhunderts. Die Geschichte des Judentums geht nicht in der Geschichte der Verfolgung und ebensowenig in den Leistungen einzelner Dichter, Nobelpreisträger, Schachgenies und Violinvirtuosen auf. Sie ist mit dem Holocaust auch nicht zu Ende – das sollte Lehrern und Schülern gleichermaßen bewußt sein oder werden.

Das Judentum als Teil europäischer Kultur, Geschichte und Gesellschaft verdient es nicht allein um seiner Verfolgung willen, im Unterricht behandelt zu werden. Die Reduktion auf den Opferstatus trägt das Stigma weiter, mit dem Juden über Jahrhunderte durch die nichtjüdische Umwelt belegt wurden.

Wenn Judentum vorrangig als «gesellschaftliches Problem» vorgestellt wird, entsteht ein tendenziöses Bild, das oft antisemitische Züge trägt. Das zeigt ein Blick in ein sehr verbreitetes Nachschlagewerk, den *Atlas zur Weltgeschichte*. Dort wird die Ausbreitung der Pest und der Juden im Mittelalter auf einer Karte dargestellt.[41]

Erst in jüngster Zeit gibt es beispielsweise in den nordrhein-westfälischen Richtlinien gegenläufige Impulse für eine angemessene schulische Beschäftigung mit jüdischer Kultur und Geschichte.[42] Damit ergibt sich eine Chance, dem verhängnisvollen, einseitigen Themenzyklus zu entkommen, der in den meisten Lehrplänen und Schulbüchern seit Jahrzehnten als verbindlich erkannt wird. Dort finden wir das Judentum «als Volk der Bibel», «als alte Hochkultur», «als Minderheit in der mittelalterlichen

Stadt und Gesellschaft», als Ziel des modernen Antisemitismus und als Opfer des Holocaust.

Allzu schnell entsteht in dieser Betrachtungsweise der Eindruck, es handle sich beim Judentum um ein museales, überkommenes Artefakt, das der Geschichte angehört. Gerade in Deutschland nach 1945 wirkt dieser Eindruck auf den ersten Blick plausibel: die Nazis haben Europa in einen großen jüdischen Friedhof verwandelt, und in Deutschland gibt es nur noch einen Bruchteil des jüdischen Lebens, das zur (brüchigen) Normalität von Auschwitz gehörte. Für die Behandlung des Themas bedeutet das, daß wir uns das weitgehende Fehlen jüdischen Lebens in Deutschland und Europa als ein Ergebnis des Holocaust immer wieder bewußtmachen müssen. Wir sollten auch in unserer Materialauswahl bemüht sein, die Geschichte weder für die jüdische noch für die nichtjüdische Seite als abgeschlossen darzustellen. Bei der Zusammenstellung des Materialienteils für dieses Buch versuchten wir, diesen Überlegungen Rechnung zu tragen. Überlebende kommen zu Wort. Es ist wichtig, bei den Schülern nicht den Eindruck zu erwecken, als sei die Heimat der Juden nach Auschwitz unweigerlich Israel, und als sei jüdisches Leben heute allein dort denkbar.

Wir sagen, aus der Geschichte müssen wir lernen. Schließlich ist alles, was wir heute lernen, zugleich praktizierte Überlieferung geschichtlich erworbener Fakten, Erfahrungen und Wissens. Pythagoras' Lehrsätze verweisen ebenso in die Geschichte wie Shakespeares Werke. Indem wir Wissen und Erfahrungen tradieren, lernen wir aus der Geschichte. Das ist im Grunde eine Binsenweisheit.

Geschichte erscheint wie ein Selbstbedienungsladen für politische Ideologien und gesellschaftliches Handeln. Mit dem Verweis auf die Geschichte werden Entwicklungen beurteilt (woraus sollten wir sonst unsere Maßstäbe ziehen), und im Sinne des «Das-haben-wir-immer-so-gemacht» werden gelegentlich Neuerungen und beschwerlich erscheinende Handlungsalternativen zurückgewiesen. Hans-Ulrich Wehler schreibt: «Auf die Frage, ob man aus der Geschichte lernen könne, hört man oft die resignierte oder zynische Antwort, man könne aus der Geschichte nur die einzige Tatsache lernen, daß niemand aus ihr zu lernen willens sei.» [43]

Die Geschichte ist der Raum unserer Erfahrungen. Aus Analogien versuchen wir, Handlungsperspektiven abzuleiten. Unsere Fragen und Antworten fallen sehr unterschiedlich aus, je nach unserer Haltung, die wir zu diesem oder jenem Geschehen einnehmen. Das Wissen um und über die Geschichte, der Grad unserer Vertrautheit mit der Komplexität von Geschehnissen, Prozessen und ihren Strukturen entscheidet darüber, wie sehr unsere heutigen Urteile dem Gestern gerecht werden. Für die Gegenwart und für die Zukunft wollen wir lernen, und die Gegenwart ist der schmale Streifen zwischen Vergangenheit und Zukunft, auf dem wir uns immer gerade befinden.

Eine Lehre, die sich in Deutschland mit der Geschichte des Nationalsozialismus, des Zweiten Weltkriegs und des Holocaust verbindet, ist das «Nie wieder!» Die Forderung «Nie wieder Krieg!» gehört zu den Forderungen, denen sich wohl die überwiegende Mehrheit der Deutschen anschließen kann. Dahinter steht der Appell, nie wieder Täter sein zu wollen. Diese Lehre aus der Geschichte kollidiert fast zwangsläufig mit der Lehre, die viele, die zu Opfern wurden, aus der Geschichte zogen: «Nie wieder Opfer sein!» Das Trauma des deutschen Überfalls hat manches von den Deutschen besetzte Land ebenso nachhaltig geprägt, wie die totale Ohnmacht und das Auf-sich-selbst-Gestelltsein der europäischen Juden während der Schoah zu einem ausgeprägten Sicherheitsbewußtsein der israelischen Gesellschaft geführt hat. Selten wurde der Konflikt dieser Positionen so deutlich wie während des Golfkriegs, als große Teile der deutschen Friedensbewegung eine militärische Intervention gegen den Irak ablehnten, während die israelische Bevölkerung auf Solidarität angesichts der irakischen Raketenangriffe hoffte.

Dieses Beispiel zeigt, daß bei der Behandlung des Holocaust im Unterricht die unterschiedlichen Perspektiven deutlich werden sollten. Besetzte Länder wie Polen und die Niederlande, oder jüdische Überlebende und deren Nachfahren ziehen zum Beispiel andere Lehren aus der Geschichte als die Nachfahren im Land der Täter und Zuschauer. Gefördert werden sollte bei den Schülern die Suche nach einer eigenen Position zum Geschehen.

Der israelische Historiker Yehuda Bauer formuliert als die zentrale Forderung einer «Erziehung nach Auschwitz»: «Du sollst kein Täter sein! Du sollst kein Opfer sein! Vor allem aber sei [oder bleib] kein Zuschauer!» Dieser Forderung liegt bereits eine intensive Auseinandersetzung mit der Frage zugrunde, wie das geschehen konnte, wofür Begriffe wie Auschwitz, Holocaust und Schoah stehen.

Die praktischen Rahmenbedingungen für einen Unterricht zum Thema

Lehrpläne sehen das Thema Holocaust in der Regel in der 10. Klasse im Rahmen des Geschichtsunterrichts über den Nationalsozialismus vor. Der Geschichtslehrplan für Realschulen in Nordrhein-Westfalen sieht z. B. in seiner Fassung aus dem Jahr 1994 für jede der 19 thematischen Einheiten, von denen die Themeneinheit «Faschismus – Nationalsozialismus – Rassismus» eine ist, «in der Regel nicht mehr als 8 bis 12 Stunden vor».[44] Die Skizze der Aufgabenstellung, die in dieser Einheit bewältigt werden soll, umfaßt zwei eng beschriebene Seiten.[45] In acht bis zwölf mal 45 Minuten sollen die Ursachen für die Entstehung des Nationalsozialismus ebenso behandelt werden wie die Fragen «Was fasziniert heute und faszinierte die zeitgenössische Jugend am Nationalsozialismus?» oder «Was können wir und spätere Generationen aus der Bearbeitung der Geschichte von Faschismus und Nationalsozialismus lernen?» Als Orientierungen werden formuliert: die «Untersuchung und Erörterung der Herrschaftstechniken des Nationalsozialismus auf der Folie der politischen und gesellschaftlichen Verfaßtheit der Bundesrepublik; Erörterung der faschistischen Ideologien und Denkweisen als europäische Erscheinung; Erörterung der politischen Folgen der NS-Herrschaft für die Welt und die deutsche Gesellschaft»[46].

Es wird zur Auseinandersetzung «mit der Vernichtung der europäischen Juden und anderer gesellschaftlicher Minderheiten; mit dem Umgang mit Tod, Leid und Zerstörung durch die Täter; mit Nichtstun und Geschehenlassen; mit der Ohnmacht der Opfer, mit Zwangsarbeit» ebenso angeregt wie zur «Erörterung der Verpflichtung zum Widerstand».[47] Zwölf Jahre NS-Herrschaft, ihre Vorgeschichte und Auswirkungen in maximal zwölf Stunden – wohlan. Man möchte die Segel streichen. Ist das wirklich möglich, denkbar, realistisch? Wieweit läßt sich der vorgeschlagene fächerübergreifende Unterricht verwirklichen, der vielleicht den stofflichen Druck ein wenig verringern könnte?

Viele Lehrerinnen und Lehrer weiten die Beschäftigung mit dem Nationalsozialismus und dem Holocaust dankenswerterweise aus – zu Lasten anderer Unterrichtsgegenstände, durch Nutzung knapper Freiräume oder in Form von Projekten. Sie verlassen das Klassenzimmer, um eine Spurensuche vor Ort anzuregen, oder fahren auf Exkursion zu einer nahe gelegenen Gedenkstätte. Sie besorgen Filme oder gehen mit den Schülern ins Kino. Sie lesen Jugendliteratur oder andere Texte im Deutschunterricht. Klassenreisen nach Polen oder Schüleraustausche mit Israel werden für die Auseinandersetzung genutzt. Beispiele für einen guten Unterricht gibt es genug. Aber in zwölf mal 45 Minuten? Und Nordrhein-Westfalen ist kein Einzelfall.

Historiker schütteln mit dem Kopf – das geht nicht. Und Lehrerinnen und Lehrer stehen vor dem Problem: «Es geht nicht, aber es muß gehen.»

Die praktischen Vorschläge für den Unterricht, die wir in diesem Buch machen, tragen diesem Problem Rechnung – sie sind so angelegt, daß Sie eine für Ihre Situation sinnvolle Auswahl treffen können. Wir gehen davon aus, daß aller Voraussicht nach nicht alles im Unterricht verwirklicht werden kann, was wir vorschlagen.

Uns erscheint es sinnvoll und notwendig, eine Unterrichtseinheit zum Thema Holocaust in einen größeren Rahmen einzubinden, der sich mit dem Nationalsozialismus, mit der deutschen und internationalen Geschichte vor 1933 und nach 1945 befaßt. Schematisch ließe sich das etwa wie folgt darstellen. Die Abschnitte, zu denen dieses Buch Quellen im Materialienteil enthält, sind kursiv gesetzt:

Rahmen I: Deutschland	Fokus: Holocaust	Rahmen II: Europa/Welt
Abschnitt I Vorgeschichte: Deutsche Geschichte; Deutscher Nationalismus, völkische Bewegung, Vorläufer des Nationalsozialismus.	Abschnitt I Vorgeschichte: Juden in Deutschland und Europa zur Jahrhundertwende bis zum Beginn des Nationalsozialismus.	Abschnitt I Vorgeschichte: jüdische Kultur und Geschichte; Längsstudien zur Geschichte des Antijudaismus und Antisemitismus; Europa zur Jahrhundertwende bis zum Beginn des Nationalsozialismus.
Abschnitt II a Vor der Vernichtung: NS-Terrorsystem, SS-Staat, politische Verfolgung, Propaganda.	Abschnitt II a *Vor der Vernichtung: Definition, Entrechtung, Enteignung und Ausgrenzung der Juden; Reaktionen: Widerstand, Auswanderung, kulturelle Selbstbehauptung, Selbstmord.*	Abschnitt II a Vor der Vernichtung: Faschistische Bewegungen in Europa und Reaktionsformen in anderen Ländern.
Abschnitt II b Euthanasie [T4-Aktion als Erprobung der Massenvernichtung]; andere verfolgte Gruppen, z. B.: Roma und Sinti, politische Gegner der Nazis, Zeugen Jehovas, Völker im besetzten «Osten», Homosexuelle; Reaktionen der nichtjüdischen Bevölkerung; Zuschauer, Mitläufer, Nazis, Helfer der Nazis, Profiteure, Täter, Helfer der Verfolgten, Widerstand.	Abschnitt II b *Der Holocaust: Konzentration, Gettoisierung, Deportation, Vernichtung; Reaktionen: kulturelle Selbstbehauptung, Widerstand, Rettungsversuche, Beispiele für Solidarisierungen.*	Abschnitt II b *Der Holocaust: Länderstudien: Studien zu einzelnen besetzten Ländern, z. B. Niederlande (Westeuropa), Polen (Osteuropa); die «freie Welt», z. B.: USA. Reaktionen auf das Geschehen.*

Abschnitt III a
1945: Befreiung / Zusammenbruch in
Deutschland.

Abschnitt III a
1945: *Befreiung.*

Abschnitt III a
1945: Befreiung: Länderstudien.

Abschnitt III b
Umgang mit der Geschichte: alliierte
Prozesse; Entnazifizierung; Reeducation;
Abdrängung.

Abschnitt III b
Überleben nach dem Überleben; DPs;
Israel / andere Zufluchtsorte.

Abschnitt III b
Umgang mit der Geschichte: Länderstudien.

Abschnitt IV a
Aktuelle Erscheinungen und Diskussionen.

Abschnitt IV a
Aktuelle Erscheinungen und Diskussionen.

Abschnitt IV a
Aktuelle Erscheinungen und Diskussionen

Abschnitt IV b
Diskussion um Schuld, Scham, Verantwortung. Relevanzdiskussion: Was
bedeutet der Holocaust für Deutschland
und die Deutschen, für «uns»?

Abschnitt IV b
Diskussion um jüdische Existenz nach
1945 – Gespräch mit jüdischen Überlebenden, Vertretern der örtlichen jüdischen
Gemeinde. Relevanzdiskussion: Was
bedeutet der Holocaust für die Juden?

Abschnitt IV b
Schüler ausländischer, jedoch europäischer
Herkunft können die Situation der Juden
im Zweiten Weltkrieg in ihrem Land
erarbeiten und darstellen. Gemeinsame
Relevanzdiskussion: Was bedeutet der
Holocaust für die Welt?

Wir beschränken uns in der pädagogischen Beschäftigung auf den Holocaust. Es gibt eine strikte Definition des Begriffs, der wir uns anschließen. Wir verstehen darunter die Ermordung der europäischen Juden – hier liegt der Fokus dieses Buches. Diese Eingrenzung soll nicht zur Bagatellisierung ähnlicher und anderer Arten der Verfolgung und des NS-Terrors führen. Die Betroffenen litten nicht minder: die Roma und Sinti, die Behinderten, die Zeugen Jehovas, die Homosexuellen, die politischen Gegner des Nationalsozialismus, Polen und Angehörige anderer osteuropäischer Nationen.

Wir halten es für wichtig, Schüler unbedingt mit diesen Aspekten des nationalsozialistischen Terrors bekannt zu machen (siehe Abschnitt Rahmen I, Abschnitt IIb unseres Schemas).

Die Formen der Verfolgung verliefen allerdings unterschiedlich – Ähnlichkeiten bestehen vor allem zur Situation der auch aus «rassischen» Gründen verfolgten Sinti und Roma. Bevor man jedoch Vergleiche anstellen kann, muß man sehr genau um die Spezifik der Einzelphänomene wissen. Für die schulische Situation scheint uns schon deshalb die von uns beschriebene Eingrenzung notwendig und ratsam.

Kinder im Vorschulalter und in der Grundschule

Sieht der schulische Lehrplan in der Regel den Beginn der Beschäftigung mit dem Holocaust für die Klassenstufe 10 vor, gibt es doch gute Gründe dafür, früher zu beginnen. Der Erziehungswissenschaftler Malte Dahrendorf schreibt in seinem Vorwort zu dem Bilderbuch *Das Kind im Koffer*:

«Soll man Kindern vom Faschismus erzählen? Soll man erzählen, wie es war? Oder belastet man damit die Kinder mit Problemen, die sie nicht bewältigen können, ängstigt sie vielleicht sogar? Und wenn man entschieden hat, daß... *wie* sollte es am besten geschehen? – Es sollte Einigkeit darüber bestehen, daß Aufklärung und Information über dieses fast unglaubliche Stück unserer Geschichte notwendig ist und daß man damit nicht so lange warten kann/darf, bis die Kinder *groß genug dafür* sind. Denn was heißt das, wo ist die Grenze, ab wann ist es erlaubt? Erfahrungen, die derart an die Substanz gehen wie der Nazismus, lassen sich sowieso nicht verbergen, und dann sollte man sie lieber offen angehen.»[48] Viele Eltern und Erzieher trauen sich an die Thematik mit jüngeren Kindern nicht heran, weil, wie sie meinen, ihnen diese Geschichte noch nicht zuzumuten sei.

Mirjam Gilles-Carlebach spricht sich dafür aus, möglichst früh mit der Heranführung an dieses Thema zu beginnen. Früh und vorsichtig. Indem Kinder von dem Geschehen in kindgerechter Weise erführen, würde eine Basis für die spätere Beschäftigung mit dem Holocaust gelegt. Wie kann eine altersgemäße Darstellung des Holocaust aussehen? Läßt sich das Thema pädagogisch so greifen, daß es Kindern vermittelbar ist? Oder läge darin nicht eine Zurichtung, die dem Geschehen nicht mehr gerecht werden kann? Wann sollen wir mit der «Erziehung nach Auschwitz» beginnen? Und was ist Kindern wann zumutbar?

Eine für die psychische Integrität des Kindes unabdingbare Voraussetzung ist, daß es bereits den Unterschied zwischen Phantasie und Realität erfaßt. Für ein Kind ist dies sehr wichtig. In seiner Entwicklung begreift es erst allmählich, daß es sich destruktive, «böse» Gedanken in der Phantasie erlauben kann, ohne daß diese sich in der Realität erfüllen. Destruktive Phantasien rufen Schamgefühle hervor, aber sie sind weniger schmerzlich als eine destruktive Realität. Während des Holocaust haben Deutsche die Grenze zwischen antisemitischer Phantasie und Realität verschoben und aufgehoben. Sie haben ihre destruktiven Phantasien realisiert, so daß Ilse Grubrich-Simitis von Auschwitz als der «Realisierung eines psychotischen Kosmos»[49] spricht.

Ein Kind, für das die Grenze zwischen Phantasie und Realität in seinem eigenen Erleben nicht gefestigt ist, erlebt die Ahnung davon, daß die klare Trennung sogar in der als sicher wahrgenommenen Erwachsenenwelt unter Umständen aufgehoben werden kann, als enorme Verunsicherung. Wir wissen es aus dem eigenen Erleben unserer Kinderzeit oder aus dem Umgang mit kleinen Kindern: Ein Film ist furchtbar spannend oder beängstigend, oder ein Kind wacht aus einem schlimmen Traum auf. Weinend stürzt es in die Arme eines Erwachsenen, der beruhigend auf es einredet: «Es ist doch nur ein Film ...» oder «Das war doch nur ein Traum ...» Das Kind kann die Grenze zwischen beidem erst nur schwer wahrnehmen, und der Erwachsene, der es beruhigt und ihm sagt, daß das Erschreckende sich nur in seiner Phantasie oder in der Phantasiewelt des Films abgespielt habe, hilft ihm dabei, zu einem Gleichgewicht, einer Balance zwischen Phantasie und Realität zu finden. Daß die Realität die destruktiven Phantasien noch in den Schatten stellt (auch dies könnte als eine Lehre aus der Schoah bezeichnet werden), ist eine Kindern sicherlich nicht zumutbare Erkenntnis.

Lange währte die Diskussion um den pädagogischen Sinn und Zweck von Märchen. Sie enthalten oft traurige oder beängstigende Sequenzen, die jedoch eindeutig im Reich der Phantasie angesiedelt sind. Dennoch haben Kinder sehr konkrete Vorstellungen von Königen und Prinzessinnen, Drachen und bösen Hexen. Die eindeutige Trennung von Gut und Böse kommt ihrem dichotonomen Verständnis der Welt nahe. Eigene Ambivalenzen sind für sie anfangs nicht auszuhalten, weshalb sie die Fähigkeit entwickeln, destruktive Regungen in der Phantasie auszuleben, die sie oft genug nicht als Eigenes wahrnehmen. Märchen lösen den Konflikt zwischen Gut und Böse im Sieg des Guten.

Kinder vor den Ahnungen über den und der Konfrontation mit dem Holocaust ganz bewahren zu wollen ist ein Unterfangen ohne Aussicht auf Erfolg. Die israelische Psychologin und Auschwitz-Überlebende Batsheva Dagan weist darauf hin, daß das Fernsehen die Aura des Geheimnisses um das Weltgeschehen, mit dem Erwachsene Kinder beschützen wollen, zerstört hat. Sie schreibt, heutige Kinder wüchsen ohne Geheimnisse auf.[50]

Wir stehen vor einem Problem: Kinder einerseits vor einer bedrückenden Konfrontation schützen und andererseits ihnen frühzeitig etwas vermitteln zu wollen, das ihnen ermöglicht, mit der Geschichte auf längere Sicht fertig zu werden. Es geht weniger um die Frage, *ob* wir Kindern etwas über den Holocaust erzählen, sondern um die Form, in der wir das tun.

Verschiedentlich argumentieren Erzieher aus der zweiten Generation nichtjüdischer Deutscher, die Frage nach der Zulässigkeit des Themas für Kinder sei verfehlt, schließlich hätte man den Kindern während des Holocaust auch keine Wahl gelassen. Hier zeigt sich meiner Meinung nach eine Kälte gegenüber den heutigen Kindern, die sich aus der Kälte gegenüber den Kindern herleitet, die Opfer der Schoah wurden. Für ebenso verfehlt halte ich es, wenn deutsche Eltern ihre Kinder mit neun Jahren in die Gedenkstätte Yad Vashem in Jerusalem mitnehmen, wie es eine Mutter auf einer Tagung jüngst stolz berichtete.

Andere Erzieher sagen, sie wollten mit einem eigenen Impuls zu diesem Thema warten, bis die Kinder in der Lage sind, Fragen zu stellen. Pädagogik, Erziehung bedeutet jedoch oft, Fragen erst anzuregen. Der Holocaust ist stark tabuisiert, und es könnte sein, daß Kinder ohne den Impuls von außen nie auf die Idee kämen, Fragen zu stellen.

Nehmen wir noch einmal die Beschreibung des Psychoanalytikers Sammy Speier auf: «Nach Auschwitz gibt es keine Eltern und Großeltern mehr, die die Kinder auf den Schoß nehmen und von ihrem Leben in alten Tagen berichten. Kinder brauchen Märchen, aber sie brauchen ebenso nötig Eltern, die ihnen von ihrem Leben erzählen, damit sie einen Bezug zur Vergangenheit herstellen können. Zum Erzählrepertoire der Eltern gehören nun aber nicht mehr *einfache* Kriegs- und Abenteuergeschichten, sondern bedenkliche, beschämende, ja gefährliche und gräßliche Geschichten. Von den für sie entscheidenden Erlebnissen erzählen zu viele Väter und Großväter, Mütter und Großmütter den Kindern lieber nichts. Was da ausgeblendet wird, erscheint bei den Kindern [...] als Leere.»[51]

Zur Rekonstruktion der eigenen familiären Geschichte sind die Geschichten der Großeltern und Eltern unabdingbar wichtig. Diese Geschichten sollten in der Familie aufgehoben sein und thematisiert werden. Einige Anregungen dazu finden sich in dem Buch von D. Verroen *So geht es dir, wenn Krieg ist* (Frankfurt 1995).

An Erzählungen sollten sich Gespräche anschließen, um Möglichkeiten zu finden, das Thema so auszuführen, wie es dem Kind und seiner Begriffs- und Empfindungswelt entspricht. Doch sind Überlieferungen in unseren Familien selten, die ein gerundetes Bild abgeben. Oft verhindert die Ich-Bezogenheit der Großeltern, die damals selber Kinder waren, deren Horizont in jener Zeit also kindgemäß beschränkt war, die Bezugnahme auf die Lebensumstände derer, die Opfer der Verfolgung und der Schoah wurden. Aber auch die damals Älteren haben die Juden in ihrer Nachbarschaft in jenen Jahren nicht wahrnehmen wollen, oder aber sie wichen vor den Erinnerungen zurück. Um bestehende, tradierte Geschichten in den Familien zu komplettieren und «abzurunden» oder um einen Ersatz für die nicht erzählten Geschichten zu liefern, sind wir daher zumeist auf die Literatur angewiesen, deshalb sollen hier ausgewählte Beispiele aus der Kinderbuchliteratur vorgestellt werden:

Das Buch *Als Eure Großeltern jung waren* hat sich zur Aufgabe gesetzt, Kinder ab 3 Jahren bei dieser Thematik dort abzuholen, wo sie sind. Die Psychoanalytikerin Judith S. Kestenberg hat es gemeinsam mit der Zeichnerin Vivienne Koorland erarbeitet.[52] Judith Kestenberg verwendet in der analytischen Arbeit mit Kindern die Methode, mit ihnen ein individuelles Buch über ihre Geschichte, ihre Ängste und Träume entwickeln zu lassen. Ihr Buch richtet sich an Kinder im Vorschulalter und erzählt in einfachen

Worten und konkreten Bildern die Geschichte, die oft in unseren Familien nur rudimentär überliefert wird. Die Autorin hält die frühe Auseinandersetzung mit dieser Thematik für sinnvoll, da die Kinder im Alter von drei bis fünf Jahren «in einer Phase sind, ein Gewissen zu entwickeln und ihre sadistischen und egozentrischen Gelüste zugunsten von Freundschaft und Liebe aufzugeben. [...] Da ich schon lange die Wirkung des Nationalsozialismus auf Kinder in Interviews untersucht hatte, wußte ich, daß das, was man einem Kleinkind beibringt, eine gute Basis für seine moralische Entwicklung ist. Jetzt war ich vor die Aufgabe gestellt, die Geschichte des Nationalsozialismus so zu schreiben, daß es Kindern möglich ist, sie auf sich zu beziehen und sie unmittelbar auf ihre Beziehungen zu fremden Kindern anzuwenden, die heute in Deutschland leben.»[53] Die Illustrationen von Vivienne Koorland sind schwarzweiß und reduziert gehalten, sie muten wie Kinderzeichnungen an. Die Geschichte wird erzählt, wie Kinder im Vorschul- und Kindergartenalter, sicherlich zu Beginn ihrer Grundschulzeit, sie verstehen können. Der Erzählfaden weist Lücken auf, die Fragen provozieren und den Dialog zwischen Erwachsenen und Kind intensivieren. Historische Unstimmigkeiten sind dem Versuch geschuldet, komplexe Sachverhalte so zu vereinfachen, daß sie für Kinder verständlich werden. Identifikationsangebote müssen sich eher an die begleitende Erzählung der Erwachsenen knüpfen als an den Text des Buches selbst. Dieses Buch hat heftige Reaktionen hervorgerufen – vielleicht auch deshalb, weil es die Probleme mit der Thematik nicht umschifft, sondern ihre Bearbeitung erforderlich macht.[54] Dieses Buch erscheint mir als besonders geeignet für die Altersgruppe der Kindergarten- und Vorschulkinder, vorausgesetzt daß Eltern, Großeltern und / oder Erzieher sich darauf einlassen.

Zwei weitere unbedingt empfehlenswerte Bücher sind leider bislang nur in englischer Sprache erschienen: das Bilderbuch *The Children We Remember* von Chana Byers Abells[55] und *The Number on My Grandfather's Arm* von David A. Adler[56].

Abells Fotoband zeigt, wie jüdische Kinder vor der Schoah lebten. Eine sehr nüchterne, eindringliche und kindgemäße Beschreibung ergänzt die anrührenden Fotos; direkte Gewalt wird kaum dargestellt. Dieser Band lebt von der Kombination von Text und Fotos, die eine sehr konkrete Geschichte erzählen, ohne direkte Identifikationsmuster anzubieten. Indirekt und nicht minder eindringlich ist die Möglichkeit, die abgebildeten Kinder anzuschauen und sich Gedanken über ihren Lebensweg zu machen. Der Text schlägt eine Brücke in die Gegenwart und macht deutlich, daß diese Geschichte nicht abgeschlossen ist. Eine positive Orientierung wird durch den Gegenwarts- und Zukunftsbezug erst möglich, ohne daß den Kindern oder der Geschichte dabei Gewalt angetan wird.

Adlers Buch *The Number on My Grandfather's Arm* erzählt, wie ein kleines jüdisches Mädchen von seinem Großvater über den Holocaust erfährt. Anlaß ist, wie der Titel verrät, die Nummer auf Großvaters Arm. Die Geschichte ihres Gesprächs wird überaus einfühlsam erzählt: «‹Was ist das?› fragte ich. Großvater schlug die Arme übereinander. Die Nummer war verborgen. ‹Was ist das?› fragte ich wieder. Großvater schaute zu meiner Mutter. Sie sprach mit sanfter Stimme: ‹Es ist Zeit, daß du es ihr erzählst.› Großvater rollte seine Ärmel herunter. Er zog sein Jackett an und ging in das Wohnzimmer.» Und er erzählt. Auch von Auschwitz. So, wie ein Großvater es seiner Enkelin erzählen würde, ohne sie zu verletzen. Diese Geschichte ist in alltägliche Situation eingebettet, die wiederaufgenommen wird, nachdem Großvater zu Ende erzählt hat. Der Text ist so einfach gehalten, daß geringste Englischkenntnisse ausreichen, um das Buch Kindern zu übersetzen.

Umstritten ist das Buch *Rosa Weiss* von Roberto Innocenti, in dem erzählt wird, wie die Hauptfigur Rosa den Schrecken der Judenverfolgung entdeckt.[57] Es erscheint mir unbrauchbar für die pädagogische Arbeit aufgrund seiner Darstellungsweise und des Erzählstoffs. Die Bilder sind, wie ich denke, unzumutbar, weil sie zu ernst oder zu schockierend sind. Sie bilden eine klischeehafte und stereotype Wirklichkeit ab, die «Authenzität» daraus zu beziehen hofft, daß Fotos zitiert werden, die in den Jahren des Nationalsozialismus und des Holocaust und später um die Welt gingen. Ich halte es für ein Stück Holocaust-Kitsch, der vermutlich eher bei Erwachsenen als bei Kindern verfängt. Es ist ein Entsorgungsbuch, das mit drastischen Mitteln «Betroffenheit» zu erzeugen versucht, wobei die farbigen Illustrationen der schwarzweißen Botschaft entgegenstehen. Der eine deutlich identifizierbare Nazi, Bürgermeister Schröder, verschwindet einfach aus der Geschichte, und auch über den Bildern des NS-Alltags liegt eine Patina, die Realität eher verzeichnet und verschleiert.

Hier werden die Vorteile der Bücher von Judith Kestenberg und Chana Byers Abells deutlich. Sie umgehen die leicht zum Klischee gerinnende Darstellung auf verschiedene Weise: Die Illustrationen von Vivienne Koorland müssen von den Kindern in ihre Bilderwelt übersetzt werden, was durch die kindliche Strichführung und Reduktion erleichtert wird. Chana Byers Abells wählt die Illustration durch Fotos, die den Horizont des Textes weiten und vertiefen; diese Fotos tragen dazu bei, das nur angedeutete Geschehen als real wahrzunehmen, da ihre Authentizität uns eindringlich vor Augen steht. Die von Innocenti geleistete Ästhetisierung lenkt ab und leistet einer weiteren Derealisierung Vorschub. Der *Materialienband*, der zu *Rosa Weiss* erschienen ist und ausgezeichnetes Material enthält, kann dieses Manko kaum wettmachen.[58] Die Autoren haben dort darauf verzichtet, direkt auf das Bilderbuch Bezug zu nehmen, und die bereitgestellten Materialien sind sicherlich nicht für Kinder der Altersstufe geeignet, mit denen man sich das Buch vermutlich anschauen würde.

Abschließend möchte ich noch zwei weitere Bücher vorstellen, mit denen Kinder im Vorschulalter oder zum Beginn der Grundschulzeit an das Thema herangeführt werden können:

Das Buch von Bedrich Fritta *Für Tommy zum dritten Geburtstag in Theresienstadt* erzählt von den Wünschen eines Vaters für seinen Sohn.[59] Bedrich Fritta hat nicht erleben können, ob sich etwas von dem, was er seinem Sohn Tommy wünschte, erfüllen würde. Tommy überlebte in der Obhut eines Freundes seiner Eltern. Sein Vater wurde in Auschwitz ermordet, seine Mutter kam in Theresienstadt um. Fritta malte das Buch als Geschenk für Tommy zu seinem Geburtstag. Der Holocaust selbst wird nicht thematisiert. Es ist der Versuch, etwas Normalität in das Gettoleben zurückzuholen. Dieses Buch regt an, mit Kindern früh über ihre eigene kleine Welt und ihre großen Wünsche zu reden. Die Illustrationen sind bunt, lustig und sehr ansprechend. Ein Buch, das man früh ins Herz schließt. Später kann man dem Kind die Geschichte des Buches erzählen, so daß die Bilder einen neuen Inhalt bekommen. Es ist für Kinder im Alter von drei Jahren ein Einstieg in eine vertraute Welt, die sich ihnen erst später weiter erschließen wird.

Ein weiteres empfehlenswertes Buch für Kinder im Kindergartenalter ist *Das Kind im Koffer* von Ilse Burfeind und Sylvia Hebisch.[60] Das ist die Geschichte des kleinen jüdischen Jungen Jerzy Zweig, der im Konzentrationslager Buchenwald von Häftlingen versteckt und gerettet wurde. Einigen Lesern wird die Geschichte aus Bruno Apitz' Roman *Nackt unter Wölfen* vertraut sein. Der von Ilse Burfeind verfaßte Text ist leicht verständlich, und die von Sylvia Hebisch gezeichneten Illustrationen sind sanft gehalten. Die Geschichte geht gut aus, der Junge überlebt, aber die Bedrohung seines Lebens wird in der Geschichte deutlich. Daß es hier um eine reale Geschichte geht, wird durch die Erzählerfigur Rudi deutlich, der den Kindern im Kinderhaus in der Heinrichstraße die Geschichte erzählt. Das Buch ist aus einer tatsächlichen Begegnung zwischen den Kindern eines Hamburger Kinderhauses und Überlebenden entstanden. Ilse Burfeind ist eigentlich keine Kinderbuchautorin, sondern Erzieherin, die aus der Praxis heraus das Buch schrieb, das ihr für die Arbeit fehlte. Das Bild der Nazis bleibt relativ undeutlich, was einen Anlaß dazu bietet, eigene Erzählstränge mit hineinzunehmen.

Kinder und Jugendliche ab der Jahrgangsstufe 6

Die Beschäftigung mit dem Thema im Unterricht beginnt im Regelfall ab der Jahrgangsstufe 6 und erfährt ihren Höhepunkt in der 9. bzw. 10. Klasse. Verschiedene Psychoanalytiker haben auf eine Parallelität zwischen Sexualerziehung und der Behandlung des Holocaust in Deutschland und Österreich hingewiesen. Judith Kestenberg etwa schreibt, man habe im 19. und Anfang des 20. Jahrhunderts die Sexualität tabuisiert und verdeckt, während man das gleiche heute mit der Geschichte des Holocaust tue.[61] Ihr Frankfurter Kollege Sammy Speier nimmt etwas Ähnliches wahr: man vermeide nicht mehr, die «Tür zum Elternschlafzimmer zu öffnen [um] deren *Urszene* ansichtig zu werden, sondern eher [...], die Tür zu den Gaskammern zu öffnen. [...] Es ist einfacher, mit Psychoanalysepatienten über Schlafzimmer zu sprechen als über Gaskammern.»[62] Das österreichische Autorenteam Elisabeth Brainin, Vera Ligeti und Samy Teicher schreibt: «In Österreich beginnt der *Zeitgeschichteunterricht* in den Schulen, wenn die Schüler 14 oder 15 Jahre alt sind. Das ist auch die Zeit, in der die Sexualerziehung in den Schulen stattfindet, die Schüler also offiziell über die elterlichen Sexualgeheimnisse unterrichtet werden. Beides kommt den in der Adoleszenz auftauchenden Entwertungs- und Idealisierungstendenzen entgegen. Sowohl die Massenvernichtung als auch die Sexualität bleiben tabuisiert und schmutzige Geheimnisse.»[63] Das Wissen wird häufig auf der Ebene der inneren Selbstberuhigung «so etwas tun meine Eltern [bzw. Großeltern] nicht»[64] abgewehrt.

Man sollte die Parallelität zwischen sexuellem und geschichtlichem Tabu sicherlich nicht überschätzen, aber es ist sinnvoll, diesen Zusammenhang in die eigenen Überlegungen mit einzubeziehen. Vieles spricht dafür, daß das historische Tabu inzwischen die sexuellen Tabus übertrifft.

Lernziel «Betroffenheit»?

Ido Abram hat darauf hingewiesen, daß die Fähigkeit, sich in andere Menschen hineinzuversetzen, unabdingbar ist, um nicht die Kälte zu entwickeln, die Auschwitz erst möglich machte.

Oft wird im Unterricht das *Tagebuch der Anne Frank* gelesen, denn so ist es bei einer mitgehenden Lerngruppe relativ einfach, «Betroffenheit» zu erzeugen. Die Schülerinnen und Schüler kennen einige der familiären Konflikte, die Anne in ihrem Tagebuch beschreibt, aus dem eigenen Erleben. In der Wahrnehmung der Schüler können diese Konflikte relevanter sein als die historische Umgebung, in der sie sich zutragen. Die Welt des Holocaust umschließt das Versteck der Familie Frank wie das Wasser eine Luftblase (und manches familiäre Problem wurde dadurch verschärft, daß der Druck von außen so stark war). In dem Moment, als die Außenwelt jedoch mit ganzer Gewalt in die den Franks verbliebene Welt des Verstecks einbricht, verstummt die Stimme von Anne. Ohne einen Prolog und ständigen Rückverweis auf die damaligen Zeitumstände sowie ohne einen Epilog, der von den folgenden Ereignissen berichtete, bliebe diese Geschichte konturenlos und vage.

Zu den pädagogischen Aufgaben gehört es, identifikatorisches Lernen zu ermöglichen, aber auch Identifikationen wieder zu durchbrechen. Es wäre wenig gewonnen, wenn die Schülerinnen und Schüler sich mit der Hauptfigur identifizierten und ihre eigenen Vorstellungen sich dabei der Geschichte dieser Person bemächtigten. Auch Anne Frank hat ein Anrecht auf ihre eigene Identität und Individualität. Wenn sie uns als das lächelnde Mädchen aus dem Hinterhaus in Erinnerung bleibt, ohne daß wir es unternommen haben, ihre Geschichte in ihrem gesellschaftlichen und historischen Kontext zu sehen – was hätten wir da über sie und ihre Welt begriffen? Stellen wir uns vor, sie hätte überlebt... was hätte sie von dem, was sie während der Zeit im Versteck aufgeschrieben hat, vielleicht aus dem Tagebuch gestrichen, wenn sie es denn zur Veröffentlichung freigegeben hätte? Welche Haltung würde sie heute zu ihren damaligen Eintragungen einnehmen? Wo würde sie heute leben? In ihrer Geburtsstadt Frankfurt, in Amsterdam, in New York oder in Tel Aviv? Was hätte sie ihren Kindern und ihren Enkeln zu erzählen gehabt? Wo hat sie sich zu Hause gefühlt? Wer war Anne Frank? Diese Frage sollte uns in der unterrichtlichen Auseinandersetzung mit ihrem Tagebuch beschäftigen. Werden wir ihr gerecht? Wie stehen wir zu ihr? Identifikation ist auf Dauer nicht genug. Wir sollten versuchen, die Beziehung zu ihr so zu entwickeln, daß wir etwas über sie erfahren und daß wir selber eine Stellung zu dem beziehen, was sie uns zu sagen hat. Wenn wir sie idealisieren, zur Ikone machen, werden wir ihr nicht gerecht. Es gibt auch geschichtliche Fakten, für die wir nichts können und die uns doch von ihr trennen. Anne Frank ist nicht irgendein Mädchen, sondern ein jüdisches Mädchen. Es gibt nur eine Anne Frank, aber es gibt viele ähnliche Geschichten. Einige davon sind erhalten geblieben; die meisten aber kennen wir nicht.

Identifikation ist ein psychischer Mechanismus, den wir in der Erziehung häufig verwenden. Kinder- und Jugendbücher eröffnen ihren Lesern einen Zugang über Identifikationspersonen. Im Unterricht sollte dieses Mittel nicht nur genutzt, sondern auch besprochen werden. Identifikation an sich stellt noch keinen Wert dar. Auch die Kinder- und Jugendbücher zur Zeit des Nationalsozialismus nutzten dieses Mittel, um ihre Ziele eingängig werden zu lassen.

Jugendliche verspüren oft ein gesundes Mißtrauen, wenn sie merken, daß eine unausgesprochene Erwartung an sie gestellt wird, sich mit jemandem oder einer Sache zu identifizieren. Eine Behandlung des Holocaust, der diese Erwartung unterliegt, läuft Gefahr, auf Widerstände zu stoßen. Die Identifikation mit den Opfern der Schoah fällt aus mehreren Gründen in der Regel schwer; einige hat Ido Abram anfangs genannt. Im deutschen

Kontext wird diese Identifikation um so fragwürdiger, wenn sie einem Ausstieg aus der eigenen Geschichte Vorschub leistet. Erinnert sei an das Zitat aus dem Sichrovsky-Band, in dem eine Neunzehnjährige die Bemühungen ihres Lehrers beschreibt, sich selbst auf die «gute» Seite der Opfer zu stellen. Dieser Versuch stellt eine Flucht aus der Geschichte dar, mit der man es sich unweigerlich zu einfach macht.

Identifikatorisches Lernen sollte also Identifikation temporär ermöglichen und zugleich hinterfragen, gegebenenfalls durchbrechen. Es sollte den Schülern Gelegenheit gegeben werden, an verschiedenen Texten ihre *eigene* Position herauszuarbeiten. Sie sollen Stellung nehmen und an unterschiedlichen Beispielen erkennen, daß es in der Geschichte mehr Alternativen als Zwangsläufigkeiten gibt. Auch ungenutzte oder verworfene Alternativen sind zuallererst denkbare Alternativen. An historischen Beispielen sollten sie eigene Maßstäbe entwickeln und benennen können, mit denen sie das damalige Verhalten beurteilen. Gleichzeitig läßt sich die identifikatorische Leistung, die darin liegt, sich in die damalige Situation hineinzuversetzen und Aussagen über das angenommene eigene Verhalten zu treffen, in eine gegenwarts- und zukunftsbezogene Position wenden. Ihre eigenen Wertungen werden erst dann glaubwürdig, wenn sie sie zu ihrem eigenen Tun in Beziehung setzen.

Das unausgesprochene Lernziel «Betroffenheit» steht diesem Anliegen oft im Wege. Die Identifikation mit den Opfern, die die Schüler «betroffen» machen soll, bedeutet eine Inszenierung der Gefühle, auf die Jugendliche oft mit verständlicher Abwehr reagieren. Sie haben gute Gründe, sich dagegen zu wehren, daß andere sich anmaßen, zu entscheiden, was zu fühlen richtig und erwünscht sei. Bevor das Thema emotional mit Erwartungen überfrachtet wird, sollten die Schülerinnen und Schüler die Möglichkeit erhalten, sich ihrer eigenen Emotionen und Positionen zum Thema bewußt zu werden.

Oft übernehmen wir in unsere pädagogische Praxis Erfahrungen aus unserem eigenen Erziehungsprozeß. Viele Angehörige der zweiten Generation sind durch die schockierenden Bilder der Dokumentationen über Konzentrations- und Vernichtungslager getroffen und angeregt worden, sich mit der Geschichte des Holocaust auseinanderzusetzen. Wahrscheinlich trifft das für einige Angehörige der zweiten Generation zu – wie viele Gleichaltrige haben sich jedoch davon nicht berühren lassen?! Die heutigen Schülerinnen und Schüler sollten die Gelegenheit erhalten, ihre eigenen Bezüge zum Thema zu entwickeln. Dabei sind wir als Pädagogen gefordert; wir können ihnen bei diesem Prozeß zur Seite stehen, ihnen helfen, aber wir können es ihnen nicht abnehmen, indem wir ihnen zeigen, wohin das unserer Meinung nach zu führen habe.

Betroffenheit kann auch eine Ausflucht sein. Indem man dann über seine eigenen Gefühle spricht, gerät der Anlaß für die «Betroffenheit» schnell in den Hintergrund. Ein Umstand, der Hermann Gremliza schreiben ließ, unheimliche Betroffenheit sei heimliche Unbetroffenheit. Man wechselt die Seite und phantasiert sich selbst an die Stelle des Opfers.

Schülern moralische Komplexität zumuten und zutrauen

Das Thema ist schwierig und erscheint gelegentlich undurchdringbar. Wer glaubt, er oder sie sei mit dem Thema schon fertig und habe es bewältigt, liegt meistens falsch. Je mehr wir wissen, desto mehr Fragen ergeben sich.

Wir plädieren dafür, das Thema Holocaust in seiner Komplexität stehenzulassen oder zu entwickeln und gegen den 45-Minuten-Takt, gegen die Notwendigkeit zur Vereinfachung zu handeln, die unser tägliches pädagogisches Geschäft ist. Wir sind der Überzeugung: Mit Jugendlichen läßt sich die Komplexität des Themas entwickeln, die moralischen Dilemmata können dargestellt werden.

Dies gilt sicherlich nicht für Kinder, die altersgemäß ein dichotonomes Bild von Gut und Böse haben. Wir kennen es aus der pädagogischen Arbeit mit Kleinkindern, daß sie durch komplexere Erklärungsversuche überfordert werden, in denen Gut und Böse nicht eindeutig voneinander unterschieden sind. Diese klare Vorstellung finden wir auch bei vielen Erwachsenen wieder, die sich danach sehnen, durch eine klare Gegenüberstellung beider Positionen eigene Ambivalenzen zu leugnen. Dieser Wunsch nach Überschaubarkeit und moralischer Übersichtlichkeit wird in unserer Kultur groß geschrieben: Das christliche Verständnis der Bibel betont, insbesondere in der Lesart des Neuen Testaments, die Eindeutigkeit des Guten. Es gibt unzählige Beispiele dafür, daß diese Vereinfachung den Publikumsgeschmack trifft. Im Western scheint es eine ebenso klar voneinander getrennte Sphäre von Gut und Böse zu geben wie in der Welt des Kalten Krieges. Seit dem Umbruch der politischen Systeme Mitte der achtziger Jahre begreifen wir immer deutlicher, daß die Welt komplexer ist.

Wir sind noch kaum gewöhnt, in der pädagogischen Arbeit Dilemmata zu thematisieren. Dies geht auf die vorherrschende Tradition zurück, die Welt als in eindeutige Kategorien von Gut und Böse geteilt zu begreifen. Kinder und Jugendliche nehmen diese Position altersbedingt besonders ernst, bis hin zu dem moralischen Rigorismus Pubertierender, die zu eindeutigen Urteilen neigen. Viele halten an einer dichotonomen Weltsicht auch im Erwachsenenalter fest, gewiß weil sie sich so einfacher der «guten» Seite zurechnen können. Häufig endet die reflektierte Auseinandersetzung mit moralischen Fragen bei Abschluß der Schulkarriere – zu einem Zeitpunkt also, zu dem der moralische Rigorismus häufig auf seinem Höhepunkt steht.

Jugendliche brauchen Anregungen, um die Komplexität historischer Situationen und individueller, politischer oder moralischer

Entscheidungssituationen erfassen zu können. Sie müssen lernen, mit eigenen Ambivalenzen umzugehen, Erfahrungen zu sammeln, die ihnen zeigen, daß moralische Urteile in der Alternative «Gut» oder «Böse» nicht aufgehen. Der Blick auf den Holocaust ist, wie gesagt, durch eine Reihe von Tabus getrübt. Es gibt eine Sicht des Geschehens, die dem Bedürfnis nach klaren Grenzen zwischen Tätern und Opfern, Gut und Böse entspricht. Im günstigen Falle erreicht man eine Identifikation mit den Opfern und eine Orientierung auf das Gute. Diese Perspektive klammert den moralischen Zwiespalt aus, der grundsätzlich zum Inventar menschlichen Zusammenlebens gehört, in der Zeit des Nationalsozialismus und des Holocaust jedoch eine ungeheure Zuspitzung erlebte.

Zu einem fundierten Wissen über die geschichtlichen Ereignisse und zu einer ethischen Orientierung gehört die Kenntnis verschiedener Perspektiven auf ein Geschehen. Dies gilt es, in der pädagogischen Praxis zu vermitteln. Durch eine zeitweilige Identifikation mit Personen, die für eine Haltung oder Aussage stehen, versuchen wir, ihre Motivation zu ergründen und genauer zu verstehen, welches ihre Position ist. Der Amerikaner Lawrence Kohlberg hat sich mit der Entwicklung moralischer Urteile beschäftigt und verschiedene Stadien herausgearbeitet, die Micha Brumlik in einer Tabelle übersichtlich zusammengefaßt hat: [65]

Präkonventionell

Stufe 1
Heteronomes Urteilen.
Gerecht ist jene Handlung, für die ich belohnt werde.

Stufe 2
Individuelles, auf instrumentelle Absichten und Austausch bezogenes Urteilen:
Gerechtigkeit bedeutet, daß ich jetzt etwas für dich tue, wenn du später etwas für mich tust.

Konventionell

Stufe 3
Beziehungs- und konformitätsbezogenes Urteilen:

Gerecht sind all jene Handlungen, die in meiner Gruppe gutgeheißen werden.

Stufe 4
Autoritäts- und systembezogenes Urteilen:
Gerecht sind all jene Handlungen, die den vom sozialen System gesetzten Regeln entsprechen.

Postkonventionell

Stufe 5
Sozialvertragsbezogenes Urteilen:
All jene Handlungen sind gerecht, die es den Menschen gestatten, ihre individuellen Rechte wahrzunehmen.

Stufe 6
Gewissens- und prinzipienbezogenes Urteilen:
Gerecht sind jene Handlungen oder Konfliktlösungen, die auf logischer Konsistenz und der Einbeziehung der Interessen aller Betroffenen beruhen.

Es ist von größter Wichtigkeit, diese Stufen in der pädagogischen Arbeit zu reflektieren. Es gibt verschiedene Formen des moralischen Urteilens, die wir in der Realität wahrnehmen können. Anders als Kohlberg halte ich die implizite Hierarchisierung für vernachlässigenswert. Soll man in der pädagogischen Arbeit anstreben, daß Jugendliche stufenweise zum «postkonventionellen Urteil» gelangen? Oder ist nicht schon viel gewonnen, wenn die grundsätzliche Notwendigkeit, sein eigenes Handeln in Beziehung zu moralischen und ethischen Wertentscheidungen zu stellen, erkannt wird?

Aus den Kohlbergschen Stufen ergeben sich verschiedene Aufgaben für eine auf humanes Miteinander orientierte Pädagogik und Gesellschaft. Um einige Beispiele zu nennen: Für jemanden, der sein Handeln nach der zu erwartenden Belohnung oder Sanktionierung seines Handelns ausrichtet (Stufe 1), ist es wichtig, daß die Gesellschaft Normen entwickelt, nach denen inhumanes Verhalten keine Belohnung erfährt, sondern unter Sanktionsdrohung steht. In einer Situation, in der die Mehrheit einer Gruppe ihr Handeln nach dem Gruppenkonsens ausrichtet (Stufe 3), ist es sinnvoll, daß die Gruppe über eine humane Orientierung verfügt und sich nicht gegen eine andere definiert. Eine humane Orientierung zu entwickeln und zugleich nach Wegen zu suchen, sie in der Gruppe durch gemeinsame Werte und Normen abzusichern, ist ein wichtiges Ziel ethischen Lernens, das auch Teil des historischen und politischen Lernens sein sollte. Erziehung nach Auschwitz sollte darauf ausgerichtet sein, die Schülerinnen und Schüler mit dieser Wertediskussion vertraut zu machen.

Stellt man im schulischen Umgang das Thema Holocaust in einen Bezugsrahmen von Entscheidungen und Handlungsalternativen, gelingt es das Geschehen konkreter und realer erscheinen zu lassen.

Wenn wir dagegen die Geschichte des Holocaust allein vor dem Hintergrund der moralischen Konstellation «Gut oder Böse» betrachten, machen wir es uns und unseren Schülern zu einfach. Die Gesellschaft des Holocaust war komplexer, und die Entscheidungssituationen, vor die sich die Menschen gestellt sahen, waren komplizierter.

Täter, Opfer, Zuschauer, Helfer der Nazis oder Helfer der Verfolgten – aus dieser groben Unterteilung der deutschen, österreichischen und europäischen Gesellschaft zur Zeit des Holocaust läßt sich ein angemessener Rahmen entwickeln. Wobei es darauf ankommt, einzelne und ihre Entscheidungen in den Blickpunkt zu rücken und zu zeigen, wie sie sich zum Geschehen verhielten. Mit dem Mittel des identifikatorischen Lernens und der gleichzei-

tigen, von den Lehrplänen zunehmend geforderten Multiperspektivität werden genutzte und ungenutzte Handlungsalternativen in der historischen Situation deutlicher; die Geschichte verliert damit den Charakter eines unabwendbaren Schicksals – ein
Eindruck, den auch Zeitgenossen oft zu erwecken bemüht sind,
um ihre eigene Untätigkeit zu begründen.

Ein Projekt für den Geschichtsunterricht (ab Stufe 10)

In einem Seminar, in dem wir uns mit Tätern, Opfern und Zuschauern auseinandersetzten, stellte eine Studentin der dritten
Generation verwundert fest, daß sie nur eine vage Vorstellung
von den damaligen Geschehnissen hatte: «Wir haben im Unterricht über das *Milgram-Experiment*[66] und *Die Welle*[67] gesprochen, und ich ahnte nicht, daß wir auch genug Material zur
gleichen Fragestellung in unserer eigenen Geschichte finden würden.» Tatsächlich gehen wir im gesellschaftskundlichen Bereich
gelegentlich den Umweg über Experimente, um Strukturen of-
fenzulegen, die uns sehr viel näher sind, als es deren klinische La-
borsituation dann nahelegt.

Das *Milgram-Experiment* gehört heute zu den Standards des
Gemeinschaftskundeunterrichts, ebenso wie der Film oder das Jugendbuch *Die Welle*. Beides sind durchaus sinnvolle Materialien,
um über das Phänomen des Mitmachens und der Ausgrenzung in
autoritären Systemen zu sprechen. Eva Fogelman, die bei Stanley
Milgram studierte, interessierte sich frühzeitig für diejenigen, die
sich den Anordnungen verweigerten. Dieses Interesse mündete in
eine Beschäftigung mit den Helfern der Juden während des Holocaust, den Rettern. Ihr 1995 in deutscher Sprache erschienenes
Buch *Wir waren keine Helden*[68] enthält Fragestellungen und

Ergebnisse ihrer jahrelangen Forschungen in handlicher und lesbarer Form. Sie interessiert, wie aus Zuschauern Retter wurden – woher nahmen sie die Kraft und Fähigkeit, im entscheidenden Moment die richtige Entscheidung zu treffen? Welche Motive lagen dem zugrunde? Auf diese Fragen liefert das Buch wichtige Antworten, die durch den engen Bezug auf die von der Autorin selbst geführten oder benutzten Interviews plastisch werden. Dieser Band könnte eine Grundlage für eine intensivere Auseinandersetzung mit den Gruppen der Täter, Opfer und Zuschauer bilden.

Ein anderes Buch, das sich der Frage widmet, wie die Täter zu Tätern wurden, hat der amerikanische Historiker Christopher Browning vorgelegt: *Ganz normale Männer*.[69] Am Beispiel eines Polizeibataillons, das an der Ermordung der Juden beteiligt war, arbeitet Browning heraus, über welche (oft ungenutzten) Handlungsspielräume die Polizisten verfügten und wie sie Stück um Stück die Verantwortung für ihr eigenes Verhalten abgaben.

Ein drittes möchte ich in diesem Zusammenhang empfehlen: *Wir weinten tränenlos... – Augenzeugenberichte der jüdischen Sonderkommandos in Auschwitz* von Gideon Greif.[70] Er interviewte Überlebende der Sonderkommandos, die als Häftlinge in den Krematorien und Gaskammern arbeiten mußten. Sie wurden gezwungen, den Vernichtungsprozeß am Laufen zu erhalten. In den Berichten werden die Strukturen der Vernichtung deutlich.

Diese drei Bücher können eine Grundlage für ein Projekt abgeben, in dem man sich über einen längeren Zeitraum mit der Thematik auseinandersetzt. Für einen Projektdurchgang in der Klassenstufe 10 wäre es sinnvoll, aussagekräftige Sequenzen auszuwählen, im Unterricht vorzustellen und zu diskutieren. Um den Erfordernissen des Lehrplans nachzukommen, müßten die Abschnitte so ausgewählt werden, daß sich jeweils eine Doppelstunde auf Täter, Opfer und Zuschauer bezieht, wobei die Retter als eine Minderheitsgruppe erkennbar bleiben sollten, die aus der Mehrheitsgruppe der Zuschauer hervorgegangen ist.

Die Perspektive auf die Retter gibt der Beschäftigung eine positive Orientierung. Indem die Dilemmata und Schwierigkeiten ebenso benannt werden wie die möglichen und tatsächlichen Konsequenzen des Handelns der Retter, kommt man einer Idealisierung der Gruppe zuvor. Würden die Retter zu Helden erklärt und idealisiert, wäre ihr Handeln aus dem direkten Erfahrungs- und Handlungshorizont der Schüler herausgehoben. Erst indem ihr Nachdenken über die Gefahren, ihre Ängste und die bewußte Entscheidung, trotzdem zu helfen, thematisiert wird, ergibt sich ein Bild, das die Retter als «Menschen wie du und ich» erscheinen läßt – insofern jedenfalls, als ihre Taten als im Bereich des Menschenmöglichen liegend erfahren werden.

In einem Geschichte-Leistungskurs läßt sich ein langfristigeres Projekt denken, in denen sich drei Arbeitsgruppen jeweils ein Buch vornehmen und es unter bestimmten Fragestellungen durcharbeiten. In der Zeit, in der die Schüler die Bücher zu Hause lesen, könnten im Unterricht Grundlagen für die weitere Bearbeitung geschaffen werden, indem man sich mit dem *Milgram-Experiment* oder mit Abschnitten aus dem Band zu dem Film *Shoah* von Claude Lanzmann[71] und der Darstellung Hilbergs über *Täter, Opfer, Zuschauer*[72] beschäftigte. Nachdem die Schüler die Bücher gelesen und in Arbeitsgruppensitzungen ihre eigenen Fragestellungen gefunden und besprochen haben, können die Gruppen ihre Arbeitsergebnisse vorstellen und miteinander diskutieren. Diese Form, die an den Universitäten gebräuchliche Seminarpraxis ist, ermöglicht eine tiefergehende thematische Auseinandersetzung und kommt der Forderung nach einem wissenschaftspropädeutischen Ansatz im Oberstufenunterricht nahe. Die Schüler lernen einen eigenständigen Umgang mit Literatur und die Umsetzung ihrer Arbeitsergebnisse in der Konfrontation mit den Ergebnissen anderer Gruppen. Dieser Zugang ist allerdings aus zeitlichen und organisatorischen Gründen sicherlich einem Leistungskurs vorbehalten.

Die genannten Bände seien Lehrerinnen und Lehrern grundsätzlich empfohlen, da sie in einer überaus verständlichen, griffigen und lesbaren Weise Sachverhalte thematisieren, die uns in der pädagogischen Arbeit immer wieder beschäftigen. (Dazu gehören die Fragen nach Reflexion, Partizipation und Verweigerung, politischem und sozialem Engagement. In der Zeit des Holocaust zeigen sich die Voraussetzungen für ein humanes Verhalten in einer zugespitzten Weise. Daß selbst unter diesen spezifischen Umständen Menschen in der Lage waren, ihrem Gewissen zu gehorchen, dementiert deutlich die Zwangsläufigkeiten und «Befehlsnotstände», die viele Zeitgenossen des Geschehens für sich in Anspruch nehmen. Zugleich geben die Handlungsweisen von Menschen in der damaligen Situation ein Beispiel, das uns in unserer freien Gesellschaft um so mehr dazu anregen sollte, unser Handeln zu befragen und zu überprüfen.)

Medien und Materialien: Jugendbücher

Im Deutschunterricht gibt es viele Möglichkeiten, Kinder- und Jugendbücher, aber auch Zeugnisse von Überlebenden zu lesen. Dabei empfehlen wir einen Umgang wie mit anderer Literatur auch. Die Zeugnisse Überlebender sollten nicht nur als historische Quelle oder als Mittel zum identifikatorischen Lernen benutzt werden, sondern mit den jeweils altersgemäß eingeführten Methoden eines kritischen Umgangs gewürdigt werden.

Das gleiche gilt für den *Fremdsprachenunterricht*, da es viele englisch- und französischsprachige Werke gibt, in denen die Zeit des Nationalsozialismus thematisiert wird. Hier kann auch untersucht werden, was etwa englische oder amerikanische Leser aus den Büchern über den Nationalsozialismus und den Holocaust erfahren. Schließlich bieten die pädagogischen Abteilungen der israelischen Gedenkstätte *Yad Vashem* und des amerikanischen

U. S. Holocaust Memorial Museum (Adressen siehe S. 349) hervorragende Materialien an, die eine Beschäftigung mit dem Thema im Fremdsprachenunterricht auf verschiedenen Niveaus ermöglichen.

Je nach Altersgruppe empfehlen sich identifikatorische, autobiographische, erzählende oder eher dokumentarische Werke. Die im Anhang vorgestellten Bände (siehe S. 335) sind durch ihre klare kapitelweise Gliederung als Lektüre im Unterricht besonders gut geeignet.

In der Behandlung dieser Literatur sollte die erzählte Geschichte zentral stehen, jedoch der zeitliche Hintergrund – auch durch die Fragen, die die Schüler stellen – kursorisch beleuchtet werden. Oft sind Jugendbücher zum Thema durch ein grobes Zeitraster ergänzt, das die geschichtliche Einordnung erleichtert.

Medien und Materialien: Filme

Der Erfolg von Filmen wie *Das Tagebuch der Anne Frank, Holocaust* und *Schindlers Liste* hat gezeigt, daß die Konfrontation mit dem Thema durch filmische Mittel kurz- und mittelfristig eindrucksvoller sein kann als jede andere Form der Auseinandersetzung. Allerdings gibt es keine gesicherten Erkenntnisse darüber, welche langfristigen Effekte beispielsweise die erzeugte «Betroffenheit» bei Zuschauern hat.

Ido Abram hat anfangs die Schwierigkeiten beleuchtet, die bei der Betonung der Grausamkeiten während des Holocaust auftreten. Für die Arbeit mit Filmen kommt hinzu, daß die Bilder, die vom Holocaust gezeigt werden, mit einer Bilderflut konkurrieren müssen, die es den Schülern erschwert, zwischen Realität, Phantasie und Rekonstruktion von Wirklichkeit zu unterscheiden. Der Kettensägenmörder eines *shocking videos* kommt filmisch ebenso «real» daher wie das Bild des SS-Manns Amon Goeth in dem Film *Schindlers Liste*. Es bedarf einer ruhigen und beharrlichen Auseinandersetzung, um die Aussagen der Bilder gegen konkurrierende Visualisierungen von Gewalt zu behaupten.

Deshalb sind die leiseren Filme zu bevorzugen, die menschliche Widersprüche und Konflikte betonen. Der Film *Schindlers Liste*, der in jedem Kaufhaus und jeder Videothek zu erhalten ist, gehört dazu. In einer zehnten Klasse läßt sich dieser Film sehr gut einsetzen. Dabei sollte man sich dem Film auch «filmkritisch» nähern, seinen Inhalt und die Umsetzung, seine Mittelwahl, thematisieren. Eine Anregung dafür bietet der Band *Der gute Deutsche* von Christoph Weiss, in dem 65 Besprechungen des Films gesammelt sind.[73] Zu den Autoren gehören Henryk M. Broder, Michael Wolffsohn, Ralph Giordano, Micha Brumlik, Billy Wilder, Ruth Klüger und Sigrid Löffler. So vielfältig wie die Autorenschaft sind die Perspektiven ihrer Beiträge. In dem genannten Band finden sich auch Anregungen für eine Beschäftigung mit dem Film in einem medienpädagogischen Zusammenhang. Ästhetisierungen und visuelle Umsetzungen können ebenso diskutiert werden wie die Wirkung des Films auf die Schüler.

Wieder ist es gut möglich, den Film im Englischunterricht der Oberstufe – zum Beispiel parallel zum Geschichtsunterricht – zu behandeln. Die amerikanische Organisation *Facing History and Ourselves* hat ein hervorragendes Begleitheft herausgegeben, das die Bearbeitung erleichtert. Für den deutschsprachigen Unterricht bietet das Fritz-Bauer-Institut, Frankfurt (Adresse siehe S. 349), Unterstützung an.[74]

Ebenfalls für den Englischunterricht empfiehlt sich das Video *Daniel's Story* des U.S. Holocaust Memorial Museum in Washington. Dieses Video und Begleitmaterial können dort angefordert werden. Der Text ist für jüngere englischsprachige Schüler gedacht, kann aber in der Regel in der Klassenstufe 9 des Englischunterrichts mit ebensoviel Gewinn benutzt werden.

Bei den amerikanischen Filmen ist zu berücksichtigen, daß sie in der amerikanischen Videonorm aufgezeichnet sind und erst in das europäische System übersetzt werden müssen. Dabei können in der Regel Landesbildstellen, Universitäten oder kommerzielle Anbieter behilflich sein.

Ein weiterer Film, der sich als geeignet erwiesen hat, ist der Film *Hitlerjunge Salomon*, dessen Behandlung durch Lektüre des Buches *Ich war Hitlerjunge Salomon* von Sally Perel ergänzt werden kann.[75]

Bei der Suche nach anderen geeigneten Filmen und Begleitmaterialien können wiederum das Fritz-Bauer-Institut in Frankfurt, die Landesbildstellen oder die Lehrerfortbildungsinstitute der Länder behilflich sein.

Medien und Materialien: Fotos

Wir stellen im Materialienteil dieses Buches verschiedene Fotos vor, die eine Diskussion um das Verhalten oder die Position von Tätern, Opfern und Zuschauern ermöglichen sollen: z. B. das Bild eines polnischen Juden, dem deutsche Soldaten den Bart stutzen, oder das Foto eines jüdischen Jungen, der – umgeben von Nichtjuden – gezwungen wird, das Wort «Jude» an die Wand des elterlichen Geschäftes zu schreiben.

Diese Fotos sollen Fragen provozieren. Oft überblättern wir derlei Bilder – um sie nicht wahrnehmen zu müssen, um uns zu schützen, weil wir viele solcher Fotos bereits gesehen haben... Oft begreifen wir die abgebildeten Personen nur noch als Chiffre des Elends oder des Bösen. Ihre Individualität sagt uns nichts. Wir wappnen uns gegen die Not.

Wir müssen uns die Geschichte hinter den Fotos erst mühsam verdeutlichen: daß ein Mensch durch den Sucher der Kamera schaut und die Bilder für uns einfängt. Wer fotografierte und warum? Wurde das Bild von einem deutschen Fotografen einer Nazi-Zeitung oder einer Propagandaabteilung aufgenommen? Hat es einer der Beteiligten, ein SA-Mann, ein SS-Mann oder ein Soldat, fotografiert? Oder ein Zuschauer, vielleicht ein amerikanischer Pressefotograf? Welche Geschichte hat das Foto? Wo mag es gefunden worden sein? In dem Fotoalbum eines Beteiligten? Wurde es von Juden aufgenommen und heimlich weitergegeben oder versteckt? Neben den auf dem Bild dargestellten Personen, über deren Geschichte wir Mutmaßungen anstellen können, rückt die Person des Fotografen ins Blickfeld. Warum fotografiert er, anstatt einzuschreiten? Die Perspektive auf das Geschehen weitet sich.

Wir sehen die Augen der am Geschehen Beteiligten. Versuchen wir, Mutmaßungen darüber anzustellen, mit welchen Augen sie die dargestellte Situation sahen. Wie reagieren sie darauf, daß sie fotografiert werden?

Und schließlich gibt es mindestens ein weiteres Augenpaar, das das dokumentierte Geschehen verfolgt: unsere Augen. Durch das Foto werden wir selbst in eine Beziehung zu dem gestellt, was wir «mit den Augen» des Fotografen sehen. Wir werden Augenzeugen.

Ein Bild aus der Zeit des Holocaust kann dies verdeutlichen. Es zeigt vier deutsche Soldaten oder Polizisten und einen orthodoxen Juden mit Gebetsschal, der offenbar betet. Auf dem Boden sehen wir die Beine von liegenden Menschen. Es sind die der bereits erschossenen Juden. Die Deutschen lassen den Juden noch einmal beten, bevor auch er erschossen wird. Mindestens sechs Augenpaare richten sich auf den Juden: die der vier Soldaten oder Polizisten, die des Fotografen und wiederum die unseren. Den Geschichten hinter den Augen gilt es im Gespräch nachzugehen. Hier sind Phantasie, Reflexion und auch Einfühlung gefragt. Was geht in den Köpfen derer vor, die wir sehen? Und was bedeutet das Bild für uns? Ein Deutscher ist von dem jüdischen Mann verdeckt (Ist es Großvater?). Wo war das? Wer sind die Liegenden, schon

Erschossenen? Welche Bilder haben die, die es damals sahen und miterlebten, heute im Kopf? Wie lebt man mit solchen Bildern weiter? Wann war es? Warum nahm der Fotograf diese Szene auf? Wo wurde das Foto gefunden? In einem privaten Fotoalbum?

Fotos lassen sich als Quelle nutzen, sie fordern, wenn man sie aufmerksam liest, zur eigenen Stellungnahme heraus. Wenn wir die Augen zählen, die auf das Gezeigte schauen, zählen wir den Fotografen und die eigenen Augen mit. Vielleicht ist dies ein Weg, den Bann der Gleichgültigkeit zu brechen.

Ido Abram hat darauf hingewiesen, daß die Darstellung von Grausamkeit Faszination und Abwehr auslösen kann, Schuldgefühle und einen Relativismus. Deshalb haben wir möglichst darauf verzichtet, Bilder abzudrucken, die das Mordgeschehen oder Leichenberge zeigen. Um die Darstellung dieser Grausamkeiten wird man im Unterricht über den Holocaust nicht herumkommen, denn das war ein wesentlicher Bestandteil des Geschehens. Unsere Entscheidung, mit visuellen Darstellungen eher zurückhaltend zu sein, hängt auch damit zusammen, daß Bilder oft eine größere «Objektivität» für sich in Anspruch nehmen. Wenn die Fotos das Geschehen mit dem durch die Kamera vermittelten Blick der Täter und Zuschauer widerspiegeln, gerät das Opfer, seine Identität und seine Würde in den Hintergrund. Vielleicht liegt in den Fotos etwas von einer «Täterperspektive», die wir uns in bestimmtem Sinn aneignen, wenn wir mit dem durch das Foto vermittelten Blick der Täter auf das Geschehen schauen und ihn als «objektiv» mißdeuten. Um den Täter- und Zuschauerblick vieler fotografischer Dokumente auf das Geschehen zu durchbrechen, ist es notwendig, sich darüber bewußt zu werden und die Geschichten und Dokumente dazuzudenken, die weiteren Aufschluß geben können.

Jüdischer Mann vor vier Deutschen

Fotos aus jener Zeit begegnen uns vielerorts. Es könnte eine Aufgabe in der Einstiegsphase des Unterrichtsabschnitts sein, in dem Bilder als Quelle benutzt werden sollen, daß die Schülerinnen und Schüler alle Fotos, die sie zur Geschichte des Holocaust finden, mit in die Schule bringen. Diese könnten fotokopiert und mit anderen, vom Lehrer mitgebrachten Bildern auf einen Tisch gelegt werden. Die Bilder sollten dann von den Schülern z. B. nach Themen (Aprilboykott, Novemberpogrom, antijüdische Greuel im Kriegsverlauf, Konzentrations- und Vernichtungslager, Befreiung…) geordnet werden, wobei sie sich über die Ordnungskategorien Gedanken machen und einigen müssen. Die Schüler könnten zu einem Thema Bilder auswählen, zu denen sie einzeln oder in Gruppen Mutmaßungen zu den anfangs angeschnittenen Fragen anstellen. Dabei geht es weniger darum, die tatsächliche Geschichte des Bildes und die Geschichten hinter dem Bild zweifelsfrei zu ergründen – dazu werden unsere Hintergrundkenntnisse selten genug ausreichen. Es sollte vielmehr eine Art der Argumentation geübt werden, in der das Foto den Anlaß bietet, über eine dargestellte Situation und über die Darstellung, über beider Entstehung und Wirkung nachzudenken. In der Diskussion in den Gruppen oder in der Klasse würde deutlich werden, daß gewisse Mutmaßungen wahrscheinlicher sind, andere eher unwahrscheinlich oder gar verfehlt, und daß für andere Annahmen unser Hintergrundwissen eben nicht ausreicht. Im Unterrichtsgespräch sollte dann erörtert werden, warum uns oft die notwendigen Informationen fehlen (die Täter und Zuschauer schweigen oft, die Opfer können nicht mehr berichten) und wir auf die Bilder angewiesen sind, die die Täter selbst aufnahmen.

Schließlich sollte auch eine ethische Frage besprochen werden: einerseits sind die Fotos – etwa von den Leichenbergen in den befreiten Konzentrations- und Vernichtungslagern oder von den zu Massenerschießungen zusammengetriebenen nackten Menschen – historische Dokumente, die uns das Grauen der Geschehnisse vor Augen führen. Andererseits sind es auch Darstellungen, die von der Entwürdigung von einzelnen zeugen. Haben wir das Recht, z. B. ihre nackten Körper zur Schau zu stellen? Dürfen wir ihnen auch noch das «Recht am eigenen Bild» nehmen?

Wenn wir hier auf solche Fotos verzichtet haben, haben wir dies auch deshalb getan, um die Würde der Opfer zu respektieren. Im schulischen Kontext gibt es daneben einen weiteren, bereits angedeuteten Grund.

In der Phase der eigenen sexuellen Orientierung, in der sich die Schüler in der Regel zur Zeit der unterrichtlichen Beschäftigung mit dem Holocaust befinden, liegen, wie der israelische Psychoanalytiker Martin Wangh betonte, sexualisierte Gewaltphantasien und sexuelle Phantasien oft dicht beieinander.[76] Einer Visualisierung dieser Phantasien begegnen die Jugendlichen oft in Filmen, Videos und Computerspielen. Inwiefern der Konsum solcher Produkte etwa die Gewaltbereitschaft oder Abstumpfung gegenüber Gewalt fördert, ist in der Erziehungswissenschaft durchaus strittig. Wir wissen jedoch, wie wichtig es auf dem Weg zum Erwachsenwerden ist, die Grenzen zwischen Realität und Phantasie wahrzunehmen und ziehen zu können.

Nach einem schlechten Traum oder während einer spannenden, bedrohlichen Filmszene sind es zuerst meist die Eltern, die dem kleineren Kind versichern müssen, daß es «ja nur ein Traum» oder «nur ein Film» sei, was sie in Angst versetzt. Diese Methode der Abgrenzung üben Kinder und Jugendliche immer wieder ein, sie sagen es sich im entscheidenden Moment selber – «Es ist ja nur ein Traum / Film!»

Die amerikanische Publizistin Susan Sontag schreibt: «Der umfassende fotografische Katalog des Elends und der Ungerechtigkeit in aller Welt hat jedermann mehr oder weniger mit Grausamkeiten vertraut gemacht, indem er das Entsetzliche immer alltäglicher erscheinen ließ, es dicht heran- und zugleich weit wegrückte (Nur ein Foto), es unvermeidlich machte. Als die ersten Fotos von den nationalsozialistischen Konzentrationslagern auftauchten, waren solche Bilder alles andere als alltäglich. Mag sein, daß nach [...] Jahren ein gewisser Sättigungsgrad erreicht ist.»[77]

In den visuellen Medien (Filme, Videos und Computerspiele, die Jugendliche oft ohne Erwachsene konsumieren) hat sich eine Gewaltspirale ergeben, sind die Darstellungen immer drastischer geworden. Auch in den Nachrichtensendungen müssen wir uns mit immer stärkeren Reizen auseinandersetzen, da die Kamerateams dem jeweiligen Geschehen stets näherzurücken versuchen. Susan Sontag schreibt: «Durch Fotos kann eine moralische Position zwar nicht geschaffen, wohl aber verstärkt und – im frühen Entwicklungsstadium – gefördert werden. [...] Die Voraussetzung für eine moralische Beeinflussung durch Fotos ist die Existenz eines relevanten politischen Bewußtseins. Ohne die politische Dimension wird man Aufnahmen von der Schlachtbank der Geschichte höchstwahrscheinlich nur als unwirklich oder als persönlichen Schock empfinden.[78] Oft sorgen unsere eigenen Schutz- und Abwehrmechanismen dafür, daß wir auf die Schilderungen über tatsächliche grausame Geschehnisse mit dem gleichen Reflex reagieren wie auf die Produkte der Phantasie. Dies gilt um so mehr für Ereignisse, die die Grenzen des Vorstellbaren deutlich in Frage stellen. Der Holocaust wurde verschiedentlich als ein solcher Einbruch beschrieben.[79] Deutlich werden zu lassen, daß es einen qualitativen Unterschied zwischen den phantasierten Grausamkeiten der Video- und Computerspielwelt und den tatsächlichen Greueln der realen Welt gibt, ohne Jugendliche in ihrem Sicherheitsgefühl unzulässig zu beschädigen, erfordert pädagogisches Geschick und Einfühlungsvermögen. Es wäre fatal, wenn die Jugendlichen das Vertrauen verlören, daß es in der Erwachsenenwelt Regeln gibt, nach denen Gewalt und derlei Einbrüche vermieden werden *können*. Wenn die Schüler als Lehre aus der Geschichte zögen, daß Auschwitz jederzeit droht, wäre damit mehr Schaden angerichtet als Gutes getan.

Gelegentlich benutzen Lehrer Fotos auch, um Betroffenheit zu erzeugen. Sie vertrauen darauf, daß sich wiederholen ließe, was sie selber in ihrer Schulzeit erlebt haben. Für viele war der Schock über die Bilder und Dokumentarfilme, in denen die in den Konzentrations- und Vernichtungslagern begangenen Greuel dokumentiert und Leichenberge zu sehen waren, der Ausgangspunkt ihrer eigenen Auseinandersetzung mit dem Thema. Die Unfaßbarkeit des Gesehenen löste bei ihnen fast unweigerlich Fragen aus, die sie nicht mehr losließen. Manchmal vergessen sie, daß viele Gleichaltrige, die die gleichen Fotos und Filme zu sehen bekamen, mit Abwehr und nicht mit Nachdenklichkeit reagierten.

Fraglich bleibt auch, ob es uns mit den Bildern des Holocaust überhaupt gelingen kann, Jugendlichen einen «heilsamen» Schock zu versetzen. Manche Lehrer spüren, daß sie Jugendliche, die in die politische Rechte abdriften, kaum mehr emotional erreichen können. Manchmal erscheint der massive Appell über schockierende Fotos als letztes Mittel, die Abwehr der Schüler zu durchbrechen. Ich halte diese Methode für verfehlt, sie ist eine Form des Mißbrauchs von historischen Quellen und überdies pädagogisch und psychologisch ungeeignet, da so die Widerstände der Jugendlichen nur verstärkt werden. Wenigstens intuitiv erkennen die betroffenen Schüler das Ziel, das dahinter steht, wodurch das Unternehmen schnell zur Farce wird. Schließlich muß sich Schülern der Eindruck aufdrängen, daß es sich beim Holocaust nicht vorrangig um ein historisches Geschehen, sondern um ein Argument in der Links-rechts-Auseinandersetzung handele. Und da sie eben «rechts» sein wollen, *müssen* sie dem «linken» Argument widersprechen.

Aufgeschlossenheit und Mitgefühl, auch Identifikation mit den Opfern erreichen zu wollen verlangt nicht nach einer Choreographie von Schockzuständen, sondern nach Einfühlung. Ob das Thema Holocaust überhaupt dazu geeignet ist, Jugendliche mit einer sich abzeichnenden rechtsextremen Orientierung zu erreichen und es ihnen zu erleichtern, ihre eigenen Maßstäbe in Frage zu stellen, ist eher fraglich. Ihre Tendenz zum Rechtsextremismus muß uns natürlich pädagogisch interessieren; ich glaube allerdings, daß es sich dabei zumeist um eine subjektive Verunsicherung handelt. Mit der Thematisierung des Nationalsozialismus und des Holocaust treffen wir die persönlichen Voraussetzungen dieser vorpolitischen Orientierung nur in den seltensten Fällen.

Für viele Kinder und Jugendliche haben die Bilder des Holocaust heute auch eine andere Qualität: in ihrer heutigen Bilderwelt werden diese Bilder mit visuellen Botschaften und Schrecken konfrontiert, die sich frühere Generationen im Panoptikum oder bei Schaustellern ansahen. Tod und Sterben sind als Erfahrung aus ihrem Leben weitgehend ausgegrenzt, Familienangehörige sterben in der Regel inmitten von Maschinen unter Ausschluß der Öffentlichkeit in den Krankenhäusern. Das Sterben gehört in eine Welt, die sich den meisten Kindern nicht mehr erschließt. Dem Sterben schauen sie in den Filmen zu, wo alles «nur ein Film» ist. Wie sollen sie zwischen Phantasie und Realität unterscheiden, wenn die Bilder, die ihnen Horrorvideos zeigen, noch über den Horizont ihrer eigenen Erfahrungen, oft auch ihrer Erwartungen, und über das in den historischen Bildern Gezeigte hinauszugehen versuchen? Wenn wir noch einbeziehen, daß das Verhältnis der Nachgeborenen zur NS-Geschichte und zum Holocaust durch das weitgehende Fehlen lebensnaher, realistischer Schilderungen über die Zeit in den eigenen Familien «entrealisiert» ist, wird ihnen die Unterscheidung zwischen Realität und Phantasie hier weiter erschwert.

Der Holocaust sperrt sich gegen eine visuelle Darstellung, da die Bilder uns das Geschehen nicht wirklich erschließen können. Wir stehen vor Grenzen, die wir wahrnehmen und reflektieren sollten.

Art Spiegelman, Sohn Überlebender und Künstler, hat versucht, in seinem Comic *Maus* einen Ausweg zu finden, indem er das Geschehen und die Geschichte des Umgangs mit den Erinnerungen in den Familien Überlebender zu visualisieren versuchte.

Aus dieser technischen Reduktion ergibt sich eine inhaltliche Weitung der Perspektive, die im Unterricht der Oberstufe im Geschichts-, Deutsch- und Kunstunterricht thematisiert werden könnte.

Wir plädieren dafür, Fotos und bildnerische Darstellungen aus der Zeit als Quelle ernst zu nehmen und nicht als pädagogisches Mittel zu verwenden, mit dem Betroffenheitsreflexe erzeugt werden sollen.

Der reflektierende Umgang mit Fotos, wie wir ihn vorschlagen, bedarf der Einübung. Fotos zeigen das Geschehen in einer vermeintlichen Objektivität, und dieser Eindruck kann und sollte durchbrochen werden. Perspektiven müssen freigelegt und entwickelt werden, ob sich der Fotograf nun als Ankläger, als Anwalt oder als Dokumentarist versteht. «Die ethische Aussage von Fotos ist fragil», schreibt Susan Sontag, und sie merkte zugleich an, daß die visuellen Botschaften der Bilder doppeldeutig sind: «In den letzten Jahrzehnten hat die ‹anteilnehmende› Fotografie mindestens ebensoviel dazu getan, unser Gewissen abzutöten, wie dazu, es aufzurütteln.»[80] Schock und Gewöhnung liegen zu dicht, um eine moralische Sensibilisierung zu garantieren.

Wenn die vielfältigen Perspektiven, die ein Foto auf ein Geschehen zuläßt (Abgebildete, Fotograf, Betrachter), deutlich werden und der Betrachter sich als ein Teil der Geschichte zu begreifen beginnt, gewinnt er die Kompetenz, kritischer und eigenständiger mit der Abbildung und ihrer Botschaft umzugehen. Seine Subjektivität erhält einen Raum, den ein allein objektivierender Umgang mit dem Geschehen und seinen Visualisierungen unzulässig verschließen würde.

Medien und Materialien: Spurensuche vor Ort

Projekte zur Spurensuche haben mehrere Vorzüge: sie fördern das «forschende Lernen» und die eigene Initiative bei der Erarbeitung eines Themas. Identifikationen mit der Geschichte am eigenen Ort und mit Personen, die dort zu Hause waren, wo man selbst lebt, können das Geschehen noch einmal konkreter werden lassen. Allerdings setzt diese projekthafte Unterrichtsform eine gründliche Vorbereitung durch den Lehrer voraus. Er muß vorher klären, ob in dem dafür vorgesehenen Zeitrahmen geschichtliche Spuren von den Schülern verfolgt werden können, damit am Ende der Bemühungen nicht Frustrationen über ein Scheitern stehen.

Dazu gehört, daß man sich kundig macht, wo mögliche Ansprechpartner und für den Ort zuständige Archive sitzen, an die sich die Schüler wenden können. In der Regel ist es notwendig, daß die entsprechenden Einrichtungen für ein solches Projekt gewonnen werden – viele Archivare reagieren irritiert, wenn sich quirlige Schüler anschicken, in ihre Aktenberge vorzudringen. Der Umgang mit möglichen Rückschlägen muß ebenso vorbereitet und verarbeitet werden, wie es notwendig ist, das Thema erst genau mit den Schülern umrissen zu haben, damit sie ihren Anstrengungen eine gewisse Struktur geben können.

Es ist auch denkbar, daß die Eigenidentifikation der Schüler mit ihrer Lebenswelt weniger ausgeprägt ist, als sich Erwachsene das denken und vielleicht wünschen. Spurensuche vor Ort ist sicherlich eine Möglichkeit, aber kein Zauberwort oder Geheimrezept mit garantiertem Erfolg. Schüler einer Großsiedlung, die ohne historische Wurzeln erst nach 1945 auf die grüne Wiese geklotzt wurde, werden geringe Aussichten auf Erfolg haben, wenn sie nach Spuren vor Ort suchen. Sie werden darauf angewiesen sein, ältere Menschen in ihrer Umgebung über deren Erfahrungen als Kinder und Jugendliche während der NS-Zeit zu befragen. In einer historisch gewachsenen Kleinstadt werden die Schüler vielleicht auf eine Mauer des Schweigens stoßen, als habe dort gerade der Nationalsozialismus nicht stattgefunden. Interesse, Beharrlichkeit und Engagement sind eine knappe Ressource an unseren Schulen, und wir sollten die Erfolgsaussichten abschätzen, bevor wir einen Weg wählen, dessen Scheitern abzusehen gewesen wäre.

Wo deutlich gemacht werden kann, daß der Weg nach Auschwitz vor Ort begann, daß Juden aus der Heimatstadt der Schüler dorthin auf den Weg geschickt wurden oder daß ein «Sohn unserer Stadt» als SS-Mann Spuren dort hinterließ, können (und müssen) Bezüge hergestellt werden, die die räumliche Entfernung zu den Zentren der Judenvernichtung schrumpfen lassen.

Die große Chance der Spurensuche vor Ort liegt darin, daß über die räumliche Nähe zum Geschehen die zeitliche Distanz relativiert wird. Wenn den Schülern deutlich wird, daß es «Menschen wie du und ich» waren, die zu Tätern, Opfern oder Zuschauern wurden, und daß die Geschichte sich vor ihrer Haustür abspielte, fällt es ihnen meist leichter, das Geschehene zu sich in Beziehung zu setzen.

Eine Gefahr besteht in der Konkretisierung, wenn Schüler erfahren, daß es der Großvater eines Mitschülers war, der die Synagoge in Brand setzte, sich bei «Arisierungen» bereicherte usw. Um vor Überraschungen gefeit zu sein, empfiehlt es sich, auf einem Elternabend ein solches Projekt vorzustellen. Schließlich soll kein Schandpfahl errichtet werden, der es einzelnen ermöglichte, mit dem Finger auf andere zu zeigen. Durch die Einbeziehung der Eltern in die Diskussion könnte außerdem dazu beigetragen werden, das Gespräch in den Familien anzuregen und zu befördern, dessen Fehlen oder Fehlgehen so oft – auch hier – beklagt wird.

Die lokalgeschichtlichen Materialien aus (Hamburg-)Harburg, die in diesem Buch enthalten sind, habe ich seit 1980 zusammengetragen. Als fünfzehnjähriger Schüler bin ich – angeregt durch den «Schülerwettbewerb Deutsche Geschichte» – auf eine Spur gekommen, die ich in meinem Geschichtsstudium und meiner beruflichen Tätigkeit weiter verfolgte.

Zu meinen wichtigsten Erfahrungen gehören sicherlich die Gespräche mit Überlebenden, die mir viel Vertrauen entgegenbrachten. Sie erzählten mir ihre Geschichten, überließen mir Fotos, erhaltene Gebetbücher und andere Gegenstände. Aus diesen Gesprächen sind Freundschaften entstanden, und sicherlich weiß ich über jene Jahre mehr aus diesen Gesprächen, als aus den Unterhaltungen mit meinen Großeltern in Kindertagen. Manchmal kenne ich mich in den Lebensläufen und -geschichten meiner jüdischen Gesprächspartner besser aus als in denen meiner Verwandten. Und oft trauten sie sich nicht, ihren Kindern anzuvertrauen und zuzumuten, was sie mir erzählten.

1992 kam es zu einem Zusammentreffen von achtzehn Überlebenden in Harburg. Die Vorbereitungen dafür hatten zwei Jahre in Anspruch genommen. Gemeinsam mit einem der Überlebenden, Max Rotter, trug ich Adressen Überlebender zusammen, suchte Unterstützung bei Politikern und Spendern. Einige der Überlebenden hatten ihre Ehepartner oder ihre Kinder mitgebracht, um ihnen zu zeigen, woher sie kommen. Für die in Nord- und Südamerika, Israel und im europäischen Ausland lebenden Überlebenden war es kein leichter Weg zurück. Einer von ihnen, Julius Beer, drückte seine Gefühle so aus: «You can get a man out of Harburg, but you can't get Harburg out of a man.»

Die hier zusammengetragenen Erinnerungsfragmente entstammen Gesprächen mit Überlebenden und nichtjüdischen Zeitzeugen, Briefen und Aktenvermerken (Polizei-, Feuerwehr-, Gestapo-, Bau- und Gemeindeakten) und den damaligen Zeitungen, die in Archiven verwahrt werden.

Hamburg-Harburg, das bis 1938 eine selbständige preußische Stadt war, hatte 1925 73 212 Einwohner, davon waren 358 Juden; 1933 waren es 350 unter 112 411 Einwohnern. 1933 nahm in Harburg das Ende einer Gemeinde seinen Beginn, deren Wurzeln immerhin bis in das Jahr 1610 zurückgehen, als sich dort die ersten Juden niederließen. Hier wurden die Juden und all jene, die nach den nationalsozialistischen Rassekriterien als Juden galten, ebenso verfolgt wie überall sonst im Deutschen Reich zwischen 1933 und 1945. Gab es Unterschiede, so waren sie nur gradueller Art – die eine oder andere Maßnahme mag etwas früher oder später, mit etwas mehr oder weniger Nachdruck getroffen worden sein. Die Ergebnisse waren letztendlich etwa die gleichen wie andernorts im Reich auch. Dies soll noch einmal bekräftigt werden, um deutlich zu machen, daß die regional- oder lokalgeschichtliche Forschung kaum dazu taugt, zu gänzlich unerwarteten und neuen Ansichten zu kommen. Aber der Weg nach Auschwitz begann in Städten und Orten wie Harburg. Es lohnt sich, nach Spuren im kleinen Bezugsrahmen des Ortes, der Stadt oder der Region zu suchen.

Wer sich selbst nicht an ein solches Projekt wagen will oder kann, sollte die Harburger Geschichte ruhig im Unterricht verwenden, da aus den dort gesammelten Materialien einiges deutlich werden kann, was nicht nur Harburger Schülerinnen und Schüler interessieren könnte. Schließlich ist Dresdner, Düsseldorfer oder Dillinger Schülern das Warschauer Getto so weit jenseits ihres unmittelbaren Horizonts wie das norddeutsche Harburg an der Elbe.

Medien und Materialien: Exkursionen

Das Deutsche Reich war während der NS-Zeit ebenso wie weite Teile des besetzten Europas von einem engen Netz von Orten des Terrors und Schreckens überzogen. Konzentrations- und Zwangsarbeitslager, zahlreiche Außenlager, Gestapo-Gefängnisse und dergleichen lassen sich bis in den letzten Winkel Deutschlands finden. Heute befinden sich an den Orten der großen KZs in der Regel Gedenkstätten. Direkt nach 1945 dienten sie oft übergangsweise zunächst als Internierungslager für ehemalige Nazis oder Opponenten der sowjetischen Besatzungspolitik oder als Lager für Displaced Persons. Mittlerweile gibt es eine eigene Sparte der Gedenkstättenpädagogik, von der beispielsweise die Neukonzeption in Buchenwald und das «Haus der Wannsee-Konferenz» zeugen. Einen Überblick über die Arbeit der Gedenkstätten gibt der Band «*Praxis der Gedenkstättenpädagogik – Erfahrungen und Perspektiven*».[81]

Man muß nicht weit gehen, um Bezüge zum Holocaust im räumlichen Umfeld zu finden. Zwar liegen die großen ehemaligen Gettos und Vernichtungslager heute in Polen (z. B. Auschwitz, Majdanek, Treblinka, Sobibor, Belzec und Chelmno), den westlichen Regionen der ehemaligen Sowjetunion (z. B. Minsk), im Baltikum (z. B. Wilna und Riga) und in Tschechien (Theresienstadt). Aber der Ausgangspunkt der Vernichtung liegt in Deutschland, und die Zahl der Lager, in denen Juden gefangengehalten und nach den Todesmärschen im Winter 1944/45 befreit wurden, ist auch auf deutschem (z. B. Bergen-Belsen, Ravensbrück) und österreichischem Boden (z. B. Melk, Ebensee) groß.

Für Exkursionen werden häufig die Lager in der Nähe des Schulorts besucht – Hamburger Schüler besuchen das frühere Konzentrationslager Neuengamme, bayrische Schüler Dachau, niedersächsische Bergen-Belsen, und viele Klassen und FDJ-Gruppen wurden über Jahre hinweg in der ehemaligen DDR nach Buchenwald gebracht, um sie mit den Schrecken des NS-Terrors zu konfrontieren. Die Gedenkstätten bieten heute zumeist eine pädagogische Begleitung an, seltener auch eine entsprechende Vorbereitung auf den Besuch.

Als Vorbereitung ist eine Einführung in die Geschichte des Nationalsozialismus unerläßlich. Die Funktion der Konzentrations- und Vernichtungslager im Rahmen des nationalsozialistischen Terrorsystems sollte dabei ebenso behandelt werden wie die Unterschiede zwischen Konzentrations- und Vernichtungslagern. In dem graduellen Unterschied zwischen «Vernichtung durch Arbeit» und dem ausschließlichen Zweck industrieller Vernichtung, dem Lager wie Treblinka, Belzec, Chelmno und Sobibor dienten, wird auch die von den Nazis vorgegebene Hierarchisierung der Opfergruppen deutlich. Da die Mahn- und Gedenkstätten – wie bereits angedeutet – eine Geschichte nach 1945 haben, läßt sich dort auch etwas über den Umgang mit der Geschichte erfahren.

Der Band des Fotografen Reinhard Matz über «Die unsichtbaren Lager»[82] ist hervorragend dazu geeignet, die Schwierigkeiten mit solchen Orten zu thematisieren. Dies ist im fächerübergreifenden Unterricht etwa im Kunst- und Geschichtsunterricht denkbar. Dort gibt es die Möglichkeit, sich in einem Projekt der Ikonographie des Erinnerns und Gedenkens zu widmen, Fragestellungen um Konservierung und Rekonstruktion der Geschichte zu stellen. Die Fotos von Matz können zugleich als Abbildung und Stellungnahme betrachtet und analysiert werden. Was sagen die dargestellten Relikte der Geschichte über die Geschichte aus? Welche Botschaft vermitteln sie selber? Welche Aussagen lassen die Fotos darüber zu? Was berichten sie über den Umgang mit der Geschichte in der Gegenwart?

Vor einem Besuch einer Mahn- und Gedenkstätte sollten auch die Erwartungen und Befürchtungen der Schülerinnen und Schüler ebenso thematisiert werden wie die der Lehrerinnen und Lehrer.

Eine der Erwartungen von Lehrern ist häufig, daß sich ihre Schüler an diesen Orten des Terrors «angemessen» verhalten. Was das aber bedeutet, muß erst besprochen und geklärt werden. Die ehemaligen Konzentrationslager sind historische Orte, Museen im Sinne von Mahn- und Gedenkstätten, aber auch Orte des Todes und Friedhöfe – oft wurde die Asche der Umgekommenen dort verstreut. Wie besucht man einen solchen Ort, ohne das Verhalten der Schüler mit Erwartungen zu überfrachten? Wie macht man ihnen klar, welche Bedeutung den Lagern zukommt? Wie hilft man ihnen, ihre eigenen Erwartungen zu artikulieren? Eike Geisel berichtet von der enttäuschten Reaktion eines Lehrers, die in der *Frankfurter Rundschau* festgehalten wurde: «Von einer Klassenfahrt mit der Oberstufe zum ehemaligen Konzentrationslager Bergen-Belsen berichtete ein Lehrer, der Besuch habe die Schüler ziemlich gleichgültig gelassen, *weil es da doch nichts zu sehen gäbe, nicht einmal eine Vivisektion.*»[83]

Andere Kollegen messen den Erfolg ihrer Bemühungen an den Tränen, die auf dem Gelände ehemaliger Konzentrationslager fließen. Emotionen werden bei einer Konfrontation mit dieser Geschichte nicht ausbleiben. Es können auch Formen der Abwehr sein, mit denen die Schüler reagieren. Es sollte bei jeder Bearbeitung des Themas Platz für diese Emotionen und für das Gespräch darüber sein. Emotionen und Betroffenheit erzielen und choreographieren zu wollen wäre jedoch unredlich und kontraproduktiv.

Es ist schwer, den Schülern eigene Umgangsformen zuzugestehen, sie nicht unter Druck zu setzen. Schließlich hat das Beharren auf äußeren Formen und Reaktionen mit der grundsätzlichen Schwierigkeit zu tun, daß niemand von uns wirklich weiß, wie man sich an solchen Orten «angemessen» bewegt.

Viele Lehrer nutzen Klassenfahrten nach Polen oder Tschechien dazu, auch die dortigen ehemaligen Lager aufzusuchen. Manche tun es inzwischen im Rahmen deutsch-polnischer Jugendbegegnungen, so daß die Auseinandersetzung mit Auschwitz oder anderen Lagern zwar zu einem zentralen Punkt in der Begegnung wird, zugleich aber das Kennenlernen polnischer Realitäten gefördert wird. Indem die deutschen Schüler wahrnehmen, wie ihre polnischen Gegenüber mit der Geschichte und der deutschen Hinterlassenschaft umgehen, wie aber zugleich ein Alltag unmittelbar hinter den Lagerzäunen beginnt, entstehen Dissonanzen, die dem damaligen Geschehen eine andere Aktualität zuweisen. Ich erinnere mich an mein eigenes Erschrecken, als ich mit einer Jugendgruppe das ehemalige Vernichtungslager Majdanek bei Lublin besuchte und unmittelbar in Sichtweite ein Kinderkarussell stand und seine musikalisch untermalten Runden drehte. Den heutigen Alltag im Umkreis der früheren Lager können wir uns aus einer rein historischen Perspektive oft nicht vorstellen – so wenig, wie wir uns den damaligen Alltag rund um die Lager vorzustellen vermögen.

Gruppen- und Klassenfahrten nach Polen sollten den jüdischen Alltag in Polen vor Auschwitz, polnische, deutsche und jüdische Geschichte, Vergangenheit und Gegenwart, zu reflektieren helfen. Dabei erscheinen mir reine *Gedenkfahrten* eher problematisch. Für Schülerinnen und Schüler im Alter von sechzehn bis neunzehn Jahren sollten bei einem Besuch osteuropäischer Länder auch immer touristische und auf die gegenwärtige gesellschaftliche Realität bezogene Angebote formuliert werden, um sie nicht emotional zu überfordern.

Anmerkungen

1 Vgl. Rommelspacher, B.: *Schuldlos – Schuldig? Wie sich junge Frauen mit Antisemitismus auseinandersetzen*, Hamburg o. J. (1994), S. 17

2 Die Adressen der genannten Gedenkstätten und der im folgenden erwähnten Einrichtungen finden sich im Service-Teil am Ende dieses Bandes, S. 343 ff.

3 Ähnliches gilt für die Frage «How to teach the Holocaust?», die in der internationalen Literatur zum Thema oft gestellt wird – vgl. Davidowicz, L. S.: «How They Teach the Holocaust», in: *Commentary*, Dezember 1990, S. 25 – 32; Wangh, M.: «How to teach the Holocaust», in: Schreier, H. / Heyl, M. (Hg.): *Das Echo des Holocaust – Pädagogische Aspekte des Erinnerns*, Hamburg 1994, S. 159 – 165

4 Vgl. Broder, H. M.: «Auf nach Auschwitz», in: *Erbarmen mit den Deutschen*, Hamburg 1993, S. 209

5 Brumlik, M.: «Erziehung nach Mölln oder im Gedenken unterweisen», in: *Erziehung und Wissenschaft*, Nr. 4 / 1995, S. 8

6 Zit. nach: Shandler, J.: «Meinungsverschiedenheiten – Kritische Betrachtungen zum NS-Holocaust-Museum», in: *Babylon* 13 – 14 / 1994, S. 173

7 Vgl. Yerushalmi, Y. H.: «Über das Vergessen», *Ein Feld in Anatot – Versuche über jüdische Geschichte*, Berlin 1993, S. 20 f.

8 Vgl. Loewy, H. (Hg.): *Holocaust: Die Grenzen des Verstehens*, Reinbek 1992

9 Speier, S.: «Der ges(ch)ichtslose Psychoanalytiker – Die ges(ch)ichtslose Psychoanalyse», in: *Psyche* 6 / 41. Jg., Juni 1987, S. 481 – 491, hier: S. 486

10 Vgl. Heyl, M.: «Anstelle eines Nachworts – Von der dritten Generation ge-
    sprochen», in: Schreier, H. / Heyl, M. (Hg.): *Das Echo des Holocaust –
    Pädagogische Aspekte des Erinnerns*, Hamburg 1994, S. 268

11 Mitscherlich, A. / M.: *Die Unfähigkeit zu trauern. Die Grundlagen kollekti-
    ven Verhaltens*. München (14. Aufl.) 1994

12 Vgl. von Borries, B.: «Unkenntnis des Nationalsozialismus – Versagen des
    Geschichtsunterrichts?», in: *Geschichtsdidaktik* 5 / 1980, S. 109–126, hier:
    S. 118

13 Dahmer, H.: «Derealisierung und Wiederholung», in: *Psyche* 2 / 44. Jg., Fe-
    bruar 1990, S. 133–143, hier: S. 134 f.

14 Etwa: Giordano, R.: *Die zweite Schuld*, Hamburg 1987

15 Dies ist der Titel einer Studie des israelischen Psychologen Dan Bar-On: *Die
    Last des Schweigens. Gespräche mit Kindern von Nazi-Tätern*, Reinbek 1996.
    Eine weitere Auswahl in der Reihenfolge ihres Erscheinens: Sichrovsky,
    P.: *Schuldig geboren – Kinder aus Nazifamilien*, Köln 1987; Frank, N.: *Der
    Vater – Eine Abrechnung*, München 1987; von Westernhagen, D.: *Die Kinder
    der Täter – Das Dritte Reich und die Generation danach*, München 1987;
    Heimannsberg, B. / Schmidt, C. J. (Hg.): *Das kollektive Schweigen – Naziver-
    gangenheit und gebrochene Identität in der Psychotherapie*, Heidelberg
    1988; von Arnim, G.: *Das große Schweigen – Von der Schwierigkeit, mit den
    Schatten der Vergangenheit zu leben*, München 1989; Eckstaedt, A.: *Natio-
    nalsozialismus in der «zweiten Generation» – Psychoanalyse von Hörig-
    keitsverhältnissen*, Frankfurt 1989

16 Eine Auswahl in der Reihenfolge ihres Erscheinens: Dierking, W. / Wirth,
    H. J. (Hg.): «Die Vergangenheit ist gegenwärtig – Zur Auseinandersetzung
    mit dem Nationalsozialismus», in: *psychosozial* 36 / 11. Jg. (1988 / 89), Mün-
    chen 1989; Brendler, K. / Rexelius, G. (Hg.): *Drei Generationen im Schatten
    der NS-Vergangenheit*, Wuppertal 1991; Rauschenbach, B. (Hg.): *Erinnern,
    Wiederholen, Durcharbeiten – Zur Psycho-Analyse deutscher Wenden*, Ber-
    lin 1992

17 Speier, S.: a. a. O., S. 486

18 Fetscher, S.: «Der Dünkel der Betroffenheit – Die moralische Stellung der
    Nachgeborenen zum Dritten Reich», in: *psychosozial* 36, München 1989,
    S. 7–22

19 Sichrovsky, P.: a. a. O., S. 41 f.

20 Wielenga, F.: *Schaduwen van de Duitse geschiedenis*, Amsterdam 1993, S. 68
    (Übersetzung Matthias Heyl)

21 Morshäuser, B.: *Hauptsache Deutsch*, Frankfurt 1992, S. 114 f.

22 Morshäuser, B.: a. a. O., Frankfurt 1992, S. 120

23 Richarz, M.: «Luftaufnahme – oder Die Schwierigkeiten der Heimatforscher
    mit der jüdischen Geschichte», in: *Babylon* 8, Frankfurt 1991, S. 27–33

24 Hilberg, R.: *Täter, Opfer, Zuschauer – Die Vernichtung der Juden 1933–1945*, Frankfurt 1992; Rosh, L. / Jäckel, E.: «*Der Tod ist ein Meister aus Deutschland*» – *Deportation und Ermordung der Juden, Kollaboration und Verweigerung in Europa*, Hamburg 1990

25 Hofer, W. (Hg.): *Der Nationalsozialismus, Dokumente 1933–1945*, Frankfurt 1957 ff.

Scheffler, W.: *Judenverfolgung im Dritten Reich*, Berlin 1964 ff.

Eine Reihe für den Unterricht geeigneter Lektüreempfehlungen findet sich in der Literaturliste am Ende dieses Buches.

Eine gute Übersicht über die wissenschaftliche Literatur, Diskussion und kontroverse Interpretationen bietet ein Buch von Ian Kershaw *Der NS-Staat. Geschichtsinterpretationen und Kontroversen im Überblick*, Reinbek 1994

26 Dieser Begriff wurde durch die Aussage des Überlebenden und Schriftstellers Yehiel De-Nur im Eichmann-Prozeß geprägt.

27 Dieses Wort geht auf das 1946 erschienene Buch Roussets *L'univers concentrationnaire* zurück.

28 Jäckel, E.: «Die elende Praxis der Untersteller», in: «*Historikerstreit*» – *Die Dokumentation der Kontroverse um die Einzigartigkeit der nationalsozialistischen Judenverfolgung*, München 1988, S. 115–122, hier: S. 118

29 Jäckel, E.: a. a. O., S. 118

30 Geisel, E.: *Lastenausgleich, Umschuldung*, Berlin 1984, S. 16

31 Vgl. Kühnl, R.: *Formen bürgerlicher Herrschaft: Liberalismus – Faschismus*, Reinbek 1971 (19. Auflage 1995)

32 Kühnl, R.: *Faschismustheorien*, Reinbek 1979

33 Leonie Ossowskis 1958 erstmals in der DDR erschienenes Buch *Stern ohne Himmel*, das 1978 in Westdeutschland wiederaufgelegt wurde, hat durch das Theaterstück *Voll auf der Rolle* (1984), in dem Geschichte und Gegenwart aufs engste verknüpft wurden, ein zweites Mal Aufmerksamkeit auf sich gezogen.

34 Richter, H. P.: *Damals war es Friedrich*, München 1974

35 Vogelsaenger, W.: *Literaturkartei Damals war es Friedrich*, Mühlheim 1993, S. 45

36 van der Gieth, H. J.: *Lernzirkel Schindlers Liste*, Lichtenau 1995, 3. 8.

37 Genannt seien beispielhaft: Dudek, P. (Hg.): *Hakenkreuz und Judenwitz – Antifaschistische Jugendarbeit in der Schule*, Bensheim 1980 und GEW Berlin (Hg.): *Wider das Vergessen – Antifaschistische Erziehung in der Schule*, Frankfurt 1981

38 Jüdisches Museum Frankfurt: *Unser einziger Weg ist Arbeit – Das Getto in Lodz 1940–1944*, Frankfurt 1990

39 Sekretariat der Ständigen Konferenz der Kultusminister der Länder der Bun-

desrepublik Deutschland (Hg.): *Zur Auseinandersetzung mit dem Holocaust in der Schule*, Bonn 1991, S. 33

40 Schneider, P.: *Erziehung nach Mölln*, in: Kursbuch 113, Berlin 1993, S. 131–141

41 *dtv-Atlas zur Geschichte*, Band I, Frankfurt 1971, S. 154

42 Wiederum sei auf den Lehrplan Geschichte für die Realschule in Nordrhein-Westfalen hingewiesen, der in seiner jüngsten Fassung aus dem Jahre 1994 eine eigene Themeneinheit «Judentum als Kultur und gesellschaftliche Kraft» vorsieht – vgl. *Richtlinien und Lehrpläne, Geschichte, Realschule*, Düsseldorf 1994, S. 74

43 Wehler, H. U.: *Aus der Geschichte lernen?* München 1988, S. 11

44 *Richtlinien und Lehrpläne, Geschichte, Realschule*, Düsseldorf 1994, S. 64

45 A. a. O., S. 84 f.

46 A. a. O., S. 84

47 A. a. O., S. 84

48 Burfeind, I. / Hebisch, S.: *Das Kind im Koffer – Eine Geschichte aus dem KZ Buchenwald*, Hamburg 1987

49 Grubrich-Simitis, I.: «Extremtraumatisierung als kumulatives Trauma», in: Lohmann, H. M. (Hg.): *Psychoanalyse und Nationalsozialismus – Beiträge zur Bewältigung eines unbewältigten Trauma*, Frankfurt 1984, S. 215

50 Dagan, B.: *Helping Children to Learn About the Holocaust – A Psychoeducational Approach. Why, What, How and When.* Vortrag auf der Konferenz «Remembering for the Future II», Berlin 1994, unveröffentlichtes Vortragsskript, S. 4

51 Speier, S.: a. a. O., S. 486. Verroen, D.: *So geht es dir, wenn Krieg ist*, Frankfurt 1995 (Fischer Schatzinsel 80 094)

52 Kestenberg, J. S. / Koorland, V.: *Als Eure Großeltern jung waren – Mit Kindern über den Holocaust sprechen*, Hamburg 1993

53 Kestenberg, J. S. / Koorland, V.: a. a. O., aus dem Nachwort

54 Vgl. Stender, K.: «‹Es war einmal ein kleiner böser Mann, der Hitler hieß› – Mit Kindern über die Nazizeit reden», in: *Psychologie heute*, August 1994, S. 38–42

55 Abbels, C. Byers: *The Children We Remember*, London 1987. Damit Sie es in Ihrer Buchhandlung bestellen können, seien hier auch der Verlag und die internationale Sammelbestellnummer genannt: Julia MacRae Books, ISBN 0-86203-294-6. Das Buch kostet in England £ 6.25; eine Verlagsbestellung dauert in der Regel einige Wochen.

56 Adler, D. A.: *The Number on My Grandfather's Arm*, New York 1987, UAHC Press, ISBN 0-8074-0328-8

57 Innocenti, R.: *Rosa Weiss*, Frankfurt 1992. Zur Kritik vgl. Thiele, J.: «Von den Schwierigkeiten, den Holocaust im Bilderbuch darzustellen», in: *Antise-*

mitismus und Holocaust – Ihre Darstellung und Verarbeitung in der deutschen Kinder- und Jugendliteratur, Oldenburg 1988; da es sich bei dem Band um die Dokumentation einer Ausstellung der Universität Oldenburg handelt, sei hier die Sammelbestellnummer angegeben: ISBN 3-8142-0291-0.

58 Beckmann, R. / Koch, R.: Kinder als Opfer des Nationalsozialismus – Materialienband zu «Rosa Weiss» von Roberto Innocenti, Frankfurt 1986

59 Fritta, B.: Für Tommy zum dritten Geburtstag in Theresienstadt, 22. 1. 1944, Pfullingen 1985

60 Burfeind, I. / Hebisch, S.: Das Kind im Koffer – Eine Geschichte aus dem KZ Buchenwald, Hamburg 1987

61 Kestenberg, J.: «‹Als eure Großeltern klein waren.› – Mit Kindern über den Holocaust sprechen», in: Schreier, H. / Heyl, M. (Hg.): Das Echo des Holocaust – Pädagogische Aspekte des Erinnerns, Hamburg 1992, S. 145

62 Speier, S.: a. a. O., S. 485, 487

63 Brainin, E. / Ligeti, V. / Teicher, S.: Vom Gedanken zur Tat – Zur Psychoanalyse des Antisemitismus, Frankfurt 1993, S. 53

64 Brainin, E. / Ligeti, V. / Teicher, S.: a. a. O., Frankfurt 1993, S. 54

65 Brumlik, M.: «Nationalistische Identifikation oder anamnetische Solidarität?», in: Assmann, J. / Harth, D. (Hg.): Kultur und Konflikt, Frankfurt 1990, S. 304–321, hier: S. 310 f.

66 Milgram, S.: Das Milgram-Experiment – Zur Gehorsamsbereitschaft gegenüber Autoritäten, Reinbek 1982

67 Rhue, M.: Die Welle, Darmstadt 1995

68 Fogelman, E.: «Wir waren keine Helden», Lebensretter im Angesicht des Holocaust – Motive, Geschichten, Hintergründe, Frankfurt / New York 1995

69 Browning, C.: Ganz normale Männer – Das Reserve-Polizeibataillon 101 und die «Endlösung» in Polen, Reinbek 1993

70 Greif, G.: Wir weinten tränenlos… – Augenzeugenberichte der jüdischen «Sonderkommandos» in Auschwitz, Köln / Weimar / Wien 1995

71 Lanzmann, C.: Shoah, Düsseldorf 1986

72 Hilberg, R.: Täter, Opfer, Zuschauer – Die Vernichtung der Juden 1933–1945, Frankfurt 1992

73 Weiss, C. (Hg.): «Der gute Deutsche» – Dokumente zur Diskussion um Steven Spielbergs «Schindlers Liste» in Deutschland, St. Ingbert 1995

74 Facing History and Ourselves: Auschwitz Guide to the Film Schindler's List, Brookline 1994. Bezugsquelle: Facing History and Ourselves, 16 Hurd Road, Brookline, MA 02146, U.S.A., Tel. 001-617-232-1595, Fax: 001-617-232-0281

Das Fritz-Bauer-Institut hat ein Heft herausgegeben: Käßler, G.: Entscheidungen, Vorschläge und Materialien zur pädagogischen Arbeit mit dem Film «Schindlers Liste», Frankfurt 1995

75 Perel, S.: *Ich war Hitlerjunge Salomon*, München 1993

76 Wangh, M.: «How to teach the Holocaust?», in: Schreier, H./Heyl, M. (Hg.): *Das Echo des Holocaust – Pädagogische Aspekte des Erinnerns*, Hamburg ²1994, S. 163

77 Sontag, S.: *Über Fotografie*, Frankfurt 1995, S. 26

78 Sontag, S.: a. a. O., S. 23, 24 f.

79 Vgl. Sontag, S.: a. a. O., S. 25 f.

80 Sontag, S.: a. a. O., S. 26

81 Ehmann, A./Kaiser, W./Lutz, T./Rathenow, H. F./vom Stein, C./Weber, N. H. (Hg.): *Praxis der Gedenkstättenpädagogik – Erfahrungen und Perspektiven*, Opladen 1995

82 Matz, R.: *Die unsichtbaren Lager – Das Verschwinden der Vergangenheit im Gedenken*, Reinbek 1993

83 Geisel, E.: a. a. O., S. 9; mit Verweis auf die *Frankfurter Rundschau* vom 8. Juni 1978

Matthias Heyl

Materialien für den Unterricht

Die Verfolgung und die Vernichtung der europäischen Juden

Wie bereits mehrfach betont, sollen durch unsere Auswahl die verschiedenen Perspektiven der «Zeitgenossen» des Holocaust deutlich werden. In der Quellenarbeit soll herausgearbeitet werden können, welche Motive und (bewußte und unbewußte) Entscheidungen hinter den Handlungen und Aussagen der Protagonisten stehen. Wir haben uns darum bemüht, aus der Anordnung und Abfolge von Texten und Fotos auch die Struktur des Geschehens erkennbar werden zu lassen.

Für Historiker ist es schwierig, geeignete Materialien zur Dokumentation der verschiedenen Perspektiven (Täter, Opfer, Zuschauer) zu finden. Die Täter haben Zeugnisse in Form von Dokumenten aus der damaligen Zeit hinterlassen. Nach dem Krieg haben sie oft geschwiegen, und wenn sie sprachen, dann im wesentlichen bei Aussagen in polizeilichen Ermittlungen und juristischen Verfahren. Ihnen ging es nicht darum, einer historischen Wahrheit zum Recht zu verhelfen, sondern darum, ihre Haut zu retten, möglichst unbeschadet daraus hervorzugehen.

Als Zeugnisse der Opfer sind uns Tagebücher, Briefe und Aufrufe aus jener Zeit erhalten geblieben, die aus den Gettos und Konzentrations- und Vernichtungslagern herausgeschmuggelt wurden. Viele solcher Zeugnisse sind mit ihren Verfassern vernichtet worden. Von vielen Geschehnissen wissen wir bestenfalls aus der Sicht der Täter, weil keines der Opfer sie überlebte, von anderen Ereignissen wissen wir nur noch durch die Todesstatistik. Das betrifft z. B. die Ermordung Janusz Korczaks und seiner Waisenkinder im August 1942 (siehe Seite 269). Wir wissen, daß sie in Treblinka ermordet wurden, aber wir wissen nichts Genaues über die Umstände ihrer Reise dorthin oder ihrer Ankunft. Was sahen sie, was empfanden sie? Wann wurde ihnen klar, was sie erwartete? Berichte von den wenigen Überlebenden des «Sonderkommandos» könnten uns Hinweise geben, was üblicherweise auf den Fahrten nach Treblinka und bei der Ankunft der Transporte geschah, aber für Janusz Korczak und die Kinder fehlen uns Berichte, wie für Millionen anderer, die umgebracht wurden.

Bei dem Versuch einer chronologischen Anordnung der Texte fielen manche jedoch heraus: Wie sollte man erwarten, daß die Überlebenden die Geschehnisse, die in den Jahren zwischen 1939 und 1945 auf sie einstürmten, immer auf den Tag genau angeben könnten? Im Serviceteil werden Literaturhinweise auf Erinnerungen Überlebender gegeben, die auch im Unterricht behandelt werden könnten.

Am schwierigsten ist es vielleicht, die Geschichte aus der Perspektive der größten Gruppe, der Zuschauer, zu erzählen. Erst allmählich beginnt man in der Geschichtswissenschaft, auch sie zu befragen. Mit der zeitlichen Entfernung zum Geschehen unterliegen ihre Erinnerungen oft noch heute der von ihnen gefühlten Notwendigkeit, das eigene Wissen als geringer darzustellen. Um so wichtiger sind die wenigen veröffentlichten Darstellungen von Zuschauern, etwa die von dem österreichischen Historiker W. Manoschek vorgestellten Feldpostbriefe deutscher Soldaten (vgl. S. 329, Anm. 15 und die Dokumente auf den Seiten 259f., 290, 305 dieses Buches) und die Aussagen von Harburger Bürgern, die ihre persönliche Sicht der Dinge beschreiben. Sie tragen zu einer komplexeren Sicht der Dinge bei, da sie dichter an der Realität der Schüler sind – in ihren Familien überwiegt vermutlich die Zuschauerschaft unter den Großeltern, und sie mögen sich gegenwärtig auch eher als Zuschauer denn als Beteiligte begreifen.

Um das identifikatorische Lernen als ein pädagogisches Mittel nutzen zu können, bedarf es der Identifikationsangebote. Den Zahlen Gesichter zu geben, Geschichte auch in Geschichten zu erzählen, das Geschehen realer und konkreter werden zu lassen – all dies sind gute und wichtige Gründe, bei der Beschäftigung mit Geschichte Menschen und ihre Lebensgeschichten in den Blickpunkt zu rücken. Damit ist nicht gemeint, daß Geschichtsunterricht zu einem bloßen Geschichtenunterricht werden sollte. Bei der herkömmlichen Arbeit mit Quellen und Darstellungen erscheint es mir jedoch wichtig, nicht nur Quellenkritik zu betreiben, sondern auch immer wieder den Bezug zu den Menschen, von denen sie handeln, berichten und die sie verfaßten, herzustellen.

In der Auseinandersetzung mit lebensgeschichtlichen Quellen und Darstellungen werden historische Geschehnisse individualisiert und für Jugendliche eher greifbar. Es bestehen Möglichkeiten zur Identifikation, aber auch zur Einnahme einer distanzierten Position. Gerade für den Holocaust erscheint es ja kaum wünschenswert, daß jemand eine Identifikation mit den Tätern aufbaut. Aber um eine Position verwerfen zu können, müssen wir sie erst kennengelernt haben.

Der Materialteil liefert eine Überblicksdarstellung zur Geschichte der Judenverfolgung und des Holocaust im Deutschen Reich, den von Deutschland besetzten Ländern (am Beispiel Polens und der Niederlande). Integriert ist eine lokalgeschichtliche Darstellung der Judenverfolgung am Beispiel (Hamburg-)Harburgs.

Die Geschichte des Holocaust wird in einer chronologischen und thematischen Gliederung dargestellt. In der Konfrontation von Quellen und Darstellungen aus der Perspektive von Tätern, Opfern, Zuschauern und Historikern soll eine Multiperspektivität erreicht werden, die Anlaß für vertiefende Diskussionen bietet. Indem beispielsweise Verordnungen der Nazis mit Berichten von Menschen, die durch diese Verordnungen betroffen waren, verbunden werden, wird der oft abstrakte Inhalt der nationalsozialistischen Maßnahmen in seinen Konsequenzen verdeutlicht. Geschichte wird so in Geschichten konkretisiert. Die Personalisierung erleichtert Identifikation, Distanzierung und Individualisierung, ermöglicht aber zugleich einen konkreteren Blick auf die Strukturen des Geschehens.

Der skizzierte Rahmen soll verdeutlichen, daß der Holocaust Ergebnis von Entscheidungen und Handlungen war. Während den Juden lediglich ein äußerst schmaler Entscheidungs- und

Handlungsspielraum innerhalb des Geschehens blieb, lassen beispielsweise die Stellungnahmen der Täter und Retter erkennen, daß für die nichtjüdische Umwelt andere Möglichkeiten bestanden, sich zu dem Geschehen zu verhalten. Scheinargumente, die Zwangsläufigkeiten suggerieren, werden durch das Beispiel von Menschen dementiert, die sich dafür entschieden haben, nicht mitzumachen oder zuzuschauen. Aus den zitierten Soldatenbriefen wird beispielsweise deutlich, daß es zur selben Zeit Menschen ähnlicher Herkunft gab, die der antisemitischen Propaganda folgten oder sie ablehnten. Ebenso finden sich Beispiele von deutschen Soldaten, die trotz ihrer antisemitischen Überzeugung Ansätze von Mitleid und zeitweiliger Identifikation mit Juden zeigten. Daß die wenigen, die sich zögerlich äußerten, am Gesamtgeschehen nichts zu ändern wußten, gehört zu den bitteren Erkenntnissen aus der Lektüre ihrer Briefe.

Wir konfrontieren Quellen, Darstellungen und Bilder miteinander, die gelegentlich widersprüchlich sind. Damit soll die Notwendigkeit betont werden, zu einer begründeten eigenen Stellungnahme zu kommen. Dafür liefern die Materialien selbst in der Regel einige wichtige Anregungen. Auf zusätzliche Didaktisierungen haben wir dabei weitgehend verzichtet, jedoch häufig Frage- und Bearbeitungsvorschläge aufgenommen, die die Arbeit mit den Quellen erleichtern sollen. Die zitierten Stellungnahmen von Historikern dienen weniger der Strukturierung der Darstellung, sondern sollten selbst wiederum als Quellen zum Umgang mit dem Geschehen verstanden und behandelt werden.

Der Materialteil läßt sich als ein Angebot an Lehrer verstehen, daraus einzelne Komplexe oder Quellen auszuwählen und im Unterricht zu thematisieren. Er läßt sich auch als eine Art «Lesebuch» benutzen, das eine schnelle, grobe thematische Orientierung ermöglicht. Die Auswahl der behandelten Geschehnisse und ihrer Strukturen ist jedoch begrenzt. Viele wichtige Ereignisse werden nicht thematisiert. Die Auslassungen sind groß: Die Lebensbedingungen im Warschauer Getto werden beispielsweise nur sehr kursorisch geschildert, während andere Gettos nur am Rande Erwähnung finden. Die Situation in den besetzten Ländern wird für Polen und die Niederlande knapp und zugespitzt auf die Situation der verfolgten Juden beschrieben, während die Besatzungszeit in anderen Ländern, etwa in Frankreich, der Tschechoslowakei oder Griechenland, überhaupt nicht erwähnt wird. Die Auslassungen und Blindflecke sind der Fülle des verfügbaren Materials und der Notwendigkeit zur Beschränkung geschuldet.

Die Niederlande nehmen hier einen großen Raum ein, da die niederländische Geschichtsforschung detaillierte Studien zur Geschichte des Holocaust vorgelegt hat, die geeignet zu sein scheinen, sich der Vielschichtigkeit des Geschehens zu nähern. Es fällt auf, daß auch eine Vielzahl der Jugendbücher zum Thema, die in Deutschland publiziert worden sind, aus den Niederlanden stammen. Wir haben uns bemüht, oft anzutreffende Idealisierungen der niederländischen Verhältnisse zu vermeiden.

Die Materialien sind insbesondere für den Unterricht in der Klassenstufe 9 und 10 sowie für eine breitere und vertiefende Beschäftigung in der gymnasialen Oberstufe geeignet. Ebenso lassen sie sich im universitären Rahmen oder in der Erwachsenenbildung nutzen. Auch dort sind sie «erprobt» und «bewährt». Sie lassen sich im Geschichtsunterricht ebenso einsetzen wie im Bereich der gesellschaftskundlichen Fächer, Philosophie, Religion und Ethik. Zur Vertiefung im fächerübergreifenden Unterricht werden im Anhang in einem «Serviceteil» Jugendbücher für den Deutschunterricht genannt. Außerdem finden Sie dort Adressen von Museen, Gedenkstätten und anderen Einrichtungen, die bei der Erarbeitung der Thematik behilflich sein können.

Chanukka-Leuchter am Fenster

1933: ZWEITAUSEND JAHRE JÜDISCHEN LEBENS IN EUROPA

NORWEGEN
82 Jahre

ESTLAND
600 Jahre

DÄNEMARK
311 Jahre

LETTLAND
400 Jahre

HOLLAND
800 Jahre

MEMELGEBIET
269 Jahre

LITAUEN
600 Jahre

BELGIEN
700 Jahre

WEISSRUSSLAND
550 Jahre

DANZIG
400 Jahre

DEUTSCHLAND
1612 Jahre

Włodawa

UKRAINE
816 Jahre

POLEN
800 Jahre

LUXEMBURG
647 Jahre

TSCHECHOSLOWAKEI
1000 Jahre

KRIM
1900 Jahre

SAARGEBIET
312 Jahre

ÖSTERREICH
1030 Jahre

UNGARN
1900 Jahre

FRANKREICH
1930 Jahre

RUMÄNIEN
1800 Jahre

ITALIEN
2100 Jahre

JUGOSLAWIEN
1000 Jahre

Bulgarien
1900 Jahre

GRIECHENLAND
2233 Jahre

0   Kilometer   400

© Martin Gilbert 1982

RHODOS
2000 Jahre

Definition, Ausgrenzung, Enteignung

Aus dem 25-Punkte-Programm der NSDAP (1920)

[…] 4. Staatsbürger kann nur sein, wer Volksgenosse ist. Volksgenosse kann nur sein, wer deutschen Blutes ist, ohne Rücksicht auf Konfession. Kein Jude kann daher Volksgenosse sein. […] 5. Wer nicht Staatsbürger ist, soll nur als Gast in Deutschland leben können und muß unter Fremdengesetzgebung stehen. […] 6. Das Recht, über Führung und Gesetze des Staates zu bestimmen, darf nur dem Staatsbürger zustehen. Daher fordern wir, daß jedes öffentliche Amt, gleichgültig welcher Art, gleich ob in Reich, Land oder Gemeinde, nur durch Staatsbürger bekleidet werden darf. […] 7. Wir fordern, daß sich der Staat verpflichtet, in erster Linie für die Erwerbs- und Lebensmöglichkeit des Staatsbürgers zu sorgen. Wenn es nicht möglich ist, die Gesamtbevölkerung des Staates zu ernähren, so sind die Angehörigen fremder Nationen (Nicht-Staatsbürger) aus dem Reiche auszuweisen. 8. Jede weitere Einwanderung Nicht-Deutscher ist zu verhindern. Wir fordern, daß alle Nicht-Deutschen, die seit 2. August 1914 in Deutschland eingewandert sind, sofort zum Verlassen des Reiches gezwungen werden. […] 24. Wir fordern die Freiheit aller religiösen Bekenntnisse im Staat, soweit sie nicht dessen Bestand gefährden oder gegen das Sittlichkeits- und Moralgefühl der germanischen Rasse verstoßen. Die Partei als solche vertritt den Standpunkt eines positiven Christentums, ohne sich konfessionell an ein bestimmtes Bekenntnis zu binden. Sie bekämpft den jüdisch-materialistischen Geist in und außer uns und ist überzeugt, daß eine dauernde Genesung unseres Volkes nur erfolgen kann von innen heraus auf der Grundlage Gemeinnutz vor Eigennutz.[1]

■ **Eine Zeitzeugin – Aus den Erinnerungen von Johanna Meier, Jüdin, aufgeschrieben um 1943**

Das Leid und Unglück der Juden begann langsam, aber systematisch, mit Hitlers Machterhebung. Man sang: «Schlagt ihn tot, den Juden, stellt den Juden an die Wand. Wenn's Judenblut vom Messer spritzt, dann geht es noch mal so gut.» etc., das waren die Marschlieder. [...] Jordanplanscher, asiatische Horden, Köterrasse war unsere Bezeichnung. [...] Jüdische Schaufenster wurden am Morgen mit roter Farbe beschmiert: Jude! Und als Kaufmann Markus mal einen Zettel gleichen Inhalts entfernte, wurde er verhaftet, und man sagte ihm, er habe dazu kein Recht. Das Verbrennen jüdischer Bücher wird noch in aller Erinnerung sein. Wir saßen in unserem kleinen Schrebergarten, als Lastwagen die Stadt durchfuhren, «geziert» mit Inschriften und Fratzen, besetzt mit Männern, die im Chor brüllten: «Deutschland erwache! Juda verrecke!» [...] Das allererste, was mich bei Beginn dieser Hetze am meisten und nachhaltigsten erschütterte, war wohl, daß unser altehrwürdiger, langjähriger Vorsteher [der jüdischen Gemeinde], Herr Daltrop, der jeden Morgen früh den Friedhof inspizierte, den Sarg der kurz vorher verstorbenen alten Frau Bartfeld ausgegraben und aufgestellt vorfand.

Mißhandlungen, Verhaftungen, Bücherverbrennungen, Gräberschändungen, die Furcht vor alledem – das gehörte fortan als fester Bestandteil zum Leben der Harburger Juden.

Definition: Wer ist Jude?

Nach traditionellem jüdischem Selbstverständnis ist das Kind einer jüdischen Mutter Jude. Außerdem ist jeder, der nach Maßgabe des jüdischen Religionsgesetzes zum Judentum übergetreten ist, Jude.

Die Nationalsozialisten gingen in der Tradition des Antisemitismus davon aus, daß Juden eine eigene «Rasse» darstellten. In ihren Gesetzen, in denen sie definierten, wer als Jude zu gelten habe, kamen sie aber nicht umhin, die Zugehörigkeit zur jüdischen Religion zum Ausgangspunkt ihrer Überlegungen zu machen. Da es ein anderes Indiz für jüdische Herkunft nicht gab – die von den Nazis und ihren Rassetheoretikern behaupteten «Rassekategorien» und die von ihnen apostrophierten «Rassemerkmale» waren Humbug –, mußten sie auf die Religionszugehörigkeit zurückkommen, wenn auch oft um Generationen zurückverlegt. Dieser deutliche Widerspruch zum wissenschaftlichen Anspruch ihrer rassistischen Kategorisierungen sollte bereits im Zusammenhang mit den frühen Definitionsversuchen (u. a. beim Gesetz zur Wiederherstellung des Berufsbeamtentums, das später auch in nichtöffentlichen Bereichen Anwendung fand) des Jahres 1933 besprochen werden; bei der Behandlung der «Nürnberger Gesetze» wird dieses Problem uns wieder begegnen.

Gesetz zur Wiederherstellung des Berufsbeamtentums
(7. April 1933)

§ 1 1) Zur Wiederherstellung eines nationalen Berufsbeamtentums und zur Vereinfachung der Verwaltung können Beamte nach Maßgabe der folgenden Bestimmungen aus dem Amt entlassen werden, auch wenn die nach dem geltenden Recht hierfür erforderlichen Voraussetzungen nicht vorliegen. [...]

§ 3 1) Beamte, die nicht arischer Abstammung sind, sind in den Ruhestand zu versetzen [...].[2]

Nun galt es, zu definieren, wer als «nicht arisch» zu gelten habe. Vier Tage nach dem Erlaß des Gesetzes wurde eine Durchführungsverordnung erlassen, die Genaueres regelte:

Erste Durchführungsverordnung zum Gesetz zur Wiederherstellung des Berufsbeamtentums (11. April 1933)

Zu § 3.1. Als nicht arisch gilt, wer von nicht arischen, insbesondere jüdischen Eltern oder Großeltern abstammt. Es genügt, wenn ein Elternteil oder Großelternteil nicht arisch ist. Dies ist insbesondere dann anzunehmen, wenn ein Elternteil oder Großelternteil der jüdischen Religion angehört hat.[3]

Hier ist im Kern angelegt, was die Nazis später bis ins Extrem verfeinerten: die Klassifizierung von Menschen nach ihrer Herkunft, die zu absonderlichen Bezeichnungen wie «Voll-», «Halb-» und «Vierteljuden» führte (vgl. den Abschnitt zu den «Nürnberger Gesetzen» vom September 1935). Diese Begriffe, die leider auch heute noch gelegentlich Verwendung finden, gehören in den Wortschatz der Nationalsozialisten, entbehren jeder Grundlage. Der Irrsinn, der in diesen Bezeichnungen liegt, läßt sich im Transfer gut verdeutlichen: Wer würde beispielsweise bei Menschen binationaler Herkunft von «Halbdeutschen», «Halbamerikanern» oder etwa «Halbtürken» sprechen?

Im übrigen war die Mehrzahl der Juden im Deutschen Reich seit mehreren Generationen in Deutschland ansässig, waren Deutsche der Nation und Juden der Konfession nach. Dies war auch das Selbstverständnis der Mehrheit der deutschen Juden jener Zeit, wie auch der Name der größten jüdischen Organisation, des «Centralvereins deutscher Staatsbürger jüdischen Glaubens» belegt. Schließlich wurden von den Nazis Menschen zu Juden erklärt, die selbst keinerlei Beziehung zu ihrer jüdischen Herkunft, insbesondere zur Religion, empfanden – viele Menschen jüdischer Herkunft waren Angehörige der christlichen Religionsgemeinschaften oder religionslos. Der Harburger Jude Jakob Findling schreibt: «[Ich wurde] in Deutschland geboren, [habe] mit deutschen Christen gespielt, deutsche Sprache gesprochen, deutsche Nachbarn gehabt,

[und] fühlte ich mich als deutscher Jude genauso deutsch wie meine christlichen Freunde.»[4]

1. April 1933 – Der «Judenboykott»

Am 1. April 1933 organisierten die nationalsozialistischen Machthaber einen Boykott von Geschäften jüdischer Eigentümer, Praxen jüdischer Ärzte und Rechtsanwälte. Der Boykott wurde reichsweit in den gleichgeschalteten Zeitungen angekündigt.

Berlin im April 1933: SA-Leute verteilen Flugblätter, die zum Boykott jüdischer Geschäfte und Handwerker aufrufen.

Die hier vorgestellten Quellen sollen dazu dienen, die Reaktionen auf das Geschehen auf nichtjüdischer und jüdischer Seite zu beleuchten. Es werden verschiedene Reaktionsformen deutlich, die herausgearbeitet werden sollten. Beispiele für aktives (z. B. Aufbegehren bzw. Beteiligung) und passives (z. B. Zuschauen) Verhalten können für beide Gruppen aus den Texten herausgesucht und Mutmaßungen über die ihnen zugrundeliegenden Motive (für das Zuschauen: z. B. Angst, Neugierde; für Häme: z. B. wirtschaftliche Konkurrenz) angestellt werden. Außerdem sollten mögliche Folgen und Sanktionen bedacht werden, um die jeweiligen Handlungsspielräume möglichst konkret auszuleuchten. Die Arbeitsergebnisse sollten an der Tafel und im Heft festgehalten werden, da folgende Situationen nach einem ähnlichen Muster bearbeitet und im Vergleich besprochen werden können.

Reaktion	Juden	Nichtjuden
Passives Verhalten	Textbeleg:… Motivation:… mögliche Folgen:… Textbeleg:… Motivation:… mögliche Folgen:…	Textbeleg:… Motivation:… mögliche Folgen:… Textbeleg:… Motivation:… mögliche Folgen:…
Aktives Verhalten	Textbeleg:… Motivation:… mögliche Folgen:… Textbeleg:… Motivation:… mögliche Folgen:…	Textbeleg:… Motivation:… mögliche Folgen:… Textbeleg:… Motivation:… mögliche Folgen:…

Ein Zeitzeuge – Edwin Landau

Bereits am frühen Morgen des Freitag [31. März] sah man die SA mit ihren Transparenten durch die Stadt ziehen. «Die Juden sind unser Unglück.» […] In den Vormittagsstunden begannen sich die Posten der Nazis vor die jüdischen Geschäfte zu stellen, und jeder Käufer wurde darauf aufmerksam gemacht, nicht bei Juden zu kaufen. Auch vor unserem Lokal postierten sich zwei junge Nazis und hinderten die Kunden am Eintritt. […] Und für dieses Volk hatten wir jungen Juden einst im Schützengraben gestanden und haben unser Blut vergossen, um das Land vor dem Feind zu beschützen. Gab es keinen Kameraden mehr aus dieser Zeit, den dieses Treiben anekelte? Da sah man sie auf der Straße vorübergehen, darunter gar viele, denen man Gutes erwiesen hatte. Sie hatten ein Lächeln auf dem Gesicht, das ihre heimtückische Freude verriet. […] Ich nahm meine Kriegsauszeichnungen und legte sie an, ging auf die Straße und besuchte jüdische Geschäfte, wo man mich auch zuerst anhielt. Aber in mir gärte es, und ich hätte am liebsten diesen Barbaren meinen Haß ins Gesicht geschrien. Haß, Haß – seit wann hatte dieses Element in mir Platz ergriffen? Seit einigen Stunden erst war diese Wandlung eingetreten. Dieses Land, dieses Volk, das ich bisher liebte und schätzte, war mir plötzlich zum Feinde geworden. Ich war also kein Deutscher mehr, oder ich sollte es nicht mehr sein. Das läßt sich natürlich nicht in einigen Stunden abmachen. Aber das eine empfand ich plötzlich: Ich schämte mich über das Vertrauen, das ich so vielen geschenkt hatte, die sich nun als meine Feinde demaskierten. Plötzlich erschien mir auch die Straße fremd, ja die ganze Stadt war mir fremd geworden…[5]

■ Unter Beobachtung – aus einem Interview mit Alma Hirschfeld

Gott, das war das Schönste: Wir waren in der ersten Etage, und unten, am Eingang, standen immer vier SA-Männer auf der Straße, Tag und Nacht. Es wurde kontrolliert, wer raus- und reinging. Die meisten unserer Patienten waren Sozialdemokraten, zu denen haben die SA-Männer gesagt: «Halt, Sie dürfen nicht rein!» Dann wurde immer Krach geschlagen, und die sind durchgegangen. Keine Juden, Sozialisten und so. Also, das war wirklich rührend, wie die immer raufkamen, nur um zu sehen, wo ich sitze, was ich mache und so weiter. Unter den SA-Männern waren sogar ehemalige Kommunisten. Diese Bengels, denen war das egal, die kriegten eine schicke Uniform. – Na ja, das war der Anfang.

■ Ein Zeitungsbericht vom 1. April 1933, «Harburger Anzeigen und Nachrichten»

Großer Menschenzustrom in den Hauptverkehrsstraßen

In den Hauptstraßen von Harburg sah man heute vormittag überall große Menschenmengen. Die Maßnahmen der Nationalsozialisten begannen mit dem Glockenschlag 10 Uhr. Eine Fahrkolonne mit Schildern, die auf den Boykott hinwiesen, durchfuhren mit den Hakenkreuzfahnen die Straßen der Stadt. Gleichzeitig setzten sich von der Bergstraße große Abteilungen SS und SA in Bewegung. Bald standen vor allen Geschäften die Posten, die darauf aufmerksam machten, daß der Inhaber des Geschäftes Jude sei. Mehrere jüdische Geschäfte hatten überhaupt geschlossen. Bald nach 10 Uhr wurde der Andrang beispielsweise in der Lüneburger Straße derart, daß Autos, Fuhrwerke und Straßenbahnen nur langsam vorwärtskommen konnten. Die ungeheuren Ansammlungen erforderten polizeiliche Maßnahmen. Das herbeigerufene Überfallkommando griff zunächst in der Lüneburger und Wilstorfer Straße ein und brachte die Mengen auseinander. Dann wurden einige Zeit die Zugangsstraßen nach der Lüneburger und

Wilstorfer Straße abgeriegelt. Einige halbwüchsige Burschen, die auffällig wurden, brachte die Polizei zur Wache.

[In der gleichen Ausgabe berichteten die «Harburger Anzeigen» über eine am 30. März 1933 abgehaltene NSDAP-Versammlung, in der veranschaulicht wurde,] warum der Boykott gegen jüdische Geschäfte erfolge. Friseurmeister Heisig, Harburg, streifte bei Erörterung der Dinge auch die Harburger Verhältnisse, wie sie seit den Novembertagen 1918 sich entwickelt haben, wobei insbesondere der Mittelstand arg geschädigt worden sei. Der Kaufmann Lölsack, Harburg, gab ein umfassendes Bild der vom Ausland durch Juden verbreiteten Greuelmärchen; er betonte, die Juden seien Deutschlands Unglück, weil sie international gebunden seien. Die Ostjuden müßten wieder dahin geleitet werden, woher sie gekommen sind. [...] Auch in Harburg werde am Sonnabend der Boykott in diszipliniertester Weise als Abwehrmaßnahme gegen die Greuelhetze im Ausland durchgeführt werden.

Der Harburger Geschäftsmann Ignatz Reis protestierte gegen den Boykott seines Geschäftes am 1. April 1933 mit einem Flugblatt:

■ In der Kundgebung des Herrn Reichskanzlers vom 12. 3. heißt es u. a.: «Als Euer Führer und im Namen der Regierung der nationalen Revolution fordere ich Euch daher auf, die Ehre und damit aber auch die Würde des neuen Regiments so zu vertreten, daß es vor der deutschen Geschichte dereinst auch in Ehren und Würden zu bestehen vermag.» «Ich befehle Euch daher von jetzt an strengste und blindeste Disziplin.» «Im übrigen ist es nun aber unsere Aufgabe, dem ganzen deutschen Volke und vor allem auch unserer Wirtschaft das Gefühl der unbedingten Sicherheit zu geben. Wer es von jetzt ab versucht, durch Einzelaktionen Störungen unseres Verwaltungs- oder des geschäftlichen Lebens herbeizuführen, handelt bewußt gegen die nationale Regierung.» Trotzdem ist zur Zeit eine Bewegung im Gange, die darauf abzielt,

181

Geschäfte zu boykottieren, nur weil deren Inhaber Juden sind. In der Kundgebung des Herrn Reichspräsidenten vom 21. März heißt es u. a.: «In steter Treue grüße ich die Hinterbliebenen unserer treuen Toten und in herzlicher Kameradschaft alle meine Kameraden aus dem großen Kriege.» Zu den «Hinterbliebenen» gehört meine Frau, deren Bruder gefallen ist. Zu den «Kameraden» gehöre ich selbst, der ich von Anfang an im Feld gestanden, vor dem Feind zum Offizier befördert, zum Kompanie-Führer ernannt, mehrmals verwundet, mit dem Eisernen Kreuz II. Klasse, dem Meininger Offizierskreuz und dem Eisernen Kreuz I. Klasse ausgezeichnet worden bin. Ich überlasse es Ihrer Beurteilung, ob es angebracht oder gerecht ist, mein Geschäft zu boykottieren, nur deshalb, weil ich Jude bin. Die mit der Boykottierung verbundene wirtschaftliche Schädigung würde natürlich auch mein Personal treffen, von dem mehrere ebenfalls mit Kriegsauszeichnungen heimgekehrte Frontsoldaten sind, also auch «Kameraden aus dem großen Kriege».

Aufgaben:
1. Kläre: Wer war damals Reichskanzler, wer Reichspräsident?
2. Erörtert und interpretiert den Inhalt des Flugblatts.
3. Überlegt gemeinsam, welche Konsequenzen das Verteilen dieses Flugblatts für seinen Verfasser haben konnte. (Über die tatsächlichen Konsequenzen ist nichts bekannt.)

Ein Zeitzeuge – Gerhard Durlacher, Schriftsteller, damals Baden-Baden

Durch die Menge der Zuschauer drängen wir uns nach vorn. Einige sehen uns stirnrunzelnd an, andere gelassen oder verstört. Aber es sind auch manche dabei, die grinsen, als bereite ihnen das Schauspiel Vergnügen. Herr Kindler vom Bekleidungsgeschäft um die Ecke ist unter ihnen. Mit gespreizten Beinen, die Hände in die Hüften gestemmt, steht er in der ersten Reihe, und auf seiner Lederjacke glänzt das rote Abzeichen mit dem Hakenkreuz. An

182

beiden Seiten der Eingangstür stehen stämmige Männer in brauner Uniform, den Revolver am Koppel mit dem Schulterriemen, die Beine in glänzenden schwarzen Stiefeln, unbeweglich wie Statuen. Neben ihnen, an Stöcken befestigt, große Schilder mit Wörtern, die ich nicht lesen kann und trotzdem verstehe. Hochgeschossene Jungen, ein gutes Stück größer als ich, rufen die Parolen aus, ältere Leute in muffigen, abgetragenen Kleidern murmeln zustimmend oder kopfschüttelnd. «Kauft nicht bei Juden, sie sind euer Unglück» und «Die Juden verderben das Volk, Deutsche wehrt euch». Die großen Schaufensterscheiben sind verschmiert mit Davidssternen aus tropfendem Kalk, der in langen weißen Schlieren von den Ecken herunterläuft und die schöne neue Fassade aus schwarzem Marmor verdirbt. Der Chefmonteur der Garage, in der Vaters Auto steht, ein großer, breitschultriger Mann mit braunen Haaren und schmutzigen Händen, drängt sich neben uns nach vorn. Zwischen den Braunhemden hindurch versucht er, die Ladentür zu erreichen, aber der eine streckt den Arm vor und hält ihn zurück. Er brüllt ihn an: «Kannst du nicht lesen, du blöder Judenfreund? Dir wird man ja noch vieles beibringen müssen!» Keine Stimme erhebt sich zu seiner Verteidigung, niemand protestiert. Ohne ein Wort zu sagen, geht er fort mit hängenden Schultern, den Rücken gebeugt.

Mutter wagt sich keinen Schritt mehr vor. Aber der andere SA-Mann hat uns erkannt und sagt mit einer Geste spöttischer Dienstbeflissenheit: «Gehen Sie nur rein, gnädige Frau, wir verhelfen Ihnen bald zur Pleite.» […] Dutzende Blicke verfolgen uns mit kühler, spöttischer Gleichgültigkeit oder wenden sich ab, als wir mit klopfendem Herzen und bleiernen Füßen die weißverschmierte Ladentür erreichen. Herr Kindler grüßt uns mit einem gemeinen Grinsen, und mir wird schlecht vor Angst.

[Im großelterlichen Geschäft saßen der Vater und Onkel und Tante, die in die Niederlande ausgewandert und nur zu Besuch nach Deutschland zurückgekehrt waren:]

Vater herrscht Mutter böse an, sie hätte nicht herkommen dürfen. Sie bricht in Tränen aus; Gersbach versucht sie zu trösten und zu ermutigen, sagt, alles sei nur halb so schlimm, und ich glaube ihm aufs Wort. Vom Schluchzen gestoßen erzählt Mutter, was draußen vor der Tür passiert ist. Die Augen meiner Tante sehen wütend durch die dicken Brillengläser. Offenbar ist es ein Fluch, den sie auf holländisch zischt, und in ihrem guten Kleid verschwindet sie im Waschraum. Mit Schürze und Eimer, Scheuertuch und Schwamm geht sie, ohne ein Wort zu uns zu sagen, mit großen Schritten an den Polstersesseln und Betten vorbei zum Ausgang und stößt die Ladentür auf.

Mit überschlagender Stimme ruft Onkel Benno ihr befehlend und weinerlich nach: «Komm zurück, Jet, das kann man hier nicht machen», aber sie geht unbeirrt weiter. Mit nassem Tuch und Schwamm wäscht sie die schmutzigen Scheiben ab, angestarrt von den stummen, kuhäugig glotzenden Zuschauern. Ein Braunhemd schreit sie an, versucht, ihren Eimer umzustoßen. Sie schaut ihm gerade in die Augen und läßt ein donnerndes Gewitter niederländischer Wörter über ihn herabprasseln. Er starrt sie verständnislos an und weiß nicht, wie ihm geschieht, als sie plötzlich die Sprache wechselt und auf deutsch losschimpft, daß sie «den Botschafter der Niederlande benachrichtigen wird». Die Zuschauer trollen sich davon, als machte ihnen das Schauspiel keinen Spaß mehr. Nur ein paar schlaksige Jungen lungern noch herum. Im Waschraum, wo sie den Eimer mit sauberem Wasser vollaufen läßt und sich die weiße Schmiere von den Händen wäscht, nickt Tante zufrieden und selbstbewußt: «So macht man das in Holland.»[6]

Aufgaben:

1. Beschreibt die verschiedenen Haltungen der Umstehenden zum Geschehen, die Durlacher wahrnimmt und beschreibt.
2. Welche Reaktionen zeigen die jüdischen Personen?
3. Versucht, Deutungen und Erklärungen für die verschiedenen Haltungen zu finden.

4. Fallen euch weitere denkbare Haltungen und Reaktionen ein?
5. Erörtert die möglichen Konsequenzen der jeweiligen Verhaltensweisen.

Ausgrenzung der Juden

In diesem Abschnitt sollen die Grundlagen der Ausgrenzung behandelt werden. Weitergeführt wurde der Definitionsprozeß nach nationalsozialistischen Rassekriterien, und die Maßnahmen gegen die Juden wurden verschärft.

Die Nürnberger Gesetze (1935)

(Es folgen Texte zu diesem Thema bis S. 188)

Reichsbürgergesetz (15. September 1935)

§ 1 1) Staatsangehöriger ist, wer dem Schutzverband des Deutschen Reiches angehört und ihm dafür besonders verpflichtet ist [...].

§ 2 1) Reichsbürger ist nur derjenige Staatsangehörige deutschen oder artverwandten Blutes, der durch sein Verhalten beweist, daß er gewillt und geeignet ist, in Treue dem Deutschen Volk und Reich zu dienen. [...]

§ 3 Der Reichsminister des Innern erläßt im Einvernehmen mit dem Stellvertreter des Führers die zur Durchführung und Ergänzung des Gesetzes erforderlichen Rechts- und Verwaltungsvorschriften.[7]

Gesetz zum Schutze des deutschen Blutes und der deutschen Ehre (15. September 1935)

§ 1 1) Eheschließungen zwischen Juden und Staatsangehörigen deutschen oder artverwandten Blutes sind verboten. Trotzdem geschlossene Ehen sind nichtig, auch wenn sie zur Umgehung dieses Gesetzes im Ausland geschlossen sind. [...]

§ 2 Außerehelicher Verkehr zwischen Juden und Staatsangehörigen deutschen oder artverwandten Blutes ist verboten.

§ 3 Juden dürfen weibliche Staatsangehörige deutschen oder artverwandten Blutes unter 45 Jahren in ihrem Haushalt nicht beschäftigen. [...]

§ 5 1) Wer dem Verbot des § 1 zuwiderhandelt, wird mit Zuchthaus bestraft. 2) Der Mann, der dem Verbot des § 2 zuwiderhandelt, wird mit Gefängnis oder mit Zuchthaus bestraft. 3) Wer den Bestimmungen des § 3 [...] zuwiderhandelt, wird mit Gefängnis bis zu einem Jahr und mit Geldstrafe oder mit einer dieser Strafen bestraft. [...][8]

Erste Durchführungsverordnung zum Reichsbürgergesetz (14. November 1935)

§ 5 Jude ist, wer von mindestens drei der Rasse nach volljüdischen Großeltern abstammt; als volljüdisch gilt ein Großelternteil ohne weiteres, wenn er der jüdischen Religionsgemeinschaft angehört hat. Als Jude gilt auch der von zwei volljüdischen Großeltern abstammende staatsangehörige jüdische Mischling, a) der beim Erlaß des Gesetzes der jüdischen Religionsgemeinschaft angehört hat oder danach in sie aufgenommen wird, b) der beim Erlaß des Gesetzes mit einem Juden verheiratet war oder sich danach mit einem solchen verheiratet, c) der aus einer Ehe mit einem Juden im Sinne des Absatzes 1 stammt, die nach dem Inkrafttreten des Gesetzes zum Schutze des deutschen Blutes und der deutschen Ehre 1935 geschlossen ist, d) der aus dem außerehelichen Verkehr mit einem Juden im Sinne des Absatzes 1

Juli 1935 in Norden: Ein Paar wird durch die Stadt getrieben.

1938 in Österreich nach dem «Anschluß». Eine Frau auf einer Parkbank «Nur für Juden».

stammt und nach dem 31. Juli 1936 außerehelich geboren wird.[9]

Jüdischer Alltag unter dem Nationalsozialismus bedeutete bald die Alltäglichkeit der Ausgrenzung. Anhand der Fotos kann besprochen werden, wie erniedrigende Maßnahmen für Juden zu einer Alltagserfahrung wurden.

■ **Eine Zeitzeugin – Johanna Meier erzählt über den Schulalltag ihres jüngsten Enkels, Jost Pommerantz:**
Die Schule wurde ihnen immer mehr verleidet. Wenn Josts Lehrerin ins Schwärmen kam, sagte sie: «Jost, hör mal nicht zu!», und dann erzählte sie von den Gräbern ihrer Ahnen, von Runen, jüdischen Verbrechern und jüdischem Charakter und all die tausendmal aufgewärmten Märchen über die Volksverräter. Als sie dann

Das war Alltag in deutschen Schulen: Zwei jüdische Schüler werden verhöhnt. An der Tafel steht: «Der Jude ist unser größter Feind! Hütet euch vor den Juden!»

Wien 1938. Ein jüdischer Junge wird gezwungen, das Wort «Jude» an die Front des Geschäfts seines Vaters zu schreiben.

Alltag in Deutschland: das Praxisschild eines jüdischen Arztes.

auf Ferien reiste, schrieben ihr die Schüler eine Karte, und jeder einzelne mußte seinen Namen daruntersetzen. Jostel tat es nicht, trotz Bitten, Vorwürfen und Drohungen.

Der einzige praktikable Ausweg war für Jost (Jahrgang 1928) und seinen Bruder Gerd (Jahrgang 1926), auf eine jüdische Schule in Hamburg zu wechseln. Großmutter Johanna Meier berichtet weiter:

So ging die Zeit hin, und wir waren froh, daß die beiden frischen Jungen durch die Anmeldung an die jüdische Schule allen demütigendsten Zwischenfällen entgingen. Mit zwei gleichaltrigen jüdischen Kameraden – Walzer in Harburg – teilten sie nun Freud und Leid.

Die jüdische Schule liegt in Hamburg neben dem christlichen

190

Gymnasium. Die jüdischen Schüler müssen ganz leise sein, selbst in den Pausen, sonst wird es höheren Ortes gemeldet. In dieser Stunde wird Rassenlehre erteilt, und die jüdischen Schüler werden karikiert vor den christlichen Kameraden. Die Juden sind effektiv vogelfrei.

Rauswurf. Erst das Geschäft, dann die Wohnung
(Es folgen Texte zu diesem Thema bis S. 194)

■ **Sitzungsprotokoll des Harburger Magistrats – «Rassenschändung» als Mietkündigungsgrund, 5. September 1935**
Die Sitzung fand zehn Tage vor dem Erlaß der Nürnberger Gesetze statt. Die Stadträte billigen die gegen Frau Martha Mosbach seitens der Deutschen Wohnungsbau-Gesellschaft ausgesprochene Kündigung des Ladens Bergstraße 5 zum 30. September 1935. Es wird beschlossen, die Kündigung aufrechtzuerhalten, weil in der Eheschließung der [nichtjüdischen] Mieterin, welche Ende 1934 erfolgte, eine bewußte Rassenschändung und damit ein grober Verstoß gegen die nationalsozialistische Auffassung erblickt wird und der Stadtgemeinde nicht zugemutet werden kann, diese Art von Verbrechen durch Duldung zu fördern. Im Falle der Verlängerung des Mietvertrages müßte der Jude-Ehemann Mosbach in den Vertrag als mitverpflichtet eintreten, eine Geschäftsverbindung mit Juden lehnt aber die Stadt als alleinige Gesellschafterin der Deutschen Wohnungsbau-Gesellschaft ab.

■ **Brief aus dem Büro des Regierungspräsidenten, Lüneburg, an den Oberbürgermeister der Stadt Harburg-Wilhelmsburg, 12. Oktober 1935**
Vermerk: Der Vorsteher der Synagogengemeinde der Stadt Harburg-Wilhelmsburg, Kaufmann Ludwig Fliess [...], ist vorstellig geworden. Er hat erklärt, sich nicht beschweren zu wollen, aber hat doch gebeten, im Rahmen des Möglichen zu helfen. Die Deut-

sche Wohnungsbau-Gesellschaft in Harburg-Wilhelmsburg, die sich nach seiner Darstellung ausschließlich in den Händen der Stadtverwaltung befindet, hat 11 jüdischen Familien [...] gekündigt. [...] Unter den Gemeindemitgliedern sei durch diese plötzliche Kündigung größte Verzweiflung entstanden. [...] würde es mir erwägenswert erscheinen, entbehrliche Kündigungen nicht auszusprechen. [...] Ich bitte Sie, sich bei der Berichterstattung auch zu der Frage zu äußern, ob es sich hier nicht überhaupt um eine sogenannte Einzelaktion gegen das Judentum handeln würde, die bekanntlich vom Führer ausdrücklich untersagt ist.

■ **Antwortschreiben des Oberbürgermeisters der Stadt Harburg-Wilhelmsburg an den Regierungspräsidenten, 21. Oktober 1935**

Auf die wieder beigefügte Randverfügung vom 12. Oktober 1935, betreffend Kündigung von jüdischen Familien. [...] Die jüdischen Familien in einem Wohnungsblock unterzubringen, ist unmöglich. Ein solcher Block ist nicht frei, und wenn er frei wäre, würde er erst mal für andere Familien auszunutzen sein. Die zahlreichen Familien deutschen Blutes, die hier auf Wohnungen warten, würden es einfach nicht verstehen, wenn ein ganzer Häuserblock für Juden freigegeben würde. [...] Wenn es einem privaten Vermieter freisteht, einer ihm nicht genehmen Mieterfamilie zu kündigen, dann muß dieses Recht auch der Deutschen Wohnungsbau-Gesellschaft zustehen. Wenn die Deutsche Wohnungsbau-Gesellschaft von ihrem Recht gegenüber 11 jüdischen Familien Gebrauch macht, kann darin keine «Einzelaktion» gesehen werden. [...] Die Kündigung der Deutschen Wohnungsbau-Gesellschaft erfolgte in erster Linie, um zahlreichen deutschen, rassisch wertvollen Volksgenossen mit mehreren Kindern angemessene Wohnungen zu verschaffen, da bei rund 5000 fehlenden Wohnungen keine anderen Räume zu erhalten sind. Der Jude als lediglich geduldeter Gast im deutschen Vaterlande hat hinter diesen Interessen seines Wirtsvolkes zurückzutreten.

Im nationalsozialistischen Deutschland war antijüdische Propaganda allgegenwärtig. Im Straßenbild tauchten Plakate und Anschläge mit der Aufschrift «Für Juden verboten!» oder «Juden unerwünscht!» auf. In den meisten Städten und Orten gab es einen sogenannten «Stürmer-Kasten», in dem die antisemitische und pornographische Zeitung «Der Stürmer» aushing, und auch andere Zeitungen übernahmen die antisemitische Propaganda. Der Antisemitismus war ein fester Bestandteil der Alltagskultur, auch im Karneval fand er seinen Platz. In diesem Buch werden, wie an anderen Stellen, antisemitische Karikaturen bewußt nicht wiedergegeben, da vermieden werden soll, deren visuelle Botschaft weiterzutragen.

«Die Jüdde wandern uss» – Ein Kölner Karnevalslied

1.
Et deit sich alles freue, mir sinn jetz bahl su wick,
Mir wääde jetz in Deutschland die Jüdde endlich quwitt.
En jeder Stroß do hat mer neh Jüddelade stonn,
Et jitt noch immer domme, die dobei kaufe jonn.
Mett dä Jüdde es jetz Schluß, se wandere langsam uss.
   Refrain: Hurra mer wäde jetz die Jüdde loß,
Die ganze koschere Band, trick nohm gelobte Land.
Mir lachen uns für Freud noch halv kapott,
Der Izig un die Sahra die träcke fott!

2.
Wenn die Jüdde bei uns kohme, mett neh'm lange Rock un Flüh,
Finge die an zu hausiere, arbeide deit dä Jüdd doch nie.
Mett Knoche, Lumpe, Iser, un watt er söns noch jitt,
Un mett nehm Sack om Röcke, häh durch die Stroße trick.
Mett däm Handel ess jetz Schluß, dröm wandern die jetz uss.
   Refrain: Hurra mer wäde jetz die Jüdde loß …

3.
Wenn die ganze koschere Jüdde us Deutschland sinn erus.
Zwei dann mir he behalde, die stelle mir dann uus.

Eine enn die Schreckenskammer, eine ett Museum kritt geschenk,
Datt mir an die Judenplage mett Schrecke später denk.
Wenn man die zwei dann sieht, singt man för Freud datt Leed:
   Refrain: Hurra, mer wäde jetz die Jüdde loß...
4.
Der Lehrer fragt die Kinder des Morgens nach der Paus,
Wer ein schönes Lied kann singen, darf früher gehn nach Haus.
Et deit sich keiner melde, keiner well der erste sinn,
Do rööf der kleine Pitter, dä en der Mautgaß wonnt am Ring:
Ich kann en schön neu Leed, watt mie Vatter mich geleet:
   Refrain: Hurra...[10]

Aufgabe:

Was für ein Bild wird von den Juden in diesem Lied
gezeichnet? Welche «Lösung» der sogenannten «Judenfrage»
wird propagiert?

■ **Wie reagierten die nichtjüdischen Deutschen – Die Jüdin
Johanna Meier aus Harburg erzählt**

Auf der Post sagt man mir: «Ich habe keinen Antwortschein für
Sie.» Ein dabeistehender Arbeiter fängt an zu schimpfen: «Alles
nehmen sie Ihnen weg, und nun sollen Sie nicht mal so 'n lumpi-
gen Schein mehr bekommen» etc. «Mann, halten Sie's Maul!»
ruft ihm der Beamte zu. Kurz vor meiner Abreise ging ich
nochmals hin. «Das ist nun der Letzte.» – «Ja, da kann ich auch
nichts zu.» «Wer denn?» frage ich. – «Das internationale Judentum.» Antwort: «Darüber wollen wir uns jetzt nicht unterhal-
ten.» Ein alter Arbeiter mit zwei Eimern setzt sie ab und bleibt bei
mir stehen: «Frau Meier, ick komme mir vor wie in Hottentotten-
land», reicht mir schluchzend beide Hände, «nun loaten S'aeck
den Abschied ut'm Vaterlanne nich goar to swer warden!» Bessere Leute in entlegeneren Straßen sprechen einen an, schütteln
den Kopf und gehen.

Auswanderung
(Es folgen Texte zu diesem Thema bis S. 200)

Jüdisches Mädchen auf der Überfahrt nach England

«Glücklich gerettet» könnte der Titel des Bildes auf der vorhergehenden Seite heißen. Versucht zu erklären, warum das Mädchen nicht glücklich aussieht, obwohl es doch auf dem Weg in die Freiheit ist.

«Aus Kindern werden Briefe.»

■ **Johanna Meier, die aus Harburg emigrierte, erzählt:**
Alle, die noch nicht alt und krank waren, reisten ins Ausland. Man hörte Namen, die wir seit der Geographiestunde als Kinder nicht mehr gehört hatten. Wo sich die Türe nur ein wenig für Flüchtlinge öffnete, schlüpfte man durch. Die Familien wurden auseinandergerissen, in alle Winde zerstreut. Tragische Szenen spielten sich ab, und man prägte damals den Satz: Aus Enkeln werden Bilder, aus Kindern Briefe, und aus Müttern wird eine Last.

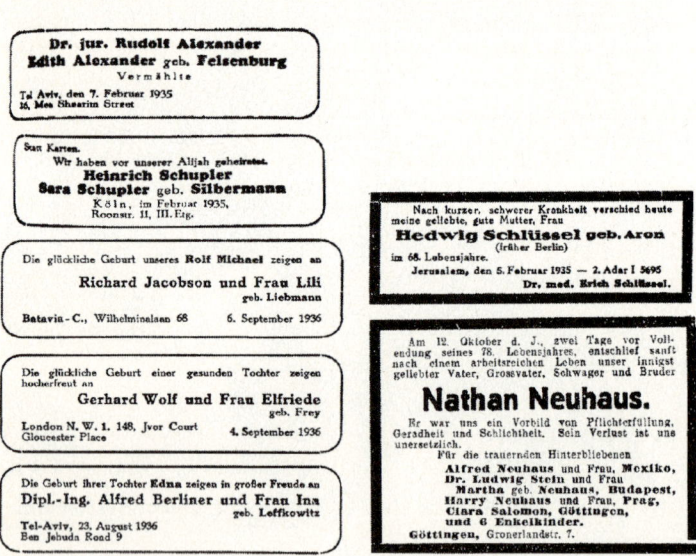

Familienanzeigen aus der «Jüdischen Rundschau» (Berlin) vom 15. November 1935, 11. September 1936 und 22. Oktober 1936.

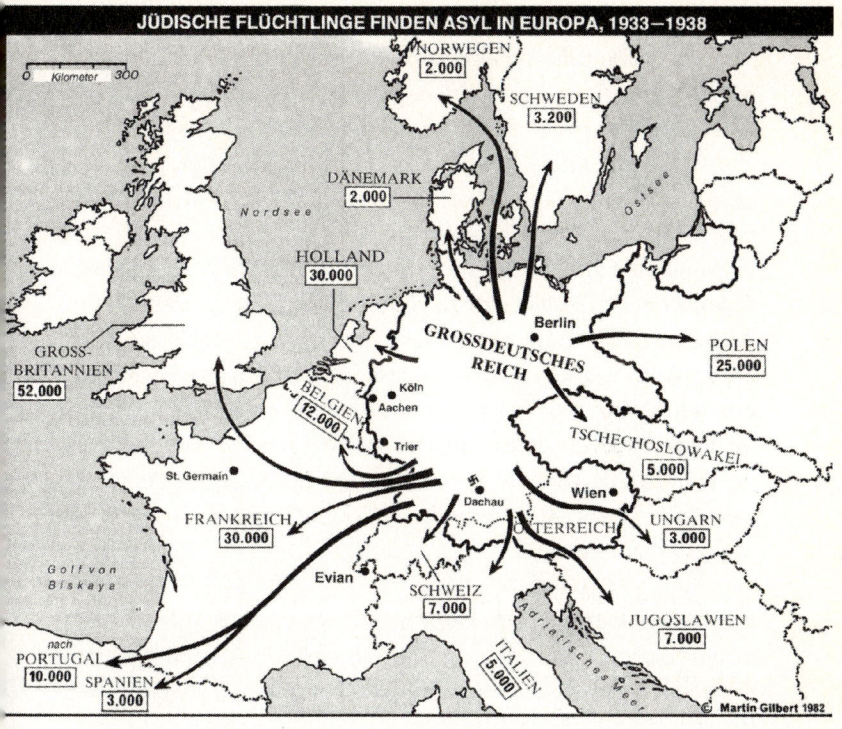

JÜDISCHE FLÜCHTLINGE FINDEN ASYL IN EUROPA, 1933–1938

NORWEGEN 2.000

SCHWEDEN 3.200

DÄNEMARK 2.000

HOLLAND 30.000

GROSS-BRITANNIEN 52.000

BELGIEN 12.000

FRANKREICH 30.000

nach PORTUGAL 10.000

SPANIEN 3.000

GROSSDEUTSCHES REICH

Berlin

Köln
Aachen
Trier

St. Germain

Dachau

Evian

SCHWEIZ 7.000

ITALIEN 5.000

POLEN 25.000

TSCHECHOSLOWAKEI 5.000

Wien

ÖSTERREICH

UNGARN 3.000

JUGOSLAWIEN 7.000

© Martin Gilbert 1982

Zum Beispiel: Familie Horwitz

(Es folgen Texte bis S. 200)

> Walter Horwitz hatte sich aufgrund des zunehmenden Drucks
> von seiner Frau scheiden lassen, die nichtjüdischer Herkunft
> war. Beider Kinder Cilly und Max gelangten mit einem Kin-
> dertransport nach England. In zweiter Ehe war er mit einer jü-
> dischen Frau verheiratet.

197

■ **Brief an die Tochter Cilly vom 10. März 1939**

Mir und meiner Braut geht es soweit auch gut. Meine Braut wird wohl bald ihr Permit für England erhalten. Ich möchte auch gerne raus. Hierüber haben wir Euch ja ausführlich geschrieben. Vielleicht spricht Familie Watts und Schure mal mit Tante Johanna, vielleicht hilft das. Ihr lieben Kinder müßt auch versuchen, durch Eure Pflegeeltern vielleicht für mich was zu erreichen. Ich habe von anderen Fällen hierin auch gehört, daß die Pflegeeltern eingetreten sind. [...] Gestern hatte ich Beerdigung von meinem Vetter, Rechtsanwalt Dr. Julius Jonas aus Altona, welcher sich mit seiner Frau zusammen vergiftet hat und beide gestern beigesetzt sind. Es war schrecklich. Die Kinder alle draußen. Zwei Mädel sind auch mit Eurem Transport nach London gekommen. Ihr habt sie zufällig nicht kennengelernt? Konnten nicht zur Beerdigung kommen. So ist das Leben, lb. Kinder. In seelischer Depression hatten sie diesen Schritt gemacht.

■ **Brief an Cillys englischen Pflegevater vom 20. März 1939**

Ihren Vorwurf nehme ich an, und haben Sie auch recht. Ich hätte nicht von dem Selbstmord meines Vetters mit Frau schreiben sollen. Aber ich war noch ganz unter dem Eindruck des Geschehenen und war auch gerade von der Beerdigung gekommen. Ich hatte hierin übereilt gehandelt [...]. Es soll nicht wieder geschehen. Hoffentlich hat sich die liebe Cilly inzwischen beruhigt. Es kam mir auch mein damaliger Selbstmord[versuch] in Erinnerung, welchen die Kinder miterlebt haben. Max hat mir auch hierüber geschrieben, und ist der Junge ja über seine Jahre hinaus vernünftig. Ich habe auch keine Existenz mehr und möchte auch gerne raus, wenn auch vorübergehend nach England, da ich die Absicht habe, nach Amerika zu gehen, da [ich] hier mit Verwandten in Verbindung stehe. Meine Braut wird wohl demnächst auch nach London kommen und wartet täglich auf ihr Permit. Geht dort in einen Haushalt und will dann für mich sorgen, indem sie ihren Verdienst für meinen Lebensunterhalt mit zur Verfügung stellen will, bis wir zusammen nach Amerika können. Selbige hat ihr Affidavit für USA, fällt aber unter die polnische Quote. Wird erst im Juli aufgemacht und kommt dann Ende des Jahres ran. Möchte mich auch gerne hinaus haben.

■ **Brief an die Kinder Cilly und Max vom 23. März 1939**
Ich habe nun nochmals an Tante Johanna geschrieben, aber auch gleichzeitig an das Committee, und zwar die Adresse, welche Du mir, mein Junge, aufgegeben hast. Ich hoffe, es klappt endlich mal etwas für mich. Ich muß jetzt raus, noch dazu ich keinen Verdienst mehr habe. Ich will spätestens bis zum Juli drüben sein.

■ **Aus einem Brief an die Kinder vom 31. März 1939**
Von Tante Johanna hatte auch Brief, von England will nichts wissen, es geht nicht usw. Will mir, wenn ich nach Bolivien (Südamerika) auswandern will, 50 Pf. Landungsgeld zur Verfügung stellen. […] Ich hoffe, doch noch als Übergang nach England zu kommen, da mein Plan ja USA ist. Ich muß aber hier raus.

■ **Aus einem Brief an Tochter Cilly vom 10. Juni 1939**
Bearbeite jetzt nur meine Auswanderung, da ich so schnell als möglich raus will. Hier habe [ich] keinen Verdienst und Existenz mehr.

Am 24. Juni 1939 schreibt Horwitz einige Zeilen in englischer Sprache, bittet seine Tochter, auf englisch zu schreiben, «that is a useful exercise for me». Vier Tage später wünscht sich Walter Horwitz von Tochter Cilly: «Nun bitte ich Dich nochmals: sei recht lieb und brav zur Familie Watts, erkenne alles an, was sie für Dich tun. Sei es schon für mich. Schmuse und bettle und bitte bei Herrn Watts für mich, daß er sich für mich mit einsetzt und was tut, daß ich nach dort rüberkomme. Liebling, Du kannst es doch. Watts sind herzige Menschen und meinen es gut mit Dir, also belohne es ihnen durch doppelte Liebe und

199

Güte, mehr kann ich Dir nicht sagen, sehe zu, daß [er] für mich eintritt, mit Frau Shure zusammen. Ich muß raus und fort, halte es nicht mehr aus.» In seinem Brief vom 10. Juli 1939 wiederholt der Vater die Bitte, ermahnt: «Bitte und bettle darum, es liegt auch an Euch mit.» Noch eine Woche vor Kriegsbeginn drückt Horwitz seine Hoffnung aus, bald nach England kommen zu können. Ab September 1939 werden die Hoffnungen bescheidener (Brief des Vaters an die Tochter vom 14. Februar 1940): «Ich habe nur einen Wunsch, daß Ihr gesund bleibt, zu tüchtigen, ordentlichen Menschen heranwachst und wir uns wiedersehen.» Am 23. November 1940 schreibt der Vater: «Wir beten stets, daß Ihr gesund bleibt, Euch nichts passiert und wir uns wiedersehen. […] Mit meiner Auswanderung ist es vorläufig nichts geworden. Ich kann die Devisen hierfür nicht bekommen, ich muß abwarten.» Zu ihrem fünfzehnten Geburtstag wünscht Walter Horwitz seiner Tochter: «alles Gute, [daß] alle Deine Wünsche und Hoffnungen in Erfüllung gehen, welche Du an diesen Tag knüpfst, [daß] wir alle zusammen Deinen Geburtstag zusammen verleben mögen. [Daß] Der Krieg bald zu Ende ist. […] Mami, meine Frau und ich werden besonders an diesem Tage an Dich denken und unsere Gedanken bei Euch, meinen Lieben, weilen, wie so oft, wenn Mami bei uns ist, und wir von Euch sprechen und wir uns ausmalen, wie Ihr ausseht, und wenn wir erst alle wieder zusammen vereint sind. Unsere Gedanken sind stets bei Euch auf allen Euren Wegen, und erflehen wir stets im Gebet Gottes Schutz für Euch, daß Er Euch gesund erhält, besonders in dieser harten Zeit. […] Wir sehen uns alle nochmals wieder, da glaubt stets dran.» Die Briefe benötigten inzwischen sehr viel länger, sie gelangten über Umwege von Hamburg nach England. Bald blieben die Briefe des Vaters aus.

Am 25. Oktober 1941 wurde Walter Horwitz mit seiner zweiten Frau Else nach Lodz deportiert. Er hat seine Kinder nie wiedergesehen.

Die Zuspitzung 1938:
Offene Verfolgung, Novemberpogrom

Oktober: Die «Polenausweisung»

Im Laufe des Jahres 1938 bemühte sich die Reichsregierung, Juden osteuropäischer Herkunft, die sich im Deutschen Reich angesiedelt hatten, in ihre Ursprungsländer auszuweisen. Nach den Juden sowjetischer und rumänischer Herkunft traf es im Oktober 1938 jene polnischer Herkunft und deren Familien. Am 6. Oktober kündigte die polnische Regierung, die ihrem eigenen jüdischen Bevölkerungsanteil gegenüber nicht eben freundlich gesinnt war, an, daß ein Erlaß, der den 30. Oktober als letztes Datum für die Verlängerung von Pässen polnischer Staatsangehörigkeit im Ausland festschrieb, in Kraft treten werde. Diese Anordnung nahmen das Auswärtige Amt und die Gestapo am 28. Oktober für die Entscheidung zum willkommenen Anlaß, Juden polnischer Herkunft aus dem Deutschen Reich auszuweisen. Reichsweit wurden in der Nacht vom 28. auf den 29. Oktober etwa 18 000 Juden polnischer Herkunft (deren Familien inbegriffen) aus Deutschland, Österreich und dem Sudetenland nach Polen abgeschoben. Ihre genaue Zahl läßt sich – anders als bei den späteren Deportationen in die Gettos und Vernichtungslager – nicht mehr feststellen, da keine Liste der Deportierten erhalten geblieben ist.

Wie Harburger Familien die Polenausweisung erlebten

(Es folgen Texte bis S. 205)

■ Reta Goldberg erzählt von der Verhaftung:

Am 29. Oktober 1938 wurden meine Eltern und zwei Schwestern morgens um 5.00 Uhr von fünf SS-Männern verhaftet. Als wir angezogen waren, wurde meinem Vater gesagt, wir sollten unsere Pässe mitnehmen und für zwei bis drei Tage packen. Sie sagten, daß sie das Packen erwähnten, damit wir nicht sagen könnten, es sei davon nichts gesagt worden. Wir waren sehr aufgeregt, und so packte meine Mutter einen Satz Unterwäsche für meinen Vater ein, eine meiner Schwestern packte Taschentücher in ihren Koffer, und alle taten wir unbedeutende Kleinigkeiten in unser Gepäck. Ich war die einzige, die Geld mitnahm. Ungefähr 65 Reichsmark hatte ich dabei. Eine meiner Schwestern hatte alles Geld, das sie in der Wohnung hatte, dort zurückgelassen. Wir wurden zu Fuß zur nächsten Polizeiwache gebracht und mußten dort unsere Pässe abgeben.

Natürlich waren wir aufgeregt und sehr ängstlich. Sicher bedeutete das KZ oder ähnliches! Da waren so viele Leute auf der Wache, alles Glaubensgenossen. Die Polizisten bewachten uns rund um die Uhr, selbst dann, wenn wir zur Toilette wollten, kamen sie mit uns mit, um Tür und Fenster zu bewachen. Hatten sie Angst, wir würden entkommen oder uns das Leben nehmen? Nach ein Paar Stunden wurden wir zum Hüttengefängnis transportiert [...]. Sofort wurden alle Frauen und Kinder von den Männern getrennt. Das machte alles noch schwerer. [...] Sie trieben uns zu jeweils etwa fünfundzwanzig bis dreißig Personen in eine Zelle, die für acht Personen gedacht war, und dort verbrachten wir einen Tag und einen Abend. [...]

Später kam ein Polizist und fragte, ob jemand von uns Schreibmaschine schreiben könne. Meine ältere Schwester hat sich gemeldet. Deshalb konnte sie uns später erzählen, daß sie eine Liste all der Leute geschrieben hatte. Man hatte ihr auch gesagt, daß wir alle in jener Nacht deportiert werden würden. Sie bat um die Erlaubnis, Verwandte anrufen zu dürfen. Am Nachmittag kam dann eine Cousine, die mit einem Griechen verheiratet war, und brachte uns ein Brot, eine Wurst und eine Flasche Obstsaft. Das hat uns in den folgenden drei Tagen vor größerem Hunger bewahrt. Wir haben auch unseren Freunden davon abgegeben. Als uns die Polizei in jener Nacht sehr spät hinunterbrachte, befanden die Männer sich bereits in der Halle. Wir bekamen jeder zwei Scheiben trockenes Brot. Wir wurden dann mit Lastwagen und Polizeiautos gegen Mitternacht auf den Altonaer Bahnhof gebracht. [...] Ein langer Zug, alles 4.-Klasse-Wagen, erwartete uns. Und jetzt waren es SA-Männer, die die Wagen bewachten. Langsam rollte unser Zug aus dem Bahnhof, hielt noch einmal auf dem Hamburger Bahnhof, wo keine Menschenseele zu sehen war. Und wieder ging es langsam weiter. Wohin?

Die Unsicherheit, wohin die Reise gehen würde, blieb. Reta Goldberg erinnert sich, daß der Zug in der Nacht durch Berlin rollte, und später kam er neben einem anderen Zug mit ebenfalls verhafteten Juden polnischer Herkunft zum Stehen.

■ [...] Alle Fenster waren schnell geöffnet: «Woher? Wohin?» – Der Zug kam aus Hannover. Sehr früh am folgenden Morgen hielt unser Zug in Bentschen, wo wir den Zug verlassen mußten. Die Familiennamen wurden einzeln aufgerufen, wir bekamen die Pässe zurück, mußten aber Schmuck und fast das ganze Geld abgeben. Für uns fünf durfte ich die fünfundsechzig Reichsmark behalten.

■ **Retas Schwester, Henny Goldberg, erzählt von der Ankunft in Polen:**
Und dann sind wir auf der anderen Seite wieder gelaufen, durch das Niemandsland, nach Zbaszyn. Das waren auch einige Kilometer. Als wir dort ankamen, wußten die gar nicht, was sie mit uns

anfangen sollten. Wir waren 8000 Leute aus ganz Deutschland. Dort war ein großer Pferdestall. Das waren lauter Pferdeställe, mit einem Tor davor, und dort haben sie uns reingebracht und gesagt: «Legt Euch da hin!»

■ **Erna Wellner berichtet von einem Zusammentreffen:**
Sie wandelten ein Bauernhaus ins «Krankenhaus» um. Es gab keine Schwestern, keine Ärzte, und dort traf ich die Schwester von dem, der den deutschen Botschafter getötet hat [gemeint ist der Botschaftsrat vom Rath] – die Schwester von Herschel Grynszpan. Sie war dort, weshalb, weiß ich nicht. Ich erinnere, sie war in meinem Alter. Später änderte sie ihren Namen, aus Angst, daß jemand sie umbringen wolle, daß die Nazis sie umbringen würden. [...] Die Schwester Grynszpans war dort, sie war ein sehr nettes Mädchen, ich weiß aber nicht, was sie hatte, nicht einmal, woher sie kam. Sie holten die Leute nicht nur aus Hamburg, von überall her. Ich erinnere, es war ein sehr bedeutender Tag, als wir herausfanden, daß sie die Schwester Grynszpans war...

■ **Rechtzeitig und zu spät – noch einmal Reta Goldberg**
Der frühere Chef meiner älteren Schwester war nach England ausgewandert. Er schickte Geld für meine Eltern und bot uns an, als Hausmädchen nach England zu kommen. Durch die Quäker bekam ich mein Visum im Mai 1939 und fuhr nach England. Meine jüngere Schwester Henny erhielt ihr Visum einige Wochen später. Meine ältere Schwester bekam ihres am Tag, als der Krieg ausbrach. Für sie war es zu spät.

■ **Erna Wellner erzählt von einer letzten Nachricht:**
Ende Juni 1939 kamen wir [in England] an. Im August erhielten wir unseren ersten Lohn, wir schickten das Geld nach Zbaszyn, und im September brach der Krieg aus. Wir schickten das Geld nach Zbaszyn, und aus Spaß schickten wir es an meine Mutter. Sie hatte nie über Geld verfügt. Mein Vater und meine Brüder ver-

dienten das Geld. Es waren fünf Pfund, unser erstes in England verdientes Geld. Wir erhielten einen Brief, den wahrscheinlich mein Vater geschrieben hatte, in dem stand, daß sie das Geld erhalten hatten. Später konnten wir nichts mehr schicken, weil der Krieg ausgebrochen war. Ich weiß nicht einmal, wann sie von Zbaszyn weggingen, wann sie die Erlaubnis erhielten. Ich wollte es nicht herausfinden, oder ich hatte die Kraft nicht. Vielleicht dachte ich nicht daran. Das war die letzte Nachricht. Daß sie das Geld erhalten hatten und daß sie froh waren, daß meine Schwester und ich zusammenbleiben konnten. Das war das wichtigere: «Paßt auf Euch auf! Paßt auf Euch auf!» – denn ich bin sechs Jahre älter als Peppi.

Der Novemberpogrom (1938)

Das Attentat auf den Botschaftssekretär vom Rath in Paris, das Herschel Grynszpan im November 1938 verübte und an dessen Folgen vom Rath einen Tag darauf starb, nahmen die Nazis zum willkommenen Anlaß für die neuerliche Verschärfung der antijüdischen Maßnahmen. Nach den Ausschreitungen in der Nacht vom 9. zum 10. November 1938 wurden etwa 30 000 jüdische Männer in deutsche Konzentrationslager verschleppt. Am 28. Oktober 1938 wurden auch Sendel und Riwka Grynszpan und deren Kinder Berta und Markus im Zuge der «Polenausweisung» von Hannover aus nach dem deutsch-polnischen Grenzgebiet deportiert. Ein Sohn der Familie – Herschel Grynszpan – lebte zu jener Zeit in Paris. Berta, seine Schwester, hatte aus Zbansyn auf einer Postkarte an ihren Bruder das Los der aus Hannover vertriebenen Familie beschrieben. Das mag der Anlaß für Herschel Grynszpan gewesen sein, durch das Attentat die Aufmerksamkeit der Welt auf die Lage der Deportierten zu richten. In großen Lettern berichteten die Zeitungen im Deutschen Reich von dem Attentat. Am 9. November begingen die Nazis wie gewohnt reichsweit ihre Gedenkfeiern in Erinnerung an den Putsch-Versuch Hitlers vom 9. November 1923, den sogenannten «Marsch auf die Feldherrnhalle».

Literaturhinweis:
Lutz van Dick: *Der Attentäter – Herschel Grynszpan und die Vorgänge um die «Kristallnacht»*, Reinbek 1988

Zwischen dem 28. Oktober und 11. November 1938 wurden viele Juden aus ihren Wohnungen geholt und deportiert: etwa 17 000 Juden polnischer Herkunft am 28. Oktober und noch einmal etwa 30 000 männliche Juden im Reichsgebiet in Folge des Novemberpogroms.

Aufgaben:
1. Findet heraus, wie viele Juden 1938 noch in Deutschland lebten. Wie hoch ist der prozentuale Anteil der Juden, die in jenen Tagen «abgeholt» wurden?
2. Überlegt, wie die Verhaftungen abliefen. Wer war daran beteiligt?
3. Sprecht darüber, was die nichtjüdische Umwelt von den Geschehnissen jener Tage wahrnahm.
4. Versucht euch vorzustellen, wie eine jüdische Familie jene Tage erlebte.

Zum Beispiel Harburg und was nach 1945 mit den Tätern von 1938 geschah

(Es folgen Texte bis S. 217)

■ **Ein Augenzeugenbericht – Aus einem Radio-Interview von 1988 mit Hermann Westphal, Sozialist**

Der «Volkszorn» hatte sich am 9. nicht in Harburg entfaltet, und dann hat die Partei wohl gemeint, sie müßte mit ihren Gliederungen eine solche Veranstaltung starten, und ich hab durch einen Zufall davon Kenntnis bekommen, daß diese Geschichte abends um acht oder um sieben stattfinden sollte. Wir wohnten ganz in der Nähe von der Synagoge – im Volksmund sagte man in Harburg Judentempel. Bei mir im Haus wohnte ein Nationalsozialist, und der wurde nachmittags alarmiert. Das haben wir zufällig gehört. Es kam also ein Mann, und der sagte wörtlich: «Heute abend um – die Uhrzeit weiß ich nicht mehr genau – am Landratsamt treffen wir uns alle, in Räuberzivil, wir wollen den Judentempel anstecken.»

■ **Der 1931 geborene Sohn eines SA-Mannes erinnert sich:**

An den 10. November 1938 erinnere ich mich als einen von Unruhe erfüllten Tag. In der Nacht zuvor waren überall im Deutschen Reich Synagogen zerstört, jüdische Geschäfte demoliert und viele Juden verhaftet, gefoltert und sogar getötet worden, «auf der Flucht», wie es hieß. Mit weiteren «Vergeltungsakten», vor allem in Harburg, mußte gerechnet werden, ganz offen wurde darüber geredet. Am Abend zog mein Vater seine SA-Uniform an, er mußte zum Sondereinsatz. Ich sollte ins Bett, aber konnte nicht schlafen. Schließlich durfte ich mit ausgucken. Gegenüber, hinter dem großen Schulgebäude, gewahrte ich ein seltsames Flackern am rötlichen Himmel. Später habe ich erfahren, daß die Leichenhalle in Brand gesetzt worden war, am Schwarzenberg, beim jüdischen Friedhof. Als dann der SA-Trupp unter unserem Fenster vorbeimarschierte, trug mein Vater zum erstenmal die Fahne, und

207

ich war sehr stolz auf ihn. Einige der SA-Männer hielten brennende Fackeln in den Händen, ein weiterer schlug rhythmisch die Trommel. Nur gesungen haben sie nicht, das fand ich schade.

■ **Der 1923 geborene Sohn des NSDAP-Kreisleiters,**
Hans Drescher, erinnert sich:

Ich hatte am 10. November Wache vor dem Heim des Jungvolks am Peterweg in Heimfeld, das dort in der Nähe der Pauluskirche war. Bei Beendigung des Dienstes, das mag bei Beginn der Dunkelheit, um fünf, halb sechs herum gewesen sein, fuhr ich mit dem Fahrrad nach Hause, aber nicht den üblichen Weg, sondern in Richtung Innenstadt, denn man hatte uns zugerufen, dort wäre was los, es wären Scheiben eingeschlagen worden, und auch die Synagoge wäre beschädigt. Und ich fuhr dann in Richtung Synagoge. Da war ein großer Menschenauflauf, das nahm schon zu an der oberen Bergstraße und auf dem Schwarzenberg. [...] Zweifellos hatten die, denen man die Scheiben einwarf, Angst, in den Straßen herrschte aber in Wirklichkeit eine Art Volksfeststimmung. [...] Und als ich vor der Synagoge ankam, sah ich den Bannführer der Hitlerjugend, Herrn Stolt, dort stehen. Er hatte einige kleine Bücher in der Hand, und eins hob er auch gerade auf, und im übrigen war er damit beschäftigt, den Jungs zu sagen: «Nun ab nach Hause!» Ich würde sagen, er scheuchte sie förmlich dort weg. Er achtete auch auf die Mädchen dazwischen und sagte: «Und jetzt haut Ihr auch ab!» Vor der Tür standen zwei SA-Posten mit Schildern, so bunte, große Pappdeckel, am nächsten Tag sind die dann erneuert und ein bißchen größer gemacht worden. Auf dem Schild stand: «Der feige Mord an unserem Volksgenossen vom Rath fordert Sühne.» Und auf dem anderen: «Wer mit dem Juden kämpft, ringt mit dem Teufel.» Das stand auch auf einem Plakat, das in der folgenden Woche bei uns im Klassenzimmer hing. Als ich am nächsten Tag von der Schule aus noch einmal an der Synagoge vorbeifuhr, standen dort noch ein SA-Posten und viele Schaulustige. Da hielt plötzlich neben uns ein offener

Pkw. Auf dem Rücksitz saß eine für die damalige Zeit etwas exotisch wirkende Dame mit langem Ohrschmuck und sagte laut, daß es auch die ferner Stehenden hören konnten: «Das Ganze ist einfach widerlich, und ihr steht herum und gafft.» Eine einzigartige Äußerung in jenen Tagen.

In der Hitlerjugend und auch in der Schule war in den nächsten Tagen die «Judenfrage» bevorzugtes Thema. Angefangen bei Martin Luthers «Wider die Jüden und ihren Lügen» über die Zionisten bis zum «jüdisch-bolschewistischen Weltfeind» – die Juden sind unser Unglück – und die Nürnberger Rassegesetze wurde alles ausführlich durchgenommen und auch die gegen die Juden nach dem Pariser Attentat ergriffenen Maßnahmen begründet. Unser Klassenlehrer, ein Zellenleiter der NSDAP, sagte aber auch, daß Übergriffe jeder Art – wie sie leider vorgekommen seien – eines Deutschen unwürdig seien.

■ **Hermann Westphal erzählt weiter:**
Und dann kam ein Trupp vom schräg gegenüber liegenden Landratsamt, da haben die sich versammelt, das waren so Amtswalter oder politische Leiter, und die kamen mit Äxten und Picken und solchen Instrumenten und schlugen dann die Tür ein und drangen ins Gebäude ein. Da konnte man von draußen sehen, da war drinnen Licht, und dann haben sie die Fensterscheiben kaputtgeschlagen und haben alle möglichen Dinge, Kultgegenstände, rausgeworfen aus dem Fenster, Leuchter und Schriften und Bücher. Und dann kam noch der Kreisleiter angefahren, mit einem Auto, die fuhren ja gerne mal im offenen Wagen, und ließ sich da wohl berichten, das hab ich weiter nur optisch wahrgenommen. Dann wollten sie das Gebäude anstecken, und dann kam ein Handwerksmeister von nebenan gelaufen, da war eine Autoreparaturwerkstatt, das grenzte unmittelbar an das jüdische Gotteshaus. Der hatte auf dem Hof eine Tankstelle, wie das früher üblich war, und hatte nun Angst, daß das Benzin in Mitleidenschaft gezogen und explodieren würde, und da hat man das also nicht angesteckt.

Die Frau des Harburger Schuhmachers Karl Maidanek, Helene, muß am 10. November 1938 schreckliche Momente durchlebt haben. Sie war gemeinsam mit ihrem Mann zum 1. November 1938 in die Kellerwohnung unter der Harburger Synagoge eingezogen, wo sie sich zum Zeitpunkt der Ausschreitungen in Gesellschaft von zwei Bekannten aufhielt. Ihr Mann wurde unmittelbar vor der Synagogenschändung festgenommen.

■ **Brief Karl Maidaneks (Harburg) an seinen vierzehnjährigen Sohn John (USA) vom 28. Oktober 1938**

Ab 20. 9. 38 bin ich nun beim Synagogenverband als Schammes [hebr.: Diener; einem Küster vergleichbar] angestellt. Die Dienstwohnung besteht aus drei großen Wohnzimmern, 1 große Küche und 1 Speisekammer, so daß sie für uns groß genug ist. Wir brauchen keine Miete zu zahlen und haben Gas, Licht und Heizung frei. Am 1. 11. 38 werden wir, so G'tt [religiöse Juden schreiben das Wort «Gott» nicht aus] will, umziehen. Wir sind schon beim Einpacken.

■ **Johanna Meier, Harburger Jüdin (Memoiren, um 1943), berichtet weiter:**

Als der Tempeldiener, ein Jude, von der beabsichtigten Brandstiftung der Synagoge hörte, eilte er nach der Polizei. «Schützen Sie uns, man will die Synagoge anzünden!» – «Ja», sagten die Beamten lachend, «wir wollen Sie schützen. Bleiben Sie nur gleich hier!» – Und sie hielten ihn fest.

Frau Maidanek und ihre Bekannten zitterten, wie es im Urteil zum Synagogen-Prozeß heißt, um ihr Leben [...], da man drohend in den Keller gerufen hatte: «Jude, komm heraus, gleich fliegt die Synagoge hoch!» Frau Maidanek wandte sich um Schutz an den Angeklagten Drescher, der etwa zu dieser Zeit mit einem Stab von Mittätern an der Synagoge angelangt war und das Zerstörungswerk in Augenschein nahm.

Und das sagten die Harburger Täter nach 1945

(Texte bis S. 213)

■ **«Der Unschuldige» – Heinrich R. (Jg. 1912), Kaufmann, Getränkefabrikant, war an der Synagogenschändung beteiligt – Aussage (4. Juni 1945)**

Ich habe mich bei der Zerstörung der Synagoge nicht beteiligt. Die diesbezüglichen Zeugenaussagen sind mir vorgehalten und ich sage dazu, daß sie nicht der Wahrheit entsprechen. An dem betreffenden Abend […] war ich geschäftlich unterwegs und kehrte abends gegen 19 Uhr nach Harburg zurück. Auf dem Nachhauseweg kam ich wie üblich an der Synagoge vorbei. Hier hatte sich schon eine Menschenansammlung gebildet. Ich blieb an der Ecke Albersstraße / Eißendorfer Straße stehen und wollte abwarten, was sich weiter dort entwickelte.

■ **«Der Humanist» – Schriftliche Darstellung (20. September 1946)**

Überhaupt verbietet es mir meine persönliche Einstellung, mich an Menschen oder Dingen zu vergreifen, die uns die göttliche Ordnung gegeben hat. Ich habe derzeit die große Lüge erkannt, als man uns erzählen wollte, es werden große Werte geschaffen. Im Gegenteil, es wurden Kulturwerte vernichtet, die uns niemand wiedergeben kann.

■ **«Die Verwechslung» – Aussage (18. November 1946)**

Da aber von dem Zeugen X. […] vor dem Tempel ein Mann meiner Statur mit süddeutscher Mundart (Bayer) und auch bei der Demonstration in der Stadt von ihm beobachtet wurde, daß derselbe den Talar angezogen und die Mütze aufgesetzt hatte, muß es sich unbedingt um eine Personenverwechslung handeln.

■ «Betrunken» – Eingeständnisse (10. und 11. Juli 1947)

Ich hatte allerhand Alkohol getrunken, war aber nicht sinnlos betrunken. Ich habe noch eine schwache Erinnerung an die Vorgänge. [...] Als die Synagoge demoliert wurde und Dachpfannen herunter kamen, hat die große [...] Menschenmenge Hurra und Heil geschrien. Ich habe mich an diesem Geschrei, soweit ich mich kenne, kräftig beteiligt, zumal ich einen in der Krone hatte. [...] Ich will nicht bestreiten, daß ich aus dem Stuhl evtl. ein Stuhlbein herausgebrochen und damit gegen ein Fenster geworfen habe. Das liegt durchaus im Bereich der Möglichkeit. Ich erinnere mich zwar nicht daran, aber gebe es zu, weil es möglich ist und meinem Temperament entspricht; auch hatte ich ja einen in der Krone.

■ «Recht» – Aussage des Malermeisters Peter S. (16. Mai 1947)

Als ich aus der Synagoge wieder herausgegangen war, bin ich gleich nach Hause gegangen. Selbst habe ich keine Gewalttätigkeiten in der Synagoge gegen Sachen begangen. Ich habe mich geärgert, daß so etwas passieren konnte. Ich bin nicht hingegangen, um etwas kaputtzumachen, sondern nur, um mir Sachen anzusehen. Ich habe mich gewissermaßen berechtigt gefühlt, in die Synagoge hineinzugehen, da ich früher schon darin gearbeitet habe.

■ «Innerlich» – Aussage des Lehrers Eduard K. (6. Februar 1948)

Ich habe die Ausschreitungen gegen die Juden wirklich aus innerster Überzeugung abgelehnt. Vielleicht bin ich damals blind und taub gewesen, um nichts bemerken zu müssen, und, weil ich nichts bemerken und mit der Sache zu tun haben wollte.

■ «Liebhaber» – Aussage des NSDAP-Funktionärs und
Reichstagsabgeordneten L. (12. September 1947)

Ich habe im Thüringer Hof noch zu den Leuten, mit denen ich zu-
sammensaß (die anderen Leute aber kannte ich nicht so genau, als
daß ich sie heute noch angeben könnte), gesagt, es sei eine
Schweinerei. Besonders erwähnt habe ich die bleiverglasten Fenster (ich bin nämlich ein Liebhaber solcher Fenster).

So reagierte die Harburger Bevölkerung auf die Aus-
schreitungen (Es folgen Texte bis S. 217)

■ Ein Bericht aus den «Harburger Anzeigen und Nachrichten» vom 11. November 1938:

Volkskundgebung gegen den jüdischen Meuchelmord. Die un-
erhört freche und feige Bluttat des Juden Grünspan, dem ein
hoffnungsvoller deutscher Diplomat […] zum Opfer fiel, hat be-
greiflicherweise in ganz Deutschland die hellste Entrüstung hervorgerufen. Immer klarer wird der deutsche Standpunkt durch
die Erfahrungen unterstrichen, daß für die Angehörigen dieses
Parasytenvolkes im Deutschen Reiche kein Platz mehr ist. Diese
verständliche Empörung machte sich auch gestern noch in spon-
tanen Kundgebungen bemerkbar, die in zahlreichen Orten des
Reiches in Erscheinung traten. Auch in Hamburg und im Stadtteil
Harburg kam die Entrüstung über dieses Verbrechen jüdischen
Hasses deutlich zum Ausdruck. Eine Volksmenge hatte sich zu-
sammengefunden, um in aller Öffentlichkeit die Solidarität aller
Deutschen in der Verurteilung dieses neuen schmachvollen Verbrechens zu bekunden. Vor den noch unter jüdischer Führung
stehenden Geschäften und der Synagoge sowie der Grabkapelle
auf dem Schwarzenberg hatte sich eine größere Menschenmenge
eingefunden, die ihrem Abscheu drastischen Ausdruck verlieh. Es
ist der dem deutschen Volke im nationalsozialistischen Staate an-
erzogenen Disziplin zu danken, daß größere Ausschreitungen

vermieden wurden. Immerhin dürften auch die Juden in Hamburg und im Stadtteil Harburg nunmehr erfahren haben, daß es mit der Geduld des deutschen Volkes zu Ende ist. Im übrigen vertraut das deutsche Volk in starker Geschlossenheit seiner Regierung, daß sie, wie Dr. Goebbels gestern nachmittag bereits verkünden ließ, die notwendigen Maßnahmen ergreifen wird, um das deutsche Volk ein für allemal von der jüdischen Weltpest zu befreien.

Aufgaben

Reaktionsformen

Aussage	Sprecher	Motiv
«Die Mehrheit war dafür»	damaliger Gegner der Nazis	aus Verzweiflung an der eigenen politischen Ohnmacht
«Die Mehrheit war dafür»	damaliger Anhänger der Nazis	zur eigenen Entlastung
«Die Mehrheit war dafür»	jeder	in einem betont antisemitischen Milieu
«Die Mehrheit war dafür»	jeder	um zu zeigen, daß man selber dagegen und daher besser als die anderen gewesen sei
«Die Mehrheit war dafür»	…	…
«Die Mehrheit war dagegen»	damaliger Gegner der Nazis	in einem betont nicht antisemitischen Milieu

«Die Mehrheit war dagegen»	damaliger An-hänger der Nazis	um sich im nächsten Satz dieser Gruppe anzuschließen
«Die Mehrheit war dagegen»	...	...
«Es spielte für die meisten keine gro-ße Rolle, bot nur für einige Tage Gesprächsstoff»	...	...
«Sie haben uns allein gelassen»	Jude	...

■ **Noch einmal zu den Zeitzeugen – Hans Drescher, der Sohn des NSDAP-Kreisleiters, erinnert sich:**
Die Dinge waren geplant, es waren wohl vorzugsweise SA-Leute oder einige SA-Führer mit ihren Leuten, die diese Dinge dann in Gang gebracht haben. Bloß, die Leute standen ja dann dabei, und es war immerhin eine gaffende Masse. Es waren Menschenmassen, sie gafften so ähnlich, wie es heute bei einem Unglück ist, wo sie der Polizei und dem Rettungswagen im Wege stehen, nur um ja alles mitzubekommen und ihre unmaßgebliche Meinung dazuzugeben. Und damals, wenn man das überspitzt sagen will, war es erst ein Übergang, übermütige Stimmung, besonders der Jugendlichen und Heranwachsenden, und im übrigen fast eine Art Volksfeststimmung. Kritische Stimmung oder gar Protest dagegen, davon kann gar keine Rede sein. [...] Wenn ich mich an Äußerungen am Ort erinnere, dann war das im Grunde eigentlich, kann man zusammenfassend sagen: «Denen hat man's doch mal gezeigt» oder «Denen haben wir es gezeigt».

■ Der Sozialist Hermann Westphal:

Allgemein war der Eindruck doch, daß die Leute betroffen waren und auch empört waren, daß man sich an einem jüdischen Gotteshaus vergriffen hatte, und auch hier, auf dem Friedhof, das ist doch auch damals noch den Leuten etwas gewesen, ich will nicht sagen, was ihnen heilig war, wo sie doch sicher mit Ehrfurcht draufgeschaut haben. Und das Verwerfliche war hier noch, daß der jüdische Leichenwagen auf diesen Schwarzenbergplatz gefahren wurde und daß die Hitlerjugend, Jungs und Mädchen, BDM oder wie, die hatten einen großen Kreis gebildet und hatten den Wagen angesteckt und sangen nun Lieder, «Flamme empor» und diese nationalsozialistischen Lieder, hatten sich angefaßt und sangen das. Ich glaube, daß eigentlich diese Ereignisse oben beim jüdischen Friedhof, wo dann auch noch die Grabsteine umgestürzt wurden, daß die eigentlich bei der Bevölkerung mehr Unwillen hervorgerufen haben, jedenfalls bei der Harburger Bevölkerung, als die Zerstörung der Synagoge selbst, weil die ja eigentlich noch in ihrem Äußeren erhalten war, da waren ja nur die Fenster zerstört und die Türen eingeschlagen. [...] Auch die Reaktion am nächsten Tag fing bei den Harburgern erst so recht an, die gingen dann dahin, das war dann so, man mußte das mal gesehen haben, man ging dann dahin und schaute sich das an und war doch sehr erschüttert.

■ Claus Günther, Sohn eines SA-Mannes:

Unser Lehrer hat gesagt: «Das hätten sie nicht tun dürfen. Tote muß man ruhen lassen.» Als ich meiner Mutter davon erzählte, erschrak sie und meinte, dafür könne der Lehrer ins KZ kommen. Das KZ, wußte ich, war ein Arbeitslager.

■ Henny Gr., Tochter eines Friseurs:

Ich fand das so furchtbar, und da habe ich mich zurückgezogen. Die Leute waren etwas zurückhaltend, das waren nicht viele. Ich stand auf dem Bürgersteig und habe gesehen, wie die mit Büchern

216

rumschmissen. Die Leute rundum waren wohl betroffen, verstört. Aber es wagte ja keiner was, was sollte man auch machen? Ich fand das so furchtbar!

■ **Claus Günther, der Sohn eines SA-Mannes:**
Ein Polizist, hat mein Vater erzählt, habe die SA-Leute ermuntert mit den Worten: «Feste, feste drauf!» Die Polizei mußte aufpassen, daß der Brand nicht auf die Nachbarhäuser übergriff und daß nichts wegkam. Mein Vater hätte gern so ein schönes altes Gebetbuch gehabt, in Leder gebunden, mit Goldschnitt, aber es mußte halt alles ins Feuer.

Zum Beispiel: Baden-Baden

Etwa 60 jüdische Männer werden vom Polizeigebäude aus zur Synagoge geführt. Sie werden gezwungen, sich ohne [die für Juden in der Synagoge und auf dem Friedhof zu tragende] Kopfbedeckung auf die Bänke in der Synagoge zu setzen und das «Horst-Wessel-Lied» zu singen. Zuvor hatten einige von ihnen auf der Empore, flankiert von zwei SS-Männern, aus dem «Stürmer» vorlesen müssen. Anschließend wurden die

Baden-Baden, 10. November 1938

217

Baden-Baden, 10. November 1938

Juden zu einem Hotel gebracht, während der Vorbeter die Zerstörung der Synagoge mit ansehen mußte, um den anderen Juden davon zu berichten. Die Juden unter 60 Jahren wurden nach Dachau deportiert.

Spurensuche

Aufgaben:
1. Findet heraus, ob es in eurem Ort eine jüdische Gemeinde gab. Wo haben sich die Juden des Ortes zum Gottesdienst getroffen? Gibt es einen jüdischen Friedhof?
2. Was ist aus der Synagoge und/oder dem Friedhof geworden?
3. Ein Tip: Versucht herauszufinden, ob es in der Lokalzeitung eures Ortes in den Ausgaben vom November 1938 Berichte über Gewaltaktionen gegen jüdische Einrichtungen, gegen Juden und die Geschäfte jüdischer Eigentümer gab. Dazu könnt ihr bei der Zeitung nachfragen, die sicher über ein Archiv verfügt. Oder fragt im Archiv eures Ortes oder im zuständigen Staatsarchiv nach.

4. Fragt ältere Menschen in eurem Ort danach, was sie aus dieser Zeit erinnern.

Das Thema «Novemberpogrom» läßt sich gut in einem «Spurensuche»-Projekt realisieren. Die Schüler können in Archiven nach Quellen suchen. Interessant sind neben Zeitungs- und Zeitzeugenberichten vor allem: die Einträge im Einsatzbuch der örtlichen Feuerwehr; Polizeiakten; Zeitungsberichte und Dokumentationen der Stadt oder Gemeinde, die zum 50. Jahrestag des Pogroms im Jahre 1988 in vielen Orten erschienen sind. Hinweise kann das Bundesarchiv Koblenz, die Bibliothek der «Germania Judaica», Köln, das örtliche Museum oder das zuständige Staatsarchiv geben.

In der Vorbereitung sollte der Lehrer diese Stellen vorab ansprechen. Auch das Ergebnis, daß nichts darüber erhalten sei, wäre ein Ergebnis. Gelegentlich «mauern» Archive. Dafür gibt es verschiedene Gründe. Lange Zeit wurden Akten mehr oder minder der Öffentlichkeit entzogen, um die Synagogenschänder zu schützen. Fragen des Daten- und Personenschutzes werden berührt, die in Gesetzen und Verordnungen und in voneinander abweichenden Archivgesetzen und Benutzungsordnungen geregelt werden. Für viele der in Frage kommenden Quellen sind die Verjährungsfristen in der Regel jedoch abgelaufen. Gelegentlich haben die Nazis die entsprechenden Akten noch kurz vor der Befreiung vernichtet, andere Akten sind bei Bombardierungen verlorengegangen. Bohrendes, bestimmtes Nachfragen sollte aber erlaubt sein. Hier sind Einfühlungsvermögen und Beharrlichkeit gefragt.

Manche Lokalzeitung tut sich überdies mit ihrer Geschichte während der NS-Zeit schwer und ist nur ungern bereit, Einblick in die entsprechenden Jahrgänge zu gewähren. Mit dem Generationenwechsel in den Redaktionsstuben dürfte das Forschen jedoch zunehmend leichter werden.

Lebensbedingungen nach dem Pogrom

■ **Karl Maidanek aus Harburg an seinen Sohn John in den Vereinigten Staaten (22. Januar 1939)**

Mein lieber Jonni! Du wirst wohl um mich besorgt gewesen sein, weil ich seit ungefähr 3 Monaten nicht auch mit geschrieben habe. Du kannst jedoch beruhigt sein, da ich G'tt sei Dank wieder zu Hause und gesund bin. Seit Anfang Dezember 38 haben wir kein Geschäft mehr. Es gibt seit 31.12.1938 überhaupt kein jüdisches Geschäft mehr. Dieses und alle Ereignisse hier dürftest Du dort wohl erfahren haben. Ich hatte vorübergehend einige Wochen außerhalb Arbeiten verrichtet. Seit 5 Wochen bin ich wieder hier. Ja, es ist wahr, in meiner Abwesenheit mußte die liebe Mutti unsere Möbel anderswo unterbringen lassen, so daß wir keine Wohnung mehr hatten. Deshalb wohnte sie bei Onkel Adolf und Tante Bertha bis 31.12.38. Jetzt haben wir eine Teilwohnung in einem jüdischen Hause bekommen, in Hamburg, Nähe Talmud-Torah-Schule. Bis 15.1.39 hatte ich den Bürgersteig vor der Harburger Synagoge sauberzuhalten. Jetzt ist es jedoch zu umständlich, hinüberzufahren, so daß ich jetzt arbeitslos bin. Es ist möglich, daß ich in einigen Tagen wieder Arbeit bekommen werde.

Kennzeichnung der Juden

Die Ausgrenzung der Juden aus dem öffentlichen Leben wurde von der Nazi-Bürokratie durch einige Maßnahmen unterstützt, die der Kennzeichnung der Juden dienten. Die zwangsweise Annahme «jüdischer» Namen war ein erster Schritt, die Kennzeichnung durch einen «Judenstern» ein zweiter. Neben den Namen Israel und Sara wurden auch andere, heute gebräuchliche Namen hebräischen Ursprungs wie Aaron, David, Lea oder Mirjam als «jüdisch» anerkannt. Mit Hilfe eines Nachschlagewerks, in dem die Herkunft und Bedeutung von Vornamen nachzulesen ist, können die Schüler versuchen, die Herkunft ihrer eigenen Vornamen zu klären. Mancher biblische Name oder gebräuchliche Namen wie Matthias und Maria, Johannes und Johanna sind hebräischen, also jüdischen Ursprungs. Durch die Suche nach der Herkunft des eigenen Namens kann das Thema der Stigmatisierung, die sich mit der zwangsweisen Namensgebung verbindet, auf eine «alltäglichere» Weise in den Unterricht eingeführt werden. Fragen, die gestellt werden können, sind etwa: Von wem erhalten Kinder üblicherweise ihren Namen? Wonach würden die Schüler einen Namen für ein Kind auswählen? Würden sie sich mit der Bedeutung des Namens auseinandersetzen? Kennen sie die Herkunft und Bedeutung ihres eigenen Namens? Was bedeutet es, plötzlich einen neuen Namen zu erhalten?

Zweite Verordnung zur Durchführung des Gesetzes über die Änderung von Familiennamen und Vornamen (17. August 1938)

§ 1 1) Juden dürfen nur solche Vornamen beigelegt werden, die in den vom Reichsminister des Innern herausgegebenen Richtlinien über die Führung von Vornamen aufgeführt sind. [...]

§ 2 1) Soweit Juden andere Vornamen führen, als sie nach § 1 Juden beigelegt werden dürfen, müssen sie vom 1. Januar 1939 zusätzlich einen weiteren Vornamen annehmen, und zwar männliche Personen den Vornamen Israel, weibliche Personen den Vornamen Sara.

§ 4 [...] 2) Wer die im § 2 vorgeschriebene Anzeige vorsätzlich oder fahrlässig unterläßt, wird mit Geldstrafe oder mit Gefängnis bis zu einem Monat bestraft.[11]

Die Kennzeichnungspflicht durch einen «Judenstern» bedeutet einen noch gravierenderen Eingriff. Nun sah jeder, wer Jude war. Durch den Stern sind die Menschen festgelegt: «Du bist Jude!» Daß es sich bei der amtlichen Anordnung, die das Tragen des Sterns zur Pflicht machte, um eine Polizeiverordnung handelte, macht deutlich, daß die Juden Ziel polizeilicher Verfolgung waren.

Polizeiverordnung über die Kennzeichnung der Juden (1. September 1941)

§ 1 1) Juden [...], die das sechste Lebensjahr vollendet haben, ist es verboten, sich in der Öffentlichkeit ohne einen Judenstern zu zeigen. 2) Der Judenstern besteht aus einem handtellergroßen, schwarz ausgezogenen Sechsstern aus gelbem Stoff mit der schwarzen Aufschrift «JUDE». Er ist sichtbar auf der linken Brustseite des Kleidungsstücks fest angenäht zu tragen.

§ 2 Juden ist es verboten, a) den Bereich ihrer Wohngemeinde zu verlassen, ohne eine schriftliche Erlaubnis der Ortspolizeibehörde bei sich zu führen, b) Orden, Ehrenzeichen und sonstige Abzeichen zu tragen.

§ 3 Die §§ 1 und 2 finden keine Anwendung a) auf den in einer Mischehe lebenden jüdischen Ehegatten, sofern Abkömmlinge aus der Ehe vorhanden sind und diese nicht als Juden gelten, und zwar auch dann, wenn die Ehe nicht mehr besteht oder der einzige Sohn im gegenwärtigen Kriege gefallen ist; b) auf die jüdische Ehefrau bei kinderloser Mischehe während der Dauer der Ehe.

§ 4 1) Wer dem Verbot der §§ 1 und 2 vorsätzlich oder fahrlässig zuwiderhandelt, wird mit Geldstrafe bis zu 150 RM oder mit Haft bis zu 6 Wochen bestraft. 2) Weitergehende polizeiliche Sicherungsmaßnahmen sowie Strafvorschriften, nach denen eine höhere Strafe verwirkt ist, bleiben unberührt.

Konzentration und Deportation

Besetzte Länder – 1. Polen

Mit Beginn des Krieges entwickelte die deutsche Besatzungsmacht in Polen eine eigene Vorgehensweise gegenüber den Juden, die sich von der Politik im Deutschen Reich etwas unterschied. Bestimmte Maßnahmen wurden hier in verschärfter Form nachgeholt (Definition, Entrechtung und Enteignung), andere schon vor ihrer Gültigkeit im Deutschen Reich eingeführt (Kennzeichnungspflicht, Gettoisierung, Vernichtung). Auf polnischem Territorium richtete die deutsche Besatzungsmacht eine Vielzahl Gettos, Konzentrations- und Vernichtungslager ein, in denen die «Endlösung der Judenfrage» betrieben wurde – der Mord an den europäischen Juden.

Wir gehen hier nicht auf die dramatische Situation der polnischen Zivilbevölkerung ein; auch etwa 3 Millionen nichtjüdische Polen wurden Opfer der nationalsozialistischen Rassenideologie. Wir beschränken uns hier auf Polen als Schauplatz des Holocaust.

Weitere Quellen zur Situation im besetzten Polen finden sich in den Abschnitten über die Gettos und über die sogenannte Endlösung. Die Bedeutung von Ausdrücken wie «Judenfrage», «Gesamtmaßnahmen», «Ausmerzen» und «Endziel» sollte im Unterricht konkret geklärt werden. Auch ohne ein genaues Wissen um den Stand der nationalsozialistischen Planungen wird in diesen Texten deutlich, daß der Massenmord von Anfang an zu verschiedenen denkbaren Optionen gehörte.

**Schnellbrief Reinhard Heydrichs an die Chefs aller Einsatz-
gruppen der Sicherheitspolizei, Berlin, 21. September 1939**

Betrifft: Judenfrage im besetzten Gebiet. Ich nehme Bezug auf die
heute in Berlin stattgefundene Besprechung und weise noch einmal darauf hin, daß die geplanten Gesamtmaßnahmen (also das
Endziel) streng geheim zu halten sind. Es ist zu unterscheiden
zwischen 1. dem Endziel (welches längere Fristen beansprucht)
und 2. den Abschnitten der Erfüllung des Endziels (welche kurz-
fristig durchgeführt werden). Die geplanten Maßnahmen erfor-
dern gründlichste Vorbereitung sowohl in technischer als auch in
wirtschaftlicher Hinsicht. Es ist selbstverständlich, daß die heran-
stehenden Aufgaben von hier in allen Einzelheiten nicht festgelegt werden können. Die nachstehenden Anweisungen und
Richtlinien dienen gleichzeitig dem Zwecke, die Chefs der Einsatzgruppen zu praktischen Überlegungen anzuhalten. I. Als erste
Vorausnahme für das Endziel gilt zunächst die Konzentrierung
der Juden vom Lande in die größeren Städte. Dabei ist zu beachten, daß nur solche Städte als Konzentrierungspunkte bestimmt
werden, die entweder Eisenbahnknotenpunkte sind oder zum
mindesten an Eisenbahnstrecken liegen. Es gilt grundsätzlich, daß
jüdische Gemeinden nur unter 500 Köpfen aufzulösen und der
nächstliegenden Konzentrierungsstadt zuzuführen sind. […] II.
Jüdische Ältestenräte. 1. In jeder jüdischen Gemeinde ist ein jüdischer Ältestenrat aufzustellen. […] Er ist im Sinne des Wortes
vollverantwortlich zu machen für die exakte und termingemäße
Durchführung aller ergangenen oder noch ergehenden Weisungen. 2. Im Falle der Sabotage solcher Weisungen sind den Räten
die schärfsten Maßnahmen anzukündigen. 3. Die Judenräte haben eine behelfsmäßige Zählung der Juden – möglichst gegliedert
nach Geschlecht (Altersklassen), a) bis 16 Jahren, b) von 16 bis 20
Jahren und c) darüber, und nach den hauptsächlichen Berufs-
schichten in ihren örtlichen Bereichen vorzunehmen und das Ergebnis in kürzester Frist zu melden. 4. Den Ältestenräten sind
Termine und Fristen des Abzuges, die Abzugsmöglichkeiten und

schließlich die Abzugsstraßen bekanntzugeben. Sie sind sodann verantwortlich zu machen für den Abzug der Juden vom Lande. Als Begründung für die Konzentrierung der Juden in die Städte hat zu gelten, daß sich Juden maßgeblichst an den Franktireur-[Freischärler, Partisanen]überfällen und Plünderungsaktionen beteiligt haben. [...] III. Alle erforderlichen Maßnahmen sind grundsätzlich stets im engsten Benehmen und Zusammenwirken mit den deutschen Zivilverwaltungs- und örtlichen Militärbehörden zu treffen. [...] IV. Die Chefs der Einsatzgruppen berichten mir laufend über die folgenden Sachverhalte: 1. Zahlenmäßige Übersicht über die in ihren Bereichen befindlichen Juden (möglichst in der oben angegebenen Gliederung) [...] 2. Namen der Städte, welche als Konzentrierungspunkte bestimmt worden sind. 3. Die den Juden zur Abwanderung in die Städte gesetzten Termine. 4. Übersicht über alle jüdischen Lebens- und Kriegs- oder für den Vierjahresplan wichtigen Industriezweige und Betriebe ihres Bereiches. [...] V. Zur Erreichung der gesteckten Ziele erwarte ich restlosen Einsatz aller Kräfte der Sicherheitspolizei und des Sicherheitsdienstes. Die benachbarten Chefs der Einsatzgruppen haben miteinander sofort Fühlung aufzunehmen, damit die in Betracht kommenden Gebiete restlos erfaßt werden. VI. Das O[ber]K[ommando des] H[eeres], der Beauftragte für den Vierjahresplan [...], das Reichsministerium des Innern [...], für Ernährung und Wirtschaft [...] sowie die Chefs der Zivilverwaltung des besetzten Gebietes haben Abzug dieses Erlasses erhalten.

Aufgaben:
1. Welche direkten Ziele werden aus dem Maßnahmenkatalog deutlich?
2. Welche Stellen und Einrichtungen werden in dem Brief benannt, die mit den antijüdischen Maßnahmen befaßt sind?
3. Welche Rolle wird den «Ältestenräten» zugedacht?
4. Was bedeuten die Begriffe «Judenfrage», «Gesamtmaßnahmen» und «Endziel» in diesem Text?

Warschau 1939

(Es folgen Texte bis S. 228 oben)

«Niemals auf dem Faß stehen» – Marek Edelman, jüdischer Widerstandskämpfer

Einmal sah ich auf der Zelazna[-Straße] einen Menschenauflauf. Alles drängte sich um ein Faß, ein normales hölzernes Faß. Darauf stand ein Jude, ein alter, kleiner Jude mit einem langen Bart. Bei ihm waren zwei deutsche Offiziere. (Zwei schöne, stattliche Männer neben dem kleinen krummen Juden.) Und diese Deutschen schnitten ihm mit Schneiderscheren den Bart ab. Stück für Stück. Sie schütteten sich dabei aus vor Lachen. Die Menge ringsum lachte auch. Objektiv gesehen war es ja auch komisch: das winzige Männchen auf dem Faß, der Bart, der unter den Schneiderscheren

Ein SD-Mann schneidet einem Juden den Bart ab.

fiel. Ein Filmgag. Es gab noch kein Getto, es graute einem noch nicht bei diesen Szenen. Dem Juden passierte ja nichts Schreckliches, nur daß man ihn ungestraft auf ein Faß stellen durfte, daß die Leute zu verstehen begannen, daß es ungestraft blieb und daß es Gelächter weckte. Weißt du was? Damals begriff ich das Allerwichtigste: Man darf sich nicht auf solch ein Faß zwingen lassen. Niemals. Von niemandem. Verstehst du? Alles, was ich später getan habe, habe ich nur getan, um das zu verhindern.[12]

Am 13. November 1939 hatte ein Jude einen polnischen Polizisten vor dem Haus in der Nalewki-Straße 9 erschossen. Daraufhin hatte die Gestapo 53 Männer aus dem Haus festgenommen. Czerniaków bemühte sich seitdem als Vorsitzender des von den deutschen Besatzern eingerichteten Judenrates, die Männer freizubekommen. Die Gestapo verlangte hohe Summen Geldes.

Aus dem Tagebuch des «Judenältesten» Adam Czerniaków, Warschau, November 1939

27. XI. 39 Morgens Intervention bei der Ermittlungsbehörde wegen der Nalewki-Str. 9. Man wies mich an, morgen früh um 9 zu kommen. Büro. Danach Gemeinde.

28. XI. 39 Dr. Kluge verkündete, daß die 53 Bewohner der Nalewki-Str. 9 erschossen wurden. Nähere Angaben über den Ort, an dem sie beerdigt wurden, lehnte er ab (9 Uhr morgens). Um 11 die Familien in der Gemeinde. Die Ratsmitglieder reden mir zu, die Benachrichtungen der Familien auf morgen zu verschieben. Ich war damit nicht einverstanden. Im Beisein eines Ratsmitglieds rief ich sie herein (die übrigen gingen bereitwillig auf meinen Vorschlag ein, das Zimmer zu verlassen). Eine schwer zu beschreibende Szene. Danach außer der Reihe immer wieder ein anderes Opfer. Dann Verwünschungen an meine Adresse. Um halb 2 verließ ich die Gemeinde. Die Opfer klammerten sich an die Droschke. Was hätte ich denn für sie tun können.[13]

Aufgabe:

1. Beschreibt die Situation Czerniakóws zwischen deutscher Besatzungsmacht und jüdischer Gemeinschaft.
2. Czerniaków fragt: «Was hätte ich denn für sie tun können?» Überlegt gemeinsam, welchen Handlungsspielraum Czerniaków hatte. Was hätte er tun können? Welche Konsequenzen hätten andere Handlungsweisen haben können?

Aus einem Feldpostbrief, Unteroffizier K. G., 1. November 1940, Warschau

[…] Monumentalgebäude gibt es keine mehr, sie sind Ruinen. Stadttheater, Schloß liegen in Trümmern. Die Juden werden jetzt alle in einem Viertel zusammengepfercht und mit einer Mauer eingeschlossen. Da können sie dann wurschteln wie sie wollen […][15]

Bericht von einer Razzia im Wald von Serokomsk – Marianna Adameczek (Jg. 1930)

Ein großer Schmerz bleibt zurück, wenn einem ein nahestehender Mensch stirbt, und wie erst soll man beschreiben, was ein neunjähriges Mädchen fühlt, wenn seine Allernächsten, seine achtköpfige Familie vor seinen Augen umkommt. Die Tragödie spielte sich im Wald von Serokomsk ab, bei einer Razzia auf Juden, die sich dort versteckt hielten. Bei der Schießerei sah ich, daß mein Vater verletzt war und eine von meinen Schwestern auf dem Arm hielt. Meine Schwester war schon tot, und mein schwerverwundeter Vater bat, ihn auch zu erschießen. Ich konnte ihnen nicht helfen! Ich sah, wie ein Deutscher in meine Richtung rannte, und ich floh. Der Deutsche schoß und traf mich am Arm, aber das merkte ich erst, nachdem ich in höchster Angst ungefähr sechs Kilometer gerannt war.[14]

Aus dem Diensttagebuch des Generalgouverneurs Hans Frank, Rede vor Wehrmachtsangehörigen vom 19. Dezember 1940, Krakau

Von euch hat der eine seine Mutter, seine Eltern, der andere seine Frau, seine Braut, seine Kinder zu Hause. Die werden nun in allen diesen Wochen an euch denken und werden sich sagen: mein Gott, da sitzt der nun drüben in Polen, wo es so viele Läuse und Juden gibt. Vielleicht hungert und friert er. Er getraut sich vielleicht nicht, zu schreiben... Da wäre es vielleicht ganz nett, wenn wir den Lieben zu Hause ein Bild schicken und ihnen sagen würden: Nun, es ist hier im Generalgouvernement schon etwas anders und besser geworden. Freilich, in einem Jahre konnte ich weder sämtliche Läuse noch sämtliche Juden beseitigen. [Heiterkeit] Aber im Laufe der Zeit und vor allem dann, wenn ihr mir helft, wird sich das schon erreichen lassen. Es ist ja auch nicht notwendig, daß wir alles in einem Jahr und alles gleich tun, denn was hätten sonst diejenigen, die nach uns kommen, noch zu schaffen?

Aufgaben:
1. Beschreibt, was in der Nennung von Juden und Läusen in einem Atemzug zum Ausdruck kommt.
2. Für wen ist es im Generalgouvernement «anders und besser» geworden? Für wen anders und schlechter?

Aus einem Aufruf der geheim operierenden «Leitung des zivilen Widerstands», Polen, März 1943

Obwohl selbst ein Opfer schrecklichen Terrors, sieht die polnische Bevölkerung mit Entsetzen und tiefstem Mitgefühl auf den Mord der Deutschen am Rest der jüdischen Einwohner Polens. Sie hat gegen dieses Verbrechen protestiert, und ihr Protest wurde in der gesamten freien Welt gehört. Juden, die aus den Gettos entflohen oder den Vernichtungslagern entkommen konnten, ließ die polnische Bevölkerung eine so umfangreiche Hilfe angedeihen, daß die Besatzungsmacht eine Bekanntmachung veröffentlichte, in der jedem Polen, der versteckten Juden helfe, der Tod angedroht wird. Leider haben sich einige ehrvergessene, gewissenlose, aus der Verbrecherwelt hervorgegangene Personen gefunden, die sich dadurch eine frevlerische Einnahmequelle schufen, daß sie nicht nur die Juden selbst, sondern auch ihre polnischen Landsleute, die Juden versteckt hielten, erpreßten und denunzierten. Die Leitung des Zivilkampfes droht an, jede dieser Erpressungen zu registrieren und im Rahmen des Möglichen schon jetzt, aber auf jeden Fall in der Zukunft, mit der ganzen Strenge des Gesetzes zu bestrafen.[16]

Aufgaben:
1. Wie reagierte die nichtjüdische Bevölkerung in Polen der Quelle zufolge auf die antijüdischen Maßnahmen?
2. Wie behandelten die deutschen Besatzer Polen, die Juden halfen?

Besetzte Länder – 2. Niederlande

Die Niederlande wurden im Mai 1940 Ziel eines deutschen Angriffs. Zwar war das bis dahin neutrale Land zu einer Zuflucht für viele Juden geworden, die aus dem Deutschen Reich geflohen waren. Sie sahen sich nun in der Falle. Die meisten der etwa 140 000 niederländischen Juden kamen in den deutschen Vernichtungslagern um. Die Geschichte der Niederlande unter deutscher Besatzung ist außerordentlich gut erforscht. Denken viele bei diesem Land zuallererst an Anne Frank, an versteckte Juden und entschlossenen Widerstand (etwa an den Februarstreik 1942, mit dem Arbeiter und Angestellte ihre Solidarität mit den Juden bekundeten), so fragen heute viele Niederländer selbst nach dem Verhältnis von Kollaboration und Widerstand.

Dieser Abschnitt bietet Anregungen für Gespräche – insbesondere, da doch einige Ähnlichkeiten zwischen den gesellschaftlichen Verhältnissen in Deutschland und den Niederlanden bestanden. Aus den Stellungnahmen der Historiker wird deutlich, daß die Geschichte bei den Niederländern und bei den überlebenden niederländischen Juden Wunden hinterlassen hat, die den Rückblick auf jene Jahre prägen. Wie in dem Teil zu Polen gehen wir auch hier nicht näher auf die Lage der nichtjüdischen Zivilbevölkerung ein.

Westerbork – Ein Lager für jüdische Flüchtlinge

Im Oktober 1939 wurde auf Betreiben der niederländischen Regierung ein Lager für jüdische Flüchtlinge eingerichtet, die illegal aus Deutschland geflohen waren. Da aufgrund der wirtschaftlich angespannten Lage eine hohe Arbeitslosigkeit herrschte, war in der niederländischen Öffentlichkeit keine große Begeisterung über die Zuwanderung der jüdischen Flüchtlinge zu verspüren. Die Kosten für die Errichtung und den Unterhalt des Auffanglagers in Höhe von 12,5 Millionen Gulden sollte in Jahresraten von 200 000 Gulden von dem 1933 errichteten jüdischen Flüchtlingskomitee beglichen werden. Zunächst unterstand das Lager dem niederländischen Innen-, ab Juli 1940 dem Justizministerium. Bei Einmarsch der deutschen Truppen in die Niederlande befanden sich dort etwa 750 Flüchtlinge. 1941 waren etwa 1100 Menschen in den 200 Baracken untergebracht.

10. Mai 1940, der Beginn des Einmarsches der Deutschen – Gerhard Durlacher, der 1928 geborene Schriftsteller, berichtet über diesen Tag:

Dieses Gefühl, das sich auch körperlich äußert, als ströme zu dünnes Blut in den Adern, so daß das Herz wie verrückt zu pumpen beginnt, ist die Angst. Am 10. Mai 1940 lernte ich es in seiner vollen Wucht kennen, stärker als in meinen Kinderjahren in

231

Deutschland, als Hitlerjungen mich wie ein schutzloses Wild jagten, mir nachjohlten und mich schlugen. Der Anfang des Krieges ist für mich ein blauer Himmel mit grauen Watteflecken, das dumpfe Krachen der Abwehrgeschütze und die keuchende Stimme des Radiokommentators als Hintergrundgeräusch vor den überreizten Stimmen meiner Eltern und meiner Tante. Der einzige, der einigermaßen die Ruhe bewahrte, war Fleischmann, der in der Nacht vom 8. auf den 9. Mai mit einem Vorgefühl drohenden Unheils zum Schlafen bei uns geblieben war. Er wußte als einziger, was Krieg bedeutete, aber innerhalb weniger Stunden wußten auch wir es. [...] Die Kriegsereignisse wirken zunächst lähmend auf uns. Feiner hatte sich zu uns gesellt und drängte mit vor Angst erhärteter Stimme zur Flucht. Diskussionen und Auseinandersetzungen über die Chancen und Risiken; Weinen und Migräne, und im Hintergrund entweder nervenzermürbende Nachrichten oder nervenzerreißende Stille. Der Lautsprecher meldete Ausgangsverbot.[17]

Aufgaben:
1. Gerhard Durlacher war 1940, zu Beginn der Besetzung der Niederlande, 12 Jahre alt. Er war mit seinen Eltern nicht allzu lange vorher aus Deutschland nach den Niederlanden geflohen. Überlegt, welche Probleme er und seine Familie dort bewältigen mußten (Sprache, Schule bzw. Beruf).
2. Beschreibt und erklärt, wie sich der Erzähler am Tag der deutschen Invasion gefühlt haben mag.

Die deutschen Besatzungsbehörden verpflichteten die niederländische Bevölkerung, im Oktober 1940 die sogenannte «Ariererklärung» auszufüllen:
Name und Vornamen:... Name und Vornamen der Eltern:... Name und Vornamen der Großeltern:... / Name und Vornamen des Ehepartners:... Name und Vornamen der Eltern des Ehepartners:... Name und Vornamen der Großeltern des Ehepartners:...

Der Unterzeichnende (Name und Initialen):... Beruf/Anstellung:... geboren (Datum):... Ort:... (Gemeinde):... Wohnort (Straße):... (Gemeinde):... erklärt, weder Jude noch eine jüdischversippte Person im Sinne von Artikel 11 der Verordnung Nr. 211/1941 zu sein. Dem Unterzeichnenden ist bekannt, daß er sich durch falsche Angaben der Verfolgung aussetzt. (Unterschrift)

Widerstand – der Februarstreik 1941

25. und 26. Februar – B. A. Sijes, Historiker (1954)

Jeder rechtlich denkende Niederländer war empört, und überall in den Straßen Amsterdams wurden die entsetzlichen Vorgänge im Judenviertel diskutiert. Die Untergrundbewegung verteilte Flugzettel, hielt Versammlungen ab und forderte den Generalstreik. [...] Den Zentralbahnhof in Amsterdam ausgenommen, gingen am 25. Februar fast alle öffentlichen Betriebe, Angestellten, sogar Beamte und sämtliche Werftarbeiter in den Streik. Am nächsten Tag wurde das Kriegsrecht über die Stadt [Amsterdam] verhängt und der Ausnahmezustand erklärt. Amsterdams Bürgermeister mußte die Bürger zur Ruhe auffordern und schwere Strafen androhen, wenn der Streik nicht sofort beendet würde. Sozialisten und Gewerkschafter wurden verhaftet, ebenso alle bekannten Kommunisten und die am Streik beteiligten Beamten. Drei Kommunisten und 15 Mitglieder bürgerlicher Widerstandsgruppen wurden erschossen, eine Reihe zu langen Freiheitsstrafen oder Konzentrationslager verurteilt. [...] Aber nicht nur der Streik und seine Hintergründe, sondern die ihm folgenden Exekutionen und Verhaftungen machten tiefsten Eindruck auf die holländische Bevölkerung. Mutlosigkeit bemächtigte sich aller Schichten, denn die Juden kamen nicht zurück. Im Gegenteil, von Mitte Mai 1942 an wurden sie immer häufiger und in stets größeren Transporten verschleppt. Die bei der ersten Razzia verhafteten Juden wurden schon einen Tag nach dem Solidaritätsstreik der Arbeiter nach Deutschland verladen, und aus Buchenwald und Mauthausen ist keiner von ihnen zurückgekehrt.[18]

Aufgaben:

1. Beschreibt die Haltung des Amsterdamer Bürgermeisters und versucht, sie zu erklären. Welche Gründe könnte sein Handeln gehabt haben?
2. Welche Konsequenzen hatte der Streik?
3. Wie mögen Juden diesen Streik erlebt haben?
4. Worin lag die Ermutigung, die vom Streik und den Geschehnissen ausging? Was war daran entmutigend?

Durchgangslager Westerbork

Die deutsche Besatzungsmacht benutzte das Lager Westerbork ab 1942 als ein Sammel- und Durchgangslager für die Deportation der niederländischen Juden in die Vernichtungslager im Osten. Die Entscheidung dafür fiel Ende 1941. Das Lager wurde aus Geldern finanziert, die man den Juden weggenommen hatte. Es wurde von der deutschen Sicherheitspolizei kontrolliert und von niederländischer Militärpolizei und einer deutschen SS-Kompanie bewacht. Ab Oktober 1942 war SS-Obersturmbannführer Albert Konrad Gemmeker der Lagerkommandant. Er überließ die lagerinterne Verwaltung den deutschen Juden, die oft schon im niederländischen Internierungslager Westerbork gesessen hatten. Am 14. Juli 1942 begann die planmäßige Deportation der niederländischen Juden nach Westerbork, und einen Tag später fand der erste Transport nach Auschwitz statt. Etwa 100 000 niederländische Juden durchliefen das Lager auf dem Weg zu den Vernichtungslagern Auschwitz (68 Transporte mit 54 930 Personen) und Sobibor (19 Transporte mit 34 314 Personen), ins Getto Theresienstadt (7 Transporte mit 4771 Personen) und ins Konzentrationslager Bergen-Belsen (9 Transporte mit 3762 Personen).

Die Wirkung der Propaganda – Marion van Binsbergen Prichard, die Juden rettete, erzählt von der Reaktion auf den antisemitischen Film «Der ewige Jude», der an ihrer Schule gezeigt wurde:

Wir saßen das durch, lachten lauthals und dachten bei uns, wie lächerlich das doch ist. Was mich rückblickend aber am meisten beeindruckte, war, was einer der Studenten am nächsten Tag zu mir sagte: «Weißt du, das war ein abscheulicher Film, einfach ordinär, und ich glaube auch nicht ein Wort davon, aber er hat es geschafft, uns in *die* und *uns* zu spalten. Mir wäre lieber, er hätte das nicht geschafft, aber nun schaue ich mir die Leute an und sage: «Aha, du bist ein Jude.»[19]

Der gelbe Stern – Abel J. Herzberg, Historiker (1950)

Am 29. April 1942 wurde die berühmte Bekanntmachung des Generalkommissars über die öffentliche Sicherheit erlassen, derzufolge jeder Jude, der sich in der Öffentlichkeit zeigte, einen Judenstern tragen mußte. Kinder unter sechs Jahren wurden davon freigestellt. […] Der Stern führte für die Juden zu endlosen Schikanen und ist eine stetige Quelle von Unheil geworden. Er mußte sichtbar getragen werden in Wohnungseingängen, auf Balkonen und in Gärten zur Straßenseite hin. Ohne Stern durfte ein Jude nicht am Fenster stehen, und wenn er es aus Versehen doch tat und es wurde von einem Mitglied des NSB [Nationaal Socialistische Bewegung: niederländische Nazis] oder der SS bemerkt, wurde er anfangs in eines der Konzentrationslager und später direkt nach Polen abgeholt. Der Stern mußte nicht nur an Jacken und Mänteln befestigt werden, sondern auch auf der Oberbekleidung, die man innerhalb des Hauses trägt, da eine Jacke auch einmal offen steht und der Stern dann ganz oder teilweise verdeckt wird. Der Stern mußte in Theatern und Cafés, sofern die überhaupt noch betreten werden durften, ebenso getragen werden wie in Synagogen; das gleiche gilt für die Ausübung des Berufes in Geschäften, Büros, Fabriken und Schulen. In Krankenhäusern

Schnittbogen für den «Judenstern»

mußten die jüdischen Ärzte, das Pflegepersonal und die technischen Mitarbeiter den Stern auf ihrer Brust haben. Dies wurde kaum bekanntgemacht, denn es stand nicht in der Verordnung. Es wurde nur dadurch deutlich, daß die Deutschen Juden festnahmen, die sich an diese ihnen nicht bekannten Auslegungen der Verordnung nicht hielten. Darüber berichtete dann das Joodse Weekblad und informierte die anderen. Später diente der Stern bei den Razzien, und noch später bei den Festnahmen zur Deportation als eine Art Schießscheibe.[20]

236

Geheimbrief des Höheren SS- und Polizeiführers Hanns Rauter an Heinrich Himmler, 24. September 1942

Reichsführer! Ich darf Ihnen einen Zwischenbericht über die Abschiebung der Juden vorlegen. Bis jetzt haben wir mit den strafweise nach Mauthausen abgeschobenen Juden zusammen 20 000 Juden nach Auschwitz in Marsch gesetzt. In ganz Holland kommen ungefähr 120 000 Juden zur Abschiebung, worin allerdings auch die Zahl der Mischjuden enthalten ist, die ja zunächst hierbleiben. In Holland gibt es ungefähr 20 000 Mischehen. Im Einvernehmen mit dem Reichskommissar schiebe ich aber auch alle jüdischen Teile der Mischehen ab, sofern aus diesen Mischehen keine Kinder hervorgegangen sind. Es werden dies ca. 6000 Fälle sein, so daß ca. 14 000 Juden aus Mischehen zunächst hierbleiben. In den Niederlanden gibt es eine sogenannte «Werkverruiming», eine dem Niederländischen Sozialministerium unterstehende Arbeitseinrichtung, die Juden zu verschiedenen Arbeiten in geschlossenen Betrieben und Lagern anhält. Wir haben diese Werkverruimingslager bisher nicht angetastet, um die Juden dahinein flüchten zu lassen. In diesen Werkverruimingslagern sind ca. 7000 Juden. Wir hoffen, bis zum 1. Oktober auf 8000 zu kommen. Diese 8000 haben 22 000 Angehörige im ganzen Lande Holland. Am 1. Oktober werden schlagartig die Werkverruimingslager von mir besetzt und am selben Tage die Angehörigen draußen verhaftet und in die beiden großen neuerrichteten Judenlager in Westerbork bei Assen und Vught bei Hertogenbosch eingezogen werden. Ich will versuchen, anstatt 2 Züge jede Woche 3 zu erhalten. Diese 30 000 Juden werden nun ab 1. Oktober abgeschoben. Ich hoffe, daß wir bis Weihnachten auch diese 30 000 weg haben werden, so daß dann im ganzen 50 000 Juden, also die Hälfte aus Holland entfernt sein werden.

Schon seit Wochen laufen bei den Bevölkerungsregistern in den Niederlanden die Vorarbeiten für die Feststellung der Mischehen, also die Erbringung des Nachweises, daß die arischen Teile der Mischehen tatsächlich arisch sind. Diese 13 000 Mischjuden erhalten auf ihren Judenausweis einen Vermerk, daß sie die Berechtigung haben, in Holland zu bleiben. Ferner werden in derselben Form bearbeitet die Rüstungsarbeiter, die die Wehrmacht hier noch unbedingt braucht, ca. 6000 plus Anhang ist zusammen 21 000. Eingeschlossen in diese Zahl sind die Diamantarbeiter aus Amsterdam [...].

Am 15. Oktober wird das Judentum in Holland für vogelfrei erklärt, d. h., es beginnt eine große Polizeiaktion, an der nicht nur deutsche und niederländische Polizeiorgane, sondern darüber hinaus der Arbeitsbereich der NSDAP, die Gliederungen der Partei, der NSB [Nationaal Socialistische Bewegung: niederländische Nazis], die Wehrmacht usw. mit herangezogen werden. Jeder Jude, der irgendwo in Holland angetroffen wird, wird in die großen Judenlager eingezogen. Es kann also kein Jude, der nicht privilegiert ist, sich mehr in Holland sehen lassen. Gleichzeitig beginne ich mit Veröffentlichungen, wonach Ariern, die Juden versteckt gehalten oder Juden über die Grenze verschoben oder Ausweispapiere gefälscht haben, das Vermögen beschlagnahmt und die Täter in ein KZ überführt werden, das alles, um die Flucht der Juden, die in großem Maße eingesetzt hat, zu unterbinden. Von den christlichen Juden sind in der Zwischenzeit die katholischen Juden abgeschoben worden [...].

Die protestantischen Juden sind noch hier, und es ist tatsächlich gelungen, die katholische Kirche von der protestantischen aus dieser Einheitsfront zu sprengen. Der Erzbischof De Jonge hat in einer Bischofskonferenz erklärt, daß er niemals mehr mit den Protestanten und Calvinisten eine Einheitsfront eingehen werde. Der Sturm der Kirchen, der seinerzeit, als die Evakuierung begann, einsetzte, wurde solcherart stark erschüttert und ist abgeklungen. Die neuen Hundertschaften der holländischen Polizei machen sich in der Judenfrage ausgezeichnet und verhaften Tag und Nacht zu Hunderten die Juden. Die einzige Gefahr, die dabei auftritt, ist der Umstand, daß da und dort einer der Polizisten danebengreift und sich am Judeneigentum bereichert. Ich habe Verhandlungen des SS- und Polizeigerichtes vor der versammelten Hundertschaft angeordnet. Das Judenlager Westerbork ist bereits ganz fertig, das Judenlager Vught wird am 10.–15. Oktober vollendet sein. Heil Hitler! Ihr gehorsamst ergebener Rauter[21]

Aufgaben:
1. Vergleicht Rauters Äußerungen gegenüber Himmler mit seiner öffentlichen Reaktion auf den Februarstreik.
2. Wer half der deutschen Besatzungsmacht beim Vorgehen gegen die Juden?
3. Was bedeutet, das Judentum werde für «vogelfrei» erklärt?

Sammelpunkt «Hollandse Schouwburg» – Abel J. Herzberg, Historiker, Zeitzeuge und Schriftsteller (1950)

Anfangs wurden die Juden zur «Zentralstelle für jüdische Auswanderung» am Adama-van-Scheltema-Platz gebracht. Aber es bedurfte eines Konzentrationspunktes für die Festgenommenen innerhalb Amsterdams. Der wurde in der Hollandse Schouwburg [einem alten Theater] gefunden. Dorthin mußten die aufgerufenen Familien sich begeben. Dorthin wurden die Abgeholten später gebracht. Dort warteten sie einen Tag oder einige Tage, bis der Transport nach Westerbork ging.

Sie haben nicht geweint. Es weinten nur die zurückbleibenden Eltern, die zu Anfang ihre jüngeren Kinder bis zur Tür ihrer Wohnung begleiteten, und später die Kinder, die Abschied von ihren Eltern nahmen. Diejenigen, die gingen, haben nicht geklagt. Einige beteten, aber die meisten taten auch das nicht. Sie warteten. Sie haben es sicher nicht durchschaut. Manche wollten so schnell wie möglich weg, um der Unsicherheit und dem ewigen Warten zu entkommen. Sie waren nicht aufsässig, und wenn sie es waren, trösteten sie einander, und sie hofften – denn sie verfügten nicht über genügend Phantasie, um sich das Ende, dem sie entgegengingen, vorzustellen. Sie waren ganz gewöhnliche Menschen, so waren sie durch das Leben gekommen. Sie hatten keine

Ansprüche oder besondere Erwartungen, und sie dachten auch nicht daran, daß andere sie haben könnten.

Sie besaßen eine nur sehr ungenaue Vorstellung davon, wozu der Antisemitismus, die Risches, wie sie es nannten, den sie von früher kannten und dem sie nun ausgesetzt waren, führen könnte und woher er käme. Sie wollten jeder das Seine geben, und sie glaubten sich im Recht, das Ihre zu fordern. Wer, im übrigen, begreift es, wenn er zum Tode verurteilt ist? Und wenn er es begreift – die Zeit zwischen Urteil und Vollstreckung scheint endlos zu sein.

Sie hatten mit ihren Nachbarn in Frieden gelebt, und es hätte bis an das Ende ihrer Tage so weitergehen können und mögen, wenn sie nicht aufgerufen worden wären, ihre Wohnungen zu verlassen. Die Nachbarn waren voller Bedauern. Sie fragten, warum sie denn nicht untertauchten, sie halfen beim Packen des Rucksacks. Solange es eben nur ging, brachten sie sie sogar zur Hollandse Schouwburg und trugen ihr Gepäck mit. Sie nahmen Abschied voneinander: «Bis bald, nicht wahr, kommt bloß bald zurück, ich werde schon solange auf euren Krams aufpassen!» – «Auf Wiedersehen, ihr Engel von Menschen, wir kommen sicherlich zurück, so lange wird es nicht mehr dauern. Und wenn ich nicht zurückkomme, sind das Sofa und die zwei Sessel für dich. Vielen Dank noch einmal, und grüßt du alle? Mein silbernes Portemonnaie ist für Sientje. Gib ihr einen Kuß, dem Schatz.» – «Auf Wiedersehen!» – «Auf Wiedersehen!» Und die Nachbarin aus dem zweiten Stock nahm das Sofa und die Sessel, die sie in ihr Wohnzimmer stellte. In die leere Wohnung der Juden stellte sie ein paar alte Möbel. […] Sientje bekam einen Kuß, und auch das silberne Portemonnaie wurde nicht vergessen. Nach vierzehn Tagen kamen neue Nachbarn in die verlassene Etage. Neue Nachbarn, neues Leben. Es dauerte höchstens noch einmal vierzehn Tage, und die alten Nachbarn waren so gut wie vergessen. Wenn die Nachbarin noch einmal an sie dachte, waren es Worte wie «Die kommen nicht mehr zurück. Gute Menschen sind das gewesen».

Sie saß im Sessel und seufzte: «Die kommen nie mehr zurück...!»[22]

Aufgaben:
1. Warum fehlte den Juden die Phantasie, sich vorzustellen, was sie erwartete?
2. Wie reagierten die Juden, wie ihre nichtjüdischen Nachbarn und Freunde?

Retter der Juden in den von den Nationalsozialisten besetzten Ländern

Menschen, die sich entschieden, jüdischen Freunden, Bekannten oder Nachbarn zu helfen, setzten sich einem großen Risiko aus. In Polen etwa stand auf Hilfe für Juden die Todesstrafe. In den Niederlanden war Helfern der Juden, die entdeckt wurden, zumindest die Festnahme und Internierung in einem Konzentrationslager sicher.

Da es Fangprämien für untergetauchte Juden gab, fanden sich überall Menschen, die aus der Notlage Profit zu ziehen versuchten. Zu Beginn erklärten sich Retter oft bereit, einen Koffer, Wertsachen oder andere Gegenstände für Juden zu verwahren. Manchmal kam dann jemand mit der Bitte auf sie zu, ein Kind zu verstecken. Und schließlich gelang es einzelnen, zwei, drei und mehr Menschen bei sich «untertauchen» zu lassen. Manche versteckten Juden nur für Stunden, während das benachbarte Getto «liquidiert» wurde, und verhalfen ihnen so zu einem Aufschub, der lebensrettend sein konnte. Andere behielten Juden über viele Wochen, Monate und sogar Jahre bei sich.

Das Zusammenleben war nicht immer leicht – das Leben im Versteck führte zu Spannungen, und schließlich wußten die Retter, daß sie sich und auch ihre Angehörigen gefährdeten. Es

241

war schwierig, in Zeiten, in denen Lebensmittel rationiert waren, genügend Essen für zusätzliche hungrige Münder zu erhalten. Man durfte keinen Verdacht erregen; man mußte lügen und gelegentlich den eigenen Kindern beibringen, zu lügen. Niemand wußte zu Anfang, wie lange die Zeit des Versteckens dauern würde. Das Risiko war groß. Manche Retter entschieden sich, nicht nur einen Menschen zu verstecken, sondern weitere aufzunehmen.

Literatur:

Frank, A.: *Das Tagebuch der Anne Frank*, Frankfurt 1992

Die Tagebücher der Anne Frank. Frankfurt 1988 (in der ausführlichen und kommentierten Fassung)

Fogelman, E.: *Wir waren keine Helden. Lebensretter im Angesicht des Holocaust*, Frankfurt/New York 1995

Silver, E.: *Sie waren stille Helden – Frauen und Männer, die Juden vor den Nazis retteten*, München/Wien 1994

Aufgaben:

1. Beschreibt, welche Vorbereitungen und Überlegungen nötig waren, bevor man «Untertaucher» aufnehmen konnte.
2. Sprecht über die Probleme beim Zusammenleben im Versteck.
3. Welchen Risiken sahen sich Juden gegenüber, die untertauchen wollten?
4. Welchen Risiken sahen sich Nichtjuden gegenüber, die Juden helfen wollten?

Tödliches Dilemma: Verrat verhindern – Ype Schaaf, Historiker (1995)

Ende Januar 1944 bekam die Widerstandsgruppe in Sneek [...] einen Hinweis aus Franeker. Dort hatte eine Frau, die bei der Post arbeitete, einen an den Ortskommandanten gerichteten Brief abgefangen. In dem Brief befanden sich Hinweise auf untergetauchte Juden in der Sneeker Umgebung. Der Brief war von einem jüdischen Ehepaar geschrieben worden, das ursprünglich aus Deutschland kam und in Witmarsum untergetaucht war. Die Widerstandsgruppe versammelte sich, um über diese Angelegenheit zu sprechen. Da der reformierte Pastor Touwen aus Makkum dabei mitgeholfen hatte, sie unterzubringen, wurde er ebenfalls hinzugezogen. Die Eheleute schienen ausgesprochen schwierig zu sein, weshalb sie ihren Gastfamilien größere Probleme bereiteten. Ob der Brief aus Bosheit geschrieben worden war oder ob er den Versuch darstellte, sich durch den Verrat anderer selber zu retten, blieb undeutlich. Die Gruppe kam zu dem Schluß, daß das jüdische Ehepaar sofort liquidiert werden müsse, da andernfalls die Gefahr für andere untergetauchte Juden und deren Gastfamilien zu groß sei. Die Sneeker Widerstandsgruppe hat daraufhin den Mann und die Frau mit einem Auto abgeholt und in der Gegend von Abbega am 30. Januar 1944 erschossen. Ihre Leichen wurden in den Fluß Pykemar geworfen und dort auch später von der Polizei gefunden.[23]

Diese Beschreibungen von Ermordungen von Verrätern, auch von Juden, die dem Druck, der im Versteck auf ihnen lastete, nicht standhielten, sind für viele ehemalige Angehörige des Widerstands auch heute nur schwer zu ertragen. Die Mitglieder der Widerstandsgruppen hatten sich, so berichtet der Historiker Ype Schaaf, 1945 geschworen, nie darüber zu berichten. 1995 ist das Buch in den Niederlanden erschienen, aus dem diese Schilderungen stammen. Sie sollten uns nicht dazu verleiten, vorschnell zu Urteilen zu gelangen.

Verantwortung – Abel J. Herzberg, Historiker (1950)

Jeder Deutsche hatte nur einen Teil der Verantwortung. Der Polizeichef, der die Juden abholte, konnte sagen: «Ich habe nicht gemordet», und der Mörder konnte sagen: «Ich habe sie immerhin nicht abgeholt.» Jeder konnte von einer «Kollektivschuld» sprechen, die ihm entgegenkam, und über eine «individuelle», die er ablehnte. Deutschland war schuldig, Deutschland – das große Ganze. Sie waren lediglich Instrumente, kleine Räder im Getriebe. Die Maschine hat falsch gearbeitet, nicht sie. Sie waren nicht grausam gewesen, sondern die Maschinerie. Sie taten nichts aus eigenem Antrieb – die mechanische Bewegung Deutschlands war die ihre geworden. Sie waren gehorsam gewesen, und das war in ihren Augen kein Fehler, sondern eine Tugend. Der Fehler lag bei der schrecklichen Macht, der sie sich überantwortet hatten und die sie mit ganzer Seele geliebt hatten. So lautete ihre Verteidigung, die ich hier nicht wiedergebe, weil sie akzeptabel wäre, sondern ganz wesentlich für den Nationalsozialismus ist. Vergessen wir nicht, daß die Kenntnisnahme und die Auseinandersetzung mit all den Grausamkeiten, die innerhalb und außerhalb der Niederlande verübt wurden, nur einen Sinn haben, wenn wir den Menschen dabei entdecken, der diese Grausamkeiten begangen hat. Ich will nicht vom «Mitmenschen» sprechen, denn ich weiß um den milden Klang, der sich an dieses Wort fügt, und verstünde es nur zu gut, wenn man mir dessen Benutzung vorwerfen würde. Ich meine unseren Artgenossen und auch unseren Zeitgenossen. Was er war, können wir werden. Und wenn nicht wir, dann doch zumindest unsere Nachkommen. Aber: Wenn wir es sind, merken wir es schon nicht mehr.

Er war so wählerisch nicht, unser Art- und Zeitgenosse. Guten Glaubens, mit böser Absicht, das spielte keine Rolle mehr. Deutschland hatte bedeutet, daß die Deportationen «Arbeitseinsatz» genannt werden sollten, und so sollte es geschehen. Was kam es für einen Offizier der SS oder der deutschen Polizei darauf an, ob es so war oder nicht. Er hatte gelernt, daß er nach anderen Kriterien leben mußte, und darin lag das Gefährliche jener Zeit [...]. Denn das kann sich wiederholen.[24]

Aufgaben:
1. Versucht, Abel Herzbergs Einschätzung in eigene Worte zu fassen. Nehmt selber Stellung.

2. Erklärt den Unterschied zwischen Schuld und Verantwortung. Worin lag die Schuld der genannten Personengruppe, wofür war sie verantwortlich?
3. Nehmt Stellung zu Herzbergs Aussage: «das kann sich wiederholen»! Was kann sich wiederholen?

Die «Endlösung» beginnt

1941 begannen die Nationalsozialisten, die Juden im Deutschen Reich an Sammelstellen zu konzentrieren und von dort aus zu deportieren.
Thekla Bernau aus Harburg (Jg. 1900) schreibt aus dem sogenannten «Judenhaus» in der Hamburger Hartungstraße an ihre Töchter, die in die Vereinigten Staaten emigriert waren. Es ist ein letzter Brief, der im Dezember 1941 entstand.

Nun wissen wir es: Am 5. oder 6. Dezember geht es fort. Keiner fragt, wohin. Jeder weiß es, und keiner gesteht es sich ein. Wir sind jetzt elf in den zwei Zimmern Hartungstraße. Die Borowers sind die Ältesten und beide krank. Werden sie die Reise überstehen? Wolf B[orower] sagt zu seiner Fanni, es werde das gelobte Land. Und wenn sie wimmert und versucht, das geschwollene Knie auszustrecken, streichelt er sie und sagt, sie müsse sich über die Eisblumen an den Fenstern freuen. Solch schöne Eisblumen dieses Jahr! Wie nie zuvor. Und draußen sei alles so fröhlich, der Krieg nicht zu spüren. Ob sie schon die Fichten und die Tannen gesehen hat, die bald in die Häuser geholt werden. Die Christen schmücken die Tannen; aber wir haben jetzt Chanukka und nicht einmal einen Leuchter, nur die Eisblumen. Eisblumen ersetzen manchmal die Chanukkaleuchter.
Der Kopierstift ist so hart, daß ich ihn mit den Lippen feucht

machen muß. Wenn ich alles überdenke, werden meine Lippen trocken, und ich kann nicht mehr schreiben. Für wen schreibe ich? Vielleicht, daß Margarethe und Selma es eines Tages doch noch lesen werden. Ob es in Friendsfield auch so kalt ist? Wo liegt Friendsfield? Es liegt weit ab von Dannenberg, wo ich geboren wurde, und weit ab von der Hartungstraße in Hamburg. So weit ab, daß ich von hier nach da keine Gedanken hinüberschicken kann. Laura Mosbach stammt aus Bünde in Westfalen und kann Zigarren aus alten Blättern und Zeitungspapier drehen. Aber weder die Wenkels noch die Grothkopps wollen sie rauchen. Sie ist traurig. Wer will heute schon rauchen!

Am Morgen kommen dreimal hintereinander SS-Leute und wollen unsere Papiere. Wir sagen, daß wir sie schon haben abgeben müssen und daß wir registriert sind. Ob es nicht etwas zum Heizen für den Ofen gibt und einen Arzt für Fanni Borower. Sie grinsen und sagen, wir brauchten keinen Ofen mehr und Ärzte gebe es nicht einmal für die anständigen Menschen. Für die anständigen Menschen, sagt er. Und Fanni Borower sagt, es ginge ihr schon besser. Keine Umstände. Keiner will «Umstände», weil man dann ausgesondert wird und gleich mitkommen muß. Wer weiß, wohin.

Mittags um zwei gibt es für jeden ein Stück Brot, Marmelade und etwas Schmalz. Keiner fragt, ob das zusammenpaßt. Wir essen das alles auf. Wie die Ratten, die auch alles aufessen und nicht fragen, ob es zusammenpaßt. Dazu gibt es aus einer Kanne heißen Malzkaffee. Dann kommt eine Frau. Dick und grobschlächtig. Leibesvisitation! Sie greift jedem unters Hemd, in die Hosen. Wir müssen die Arme hochhalten und die Beine breit machen. Sie fühlt alles durch und nimmt der alten Borower die Tinktur für das Knie weg. Das sei Alkohol, sagt sie. Und für Juden sei jeglicher Alkohol verboten. Bei Todesstrafe. Fanni wimmert, Wolf hält ihr den Mund zu.

Die Frau sagt, daß sie einen Pullover für ihren Sohn für Weihnachten stricke. Aber so schöne Wolle wie in dem Schal von der

Wenkel bekomme man nirgendwo. Die Juden hätten immer alles. Das Beste! Aber bald würde sie auch solche Wolle besitzen. Vielleicht morgen schon. Die Wenkel knotet sich den Schal fest um den Hals. Sie will nicht, daß ihr Schal für den Weihnachtspullover der Dicken aufgerippelt wird. Die Frau sagt, daß es morgen in aller Frühe losgehe. Wir würden geweckt, und dann müßten wir auch die Uhren abliefern und die Eheringe. Und wehe, wer etwas verstecke. Ich werde auch mein Geschriebenes abgeben müssen; vielleicht gelangt es niemals nach Friendsfield zu Margarethe und Selma. Niemals! Alles, was wir hier tun und denken, ist «niemals»!

Der alte Borower erduldet am Nachmittag einen Herzanfall. Wir massieren ihn und müssen frische Luft hereinlassen, obwohl alle frieren. Er ist blau im Gesicht, und wir geben ihm den Rest aus der Kanne zu trinken. «Es wird das gelobte Land sein!» sagt er immer wieder. «Ihr werdet es sehen!» Er sagt es und sagt es und hat keinen Glauben mehr an das gelobte Land. Nachdem wir das Fenster geschlossen haben, sind die Eisblumen verschwunden. Es sind weniger Leute auf der Straße. Zwei schwarze Autos parken vor dem Haus. Bewacher. In vier Häusern sind wir alle untergebracht. Über uns weinen Kinder.

Gegenüber ist Lärm im Haus. Da werden Kerzen angesteckt. Und als es schummrig wird, kommt ein Mann die Straße herunter, der sich als Nikolaus verkleidet vor der Tür. Erst zieht er einen roten Umhang an, dann setzt er eine Larve auf und eine hohe Mütze. Er hat einen Sack in der Hand und eine Rute. Ist heute der Nikolaustag oder morgen? Man vergißt, was ist. Es wäre besser, man könnte noch mehr vergessen. Der Mann kommt in das Zimmer, der Lärm wird stärker. Lichter, Lärm, Freude, Geschenke… Am Abend habe ich einen Weinkrampf. Die Wenkel sagt, daß es wie bei den vorigen Transporten sei. An der Sternschanze stünden die Viehwagen. Offen. Frauen für sich, Männer für sich. In Altona kämen Wagen aus Kiel und Hannover dazu. Wolf will nicht von Fanni getrennt werden. Er jammert, daß er es nicht wie sein

Freund Bukofzer gemacht hat. Bukofzer und seine Frau haben sich erhängt. Wozu erhängt man sich? Ich muß alle meine Kräfte zusammennehmen und nur daran denken, daß Margarethe und Selma in Friendsfield in Sicherheit sind. Jetzt ist es kurz vor Mitternacht oder schon später? Drüben feiern sie. Lichter, Wärme. Der Hauswart kommt und sagt, es wäre besser, ihm alle Wertsachen, die wir noch hätten, in Verwahrung zu geben. Ich habe nichts. Nur diese Blätter und den Kopierstift. Er besorgt mir einen alten Umschlag. Dorthinein werde ich jetzt alles stecken und ihm geben. Er soll es an Margarethe und Selma schicken. Er verspricht es. Ich schreibe nun nichts mehr. Adieu, meine Lieben. Denkt nicht schlecht von mir.

Aufgaben:

1. Versucht, euch in Thekla Bernaus Situation zu versetzen. Die Zukunft ist ungewiß, die Gegenwart bedrückend. Was für Gedanken mögen ihr durch den Kopf gegangen sein, die sie nicht zu Papier gebracht hat?
2. Stellt euch vor, was Thekla Bernaus Töchtern durch den Kopf ging, als sie den Brief erhielten.
3. Schreibt einen «Antwortbrief» an Thekla Bernau.
4. Beschreibt das Verhalten der Nichtjuden, die in dem Text erwähnt werden. Versucht euch vorzustellen, wie sie über das Geschehen a) damals ihren Familien zu Hause berichtet hätten oder b) heute darüber berichten würden.

Aus dem Gedenkbuch der «Opfer der Verfolgung der Juden unter der nationalsozialistischen Gewaltherrschaft in Deutschland 1933–1945», Bundesarchiv Koblenz, 1986
Bernau, Thekla, 29.05.1900, verschollen in Riga – Borower, Fanni, geb. Schwarz, 22.11.1876, verschollen in Riga – Borower, Wolf, 20.02.1870, verschollen in Riga – Mosbach, Laura, geb. Horwitz, 01.02.1876, verschollen in Riga – Wenkel, Celine, geb. Joseph, 02.07.1879, verschollen in Riga.

Deportation von Juden aus Duisburg, Krefeld und anderen Städten nach Riga am 11. Dezember 1941, Hauptmann Salitter, Schutzpolizei

Der für den 11. 12. 1941 vorgesehene Judentransport umfaßte 1007 Juden aus den Städten Duisburg, Krefeld, mehreren kleineren Städten und Landgemeinden des rheinisch-westfälischen Industriegebietes. Düsseldorf war nur mit 19 Juden vertreten. Der Transport setzte sich aus Juden beiderlei Geschlechts und verschiedenen Alters, vom Säugling bis zum Alter von 65 Jahren zusammen. Die Ablassung des Transportes war für 9.30 Uhr vorgesehen, weshalb die Juden bereits ab 4.00 Uhr an der Verladerampe zur Verladung bereitgestellt waren. Die Reichsbahn konnte jedoch den Sonderzug, angeblich wegen Personalmangels, nicht so früh zusammenstellen, so daß mit der Einladung der Juden erst gegen 9.00 Uhr begonnen werden konnte. Das Einladen wurde, da die Reichsbahn auf eine möglichst fahrplanmäßige Ablassung des Zuges drängte, mit der größten Hast vorgenommen. [...] Auf dem Wege vom Schlachthof zur Verladerampe hatte ein Jude versucht, Selbstmord durch Überfahren mittels Straßenbahn zu verüben. Er wurde jedoch von der Auffangvorrichtung der Straßenbahn erfaßt und nur leicht verletzt. Er stellte sich anfänglich sterbend, wurde aber während der Fahrt bald sehr munter, als er merkte, daß er dem Schicksal der Evakuierung nicht entgehen konnte.

Ebenfalls hatte sich eine ältere Jüdin unbemerkt von der Verladerampe, es regnete und war sehr dunkel, entfernt, sich in ein naheliegendes Haus geflüchtet, entkleidet und auf das Klosett gesetzt. Eine Putzfrau hatte sie jedoch bemerkt, so daß auch sie dem Transport wieder zugeführt werden konnte. Die Verladung der Juden war gegen 10.15 Uhr beendet. Nach mehrmaligem Rangieren verließ der Zug dann gegen 10.30 Uhr den Güterbahnhof Düsseldorf-Derendorf in Richtung Wuppertal...

Die Fahrt verlief dann planmäßig und berührte folgende Städte: Wuppertal, Hagen, Schwerte, Hamm. Gegen 18 Uhr

JSRAELITISCHE KULTUSGEMEINDE MÜNCHEN e.V. München, den 7.November 1941
ZWEIGSTELLE DER REICHSVEREINIGUNG   Lindwurmstrasse 125/Rckg.
DER JUDEN IN DEUTSCHLAND

Herrn/Frau Sonja S. ....
Fräulein
     München
     Thierschstr. 4
     b/wolf

          <u>**Zweistmatlichen**</u>

          <u>dreiteiligen Matratzen sind</u>

          <u>mitzunehmen !</u>

Betr.: Evakuierung.

  Zufolge Anordnung der Geheimen Staatspolizei -Staatspolizeileit-
stelle- München haben wir Sie davon zu verständigen, dass Sie und Ihre
unten namentlich bezeichneten Familienmitglieder zu einem Evakuierungs-
Transport eingeteilt worden sind.

  Gleichzeitig werden Sie hierdurch verpflichtet, sich mit den
übrigen unten genannten zum Transport eingeteilten Personen
ab <u>D i e n s t a g , den 11. November 1941</u>
in Ihrer jetzigen Unterkunft bereitzuhalten und diese ohne besondere
Erlaubnis der Behörde nicht, auch nicht vorübergehend, verlassen werden.

  Jeder Versuch, sich der Umsiedlung zu widersetzen, oder zu entziehen, ist zwecklos und kann für die Betroffenen zu schweren Folgen führen
Falls sich ältere Familienmitglieder Ihnen zum Transport freiwillig an-
schliessen wollen, ist uns hiervon zur Weiterleitung an die Behörde
Kenntnis zu geben.

  In Ergänzung obiger Anordnungen teilen wir Ihnen noch folgendes
mit:

  Jeder Transportteilnehmer darf bis zu 50 kg Gepäck mitnehmen, ver-
packt in entweder 2 Koffer oder 1 Rucksack und 1 Koffer (es muss damit
gerechnet werden, dass die Transportteilnehmer ihr Gepäck zeitweise
selbst tragen).

  Auf jeden Fall sind mitzunehmen:

Warme Ober- und Unterkleidung, Leibwäsche, Schuhe, kleines Waschgefäss,
kleiner Eimer zum Wäschewaschen, Decken, Reise-Proviant, Essgeschirr
(nur Teller, Tasse und Löffel, keine Messer und Gabeln), Federbetten nur
für Kinder.

  Ein Verzeichnis der nötigsten Bedarfsgegenstände liegt bei.

  Jeder Transportteilnehmer hat RM 50.- in barem Geld mitzunehmen.
Überschiessende Beträge, Wertpapiere bzw.Depotscheine, sonstige Bankaus-
weise u.dgl. sind in einen Umschlag mitzunehmen, der mit Namen und In-
haltsverzeichnis zu versehen ist. Ausserdem ist das beiliegende Vermö-
gensverzeichnis nach dem Stand vom 10.11.41 in allen Teilen genau auszufüllen, zu unterschreiben und in einen besonderen, mit Namen versehenen,
nicht verschlossenen Umschlag mitzubringen.

  Persönliche Dokumente aller Art, Ausweispapiere, einschl.Kenn-
karte und Pass, Lebensmittelkarten, sind ebenfalls mitzunehmen.

  Einzelheiten werden Ihnen gegebenenfalls entweder durch uns
oder durch die Behörde mitgeteilt.

  Die Leistungen unserer Mitglieder im Arbeitseinsatz haben bewiesen, dass durch Gemeinschaftsgeist alle schwierigen Aufgaben gelöst
werden können. Wir sind deshalb zu der Hoffnung berechtigt, dass auch
anlässlich der Evakuierung die Betroffenen die angeordneten Massnahmen
in gleichem Geiste tragen werden.

    Karl Jsrael ....   Dr.Joseph Jsrael .....

   Julius Jsrael ....   Fritz Jsrael ......

       Familienmitglieder :

       Hannelore S.......

       Manfred I. ......

<u>Anlagen.</u>

Verzeichnis der Gegenstände, die nach Massgabe des zulässigen Gewichts
und unter Berücksichtigung der Notwendigkeit, das Gepäck event.selbst
zu tragen, zur Auswahl in Frage kommen.

Gegenstände, die während der Reise und in der ersten Zeit nach der Ankunft benötigt werden, sind im Rucksack oder in dem 2.Koffer zu ver-
packen.

1. Allgemeines:

Bettwäsche (evt.Schlafsack)
Handtücher
Geschirrtücher
Scheuertücher
Wischtücher
Stauttücher

1 Kopfkissen
Decken (soviel vorhanden)

Toilettensachen:

Kamm und Bürste
Kleiderbürste
1 Stück Seife
Zahnbürste und Zahnpaste
Waschlappen
1 Waschpulver
Kopfwaschpulver
Tempo-Taschentücher
Nagelfeile
Toilettenpapier

Medikamente: keine ausser
Baldrian
Vaseline
Frostsalbe,Hirschtalg
Körperpuder,
Schnellverband

Nähzeug: (keine Schere)

Woll- und Nähgarn,
Knöpfe,
Sicherheitsnadeln
Gummiband

Koch- und Essgeschirr

Becher
Feldflasche oder Thermos
Reisebesteck
Brotbüchse
Brotbeutel
Spirituskocher mit Hartspiritus
Schutzzeug
Taschenlampe mit Ersatzbatterie
Kerzen,Streichhölzer, Feuerzeug

Insektenpulver
Schnur,Lederriemen
Taschenwerkzeug
Haarschneidemaschine
Uhr (Wecker)
Reservebrille
Schreibpapier,Umschläge,Bleistifte
Füller,Gebetbuch etc.
Brieftasche,Geldbörse,Brustbeutel
Kartenspiele

Wichtige Papiere

Geburtsurkunde,Trauschein,
Auswanderpapiere

Kennkarte - Pass
Zeugnisse
Adressenmaterial
Passphotos
Lebensmittelmarken

Taschentücher
Halstuch oder Shawl
Waschebeutel
Schuhbänder
Einkaufsnetz
Ohrenschützer

2. Frauen:

Kleider (Winter-und Sommer-)
Berufskleider
Kittel oder Schürzen
Pullover oder Strickjacke
Kostüm
Regenmantel
Wintermantel
Schuhe oder Stiefel
Überschuhe
Hausschuhe
Taghosen oder Hemdhosen
Schlüpfer
Nachthemden oder Schlafanzüge
Unterkleider
Strümpfe, Wollsöckchen
Handschuhe
Hüfthalter,Strumpfbänder
Büstenhalter
Binden, Watte
Hut, Kapuze, Kopftuch

Männer:

Anzüge
Arbeitshosen
Arbeitskittel oder Joppen
Berufsschürzen
Pullover oder Strickjacken
Trainingsanzug
Wintermantel
Regenmantel oder Windjacke
Schuhe oder Stiefel
Hausschuhe
Strümpfe oder Socken
Taghemden
Kragen, Krawatten,
Unterhemden
Unterhosen,
Nachthemden oder Schlafanzüge
Winterhandschuhe
Rasierpinsel und Seife
Hosenträger
Sockenhalter
Gamaschen
Mütze,Hut
Kragenknöpfe etc.

Evakuierungsbefehl, München 1941

wurde Hannover-Linden erreicht... Um 3.30 Uhr hatte der Zug auf der Station Berlin-Lichterfelde einen Aufenthalt von einer halben Stunde... Der Zug hatte bereits 155 Minuten Verspätung. Die Fahrt wurde dann über Küstrin, Kreuz, Schneidemühl, Firchau fortgesetzt... Kurz vor Konitz riß der Wagen wegen seiner Überbelastung auseinander. Auch zerriß das Heizungsrohr. Der Zug konnte jedoch behelfsmäßig repariert seine Fahrt bis Konitz fortsetzen. ...Um 12.10 Uhr verließ der Zug den Bahnhof Konitz. [...] Um 1.50 Uhr ging es weiter nach Tilsit... Um 5.15 Uhr wurde die Grenzstation Laugzargen und nach 15 Minuten die litauische Station Tauroggen erreicht. Von hier aus sollte die Fahrt bis Riga normal nur noch 14 Stunden betragen. Infolge des eingleisigen Bahngeländes und der Zweitrangigkeit des Zuges in der Abfertigung gab es auf den Bahnhöfen oft lange Verzögerungen in der Weiterfahrt.

Auf dem Bahnhof Schaulen (1.12 Uhr) wurde die Begleitmannschaft von Schwestern des Roten Kreuzes ausreichend und gut verpflegt. Es wurde Graupensuppe mit Rindfleisch verabfolgt... Um 19.30 Uhr wurde Mitau (Lettland) erreicht. Hier machte sich schon eine erheblich kühlere Temperatur bemerkbar. Es setzte Schneetreiben mit anschließendem Frost ein. Die Ankunft in Riga erfolgte um 21.50 Uhr, wo der Zug auf dem Bahnhof 1½ Stunden festgehalten wurde.

Hier stellte ich fest, daß die Juden nicht für das Rigaer Ghetto bestimmt waren, sondern im Ghetto Skirotawa, 8 km nordostwärts von Riga, untergebracht werden sollten. Am 13.12., um 23.35 Uhr erreichte der Zug nach vielem Hin- und Herrangieren die Militärrampe auf dem Bahnhof Skirotowa. Der Zug blieb ungeheizt stehen. Die Außentemperatur betrug bereits 12 Grad unter Null. Da ein Übernahme-K[omman]do der Sta[ats]po[lizei] nicht zur Stelle war, wurde die Bewachung des Zuges vorläufig von meinen Männern weiter durchgeführt. Die Übergabe des Zuges erfolgte alsdann um 1.45 Uhr, gleichzeitig wurde die Bewachung von 6 lettischen Polizeimännern übernommen. Da es bereits nach Mitternacht war, Dunkelheit herrschte und die Verladerampe stark vereist war, sollte die Ausladung und die Überführung der Juden in das noch 2 km entfernt liegende Sammelghetto erst am Sonntag früh beim Hellwerden erfolgen.

Mein Begleit-Kdo. wurde durch 2 vom Kdo. D. Sch. bereitgestellte Pol.-Streifenwagen nach Riga gebracht und bezog dort gegen 3 Uhr Nachtquartier. Ich selbst erhielt Unterkunft im Gästehaus des Höheren SS- und Polizeiführers […].

Deportation aus Osnabrück nach Riga am 13. Dezember 1941 – Irmgard Heimbach (Jg. 1927). Sie hat ihre Geschichte 1946 aufgeschrieben, diesen nichtveröffentlichten Text aber lange Jahre niemandem gezeigt.

Mitte November des Jahres 1941 bekamen wir die Nachricht, daß wir am 13. Dezember des Jahres nach Riga / Lettland «evakuiert» würden. So nannte man mit feinen Worten unsere Verschleppung. Wir durften pro Person hundert Pfund Großgepäck und unser Handgepäck mitnehmen. Am 11. Dezember wurde unser Großgepäck abgeholt und in einer Turnhalle in Osnabrück aufgestapelt. Am nächsten Tag, also am 12. Dezember, wurden wir von der Gestapo abgeholt und unter deren Bewachung zur Turnhalle gebracht, nachdem sie unsere Wohnungen, die wir vollständig zurücklassen mußten, versiegelt hatten. In der Turnhalle hatte man inzwischen auch die Juden der Umgebung Osnabrücks versammelt. Wir übernachteten auf einem Strohlager und wurden am anderen Morgen unter Begleitung der Gestapo zum Bahnhof geführt.

Unser Großgepäck wurde in einen besonderen Waggon geladen. Als der Zug auf dem Osnabrücker Hauptbahnhof einlief, brachte er schon die Juden aus Münster / Westfalen und Umgebung. Mit groben Worten der Gestapo wurden wir in die Abteile getrieben und ab ging der Zug. In Bielefeld wurden ebenfalls noch jüdische Personen der Stadt sowie aus Minden und Umgebung «eingeladen». Unser Transport bestand aus 1009 Personen. Nach zweitägiger Fahrt in einem unbeheizten Zug kamen wir auf einem Verladebahnhof in Riga an. Wir mußten aber noch die ganze Nacht im Zug bleiben. Am anderen Morgen, als es hell wurde, sahen wir ringsumher hohen Schnee. Wir merkten, daß wir im Osten waren, denn die strenge Kälte machte sich bemerkbar. Etwas später kam die SS mit Gummiknüppeln und trieb uns aus dem Zug. So hatten wir gleich einen schönen Empfang und einen kleinen Vorgeschmack für unser künftiges Leben. […] Nun marschierten wir, geführt von bewaffneten lettischen Posten, zwei Stunden lang, bis wir plötzlich ein mit Stacheldraht umzäuntes Stadtviertel sahen.

Ein Getto! Unser Gefühl bei dem Anblick unserer «neuen Heimat» läßt sich mit Worten wohl sehr schwer sagen. Im Getto angelangt, kamen uns schon unsere Glaubens- und Leidensgenossen entgegen, welche im Laufe der letzten Tage ebenfalls mit Transporten zu je 1000 Menschen aus den verschiedensten Gegenden Deutschlands hier eingetroffen waren. Es waren Transporte aus Köln, Kassel, Düsseldorf etc. Es wurden uns einige Häuser angewiesen, in deren Räumen wir Wohnungen suchen sollten. Bei Betreten derselben bot sich uns ein schreckliches Bild: Es waren eingerichtete Wohnungen, aber sie waren in einem wüsten Durcheinander. Die Möbel und Kleidungsstücke waren durcheinandergeschmissen, die Töpfe standen auf dem Herd, das Essen auf dem Tisch. Allerdings waren die Speisen zu Eis gefroren. Wir standen entgeistert und wußten weder Rat noch Erklärung. Dann räumten wir den Schmutz beiseite und schmissen die Kleidung hinaus, weil wir noch glaubten, unser Großgepäck zu bekommen, welches aber nie eintraf.

Später wurde uns die Erklärung über alles zuteil: In der Stadt Riga lebten 40 000 Juden. Als im Juli 1941 die Deutschen in Lettland einmarschierten, kamen alle ins Getto. Kurz vor unserer Ankunft wurden sie von der SS und vom SD bis auf etwa 4000 Männer und 150 Frauen erschossen. Teils im Getto, teils wurden sie einige Kilometer weiter in den Hochwald getrieben, wo sie tags zuvor selber ihr Grab schaufeln mußten. Sie waren fluchtartig aus ihren Wohnungen getrieben worden. Später hatte die SS die Wohnungen durchwühlt und Schmuck, gute Kleidungsstücke und dergleichen herausgeholt. Die überlebenden lettischen Juden wurden im benachbarten Getto, von uns durch Stacheldraht getrennt, untergebracht.

Aufgaben:
1. Vergleicht die beiden Berichte über die Deportationen nach Riga.
2. Überlegt, wann und warum sie geschrieben wurden.

Schreiben der Gestapo, Staatspolizeistelle Münster, Außendienststelle Bielefeld, an Landräte und Oberbürgermeister zur Vorbereitung der Deportationen vom 31. März 1942, 20. März 1942

Am 31.3.42 werden aus dem Bezirk der Staatspolizeistelle Hannover 1000 Juden nach dem Osten evakuiert. Aus dem ehemaligen Bezirk der Staatspolizeistelle Bielefeld (Reg.-Bez. Minden und die Länder Lippe und Schaumburg-Lippe) sind für den Abtransport 325 Juden zu stellen. Die zu stellenden Juden sind in dem beigefügten Verzeichnis aufgeführt. Die Kreispolizeibehörden haben folgendes zu veranlassen:

1. Die zur Abschiebung bestimmten Juden sind am 30.3.42 in ihren Wohnungen abzuholen und am gleichen Tage bis spätestens 12.00 Uhr nach Bielefeld zum Kyffhäuser (Am Kesselbrink), Großer Saal, zu überführen. Die begleitenden Exekutivbeamten haben die Überführung in Zivilbekleidung vorzunehmen. Die Transporte sind möglichst mit der Eisenbahn durchzuführen.

2. Vor dem Verlassen der Wohnungen der Juden hat ein Beamter das vorhandene Bargeld, Wertgegenstände (Schmuckstücke, Gold- und Silbersachen, auch goldene Uhren) – außer den Ehe-

ringen – einzuziehen. In der Wohnung des betreffenden Juden ist dann eine der beigefügten Quittungen von einem Beamten auszustellen, die von zwei Beamten und dem betreffenden Juden, bei dem die Sicherstellung erfolgte, zu unterschreiben ist. Das Bargeld und die Wertsachen sind mit der Quittung in *einem* Umschlag zu *versiegeln* und im Auffanglager in Bielefeld (Kyffhäuser) dem aufsichtsführenden Stapobeamten abzugeben.

3. Vor dem Verlassen der Judenwohnungen ist darauf zu achten, daß das Gas und Wasser abgestellt und das Licht ausgeschaltet ist (Verdunkelung!). Lebendes Inventar ist von dort aus unterzubringen. Kosten dürfen nicht entstehen.

4. Unmittelbar nach dem Verlassen der Wohnungen sind die Judenwohnungen zu versiegeln. Hierfür sind Siegelmarken zu verwenden. Die Schlüssel der Wohnungen sind [...] einzuziehen und auf dem Amt zu hinterlegen. Sie sind zusammenzubinden und mit einem Zettel, auf dem der Name und die Wohnung des Juden aufgeführt sind, zu versehen. Falls in einer Judenwohnung oder in einem Judenhause noch andere Juden zurückbleiben, sind diesen entsprechend ihrer Anzahl Räume zuzuweisen. Diese Juden sind jedoch auf engstem Raum zusammenzulegen. Falls sich in diesen Räumen noch Sachen befinden, die Eigentum der zu evakuierenden Juden sind, sind diese Sachen vorher in die zu versiegelnden Räume zu bringen. Es ist unbedingt dafür Sorge zu tragen, daß das Eigentum der zum Abtransport bestimmten Juden so sichergestellt wird, daß es einem Zugriff Dritter entzogen ist. Die in einer Wohnung oder in einem Hause zurückbleibenden Juden sind strengstens darauf hinzuweisen, daß die versiegelten Räume nicht betreten und die Siegel nicht beschädigt werden dürfen.

5. Bei der Einlieferung im Auffanglager dürfen die Juden nur im Besitze ihrer Kennkarte sein. Alle anderen Papiere sind in der Wohnung zurückzulassen. Lebensmittelkarten sind einzuziehen und an das zuständige Wirtschaftsamt abzuführen. Ar-

beitsbücher und Invalidenkarten sind ebenfalls einzuziehen und an das zuständige Arbeitsamt bzw. an die Invalidenversicherungsanstalt abzuführen.

6. Die für die Evakuierung vorgesehenen Juden sind angewiesen, 25 kg Gepäck mitzunehmen. Außerdem dürfen für 2 Tage Verpflegung mitgenommen werden. Die Ortspolizeibehörden haben bereits am 28.3.1942 das Gepäck von den Juden einzuziehen und bis zur Abfahrt aufzubewahren. Es ist vor dem Abtransport *nachzuwiegen und genauestens zu durchsuchen.* Das Gepäck darf keine Waffen (Schußwaffen, Sprengstoffe, Messer, Scheren, Gifte, Medikamente usw.) enthalten. Ist das Gepäck schwerer als 25 kg, ist es entsprechend zu verringern. Es ist den Juden auch zu gestatten, daß sie sich bis zu zwei Schlafdecken, die aber in dem Gewicht von 25 kg enthalten sein müssen, mitnehmen dürfen... Auf die genaueste Durchführung der vorstehenden Anordnungen, die nach den Richtlinien des Reichssicherheitshauptamtes aufgestellt sind, weise ich ganz besonders hin.

Aufgaben:
1. Welchem Zweck dienen die Anweisungen?
2. Überlegt, was ihr auf eine Reise ins Ungewisse unbedingt mitnehmen würdet.
3. Überlegt: Was geschah mit den Besitztümern der Deportierten nach ihrer Deportation?

Gettos

Die Juden im Deutschen Reich wurden in sogenannten «Judenhäusern» untergebracht. Im besetzten Polen entstanden auf Weisung der deutschen Besatzungsmacht jüdische Wohnbezirke und Gettos. Aufgrund der drangvollen Enge und der schlechten Versorgungslage starben dort unzählige Menschen an Unterernährung und Krankheiten. Die Gettos waren Orte des Todes und der von den Nazis gewollten Vernichtung der Juden. Denen es gelang, unter den Lebensumständen in den Gettos zu überleben, wurden von dort in die Vernichtungslager deportiert. Neben den bekannteren Gettos wie in Warschau, Krakau, Lodz (Litzmannstadt) oder Wilna gab es viele kleinere Gettos, in denen Hunderttausende Menschen umkamen.

Aus dem Diensttagebuch des Generalgouverneurs Hans Frank, Abteilungsleitersitzung, Krakau, 12. September 1940
Was die Behandlung der Juden betrifft, so habe ich genehmigt, daß in Warschau das Ghetto geschlossen wird, vor allem weil festgestellt ist, daß die Gefahr von 500 000 Juden so groß ist, daß die Möglichkeit des Herumtreibens unterbunden werden muß.

Aufgabe:
Welchem Zweck dienten die Gettos? Zieht das Fernschreiben Heydrichs (s. S. 224) vom 21. September 1939 zur Klärung heran.

Aus dem Diensttagebuch des Generalgouverneurs Hans Frank, Arbeitssitzung, 1941
Der Herr Generalgouverneur will die Entscheidung darüber, ob das Warschauer Ghetto aufgelöst werden soll, von dem Ergebnis seiner demnächst dort stattfindenden Besichtigung abhängig machen. Auf keinen Fall könne er es zulassen, daß eine Stadt wie Warschau völlig verpestet werde.

Aufgabe:
Was bedeutet «Auflösung» des Gettos?

Feldpostbriefe deutscher Soldaten

(Es folgen Texte bis S. 260)

Gefreiter G. R., 27. April 1941

Hier sind auch alle Juden zusammengepfercht. In den Städten hat man ihnen sogar ein Viertel zugewiesen. Da dürfen sie überhaupt nicht heraus. Die Ausgangsstraßen sind gesperrt für sie durch Drahtverhau, und ein Posten steht davor. Ich möchte kein Jude sein. Zu diesem Kapitel könnte ich Euch noch mehr schreiben.

Aufgabe:
Versucht, den Brief fortzusetzen.

Unbekannter Schreiber, 11. Mai 1941

Nun bin ich wieder unter Slawen, die dazu hier noch unsere Feinde waren und dementsprechend behandelt werden und sich gegen uns verhalten. Eine Menge Juden gibt es hier auch noch. Da wir in größeren Städten sind, wurden diese ins Ghetto zusammengezogen. Das war und ist für unsereinen eine fremde Welt, was sich da dem Auge, der Nase, dem Ohr an Schmutz und Elend bietet. Doch scheinen die Leute nicht besonders darunter zu leiden…

Unteroffizier G. E., 24. Juni 1941

Emil schrieb von den verhungerten Kindern des Warschauer Ghettos, das er kurz gesehen hat. Im letzten Krieg brachte das Ausland Bilder von abgehackten Kinderhänden. Und nun dies! Die Wahrheit ist schlimmer, grausamer, viehischer als alle Phantasie.

Major C. H. B., 21. August 1941, Warschau

Warschau hat mich als Stadt enttäuscht. Die Teuerung und dadurch eine besonders ins Auge fallende Armut bestimmen neben den Zerstörungen von 1939 maßgeblich das Stadtbild. Durch die Teuerung wird auch der wilde Handel sehr gefördert. Auf freien Plätzen sieht man die Verkäufer mit allen möglichen Sachen stehen: Lebensmittel jeder Art, Kleider, Wäsche, dazu Krimskrams jeglicher Art. Im Ghetto sind die Zustände kaum zu beschreiben. Das kann man nur gesehen haben, um es auch wirklich glauben zu können. Auf der Straße herrscht ein Verkehr wie zur Leipziger Messe. Hier handelt der Jude untereinander mit lautem Geschrei auch alles auf der Straße. An dem Morgen, als ich mit dem Wagen durchfuhr, sah ich mehrere Leichen, darunter Kinderleichen, etwas mit Papier zugedeckt und dieses mit Steinen beschwert. Die anderen Juden gehen achtlos daran vorüber, bis der primitive Leichenkarren kommt und diejenigen «Überreste», mit denen kein Geschäft mehr zu machen ist, abholt. Das Ghetto ist mit Mauern, Zäunen usw. abgeschlossen. An den vielen Schlagbäumen stehen SS-, polnische und jüdische Schutzleute und führen eine strenge Kontrolle aus. Schmutz, Gestank und Lärm sind die Hauptzeichen des Ghettos.

Aufgaben:
1. Vergleicht die Briefe der Soldaten in ihren Aussagen.
2. Welche Haltung nehmen die Briefschreiber zu den Juden und zu ihren Lebensumständen in den Gettos ein?
3. Was erfahren die Leser der Briefe über die Bedingungen, unter denen die Juden leben mußten?

Aus dem Diensttagebuch des Generalgouverneurs Hans Frank, «Regierungssitzung» in Krakau, 16. Dezember 1941

Gegen das Verlassen des Ghettos durch Juden müsse und werde mit aller Schärfe vorgegangen werden. Die aus diesem Grunde gegen Juden verhängte Todesstrafe müsse fürderhin schnellstens vollstreckt werden.

Ein Oberfeldwebel der deutschen Wehrmacht, Hugo Armann, wird in Weißrußland Zeuge von «Aktionen» und der «Liquidierung» des Gettos Baranovici im März 1942.

Diese Beschreibung stammt aus dem Buch «Die stillen Helden» – die Frauen und Männer, die Juden retteten:

Die zehntausend Juden von Baranovici, die alle in das Getto getrieben worden waren, mußten wie Sklaven arbeiten. Unter den Juden, die Armann beschäftigte, war Sara Czazkes, ein neunzehnjähriges Mädchen, das in der Küche seiner Einheit arbeitete. Er war, so erinnerte sie sich, «ein großherziger, ein wirklich guter Mann». Im März 1942, zur Zeit des Purimfestes, mit dem die Juden ihre Rettung vor der Vernichtung durch den persischen König Ahasveros und seinen bösen Minister Haman im fünften Jahrhundert vor Christus feierten, zerrten die Gestapo und ihre Helfershelfer in der Ortspolizei zweitausenddreihundert Männer aus ihren Häusern, verspotteten sie, knüppelten sie nieder und erschossen sie. [...]

Sechs Monate später erfuhr Armann von einem Sicherheitspolizisten, mit dem er zu tun hatte, daß für den Tag nach Jom Kippur, dem jüdischen Versöhnungsfest, ein zweites Massaker geplant war. Nun sollten die Frauen und Kinder an die Reihe kommen. Der Oberfeldwebel überlegte, wie er «seine» Juden schützen könnte. «Uns war der Tod bestimmt», erinnerte sich Sara Czakes, «doch Hugo Armann rettete alle Juden, die für ihn arbeiteten. Er holte uns von dort, wo die Selektion stattfand, weg und behielt uns in seinem Haus, bis das Morden vorüber war.» [...] Innerhalb von zehn Tagen wurden weitere dreitausend Juden getötet. Hunderte von Opfern wurden in jenem Herbst hastig in Gräbern verscharrt, die so dicht unter der Oberfläche lagen, daß Hundemeuten die Leichen ausgruben und auffraßen.

Alle ahnten, daß das zweite Massaker nicht das letzte gewesen war. Sara arbeitete weiterhin in Armanns Einheit, doch sie kehrte abends nicht ins Getto zurück, sondern übernachtete mit anderen jüdischen Küchenhelfern im Haus des Oberfeldwebels. Der dritte Schlag kam im Dezember. Bei der Liquidierung des Gettos wurden weitere dreitausend Juden ermordet. Alle jüdischen Arbeiter hatten den Befehl erhalten, nach Hause zu gehen, nur die wirklich Unentbehrlichen durften bleiben, doch Armann versorgte seine Schützlinge weitere drei Wochen auf dem Dachboden, bis die «Aktion» vorüber war. Sie konnten dann nicht länger bleiben, weil es zu gefährlich geworden war.

Armann nahm Kontakt zu dem polnischen Untergrundkämpfer Edward Czaczia auf, der Juden, die aus dem Getto hatten fliehen können, zu den Partisanen in den Wäldern führte. Czaczia schmuggelte Sara zu einem etwa fünfundzwanzig Kilometer außerhalb der Stadt gelegenen Sumpf, der jüdischen und anderen Flüchtlingen als eine Art Zwischenstation diente. Bevor Armann Sara der Obhut des Widerstandskämpfers anvertraute, gab er ihr noch seine Dienstpistole [...].

Saras Rettung war Armann noch nicht genug. Er machte Saras Vater, Schwester und Schwager ausfindig, die in Arbeitslagern außerhalb des Gettos schuften mußten, und konnte schließlich ihnen und zwei weiteren Juden zur Flucht in die Wälder verhelfen, wo sie dann auch Sara wiederfanden. [...] Teils mit, teils ohne seine Hilfe konnten nach Schätzungen mindestens vierhundertfünfzig Juden in die Wälder fliehen. [...] «Ich habe nicht viel getan», sagt Hugo Armann [...]. «Doch wenn viele ein weniges getan hätten, hätte ein viel daraus werden können.»[25]

Aufgabe:
Nehmt Stellung zu Armanns Aussage «Ich habe nicht viel getan. Doch wenn viele ein weniges getan hätten, hätte ein viel daraus werden können.»

Aufzeichnungen aus dem Getto Lodz – Oskar Rosenfeld, 9. Mai 1942

Draht. Zwischen die eroberte Stadt Lodz und das künstlich geschaffene Getto haben die Sieger einen Stacheldraht gespannt. Auf der Lodzer Seite steht feldgraue Wache. Wer sich beim Draht, auf Getto-Seite natürlich – ein paar Minuten aufhält, den ruft die Wache an. Jede Geste, jeder Versuch sich verständlich zu machen, scheitert, ist nutzlos. Selbst wenn der Gettojude hart beim Draht wohnt, muß er vorsichtig sein, sich ducken, zum Haustor hineinlaufen, sozusagen flüchten. Der Posten legt an, schießt, ein Knall – vorbei. Niemand schert sich um den Toten. Manchmal wird er auf Befehl von Aschkenes [hebr. für die Deutschen] weggeräumt, Kugeln sind billig wie Bohnen – es ist Krieg. Am 17. November verließ ein junges Mädchen das Lager, das ist die Behausung ihres Kollektivs. «Unglückliche Liebe»... Da es im Getto keinen Revolver und kein Gift und keinen Fluß und keinen haltbaren Strick gibt und da man bei Ausübung eines Selbstmordes leicht gestört werden kann – überall eilen, lungern, sitzen, stehen Menschen –, entschloß sich das Mädchen, an den Draht zu gehen. Dort blieb es traumverloren stehen, mißachtete den Warnruf des Wachpostens, tat, als ginge sie das nichts an. Dem Posten gefiel die Szene nicht, für Sentimentalitäten hatte er kein Verständnis, legte an, schoß. Das Mädchen fiel. Es war der erste Selbstmord eines «Evakuierten» im Getto. – Diese Erfahrung mit dem Wohltäter «Draht» kam vielen unglücklichen Menschen zugute. Die Einheimischen, seit zwei Jahren an die Kategorie «Getto» gewöhnt, machten keinen Gebrauch davon, ihre Abgehärtetheit und ihr religiöser Glaube ließ ein solches Sichhingeben nicht zu. Andere aber, deportierte «Deutsche», benutzten die Draht-Gegend als Selbstmordterrain. Ich geh zum Draht – wurde ein geflügeltes Wort. Es hieß soviel wie «Ich habe vom Leben Abschied genommen».[26]

Aus dem Diensttagebuch des Generalgouverneurs Hans Frank, Polizeisitzung vom 18. Juni 1942, Krakau

Auf die Frage von Staatssekretär Dr. Bühler, ob eine Aussicht auf eine schnelle Verminderung der Ghettobevölkerung bestehe, erwiderte Staatssekretär Krüger, daß man darüber wohl im Laufe des August einen Überblick habe. Das Problem der Judenaussiedlung dränge zu einer Entscheidung. Für die Durchführung einer solchen Aktion sei die Gestellung von ausreichenden Transportzügen notwendig. Trotzdem für die nächsten 14 Tage eine restlose Zugsperre verordnet sei, habe er in Verhandlungen mit Präsident Gerteis erreicht, daß für den Abtransport von Juden ab und zu Züge bereitgestellt würden. Nach Ablauf der Sperrfrist müsse die Judenaktion verstärkt durchgeführt werden.

Aufgaben:
1. Überlegt, warum es Engpässe bei der «Gestellung von ausreichenden Transportzügen» gab. Was läßt sich im Hinblick auf die Wichtigkeit, die die Nazis dem Abtransport der Juden beimaßen, aus der Tatsache schließen, daß trotzdem Züge bereitgestellt wurden?
2. Was bedeuten «Judenaussiedlung» und «Judenaktion»?

Juli 1942 im Warschauer Getto.
– Aus dem Tagebuch des Adam Czerniaków, Vorsitzender des Judenrats (Es folgen Texte bis S. 269)

Abends gegen 11 hat man mir 700 Menschen (viele Frauen und Kinder) […] vor die Gemeinde gebracht. Die Anwohner der Grzybowska-Straße halfen uns mit Tee usw. 100 Brote wurden an die Umsiedler ausgegeben. Wieler verübelt mir, daß ich Kinderfeste veranstalte, die Gärten feierlich eröffne, daß das Orchester spielt usw. Ich erinnere mich an einen Film: das Schiff sinkt, doch der Kapitän befiehlt der Jazzband zu spielen, um den Passagieren Mut zu machen. Ich habe beschlossen, dem Beispiel dieses Kapitäns zu folgen.[27]

Der Historiker Raul Hilberg berichtet in dem Film «Schoah» von Claude Lanzmann über diesen Tag:

Claude Lanzmann: «Vor dem Krieg hatte Czerniaków einen Film gesehen: Der Kapitän eines sinkenden Passagierdampfers befiehlt der Kapelle, Jazz zu spielen. In seinem Tagebuch vergleicht er sich am 8. Juli 1942, knapp zwei Wochen vor seinem Tod, mit dem Kapitän des untergehenden Schiffes. Aber er veranstaltet ein Kinderfest im Getto...» – Raul Hilberg: «Ja, Schachturniere, Theater, Kinderfeste, alles gab es bis zum letzten Augenblick. Aber das sind Symbole! Diese kulturellen Darbietungen dienen nicht nur dazu, die Moral aufrechtzuerhalten, wie Czerniaków glauben machen will. Sie sind auch symbolisch für die allgemeine Lage im Getto: Kranke heilen oder zu heilen versuchen, die bald vergast werden, den Versuch unternehmen, Kinder zu erziehen, die niemals aufwachsen werden, Arbeit geben oder Arbeitsstellen schaffen, in einer Situation, in der alles zusammenbricht. Sie blicken nach vorn, als ob das Leben weiterginge. Sie halten an dem Glauben fest, daß das Getto überlebt, obwohl alles ihnen das Gegenteil beweist. Bis zum Ende verfolgen sie die Strategie: Wir müssen die Schäden, die Zerstörungen, die Verluste so gering wie möglich halten, wir müssen weitermachen. Die Kontinuität ist die einzige Rettung.»[28]

23. Juli 1942. Adam Czerniaków schreibt Abschiedsbriefe

[Abschiedsbrief an seine Frau] Sie verlangen von mir, mit eigenen Händen die Kinder meines Volkes umzubringen. Es bleibt mir nichts anderes übrig, als zu sterben.

[Notiz an die Gemeindeverwaltung] Worthoff und seine Kollegen [vom Umsiedlungsstab] waren bei mir und verlangten, daß für morgen ein Kindertransport vorbereitet wird. Damit ist mein bitterer Kelch bis zum Rand gefüllt, denn ich kann doch nicht wehrlose Kinder dem Tod ausliefern. Ich habe beschlossen, abzutreten. Betrachtet dies nicht als einen Akt der Feigheit oder eine Flucht. Ich bin machtlos, mir bricht das Herz vor Trauer und Mitleid, länger kann ich es nicht ertragen. Meine Tat wird alle die Wahrheit erkennen lassen und vielleicht auf den rechten Weg des Handelns bringen. Ich bin mir bewußt, daß ich Euch ein schweres Erbe hinterlasse.[29]

Oskar Rosenfeld schreibt im Getto Lodz am 27. Juli 1942 über die Deportationen aus Warschau:
Aussiedlung Warschau: Gerücht, aus Warschau sollen Juden evakuiert werden. Gleichzeitig Gerücht, daß wieder Kartoffeln in der kommenden Küchenration sein werden. – Warschau tatsächlich gewaltsame Evakuierung von täglich 10 000 Juden mit Gewehr und Erschießen. Nicht Aussiedlung, sondern Austreibung in unerhörten Dimensionen wie seinerzeit aus Lodz im Getto Litzmannstadt. Ältester der Juden in Warschau – Selbstmord.[30]

Ein Täter berichtet über den Monat Juli 1942. Dr. Franz Grassler war Assessor bei Dr. Heinz Auerswald, dem «Kommissar für den jüdischen Wohnbezirk» in Warschau – ein Interview aus Claude Lanzmanns Film «Shoah»
Claude Lanzmann: «Warum hat Czerniaków Selbstmord begangen?» – Franz Grassler: «Weil er wohl erkannt hat, daß eben... eben keine Lebensfähigkeit für das Getto mehr bestanden hat, und wahrscheinlich hat er eben früher als ich erkannt, daß die Juden umgebracht werden sollten, net. Ich... ich nehme an, daß, also sagen wir mal, sich schon die... die Juden haben ja eigentlich ihren Geheimdienst ganz gut gehabt, net. Die wußten mehr, als sie wissen sollten, und die wußten mehr, als wir wußten.»
«Glauben Sie das?»
«Das glaube ich, ja. Ja. Ja.»
«Die Juden wußten mehr als Sie? Als Sie und...»
«Ja. Ja. Da bin ich überzeugt. Da bin ich überzeugt.»
«Das ist schwer zu akzeptieren.»
«Doch, doch. Denn die deutschen Dienststellen, die wurden ja

nie informiert über das, was nun, sagen wir mal, mit den Juden geschehen sollte, ne.»

«Wann waren die ersten Deportationen nach Treblinka?»

«Ja, ich denke, vor Auerwalds Selbstmord.»

«Vor Auerwalds Selbstmord?»

«Selbstmord. Entschuldigung, net. Ah, ne, aber Czerniakóws. Verzeihung.»

«Am 22. Juli.»

«Das waren... das sind Daten, die ich eben nirgends mehr... Also, 22.7.42 Beginn der Deportationen.»

«Ja.»

«Nach Tre... nach Treblinka.»

«Und Czerniaków hat Selbstmord gemacht am 23.»

«Na ja, das ist dann...»

«...einen Tag später...»

«Ein Tag später. Also. Da hat er dann eben wohl erkannt, daß seine Idee, denn ich glaube, es war seine Idee, mit den Deutschen ehrlich zusammenzuarbeiten und dabei für die Juden das Beste herauszuholen, daß das eben einfach zerstört war, diese... diese Idee und dieser Traum.»

«Er hat verstanden, daß diese Idee ein Traum war.»

«Ja, ja. Und wie der Traum zerstört war, glaube ich, hat er eben die Konsequenz gezogen.»[31]

Der Historiker Raul Hilberg über die Vorgänge – auch ein Gespräch aus dem Film «Schoah»

Claude Lanzmann: «Wann hat Czerniaków seine letzte Eintragung gemacht?»

Raul Hilberg: «Einige Stunden vor seinem Selbstmord.»

«Und was schreibt er?»

«‹Es ist fünfzehn Uhr. Viertausend sind schon bereit zur Abreise. Neuntausend sollen es bis sechzehn Uhr sein.› Das sind die letzten Notizen eines Mannes, der am Abend sterben wird.»

«Der erste ‹Transport› der Juden von Warschau nach Treblinka findet am 22. Juli 1942 statt, und Czerniaków bringt sich am darauffolgenden Tag um.»

«Genau. Am 22. also kommt der SS-Sturmbannführer Hoefele zu ihm, der für den ‹Transfer› verantwortlich und offiziell mit der ganzen Operation beauftragt ist, die Juden aus Warschau fortzuschaffen. Hoefele kommt also am 22. Hier muß man nebenbei ein Detail festhalten: Czerniaków ist so aufgeregt, daß er sich im Datum irrt, statt des 22. Juli 1942 trägt er den 22. Juli 1940 ein, Hoefele also dringt um zehn Uhr in sein Büro ein, unterbricht das Telefon, läßt die Kinder, die gegenüber dem Gebäude des Judenrats spielen, entfernen und sagt zu ihm: ‹Alle Juden, ohne Ansehen des Alters und Geschlechts, einige ausgenommen, werden in den Osten deportiert.› Immer der Osten! ‹Von heute, sechzehn Uhr, an müssen sechstausend ausgeliefert werden. Das wird das tägliche Minimum sein.› Das kündigt man ihm am 22. Juli 1942 an. Trotzdem bemüht er sich noch, bittet um weitere Ausnahmen: die Mitglieder des Judenrats, der Hilfsorganisationen. Aber seine ganz große Sorge ist, daß die Waisen deportiert werden sollen, und ohne Unterlaß bittet er für sie. Am 23. hat er noch immer nicht die Zusage, daß sie verschont werden. Wenn er nicht mehr der Beschützer des Waisenhauses sein kann, dann hat er seinen Krieg verloren, hat er seine Schlacht verloren.»

«Aber warum die Waisen?»

«Sie sind die Schwächsten. Das sind kleine Kinder... Das ist die Zukunft. Sie selbst können für sich nichts tun. Wenn die Waisen nicht ausgenommen werden, wenn er nicht einmal das Ja eines SS-Offiziers hat, nicht einmal ein Versprechen, von dem er selbst weiß, daß er darauf nicht zählen kann, wenn selbst ein Wort ihm verweigert wird, was soll er daraus schließen? Wenn er nichts mehr für die Kinder tun kann... Man berichtet, daß er, nachdem er sein Tagebuch abgeschlossen hatte, eine letzte Notiz hinterließ: ‹Sie wollen, daß ich die Kinder mit meinen eigenen Händen töte.›»[32]

Aufgaben:
1. Beschreibt die Situation Czerniakóws kurz vor seinem Selbstmord.
2. Versucht, seine Position zwischen deutschen Besatzern und der jüdischen Gemeinschaft im Getto zu beschreiben.
3. Vergleicht die verschiedenen Stellungnahmen zu seinem Selbstmord. Welche Deutungen werden angeboten?

Der Arzt und Pädagoge Janusz Korczak berichtet am 4. August 1942

Ich habe die Blumen begossen, die armen Pflanzen des Waisenhauses, eines jüdischen Waisenhauses. Die ausgedörrte Erde atmete auf. Ein Posten sah mir bei der Arbeit zu. Ob ihn diese friedliche Tätigkeit um sechs Uhr in der Frühe wohl reizt, oder rührt sie ihn vielleicht? Breitbeinig steht er da und schaut. [...] Ich begieße die Blumen. Meine Glatze am Fenster – ein gutes Ziel. Er hat einen Karabiner. Warum steht er da und betrachtet mich so friedlich? Er hat keinen Befehl. Vielleicht war er im bürgerlichen Leben Dorfschullehrer, vielleicht Notar, Straßenkehrer in Leipzig oder Kellner in Köln? Was würde er tun, wenn ich ihm zunickte? Freundlich winken? Vielleicht weiß er gar nicht, daß es so ist, wie es ist? Vielleicht ist er erst gestern von weit her gekommen...[33]

Aufgaben:
1. Erörtert die Gedanken von Janusz Korczak.
2. Schreibt einen Brief, wie ihn der Wachposten am 4. August 1942 an seine Frau hätte schreiben können.

Einen Tag nachdem Janusz Korczak seine Überlegungen zu Papier gebracht hatte, verließ er das Warschauer Getto – mit zweihundert jüdischen Waisenkindern mußte er auf dem «Umschlagplatz» des Gettos einen Güterwaggon besteigen, der sie nach Treblinka brachte. Die Fahrt dauerte elf Stunden. Über die genaueren Umstände ihrer Reise und ihres Todes in den Gaskammern von Treblinka wissen wir nichts – wer sollte uns auch davon berichten können?

Bekanntmachung des SS- und Polizeiführers im Distrikt Warschau vom 5. September 1942

Betr.: Todesstrafe für Unterstützung von Juden, die die jüdischen Wohnbezirke unbefugt verlassen haben.

In der letzten Zeit haben sich zahlreiche Juden aus den ihnen zugewiesenen jüdischen Wohnbezirken unbefugt entfernt. Sie halten sich z. Zt. noch im Distrikt Warschau auf.

Ich weise darauf hin, dass durch die Dritte Verordnung des Generalgouverneurs über Aufenthaltsbeschränkung im Generalgouvernement vom 15. 10. 1941 (VBl. GG. S. 595) nicht nur die Juden, die in dieser Weise unbefugt den ihnen zugewiesenen Wohnbezirk verlassen haben, mit dem Tode bestraft werden, sondern dass die gleiche Strafe jeden trifft, der solchen Juden wissentlich Unterschlupf gewährt. Dazu gehört nicht nur die Gewährung von Nachtlager und Verpflegung, sondern auch jede anderweitige Unterstützung, z. B. durch Mitnahme in Fahrzeugen aller Art, durch Ankauf jüdischer Sachwerte usw.

Ich richte hiermit an die Bevölkerung des Distrikts Warschau die Aufforderung, jeden Juden, der sich unbefugt ausserhalb eines jüdischen Wohnbezirks aufhält, sofort dem nächsten Polizeirevier oder Gendarmerieposten zu melden.

Wer einem Juden Unterstützung hat zuteil werden lassen oder z. Zt. noch zuteil werden lässt, hiervon aber bis zum 9. 9. 42 16 Uhr, der nächsten polizeilichen Dienststelle Mitteilung macht, wird STRAFRECHTLICH NICHT VERFOLGT WERDEN.

In der gleichen Weise wird gegen denjenigen von einer Strafverfolgung Abstand genommen, der die von einem Juden erworbenen Sachwerte bis zum 9. 9. 42 16 Uhr, in Warschau, Niakastr. 20 abliefert oder bei dem nächsten Polizeirevier bzw. Gendarmerieposten Meldung erstattet.

Aufgaben:

1. Wodurch war die Situation der polnischen Juden zur Zeit der Besatzung besonders schwierig?
2. Wodurch war die Situation der Polen, die Juden halfen, zur Zeit der Besatzung besonders schwierig?

Aufruf der Jüdischen Kampforganisation (Zydowska Organizacja Bojowa), Warschau, Ende Januar 1943

An die jüdischen Volksmassen im Ghetto! Am 22. Januar 1943 sind sechs Monate vergangen, seit die Aussiedlungen in Warschau begannen. Wir alle gedenken der Schreckenstage, in denen 300 000 unserer Brüder und Schwestern fortgeschleppt und im Todeslager Treblinka bestialisch umgebracht wurden. Sechs Monate lang lebte man nur in Todesangst und wußte nie, was der kommende Tag brächte. Von überall her erhielten wir Nachrichten über die Ausrottung der Juden im Generalgouvernement, in Deutschland und den besetzten Ländern. Jedesmal beim Hören dieser Trauerbotschaften, jeden Tag, warteten wir darauf, daß auch unsere Stunde gekommen sei. Heute wissen wir, die Hitlermörder ließen uns nur deshalb bisher am Leben, um unsere Arbeitskraft bis zum letzten Tropfen von Schweiß und Blut, bis zum letzten Atemzug auszunutzen. Wir sind Sklaven. Sobald einem aber ein Sklave nicht mehr von Nutzen ist, wird er einfach ausgerottet. Das sollte jeder von uns begreifen und sich ständig vor Augen halten.

Während der letzten Wochen wurden von Leuten gewisser Kreise Gerüchte verbreitet, die von Briefen wissen wollten, welche verschleppte Warschauer Juden schrieben. Angeblich sollen diese sich in Arbeitslagern bei Pinsk oder Bobruisk aufhalten. Jüdische Volksmassen, glaubt nicht an solche Märchen! Sie wurden von jenen Juden ausgestreut, die im Dienste der Gestapo stehen. Damit verfolgen die blutigen Mörder ihr Ziel. Sie wollen die jüdische Bevölkerung dadurch beschwichtigen, um dann später die Aussiedlungen ohne Schwierigkeiten mit geringem Kraftauf-

wand und wenig deutschen Opfern durchführen zu können. Sie
wollen verhindern, daß die Juden Verstecke suchen oder Widerstand leisten. Juden, redet diese Lügen nicht nach! Helft den
Agenten nicht. Diesen verbrecherischen Gestapospitzeln wird es
heimgezahlt werden. Jüdische Volksmassen, die Stunde naht. Ihr
müßt bereit zum Widerstand sein! Ihr dürft euch nicht wie die
Hammel abschlachten lassen! Kein einziger Jude soll mehr in die
Waggons verladen werden! Wer sich nicht aktiv am Widerstand
beteiligen kann, soll ihn passiv leisten, das heißt, er soll sich verstecken. Wir erhielten jetzt eine Nachricht aus Lemberg, daß dort
die jüdische Polizei selbständig eine Aussiedlung von 3000 Juden
durchführte. So etwas wird in Warschau nicht geschehen! [...]
Unsere Parole muß jetzt sein: Jeder sei bereit, wie ein Mensch zu
sterben![34]

Der Warschauer Getto-Aufstand

(Es folgen Texte bis S. 275)

**Telegramm des Zentralkomitees des «Bund», Warschau, an
die Bevollmächtigten Zygelboim und Szwarcbart im polnischen Exilparlament, London, 20. April 1943**
Am 19. April haben die SS-Truppen mit Panzern und Artillerie begonnen, die Überlebenden des Warschauer Gettos zu ermorden.
Das Getto leistet heldenhaften Widerstand. Die Verteidigung
wird von der Jüdischen Kampforganisation geführt, die fast alle
Gruppierungen vereint. Aus dem Getto sind pausenlos Schüsse
und schwere Detonationen zu hören. Der Feuerschein hängt über
dem ganzen Viertel. Das Ergebnis des Kampfes ist bereits entschieden. Am Abend weht über den Stellungen der Getto-Vertei-
diger die Fahne mit der Aufschrift «Wir werden bis zum Letzten
kämpfen». Die Aufregung darüber ist groß. Die Menschen in
Warschau beobachten den Kampf mit Bewunderung und offener
Sympathie für die Getto-Kämpfer. Wir rufen zu sofortiger Rache

auf. Bittet das Internationale Rote Kreuz, auch Gettos und Todeslager in Auschwitz, Treblinka, Belzec, Sobibor, Majdanek und andere Konzentrationslager zu besuchen.

Aus einer Radioansprache des polnischen Exil-Ministerpräsidenten, General Sikorski, London, 5. Mai 1943

Wir sind Zeugen des größten Verbrechens der Menschheitsgeschichte. Wir wissen, daß ihr den gemarterten Juden jede in eurer Macht stehende Hilfe angedeihen laßt. Ich danke euch dafür, Landsleute, in meinem und der Regierung Namen. Ich bitte euch, ihnen auch weiterhin jede erdenkliche Hilfe zu gewähren und […] dieser unmenschlichen Grausamkeit Einhalt zu gebieten.[35]

Abschiedsbrief des Samuel Mordecai (Artur) Zygelbojm (Jg. 1895), jüdischer Abgeordneter des polnischen Exilparlaments, London, 11. Mai 1943

Ich erlaube mir, meine letzten Worte an Sie zu richten und über Sie gleichzeitig auch an die polnische Regierung, das polnische Volk und an alle Völker der verbündeten Nationen sowie an das Gewissen der Welt. Die letzten Nachrichten aus Polen lassen deutlich erkennen, daß die Deutschen offenbar entschlossen sind, auch die letzten noch lebenden Juden in Polen mit grausamer Brutalität auszurotten. Hinter den Mauern des Warschauer Gettos rollt jetzt der letzte Akt einer Tragödie ab, die in der Geschichte ohne Beispiel ist.

Gewiß tragen die Mörder im Grunde genommen selber die Verantwortung für die Ausrottung des polnischen Judentums; indirekt aber erstreckt sich diese Verantwortung auch auf die übrige Menschheit, auf die Völker und Regierungen der Alliierten, denn sie haben nicht einmal den Versuch unternommen, solche Verbrechen zu verhindern oder ihnen ein Ende zu bereiten. Indem sie unbeteiligt zuschauten, wie hilflose Millionen gemarterter Kinder, Frauen und Männer ermordet wurden, haben sich diese Nationen auf die gleiche Stufe mit den Verbrechern gestellt.

Ich möchte hier feststellen, daß die polnische Regierung nicht nachdrücklich genug eingriff, wenn sie auch versuchte, die öffentliche Meinung wachzurütteln. Verglichen mit dem Drama jedoch, das sich in Polen abspielte, standen diese Schritte in keinerlei Verhältnis. Einem Bericht des Führers der Untergrundbewegung «Bund» ist zu entnehmen (das Schreiben wurde durch Kurier übermittelt), daß von dreieinhalb Millionen polnischer Juden und 700 000 aus anderen Ländern nach Polen verschleppten Juden im April 1943 lediglich noch 300 000 am Leben waren. Ich kann das nicht stillschweigend hinnehmen.

Ich kann aber auch nicht weiterleben, wenn dort noch der Rest des polnischen Judentums, zu dem zu gehören auch ich die Ehre habe, umkommt. Mit der Waffe in der Hand starben meine Freunde im letzten heldenhaften Kampf des Warschauer Gettos. Mein Schicksal hat es nicht gewollt, daß ich mit ihnen gemeinsam sterbe. Doch auch ich gehöre zu ihnen in die Massengräber. Durch meinen Tod möchte ich zum letzten Mal gegen die Passivität protestieren, mit der die ganze Welt zusieht und es zuläßt, wie das jüdische Volk ausgerottet wird. Wie wenig ein Menschenleben heute gilt, weiß ich selber. Lebend vermochte ich nicht viel zu bewirken. Ich hoffe jedoch, daß mein Tod vielleicht dazu beitragen wird, jene aus ihrer Lethargie wachzurütteln, die selbst jetzt – im letzten Augenblick noch – vermöchten, die wenigen noch in Polen am Leben gebliebenen Juden zu retten.

Mein Leben gehört der jüdischen Bevölkerung Polens. Deshalb gebe ich es auch ihr hin. Möge jene Handvoll polnischer Juden, die von Millionen übrig blieb, gemeinsam mit dem polnischen Volk die Befreiung erleben, welche Polen in eine freie Welt des Sozialismus, in eine Welt der Gerechtigkeit verwandeln wird. Ich glaube fest daran, daß so ein Polen sich aus der Unterdrückung erhebt und eine solche Welt ersteht. Der Präsident und auch der Premierminister werden meine Worte jenen ausrichten, für die sie bestimmt sind. Davon bin ich überzeugt. Ebenso weiß ich, daß die polnische Regierung jeden nur möglichen diplomatischen

Schritt unternimmt, um den noch lebenden polnischen Juden zu helfen. Ich nehme Abschied von allem und jedem, was mir einmal teuer war und was ich einst geliebt habe.[36]

Aufgaben:
1. Faßt zusammen, wie der Gettoaufstand und das Verhalten der Deutschen, der polnischen Nichtjuden in Polen, der polnischen Exilregierung in London und der Juden in Polen in den Quellen beschrieben wird.
2. Macht Widersprüche deutlich und versucht, sie zu erklären.
3. Woher rührt Zygelboims Entschluß, sich umzubringen?

Kleiner Gettospiegel, Oskar Rosenfeld, Getto Lodz, 28. Juli 1944

Weltuntergang oder Erlösung. Man spürt etwas in der Luft. Jede Nacht Alarm, Verdunkelung. Das Sausen und Rollen von Wagen mit Militär durch die Zgierska[-Straße] in der Gegend von Maryshin. […] Nach 5 Kriegsjahren wird man aufatmen. Man sagt, wir werden bald ausgelöst werden… Gott soll geben… […] Man steht vor Weltuntergang oder vor Erlösung. Die Brust wagt bereits freier zu atmen. Die Menschen blicken einander mit Blicken an, die sagen wollen: wir verstehen uns, nicht wahr! Der Älteste weiß, daß derlei Blicke gefährlich sind, und gibt die Ordre, die Gefühle der Freunde nicht hervorsprudeln zu lassen und die bisherige Haltung zu bewahren. Noch ist es zu früh. Noch wacht das Auge des Wächters. Ein Lachen kann uns verraten, ein heiteres Gesicht das Getto in Gefahr bringen. Darum still. Alles in sich verbergen… Es gibt allerdings auch Skeptiker, Miesmacher, die nicht glauben wollen und das bezweifeln, was sie seit Jahren ersehnen und erwarten. Sagt man ihnen «Einmal muß es ja so kommen, und jetzt, wenn der Augenblick da ist, wollt ihr es nicht glauben», dann blicken sie mit ödem Aug ins Leere und weiden sich an ihrem Pessimismus. Nach so viel Leiden und Schrecken, nach so vielen Enttäuschungen sich nicht der Vorfreude hingeben können, darf schließlich nicht verwunderlich sein. Das Herz ist voller Narben, das Hirn mit einer Kruste von fehlgeschlagenen Hoffnungen überzogen. Und wenn schließlich der Tag der «Auslösung» vor der Tür steht, will man sich lieber überraschen lassen, als wieder einmal eine Enttäuschung zu erleben. Das ist Menschenart, das ist die Psychologie des Menschen von Litzmannstadt-Getto Ende Juli 1944.[37]

Dies ist die letzte Eintragung Oskar Rosenfelds. Er ist in Auschwitz-Birkenau umgebracht worden.

Aufgaben:
1. Faßt in eigenen Worten zusammen, wie sich Rosenfeld die Zukunft vorstellt.
2. Was meint Rosenfeld, sei «Menschenart, [...] die Psychologie des Menschen von Litzmannstadt-Getto Ende Juli 1944»?

Untertauchen

Es gelang Juden unterzutauchen – durch die Hilfe von Nichtjuden oder durch eigenes Geschick. Das Beispiel der Retter öffnet eine positive Perspektive: es gab Menschen, die dazu in der Lage waren und das Risiko auf sich nahmen, anderen zu helfen.

«Ich hab hier 'nen Juden.» Die Rettung von Samuel Grajower in Jeetze bei Salzwedel. Robert Froese, Zeitzeuge, erzählt darüber 1990:
Frage: Wann war Ihre erste Begegnung mit Samuel Grajower?
Antwort: Ja, als ich auf Urlaub war, Weihnachten '44. Mit der Sache hatte ich eigentlich nicht viel zu tun. Das haben meine Eltern gemacht. Mein Vater sagte zu mir: «Weißt du, wer das ist, der Schwarze da?» – er war so ein dunkler, schöner schmucker

Kerl, höchstens 17 Jahre – «Das ist ’n Jude.» Ich sag: «Menschenskinder, weißt du was, wenn das rauskommt, dann seid ihr dran, und ich auch. Dann hol’n sie mich ab.» «Das ist egal», sagt er, «dem Jungen wird geholfen.» Und seitdem wußte ich, daß ein Jude hier in der Molkerei war.

Frage: Hat Ihr Vater erzählt, wie er hierher nach Jeetze gekommen ist?

Antwort: Selbstverständlich, er war aus Chzanow, auf deutsch Zaumgarten bei Breslau in Oberschlesien. Von dort kam er in das Konzentrationslager Dora bei Nordhausen. Er hat sich an einem Morgen im September 1943 in einem Aschefahrzeug versteckt, das nach draußen fuhr, und dann haben sie ihn abgekippt, und man hat ihn eben nicht verraten. Und dann mußte er zu irgendeiner Adresse... Ich habe hier noch ’ne alte Zeitung […] vom 15. September 1964. Da hat der Reporter Rudi Hartwig aus Salzwedel das genauer beschrieben. Der ist damals noch persönlich zu den betreffenden Leuten gegangen und hat mit ihnen gesprochen. Ich lese mal was davon vor: «Die Familie des Salzwedeler Regierungsinspektors Robohm saß beim Abendessen. Es klingelte. Frau Adele Robohm wollte nachsehen, wer da an der Tür sei. ‹Laß›, sagte ihr Mann, ‹ich geh schon.› Er brachte einen verschüchterten Jungen herein. ‹Samuel›, flüsterte Adele überrascht. Der Junge trug ein dünnes rotes Hemd und eine graue Hose. Sie hatte ihn sofort als den Sohn des jüdischen Besitzers der Brauereiniederlage aus Chrzanow wiedererkannt. ‹Wo kommst du her?› Samuel blickte sich scheu um. ‹Aus dem KZ Dora, Nordhausen... Alle Juden aus Chrzanow sind weggebracht worden... Helfen Sie mir, Frau Robohm›, stammelte der Junge. ‹Ich bin geflohen. Man bringt mich um. Ich habe es in Dora gesehen – Berge von Leichen.› Hermann Robohm und seine Frau Adele standen vor der schwersten und gefahrvollsten Entscheidung ihres Lebens. Als er noch im Landratsamt in Chrzanow war, hatte er den Schuldirektor Czep mit seinen Eingaben aus dem KZ befreien können. Aber hier? ‹Wo hast du unsere Adresse her?› ‹Als ich im vorigen Monat aus Dora floh, bin ich auf Güterzügen nach Chrzanow zum Schulleiter Czep. Der gab mir Kleidung und Ihre Adresse.› ‹Und nun bist du auf Güterzügen wieder hierher?› Samuel nickte. Herr Robohm tat einen langen Pfiff. ‹Da hast du aber etwas hinter dir.› (…) Hermann blickte seine Frau fragend an. Sie faßte den Jungen am Arm und schob ihn auf einen Stuhl. ‹Iß, Junge, du wirst Hunger haben›, sagte sie.» Und dann hat dieser Robohm Personalpapiere und eine Kennkarte auf den Namen Stanislaus Gorko, staatenlos, Eltern bei einem Bombenangriff auf Hamburg umgekommen, ausgestellt. Über einen Gustav Beier setzte sich der Regierungsrat mit unserem Bürgermeister Pollack in Jeetze in Verbindung, der gleichzeitig Vorsitzender der Molkereigenossenschaft war. Und der ist dann zu meinem Vater gegangen und hat gesagt, so und so, Konrad, «ich hab hier 'nen Juden, den müssen wir unterbringen.» Da hat mein Vater geantwortet: «Is jut, wir stellen ihn als Molkereiarbeiter ein.» Der Bürgermeister hat noch Lebensmittel- und Kleidermarken besorgt, und von Anfang an wurde Samuel in der Molkerei Klaus gerufen.[38]

Ein weiteres Beispiel dafür, wie Juden überlebten, ist in der Geschichte vom *Hitlerjungen Salomon* festgehalten. Es handelt sich um Sally Perel, der 1925 in Peine geboren wurde. Ihm war als Jugendlicher die Flucht in die Sowjetunion gelungen. Er befand sich 1941, nach dem Angriff auf die UdSSR, wieder im Einflußgebiet des Deutschen Reiches. Er verstand es, sich gegenüber den Deutschen als ein «volksdeutsches» Waisenkind namens Josef auszugeben. Daraufhin wurde er «heim ins Reich» geschickt, wo er als ein Junge unter vielen aufwuchs, mit einem Geheimnis, das er mit niemandem teilen durfte. Über seine Lebensgeschichte berichten der Film *Hitlerjunge Salomon* und seine Erinnerungen, die unter dem Titel *Ich war Hitlerjunge Salomon* erschienen sind.

Literaturhinweis

Sally Perel: *Ich war Hitlerjunge Salomon,* München 1993 (Heyne 9272)

Irene Runge: *Onkel Max war jüdisch – Neun Gespräche mit Deutschen, die Juden halfen,* Berlin 1991, Dietz Verlag

Eric Silver: *Sie waren stille Helden – Frauen und Männer, die Juden vor den Nazis retteten,* München 1994, Hanser

Mord – Vernichtung

Der Holocaust begann nicht erst in den Vernichtungslagern. Historiker streiten darüber, wann der Entschluß gefaßt wurde, die europäischen Juden tatsächlich auszurotten. Die leitenden Nazis führten das Wort von der Vernichtung schon früh im Munde, so daß im nachhinein manche Äußerung wie ein früher Hinweis auf das spätere Mordgeschehen wirkt. Doch wäre es verfehlt, daraus eine Zwangsläufigkeit abzuleiten, auch wenn die Logik der Entwicklung es retrospektiv so erscheinen läßt.

Nicht alle Diskussionen der Geschichtswissenschaft eignen sich für die Beschäftigung im Klassenzimmer. Das trifft auch für diese Frage zu, den Streit zwischen Intentionalisten und Funktionalisten über die Beschlußfassung, die zum Mord an den europäischen Juden führte. Hier wollen wir uns darauf beschränken, Perspektiven auf das Geschehen aufzuzeigen, die die Entscheidungsprozesse zwar beleuchten, zugleich aber die Träger des Geschehens ebenso erkennbar machen wie deren Opfer.

Adolf Hitler – Mein Kampf (1927)

Hätte man zu Kriegsbeginn und während des Krieges einmal zwölf- bis fünfzehntausend dieser hebräischen Volksverderber so unter Giftgas gehalten, wie Hunderttausend unserer allerbesten deutschen Arbeiter aus allen Schichten und Berufen es im Felde erdulden mußten, dann wäre das Millionenopfer der Front nicht vergeblich gewesen. Im Gegenteil: Zwölftausend Schurken zur rechten Zeit beseitigt, hätte vielleicht einer Million ordentlicher, für die Zukunft wertvoller Deutschen das Leben gerettet.[39]

Aufgaben:

1. Klärt, auf welche historische Situation Hitler sich in seinen Äußerungen bezieht.
2. Diese Passage wurde verschiedentlich als eine frühe Andeutung auf den Holocaust verstanden. Was spricht dafür, was dagegen?

Reichstagsrede Hitlers (30. Januar 1939)

Ich bin in meinem Leben sehr oft Prophet gewesen und wurde meistens ausgelacht. In der Zeit meines Kampfes um die Macht war es in erster Linie das jüdische Volk, das nur mit Gelächter meine Prophezeiungen hinnahm, ich würde einmal in Deutschland die Führung des Staates und damit des ganzen Volkes übernehmen und dann unter vielen anderen auch das jüdische Problem zur Lösung bringen. Ich glaube, daß dieses damalige schallende Gelächter dem Judentum in Deutschland unterdes wohl schon in der Kehle erstickt ist.

Ich will aber heute wieder Prophet sein: Wenn es dem internationalen Finanzjudentum in und außerhalb Europas gelingen sollte, die Völker noch einmal in einen Weltkrieg zu stürzen, dann wird das Ergebnis nicht die Bolschewisierung der Erde und damit der Sieg des Judentums sein, sondern die Vernichtung der jüdischen Rasse in Europa. Denn die Zeit der propagandistischen Wehrlosigkeit der nicht-jüdischen Völker ist zu Ende. Das nationalsozialistische Deutschland und das faschistische Italien besitzen jene Einrichtungen, die es gestatten, wenn notwendig, die Welt über das Wesen einer Frage aufzuklären, die vielen Völkern instinktiv bewußt und nur wissenschaftlich unklar ist. Augenblicklich mag das Judentum in gewissen Staaten seine Hetze betreiben unter dem Schutz einer dort in seinen Händen befindlichen Presse, des Films, der Rundfunkpropaganda, der Theater, der Literatur usw. Wenn es diesem Volke aber noch einmal gelingen sollte, die Millionenmassen der Völker in einen für diese gänzlich sinnlosen und nur jüdischen Interessen dienenden Kampf zu hetzen, dann wird sich die Wirksamkeit einer Aufklärung äußern, der in Deutschland allein schon in wenigen Jahren das Judentum restlos erlegen ist.[40]

Aufgaben:
1. Hitler war zu dem Zeitpunkt, als er diese Rede hielt, längst klar, daß er Deutschland in den Krieg führen wollte. Die Vorbereitungen liefen auf Hochtouren. Welchem Zweck konnten seine antijüdischen Aussagen dienen?
2. Wie charakterisiert er die Juden? Wie charakterisiert er die Nichtjuden? Was hat sich nach seiner Darstellung seit dem Machtwechsel in Deutschland im Jahre 1933 geändert?
3. Versucht, Hitlers Charakterisierungen der Juden und Nichtjuden zu widerlegen.

Zwangsarbeit in Auschwitz, Mai 1940 – Die Historikerin Danuta Czech:

[Lagerkommandant] Höß erreicht beim Bürgermeister der Stadt Auschwitz die Überstellung von 300 Juden für Aufräumungsarbeiten in der Umgebung des künftigen Lagers. Sie werden von der jüdischen Gemeinde des Ortes zur Verfügung gestellt und arbeiten bis Anfang Juni an der Säuberung der Kasernen und der nächsten Umgebung.[41]

Aus dem Kriegstagebuch des Befehlshabers der XVIII. Armee im rückwärtigen Heeresgebiet, von Küchler, 22. Juli 1940

[…] Ich betone die Notwendigkeit, dafür Sorge zu tragen, daß sich alle Soldaten der Armee, besonders die Offiziere, jeder Kritik an dem im Generalgouvernement geführten Kampf mit der Bevölkerung, zum Beispiel die Behandlung der polnischen Minderheiten, der Juden und kirchlicher Angelegenheiten, enthalten. Die völkische Endlösung dieses Volkskampfes, der an der Ostgrenze seit Jahrhunderten tobt, verlangt besonders strenge Maßnahmen. Gewisse Einheiten von Partei und Staat sind mit der Durchführung dieses völkischen Ringens im Osten betraut. Der Soldat hat sich diesen Belangen anderer Einheiten fernzuhalten. Das bedeutet, er hat jene Unternehmen auch nicht zu kritisieren. Außerordentlich wichtig erscheint es, unverzüglich dieses Problem betreffende Anweisungen für jene Soldaten herauszugeben, die erst kürzlich aus dem Westen in den Osten verlegt wurden, da diesen andernfalls Gerüchte und falsche Auskünfte über die Bedeutung und das Ziel solchen Ringens nahegebracht werden könnten.

Aus einem Aktenvermerk des Leiters des SD-Abschnitts Posen, Höppner, für Adolf Eichmann, 16. Juli 1941
Es besteht in diesem Winter die Gefahr, daß die Juden nicht mehr sämtlichst ernährt werden können. Es ist ernsthaft zu erwägen, ob es nicht die humanste Lösung ist, die Juden, soweit sie nicht arbeitsfähig sind, durch irgendein schnellwirkendes Mittel zu erledigen. Auf jeden Fall wäre das angenehmer, als sie verhungern zu lassen.[42]

> **Aufgabe:**
> Erörtert den Vorschlag Höppners – welche Bedeutung kommt darin den Worten «human», «erledigen» und «angenehm» zu?

Befehl Hermann Görings an den Leiter des Reichssicherheitshauptamtes (RSHA) Reinhard Heydrich (31. Juli 1941):
In Ergänzung der Ihnen bereits mit Erlaß vom 24. 1. 1939 übertragenen Aufgabe, die Judenfrage in Form der Auswanderung oder Evakuierung einer den Zeitverhältnissen entsprechend möglichst günstigen Lösung zuzuführen, beauftrage ich Sie hiermit, alle erforderlichen Vorbereitungen in organisatorischer, sachlicher und materieller Hinsicht zu treffen für eine Gesamtlösung der Judenfrage im deutschen Einflußgebiet in Europa. […] Sofern hierbei die Zuständigkeiten anderer Zentralinstanzen berührt werden, sind diese zu beteiligen. Ich beauftrage Sie weiter, mir in Bälde

einen Gesamtentwurf über die organisatorischen, sachlichen und materiellen Vorausmaßnahmen zur Durchführung der angestrebten Endlösung der Judenfrage vorzulegen.[43]

Aufgabe:
Was bedeuten die Begriffe «Evakuierung», «Gesamt-» bzw. «Endlösung» und «Judenfrage» im Kontext dieses Schreibens?

«Bericht über die Erschießung von Juden und Zigeunern», Oberleutnant Walther, 1. November 1941, Serbien
Nach Vereinbarung mit der Dienststelle der SS holte ich die ausgesuchten Juden bzw. Zigeuner vom Gefangenenlager Belgrad ab. Die Lkws der Feldkommandantur 599, die uns zur Verfügung standen, erwiesen sich als unzweckmäßig aus zwei Gründen: 1. Werden sie von Zivilisten gefahren. Die Geheimhaltung ist dadurch nicht sichergestellt. 2. Waren sie alle ohne Verdeck und Plane, so daß die Bevölkerung der Stadt sah, wen wir auf den Fahrzeugen hatten und wohin wir dann fuhren. Vor dem Lager waren Frauen der Juden versammelt, die heulten und schrien, als wir abfuhren.

Der Platz, an dem die Erschießung vollzogen wurde, ist sehr günstig. Er liegt [...] unmittelbar an der Straße Pancevo–Jabuka, an der sich eine Böschung befindet, die so hoch ist, daß ein Mann nur mit Mühe hinauf kann. Dieser Böschung gegenüber ist Sumpfgelände, dahinter ein Fluß. Bei Hochwasser [...] reicht das Wasser fast bis an die Böschung. Ein Entkommen der Gefangenen ist daher mit wenig Mannschaften zu verhindern. Ebenfalls günstig ist der Sandboden dort, der das Graben von Gruben erleichtert und somit die Arbeitszeit verkürzt.

Nach Ankunft etwa 1 1/2–2 km vor dem ausgesuchten Platz stiegen die Gefangenen aus, erreichten im Fußmarsch diesen, während die Lkw mit den Zivilfahrern sofort zurückgeschickt wurden, um ihnen möglichst wenig Anhaltspunkte zu einem Verdacht zu geben. Dann ließ ich die Straße für sämtlichen Verkehr sperren aus Sicherheits- und Geheimhaltungsgründen. Die Richtstätte wurde durch 3 MG und 12 Schützen gesichert: 1. Gegen Fluchtversuche der Gefangenen. 2. Zum Selbstschutz gegen etwaige Überfälle von serbischen Banden. Das Ausheben der Gruben nimmt den größten Teil der Zeit in Anspruch, während das Erschießen selbst sehr schnell geht (100 Mann 40 Minuten). Gepäckstücke und Wertsachen wurden vorher eingesammelt und in meinem Lkw mitgenommen, um sie dann der N[ational]-S[ozialistischen] V[olkswohlfahrt] zu übergeben.

Das Erschießen der Juden ist einfacher als das der Zigeuner. Man muß zugeben, daß die Juden sehr gefaßt in den Tod gehen – sie stehen sehr ruhig –, während die Zigeuner heulen, schreien und sich dauernd bewegen, wenn sie schon auf dem Erschießungsplatz stehen. Einige sprangen sogar vor der Salve in die Grube und versuchten, sich tot zu stellen. Anfangs waren meine Soldaten nicht beeindruckt. Am 2. Tage jedoch machte sich schon bemerkbar, daß der eine oder andere nicht die Nerven besitzt, auf längere Zeit eine Erschießung durchzuführen. Mein persönlicher Eindruck ist, daß man während der Erschießung keine seelischen Hemmungen bekommt. Diese stellen sich jedoch ein, wenn man nach Tagen abends in Ruhe darüber nachdenkt.[44]

Aus einer Rede des Generalgouverneurs Hans Frank, 16. Dezember 1941

Ich weiß, es wird an vielen Maßnahmen, die jetzt im Reich gegenüber den Juden getroffen werden, Kritik geübt. [...] Bewußt wird – das geht aus den Stimmungsberichten hervor, immer wieder versucht, von Grausamkeit, Härte usw. zu sprechen. Ich möchte Sie bitten, einigen Sie sich mit mir zunächst, bevor ich weiterspreche, auf die Formel: Mitleid wollen wir grundsätzlich nur mit dem deutschen Volk haben, sonst mit niemandem auf der Welt. [...] Die anderen haben auch mit uns kein Mitleid gehabt. Ich muß auch als alter Nationalsozialist sagen: wenn die Judensippschaft in Europa den Krieg überleben würde, wir aber unser bestes Blut für die Erhaltung Europas geopfert hätten, dann würde dieser Krieg doch nur einen Teilerfolg darstellen. Ich werde daher den Juden gegenüber grundsätzlich nur von der Erwartung ausgehen, daß sie verschwinden. Sie müssen weg. Ich habe Verhandlungen zu dem Zweck angeknüpft, sie nach dem Osten abzuschieben.

Im Januar findet eine große Besprechung in Berlin statt, zu der ich Herrn Staatssekretär Dr. Bühler entsenden werde. Diese Besprechung soll im Reichssicherheitshauptamt bei SS-Obergruppenführer Heydrich gehalten werden. Jedenfalls wird eine große jüdische Wanderung einsetzen. Aber was soll mit den Juden geschehen? Glauben Sie, man wird sie im Ostland in Siedlungsdörfern unterbringen? Man hat uns in Berlin gesagt: Weshalb macht man die Scherereien? Wir können im Ostland oder im Reichskommissariat auch nichts mit ihnen anfangen. Liquidiert sie selbst.

Meine Herren, ich muß Sie bitten, sich gegen alle Mitleidserwägungen zu wappnen. Wir müssen die Juden vernichten, wo immer wir sie treffen und wo es irgend möglich ist, um das Gesamtgefüge des Reiches hier aufrechtzuerhalten. […] Jedenfalls müssen wir aber einen Weg finden, der zum Ziele führt. Und ich mache mir darüber meine Gedanken. Die Juden sind auch für uns außergewöhnliche, schädliche Fresser. Wir haben im Generalgouvernement schätzungsweise 2,5, mit den Jüdisch-Versippten und dem, was alles daran hängt, jetzt 3,5 Millionen Juden.

Diese 3,5 Millionen können wir nicht erschießen. Wir können sie nicht vergiften, werden aber doch Eingriffe vornehmen können, die irgendwie zu einem Vernichtungserfolg führen, und zwar im Zusammenhang mit den vom Reich her zu besprechenden großen Maßnahmen. Das Generalgouvernement muß genau so judenfrei werden, wie es das Reich ist. Wo und wie das geschieht, ist Sache der Instanzen, die wir hier einsetzen und schaffen müssen, und deren Wirksamkeit ich Ihnen rechtzeitig bekanntgeben werde.[45]

Die Wannsee-Konferenz –
Der Plan zur «Endlösung»

Am 20. Januar 1941 trafen sich hochrangige Vertreter verschiedener Ministerien und Verwaltungsorgane zu einer Geheimkonferenz in einer Villa am Berliner Wannsee, in der sich heute eine Gedenkstätte befindet, um die weiteren Planungen und Verantwortlichkeiten für die «Endlösung der Judenfrage» abzusprechen. Ist in dem Protokoll der sogenannten «Wannsee-Konferenz» anfangs das Ziel formuliert, «auf legale Weise den deutschen Lebensraum von Juden zu säubern», wird nun die «Evakuierung der Juden nach dem Osten» propagiert. Dies aber sei eine vorläufige Stufe auf dem Weg hin zur «Endlösung der Judenfrage».

Ein Auszug aus dem Protokoll:
Im Zuge dieser Endlösung der europäischen Judenfrage kommen rund 11 Millionen Juden in Betracht, die sich wie folgt auf die einzelnen Länder verteilen:

Land	Zahl
A. Altreich	131 800
Ostmark	43 700
Ostgebiete	420 000
Generalgouvernement	2 284 000
Bialystok	400 000
Protektorat Böhmen und Mähren	74 200
Estland – judenfrei	
Lettland	3 500
Litauen	34 000
Belgien	43 000
Dänemark	5 600
Frankreich, besetzes Gebiet	165 000
unbesetztes Gebiet	700 000
Griechenland	69 600

```
        Niederlande ................... 160 800
        Norwegen ..................... 1 300
B.  Bulgarien ..................... 48 000
        England ...................... 330 000
        Finnland ..................... 2 300
        Irland ....................... 4 000
        Italien, einschl. Sardinien ......... 58 000
        Albanien ..................... 200
        Kroatien ..................... 40 000
        Portugal ..................... 3 000
        Rumänien, einschl. Bessarabien .... 342 000
        Schweden ..................... 8 000
        Schweiz ...................... 18 000
        Serbien ...................... 10 000
        Slowakei ..................... 88 000
        Spanien ...................... 6 000
        Türkei (europ. Teil) ............. 55 500
        Ungarn ....................... 742 800
        UdSSR ....................... 5 000 000
            Ukraine ................... 2 994 684
            Weißrußland, ausschl. Bialystok .. 446 484
```

zusammen: .... über 11 000 000

[...] Unter entsprechender Leitung sollen im Zuge der Endlösung die Juden in geeigneter Weise im Osten zum Arbeitseinsatz kommen. In großen Arbeitskolonnen, unter Trennung der Geschlechter, werden die arbeitsfähigen Juden straßenbauend in diese Gebiete geführt, wobei zweifellos ein Großteil durch natürliche Verminderung ausfallen wird.

Der allfällig endlich verbleibende Restbestand wird, da es sich bei diesen zweifellos um den widerstandsfähigsten Teil handelt, entsprechend behandelt werden müssen, da dieser, eine natürliche Auslese darstellend, bei Freilassung als eine Keimzelle eines neuen jüdischen Aufbaues anzusehen ist. [...]

Im Zuge der praktischen Durchführung der Endlösung wird Europa von Westen nach Osten durchgekämmt. [...]

Staatssekretär Dr. Bühler stellte weiterhin fest, daß das Generalgouvernement es begrüßen würde, wenn mit der Endlösung dieser Frage im Generalgouvernement begonnen würde, weil einmal hier das Transportproblem keine übergeordnete Rolle spielt und arbeitseinsatzmäßige Gründe den Verlauf dieser Aktion nicht behindern würden. Juden müßten so schnell wie möglich aus dem Gebiet des Generalgouvernements entfernt werden. [...] Von den in Frage kommenden etwa 2 ½ Millionen Juden sei überdies die Mehrzahl der Fälle arbeitsunfähig.

Aufgaben:
1. Was bedeuten hier «natürliche Verminderung» und «entsprechende Behandlung»?
2. Woher stammen Begriffe wie «natürliche Auslese» und «Keimzelle»?
3. Was bedeutet «Endlösung»? Welche Hinweise gibt es darauf?

Ida Voß, die im Versteck überlebte, schrieb ein Gedicht über den Tag (23.7.1942), an dem in Treblinka die Massentötungen begannen.

Erdkunde
Sie bekam eine Fünf
in Erdkunde
an jenem letzten Tag
aber sie wußte nur eine Woche später
ganz genau, wo Treblinka lag
aber nur für kurze Zeit

Aus einem Feldpostbrief – Unteroffizier F. K., 14. August 1942

Den STÜRMER erhalte ich nun zum dritten Mal. Das freut mich von ganzem Herzen und bewegt mich, Ihnen von Herzen zu danken. Eine größere Freude hätten Sie mir nicht machen können. Als SA-Mann habe ich längst das jüdische Gift in unserem Volk erkannt; wie weit es mit uns hätte kommen können, das sehen wir jetzt in diesem Feldzug. Was das Juden-Regime in Rußland angerichtet hat, sehen wir mit jedem Tag, und auch der letzte Zweifler dürfte hier angesichts der Tatsachen kuriert werden. Es muß und wird uns gelingen, die Welt von dieser Pest zu befreien, dafür garantiert der deutsche Soldat der Ostfront, und wir wollen nicht eher zurück, als hier die Wurzel allen Übels ausgerissen und die Zentrale der jüdisch-bolschewistischen «Weltbeglücker» vernichtet ist. Mögen unsere Wünsche recht bald in Erfüllung gehen, denn nur dann kann uns ein frohes Wiedersehen vereinigen, wenn wir uns vom jüdischen Einfluß von innen und außen befreit wissen.

Aufgaben:

1. Ab wann, denkst du, war die Schwelle von der Drohung mit der Vernichtung zur tatsächlichen Vernichtung überschritten?
2. Oft wird über Schuld an dem und Verantwortung für den Holocaust gesprochen – wer war schuldig, wer verantwortlich dafür und in welchem Maße? Was denkst du, welche Schuld oder Verantwortung trifft den Briefschreiber? Begründe deine Äußerungen.

Auschwitz

**Der SS-Arzt Dr. Johann Paul Kremer (Jg. 1884) führte
in Auschwitz Tagebuch. Eintragungen vom 29., 30. und
31. August 1942:**
29.8.1942 Kommandierung [...] zum K[onzentrations]L[ager]
Auschwitz, da angeblich dort ein Arzt wegen Krankheit ausgefallen ist. 30.8.1942 Abfahrt Prag 8.15 [...]. Ankunft im KL Auschwitz 17.36. Im Lager wegen zahlreicher Infektionskrankheiten
(Fleckfieber, Malaria, Durchfälle) Quarantäne. Erhalte streng geheimen Instruktionsbefehl durch den Standortarzt Hauptsturmführer Uhlenbrock und werde im Haus der Waffen-SS in einem
Hotelzimmer untergebracht. 31.8.1942 Tropenklima bei 28 Grad
im Schatten, Staub und unzählige Fliegen! Verpflegung im Führerheim ausgezeichnet. Heute abend gabs z.B. saure Entenleber
für 0,40 RM, dazu gefüllte Tomaten, Tomatensalat usw. Wasser ist
verseucht, dafür trinkt man Selterswasser, das unentgeltlich verabfolgt wird. Erste Impfung gegen Flecktyphus. Photographische
Aufnahme für den Lagerausweis.[46]

2. September 1942
Zum 1. Male draußen um 3 Uhr früh bei einer Sonderaktion zugegen. Im Vergleich hierzu erscheint mir das Dantesche Inferno
fast wie eine Komödie. Umsonst wird Auschwitz nicht das Lager
der Vernichtung genannt![47]

**In einem Verhör sagte Kremer am 18. August 1947 in Krakow
aus:**
Schon am 2. September 1942, um 3 Uhr früh, wurde ich zum Vergasen von Menschen bestimmt und nahm daran teil. Diesen Massenmord nahm man außerhalb des Lagers Birkenau in im Wald
gelegenen kleinen Häusern vor. Diese Häuser nannten die SS-Männer in ihrem Jargon «Bunker». An diesem Vergasen nahmen

in dem Dienst entsprechender Reihenfolge alle SS-Ärzte des Krankendienstes im Lager teil. Meine Teilnahme als Arzt bei diesen Vergasungen, die als «Sonderaktion» bezeichnet wurden, bestand in der Bereitschaft, an einem Platz neben dem Bunker. An diesen Platz wurde ich mit einem Auto gebracht, ich saß neben dem Chauffeur und […] ein SS-Sanitätsdienstgrad mit einem Sauerstoffgerät zum Retten vom beim Vergasen beschäftigten SS-Männern, falls einer von ihnen einer Vergiftung unterliegen sollte. Bei der Ankunft eines mit Menschen zum Vergasen bestimmten Transportes auf der Bahnrampe suchten die SS-Offiziere unter den Ankömmlingen zur Arbeit fähige Personen aus – sowohl Männer wie Frauen – und den Rest, unter ihnen Greise, alle Kinder, Frauen mit Kleinkindern, sowie andere zur Arbeit unfähige Personen – lud man auf Lastkraftwagen und brachte sie zu den Gaskammern. Meistens ging dies alles ruhig vor sich, da die SS-Männer die Menschen beruhigten, indem sie ihnen sagten, sie gingen ins Bad und zur Entlausung. Nach dem Hineintreiben aller in eine Gaskammer verschloß man die Tür und daraufhin warf ein SS-Mann in einer Gasmaske den Inhalt einer Zyklon-Büchse durch eine Öffnung in einer Seitenwand. Durch diese Öffnung gelangten Schreie und das Jammern der Opfer aus der Gaskammer, man hörte diese Menschen in ihrem Todeskampf. Diese Schreie waren nur sehr kurz zu hören. Ich bezeichne diese Zeit als wenige Minuten, doch bin ich nicht imstande, sie genau anzugeben.[48]

Am 5. September 1942 trifft ein Transport aus Westerbork, Niederlande, in Auschwitz ein. – Die Historikerin Danuta Czech:
5. September 1942. Mit einem Transport des RSHA [Reichssicherheitshauptamt] aus Holland sind 714 jüdische Männer, Frauen und Kinder aus dem Lager Westerbork eingetroffen. Nach der Selektion werden 53 Frauen, die die [Häftlings-]Nummern 19117 bis 19169 erhalten, als Häftlinge in das Lager eingewiesen. Die übrigen 661 Deportierten werden in den Gaskammern getötet.[49]

Über diesen Tag berichtet Kremer in seinem Tagebuch:

Heute Mittag bei einer Sonderaktion [Vergasung] aus dem F[rauen].K[onzentrations].L[ager]. I («Muselmänner»: das Schrecklichste der Schrecken.) H[aupt]sch[ar]f[ührer]. Thilo hat Recht, wenn er mir heute sagte, wir befänden uns am anus mundi (After der Welt). Abends gegen 8 Uhr wieder bei einer Sonderaktion aus Holland. Wegen der dabei abfallenden Sonderverpflegung, bestehend aus einem Fünftel Liter Schnaps, 5 Zigaretten, 100 g Wurst und Brot drängen sich die [SS-]Männer zu solchen Aktionen. Heute und morgen (Sonntag) Dienst.[50]

Johann Paul Kremer in einem Verhör in Krakow vom 18. Juli 1947

Besonders unangenehm war die Vergasung von ausgemergelten Frauen aus dem Frauenlager, die allgemein als «Muselmänner» bezeichnet wurden. Ich erinnere mich, daß ich einmal beim Vergasen einer solchen Frauengruppe am Tage teilnahm. Wie groß diese Gruppe war, kann ich nicht angeben. Als ich in die Nähe des Bunkers kam, saßen sie angekleidet auf der Erde. Da sie in abgetragener Lagerkleidung waren, wurden sie nicht in die Ausziehbaracke gelassen, sondern zogen sich im Freien aus. Aus dem Benehmen dieser Frauen schloß ich, daß sie sich darüber klar waren, welches Schicksal sie erwartete, da sie bei den SS-Männern um ihr Leben flehten und weinten; jedoch wurden sie in die Gaskammern gejagt und vergast. Als Anatom hatte ich viele schreckliche Sachen gesehen, ich hatte viel mit Leichen zu tun gehabt, jedoch das, was ich damals sah, ließ sich mit nichts vergleichen. Unter den Eindrücken, die ich damals empfing, schrieb ich am 5. 9. 1942 eben in mein Tagebuch: «Das Schrecklichste der Schrecken. Hauptscharführer Thilo hat Recht, wenn er mir heute sagte, wir befänden uns hier am anus mundi, an der ‹Aftermündung der Welt›. Diese Bezeichnung gebrauchte ich deshalb, weil ich mir gar nichts Abscheulicheres und Ungeheuerlicheres vorstellen konnte.[51]

Aufgaben:

1. Versuche in eigenen Worten zu beschreiben, was Kremers Aufgabe im Lager Auschwitz war. Was tat er, und welchen Handlungsspielraum hatte er?
2. Kremer war Arzt. Gibt es einen Widerspruch zwischen seiner Aufgabe als Arzt und seinem Handeln?
3. An anderer Stelle wurde bereits über Schuld und Verantwortung geschrieben. Wie beurteilst du die Frage nach der Schuld und Verantwortung Kremers?

Die Ermordung der Juden von Dubno, Ukraine, am 5. Oktober 1942 – Zeugenaussage des Tatzeugen Hermann Friedrich Graebe, Ingenieur, vom 10. November 1945

Als ich am 5. Oktober 1942 das Baubüro in Dubno besuchte, erzählte mir mein Polier Hubert Moennikes aus Hamburg-Harburg [...], daß in der Nähe der Baustelle in Gruben von je etwa 30 Meter Länge und 3 Meter Tiefe Juden aus Dubno erschossen worden seien. Man hätte täglich 1500 Menschen getötet. Alle vor der Aktion in Dubno noch vorhandenen etwa 5000 Juden sollten liquidiert werden. Da die Erschießungen in seiner Gegenwart stattgefunden hatten, war er noch sehr erregt. Daraufhin fuhr ich in Begleitung von Moennikes zur Baustelle und sah in der Nähe der Baustelle große Erdhügel von etwa 30 Meter Länge und etwa 2 Meter Höhe. Vor den Erdhügeln standen einige Lastwagen, von denen Menschen durch bewaffnete ukrainische Miliz unter Aufsicht eines SS-Mannes getrieben wurden. Die Milizleute bildeten die Wache auf den Lastwagen und fuhren mit diesen von und zur Grube.

Alle diese Menschen hatten die für die Juden vorgeschriebenen gelben Flecken auf der Vorder- und Rückseite ihrer Kleidung, so daß sie als Juden erkenntlich waren. Moennikes und ich gingen direkt zu den Gruben. Wir wurden nicht behindert. Jetzt hörte ich kurz nacheinander Gewehrschüsse hinter einem der Erdhügel. Die von den Lastwagen abgestiegenen Menschen, Männer,

Frauen und Kinder jeden Alters, mußten sich auf Aufforderung eines SS-Mannes, der in der Hand eine Reit- oder Hundepeitsche hielt, ausziehen und ihre Kleidung nach Schuhen, Ober- und Unterkleidern getrennt an bestimmte Stellen ablegen. Ich sah einen Schuhhaufen, große Stapel mit Wäsche und Kleidern.

Ohne Geschrei oder Weinen zogen sich diese Menschen aus, standen in Familiengruppen beisammen, küßten und verabschiedeten sich und warteten auf den Wink eines anderen SS-Mannes, der an der Grube stand und ebenfalls eine Peitsche in der Hand hielt. Ich habe während einer Viertelstunde, als ich bei den Gruben stand, keine Klagen oder Bitten um Schonung gehört.

Ich beobachtete eine Familie von etwa 8 Personen, einen Mann und eine Frau, beide von ungefähr 50 Jahren, mit deren Kindern, so ungefähr 1-, 8- und 10jährig, sowie 2 erwachsene Töchter von 20 bis 24 Jahren. Eine alte Frau mit schneeweißem Haar hielt das einjährige Kind auf dem Arm und sang ihm etwas vor und kitzelte es. Das Kind quietschte vor Vergnügen. Das Ehepaar schaute mit Tränen in den Augen zu. Der Vater hielt an der Hand einen Jungen von etwa 10 Jahren, sprach leise auf ihn ein. Der Junge kämpfte mit den Tränen. Der Vater zeigte mit dem Finger zum Himmel, streichelte ihn über den Kopf und schien ihm etwas zu erklären. Da rief schon der SS-Mann an der Grube seinem Kameraden etwas zu. Dieser teilte ungefähr 20 Personen ab und wies sie an, hinter den Erdhügel zu gehen. Die Familie, von der ich hier sprach, war dabei. Ich entsinne mich noch genau, wie ein Mädchen, schwarzhaarig und schlank, als sie nahe an mir vorbeiging, mit der Hand an sich herunter zeigte und sagte: «23 Jahre!»

Ich ging um den Erdhügel herum und stand vor dem riesigen Grab. Dicht aneinandergepreßt lagen die Menschen so aufeinander, daß nur die Köpfe zu sehen waren. Von fast allen Köpfen rann Blut über die Schultern. Ein Teil der Erschossenen bewegte sich noch. Einige hoben die Arme und drehten den Kopf, um zu zeigen, daß sie noch lebten. Die Grube war bereits dreiviertel voll. Nach meiner Schätzung lagen darin bereits ungefähr 1000 Menschen. Ich schaute mich nach dem Schützen um. Dieser, ein SS-Mann, saß am Rand der Schmalseite der Grube auf dem Erdboden, ließ die Beine in die Grube herabhängen, hatte auf den Knien eine Maschinenpistole liegen und rauchte eine Zigarette. Die vollständig nackten Menschen gingen an einer Treppe, die in die Lehmwand gegraben war, hinab, rutschten über die Köpfe der Liegenden hinweg bis zu der Stelle, die der SS-Mann anwies. Sie legten sich vor die Toten oder angeschossenen Menschen, einige streichelten die noch Lebenden und sprachen leise auf sie ein. Dann hörte ich eine Reihe Schüsse. Ich schaute in die Grube und sah, wie die Körper zuckten oder die Köpfe schon still auf den vor ihnen liegenden Körpern lagen. Von den Nacken rann Blut.

Ich wunderte mich, daß ich nicht fortgewiesen wurde, aber ich sah, wie auch zwei oder drei Postbeamte in Uniform in der Nähe standen. Schon kam die nächste Gruppe heran, stieg in die Grube hinab, reihte sich an die vorherigen Opfer an und wurde erschossen. Als ich um den Erdhügel zurückging, bemerkte ich wieder einen soeben angekommenen Transport von Menschen. Diesmal waren Kranke und Gebrechliche dabei. Eine alte, sehr magere Frau mit fürchterlich dünnen Beinen wurde von einigen anderen, schon nackten Menschen ausgezogen, während 2 Personen sie stützten. Die Frau war anscheinend gelähmt. Die nackten Menschen trugen die Frau um den Erdhügel herum. Ich entfernte mich mit Moennikes und fuhr mit dem Auto nach Dubno zurück.

Am Morgen des nächsten Tages, als ich wiederum die Baustelle besuchte, sah ich etwa 30 nackte Menschen in der Nähe der Grube, 30–50 Meter von dieser entfernt, liegen. Einige lebten noch, sahen mit stierem Blick vor sich hin und schienen weder die Morgenkälte noch die darumstehenden Arbeiter meiner Firma zu beachten. Ein Mädchen von etwa 20 Jahren sprach mich an und bat um Kleider und um Hilfe zur Flucht. Da vernahmen wir auch schon das Herannahen eines schnell fahrenden Autos und ich bemerkte, daß es ein SS-Kommando war. Ich entfernte mich zu meiner Baustelle. Zehn Minuten später hörten wir einige Schüsse aus der Nähe der Grube. Man hatte die Leichen durch die noch lebenden Juden in die Grube werfen lassen, sie selbst mußten sich daraufhin in diese legen, um den Genickschuß zu erhalten.

Aufgaben:
1. Versucht, das geschilderte Verhalten der verschiedenen Gruppen (Juden, ukrainische Miliz, SS-Leute, Zuschauer) in eigenen Worten zu beschreiben.
2. Welche Möglichkeiten hätten sie jeweils gehabt, um anders zu handeln, als sie es tatsächlich taten?
3. Beziehet die möglichen Konsequenzen anderen Handelns für die Personen und das Geschehen in eure Überlegungen mit ein.
4. Es gibt nur recht wenige so detaillierte Schilderungen von Massenerschießungen. Stellt Mutmaßungen darüber an, warum das so ist, und diskutiert eure Annahmen.

An einem Tag – der 8. November 1942
(Es folgen Texte bis S. 298)

Reichstagsrede Hitlers vom 8. November 1942
Sie werden sich noch erinnern an die Reichstagssitzung, in der ich erklärte: Wenn das Judentum sich etwa einbildet, einen internationalen Weltkrieg zur Ausrottung der europäischen Rassen herbeiführen zu können, so wird das Ergebnis nicht die Ausrottung der europäischen Rassen, sondern die Ausrottung des Judentums in Europa sein. [Beifall] Sie haben mich immer als Propheten ausgelacht. Von denen, die damals lachten, lachen unzählige nicht mehr. [Vereinzeltes Lachen, Beifall] Die jetzt noch lachen, werden in einiger Zeit vielleicht auch nicht mehr lachen. [Gelächter, starker Beifall] Diese Welle wird sich über Europa hinaus über die ganze Welt verbreiten.

**8. November 1942, Konzentrationslager Auschwitz –
Danuta Czech, Historikerin**

Mit einem Transport des RSHA aus den Gettos im sogenannten Regierungsbezirk Zichenau sind etwa 1000 jüdische Männer, Frauen und Kinder eingetroffen. Bei der Selektion wird der ganze Transport in die Gaskammern geschickt. [...] Mit dem 42. Transport des RSHA aus Frankreich sind 1000 jüdische Männer, Frauen und Kinder aus dem Lager Drancy eingetroffen. Nach der Selektion werden 145 Männer, die die Nummern 74021 bis 74165 erhalten, sowie 82 Frauen, die die Nummern 23963 bis 24044 erhalten, als Häftlinge in das Lager eingewiesen. Die übrigen 773 Deportierten werden in den Gaskammern getötet. Mit einem Transport des RSHA aus den Gettos im Bezirk Bialystok sind etwa 1000 jüdische Männer, Frauen und Kinder eingetroffen. Nach der Selektion werden sie alle in die Gaskammern geschickt.[52]

Aus dem Tagebuch des SS-Arztes Dr. Johannes Paul Kremer, Auschwitz, 8. November 1942

Heute nacht bei 2 Sonderaktionen teilgenommen bei regnerischem trübem Herbstwetter (12. u. 13.). Vormittags Hschaf. [Hauptscharführer] Kitt, einen aus Essen stammenden Schüler von mir, im Revier begrüßt. Nachmittags noch eine Sonderaktion, also die 14., die ich bisher mitgemacht habe. Abends gemütliches Beisammensein von dem nunmehrigen Hstuf. [Hauptsturmführer] Wirths eingeladen. Es gab bulgarischen Rotwein und kroatischen Zwetschgenschnaps.[53]

Aufgaben:

1. Hier wurden bereits einige Tagebucheintragungen Kremers zitiert. Versucht, ihren Inhalt zu vergleichen. Wie beschreibt er die Geschehnisse? Was für Geschehnisse beschreibt er?

2. Was erfahrt ihr aus den Tagebucheintragungen über die Geschehnisse, was über Kremers Person?

**Befehl des Reichsführers SS, Heinrich Himmler,
19. April 1943**

Das Wichtigste ist mir nach wie vor, daß jetzt an Juden nach dem
Osten abgefahren wird, was überhaupt nur menschenmöglich ist.
In den kurzen Monatsmeldungen der Sicherheitspolizei will ich
lediglich mitgeteilt bekommen, was monatlich abgefahren worden ist und was zu diesem Zeitpunkt noch an Juden übrigblieb.

**Fernschreiben des Reichssicherheitshauptamtes an die mit
den Deportationen betrauten Befehlshaber der Sicherheitspolizei (SIPO) und des Sicherheitsdienstes (SD) in Den Haag,
Paris, Brüssel und Metz, 29. April 1943**

Das Lager Auschwitz hat aus naheliegenden Gründen erneut
darum gebeten, den zu evakuierenden Juden vor dem Abtransport
in keiner Weise irgendwelche beunruhigende Eröffnungen über
die Art ihrer bevorstehenden Verwendung zu machen. Ich bitte
um Kenntnisnahme und Beachtung. Insbesondere bitte ich durch
laufende Belehrungen der Begleitkommandos bemüht zu sein,
daß auch während der Fahrt den Juden gegenüber nicht irgendwelche besonderen Widerstand auslösende Andeutungen gemacht bzw. Vermutungen über die Art ihrer Unterbringung usw.
ausgesprochen werden. Auschwitz muß mit Rücksicht auf die
Durchführung dringendster Arbeitsvorhaben darauf Wert legen,
die Übernahme der Transporte und ihre weitere Einteilung möglichst reibungslos durchführen zu können.

Aufgaben:
1. Was bedeutet hier «dringendste Arbeitsvorhaben»?
2. Welchem Zweck diente das Schreiben?

Aus dem Diensttagebuch des Generalgouverneurs Hans Frank, Empfang von Reichsrednern in Krakau, 2. August 1943

Bei uns stehen die Dinge ganz klar. Einem, der sagt, was mag mit der NSDAP werden, können wir erwidern: Die NSDAP wird den Juden bestimmt überleben. Hier haben wir mit 3½ Millionen Juden begonnen, von ihnen sind nur noch wenige Arbeitskompanien vorhanden, alles ist – sagen wir einmal – ausgewandert.

Von Westerbork nach Auschwitz

14. September 1943. Ein Deportationszug verläßt Westerbork, Niederlande in Richtung Osten. In seinen Erinnerungen erzählt der Arzt Elie A. Cohen (Jg. 1909):

Die Leute vom Ordnungsdienst, die die Lagerkarten an sich nahmen, sagten erstaunt: «Du mußt nun auch gehen?» Da brach etwas aus mir heraus, und ich weinte; ich fühlte, daß nun wieder eine Periode in diesem langen Krieg abgeschlossen war, und daß nun etwas Neues beginnen würde. Wir, Ali und Ronnie, meine Schwiegereltern und ich, stiegen in einen Güterwaggon, ein leerer Waggon mit einer Tonne, die als Toilette diente, die wir, um etwas Diskretion zu schaffen, mit einer Gardine umgaben.

Der Zug fuhr, hielt in Ommen und Nieuweschans, und dort kamen die SS-Männer. Sie gingen von einem Waggon zum nächsten; sie wollten Füllfederhalter, Geld und Uhren haben, und sie sagten: «Ihr müßt es ja doch bald alles abgeben.» Sie wußten offensichtlich mehr als wir. Wir nahmen Abschied von den Niederlanden. Es wurde uns ganz schrecklich beim Halt in Nieuweschans, wo der Zug vermutlich von einem deutschen Lokführer übernommen wurde. Dort wurde die Zahl der Waggons gezählt; ob jemanden der Inhalt interessierte, weiß ich nicht. Die Waggons wurden nicht geöffnet. Vielleicht hätte man sie geöffnet, wenn Kühe die Grenze passiert hätten, aber für Juden war das nicht von

Belang. Einige schrieben eine Postkarte und warfen sie nach draußen. Auch ich habe das getan, und meine ist angekommen – ich habe sie nach dem Krieg bei guten Freunden lesen können. Wenn man heute die Karte liest, bin ich selber ausgesprochen überrascht, daß ich nicht wußte, was kommen würde, daß ich noch die Hoffnung aufrechterhielt, zurückzukommen. […] So reise ich weiter, nicht vertraut mit dem, was uns erwartete, so daß ich Ronnie davon abhielt, durch das Luftloch die vorbeigleitende Landschaft anzuschauen. Er war einige Monate zuvor wegen einer komplizierten Mittelohrentzündung operiert worden, und ich fürchtete, daß er durch die Zugluft an der Luke einen Rückfall bekommen würde. Es war ja fraglich, ob die medizinische Versorgung dort genauso gut sein würde wie in Westerbork. Die Unwissenheit über unsere Zukunft ließ Ali sogar sagen: «Vielleicht sehen wir deine Eltern wieder, und vielleicht hat dein Vater sogar einen Stubendienst.»

Es ist unvorstellbar, daß wir so sprachen, während es da schon sicher war, daß sie nach zwei mal 24 Stunden vergast sein würde. Wir dachten nicht daran, erwogen nicht einmal die Möglichkeit. Deutlicher: Hätte mir jemand in Westerbork gesagt, daß der größte Teil all der Menschen, die in unserem Zug saßen, direkt nach der Ankunft ermordet werden würden, weil sie Juden waren, hätte ich das nicht geglaubt. Ein derart unmenschliches Verhalten kann man einfach von Menschen nicht erwarten. Der Lagerkommandant [in Westerbork] A. K. Gemmeker gab für solche Überlegungen keinerlei Anlaß. Sicher, wenn die von ihm aufgestellten Regeln übertreten wurden, konnte er hart durchgreifen, aber ich habe ihn nie dabei beobachtet, daß er körperliche Gewalt gebraucht hätte. Bei den Transporten bin ich ihm einige Male begegnet. Er war stets korrekt, nannte mich «Herr Doktor» und hatte, wie man sagte, «eine gute Kinderstube». Es gelang ihm so, in aller Ruhe 100 000 Juden zu deportieren, auch wenn er dabei unsere Hilfe erhielt, die der Juden. Er ließ uns die Transporte versorgen, legte uns keine Hindernisse in den Weg. Er verlangte nur eines:

daß der Zug pünktlich mit der geforderten Anzahl von Juden abfuhr. [...]

Der Zug donnerte weiter, immer weiter von Westerbork fort,
an das ich mit Wehmut zurückdachte (denn ich hatte es dort sehr
gut gehabt), und nun kam ich in ein neues Lager, wo ich wieder
auf der untersten Stufe beginnen mußte. Und doch – ich weiß
nicht, warum – lag etwas Seltsames in der Luft. Wir nahmen einander das Versprechen ab, durchzuhalten, und wir dachten über
unser bisheriges Leben nach. Plötzlich sagte Ali: «Du siehst genauso aus wie damals, als sie uns von Groningen nach Amsterdam
brachten. Erwartest du etwas Schlimmes?» Ich konnte nur antworten: «Ich weiß es nicht.»[54]

| Ali war Elie Cohens Frau, Ronnie beider Sohn.

16. September 1943. Elie Cohen beschreibt, wie der Zug aus Westerbork in Auschwitz ankommt:

Wir schauten durch die Luken nach draußen und sahen Menschen
in Sträflingskleidung. Ich empfand das nicht als schrecklichen Anblick, da ich erwartete, daß wir in ein Internierungslager für Juden
in der Nähe eines Konzentrationslagers kommen würden. Die
Türen öffneten sich und das berühmte «Aussteigen!» und
«Schnell, schnell!» klang uns in den Ohren. Die SS stand in einem bestimmten Abstand und begann, uns zu schlagen. Das wunderte mich nicht sehr, denn durch meine Erfahrungen im Konzentrationslager Amersfoort erwartete ich von der SS nichts anderes,
als daß sie uns schlagen und anschreien würden – noch zog ich
daraus keine besonderen Schlüsse. [...]

Männer und Frauen wurden voneinander getrennt, und es
wurde eine Gruppe von Männern über 50 Jahren gebildet. Auch
diejenigen Männer, die krank waren oder dachten, daß es ihnen
Vorteile bringen würde, als krank zu gelten, schlossen sich ihnen
an. Dann begannen die SS-Männer, für diese Gruppe zu werben.
Sie liefen an den Reihen entlang und sagten: «Wer in dieser

Gruppe steht, muß nicht den ganzen Weg ins Lager laufen, das sind noch dreißig Kilometer, sondern wird mit dem Auto dort hingefahren.» Oder: «Wer sich dieser Gruppe anschließt, erhält im Lager leichte Arbeit, um sich an das Lagerleben zu gewöhnen.» Jedesmal wechselten mehrere von uns zu der Gruppe. Auch ich schloß mich ihr an – ich blieb bei meinem Schwiegervater, weil ich dachte, daß ich ihm vielleicht helfen könnte. So gab es eine ganze Reihe Jüngerer, die bei der Gruppe der Älteren blieben, weil sie dachten, sie könnten ihrem Vater, ihrer Mutter oder einem anderen Angehörigen auf diese Weise behilflich sein. [...] Plötzlich hörte ich den Ruf «Ärzte raustreten». Ich meldete mich und wurde der Gruppe der Jüngeren zugewiesen. Mein Beruf hat mich gerettet. Der Faktor Glück bestand darin, daß ich nicht in ein Gespräch mit meinem Schwiegervater vertieft war oder daß ich gerade meine Schuhbänder festzog, denn dann hätte ich es vielleicht nicht gehört. [...]

Wir mußten uns gänzlich ausziehen und alle unsere Kleidungsstücke auf den Boden werfen; große Wagen kamen, auf die die Sachen geworfen wurden, und wir standen nackt da. [...] Dann wurden wir geschoren und duschten, bekamen Häftlingskleidung zugeworfen und mußten uns auf der Birkenallee aufstellen. Dann kam der Stubenälteste Leen Sanders und enthüllte uns das Geheimnis, denn er gratulierte uns, daß wir hier waren. Als ich bemerkte, daß ich darin kein Glück erkennen könnte, in einem Konzentrationslager zu sein, sagte er: «Das stimmt, aber der Rest eures Transportes ist schon vergast, außer den Frauen, die mit euch hierher gekommen sind – die sind im Experimentenblock.» Da drang es zu mir durch: Die Transporte mit Kranken, Alten und Invaliden waren in den Tod gegangen, oder wie Leen Sanders es ausdrückte, der schon lange in Auschwitz war: «Sie sind durch den Schornstein.» Und langsam wurde mir klar, daß auch alle Mütter mit Kindern vergast worden waren. [...] Und was geschah mit meinem Transport, der am 14. September 1943 von Westerbork abfuhr und Auschwitz am 16. September 1943 erreichte? Er umfaßte 1005 Personen, von denen 233 Männer und 95 Frauen während der Selektion [als «arbeitsfähig»] ausgewählt wurden, von denen wiederum 21 bzw. 52 überlebten.[55]

16. September 1943. Die Historikerin Danuta Czech beschreibt, wie der Transport aus Westerbork in Auschwitz eintrifft:

Mit einem Transport des RSHA aus Holland sind 1005 Juden aus dem Lager Westerbork eingetroffen. In dem Transport befinden sich 199 Kinder sowie 302 Männer und 330 Frauen im Alter bis zu 50 Jahren und 245 ältere Menschen. Nach der Selektion werden 233 Männer, die die Nummern 150605 bis 150837 erhalten, und 194 Frauen, die mit den Nummern 62367 bis 62560 gekennzeichnet werden, als Häftlinge ins Lager eingewiesen. Die übrigen 578 Menschen werden in den Gaskammern getötet.[56]

Zu den Personen, die direkt ins Gas geschickt wurden, gehörten Elie Cohens erste Frau Ali und ihr Sohn Ronnie.

Aus einer geheimen Rede des Reichsführers der SS, Heinrich Himmler, vor SS-Gruppenführern in Posen, 4. Oktober 1943

«Das jüdische Volk wird ausgerottet», sagt ein jeder Parteigenosse, «ganz klar, steht in unserem Programm, Ausschaltung der Juden, Ausrottung, machen wir.» … Von allen, die so reden, hat keiner zugesehen, keiner hat es durchgestanden. Von euch werden die meisten wissen, was es heißt, wenn 100 Leichen beisammen liegen, wenn 500 da liegen oder wenn 1000 da liegen. Dies durchgehalten zu haben und dabei – abgesehen von Ausnahmen menschlicher Schwächen – anständig geblieben zu sein, das hat uns hart gemacht. Dies ist ein niemals geschriebenes und niemals zu schreibendes Ruhmesblatt unserer Geschichte.

Aufgaben:
1. Überlegt, was Himmler mit den folgenden Begriffen meint: «menschliche Schwächen», «anständig geblieben».

2. Wo sind laut Himmler die Übereinstimmungen, wo die Unterschiede zwischen den SS-Leuten und den «Parteigenossen»?

Aus einem Brief eines Luftwaffenhelfers, 20. November 1944, Dormettingen

Allerdings gibt es auch andere seelische Belastungen, die schweren Charakters sind. Zum Beispiel das Judenproblem, das uns hier in nackter Wirklichkeit vor Augen geführt wird. Hier, durch die Neuerrichtung des Flugplatzes wie auch durch die umfangreichen Arbeiten der O[rganisation].T(odt). zur Schieferölgewinnung bedingt, sind in großen KZ.-Lagern 1000de von Juden in Schlamm und Morast untergebracht.

In einer mittelgroßen Baracke hausen in einem Raum 700 Juden, die aus Osteuropa verschleppt worden sind. Sie bekommen am Tag als Verpflegung zwei Scheiben Kommißbrot und 15 gr Fett, dazu eine Wassersuppe. Auch die Bekleidung ist natürlich höchst mangelhaft. Hierbei müssen sie – von Beruf Universitätsprofessoren, Ärzte, Buchbinder, Maler, Schreiber, Bäcker und Staatsbeamte – schwerste körperliche Arbeit leisten; tiefe Erdschächte ausheben, Kanalisation anlegen, Bäume fällen und anderes mehr.

Um sie zu Höchstleistung anzutreiben, müssen natürlich nun Judenbewacher mit Karabiner hinterherlaufen, ihnen bei langsamer Arbeit Stockschläge übersünden und sie bei Entfernung über 3 m erschießen. Und diese Posten müssen wir ausfüllen.

Hier den richtigen Weg zwischen Mitleid, Nächstenliebe und Pflicht zu finden, ist sehr schwer. Anfangs mied ich diesen Posten. Jetzt aber melde ich mich umso öfters dazu, um dadurch den «Beleidigten und Erniedrigten» etwas Erleichterung zu verschaffen. Das ist natürlich verboten, und ich bin deshalb schon öfters angeeckt, aber ich halt es doch so für richtiger, als so, wie's die SS macht, die sie zur Bewachung im Lager haben und sie fast jeden Tag blutig schlagen. Jeden Tag gehen 30 natürlich und 20 an

Selbstmorden zugrunde. [...] Man muß erst richtig dreckig sein, um zu Gott zu kommen, im Konfirmationsanzug geht das nicht so.

Aufgaben:
1. Wie beschreibt der Briefautor Juden, die SS und sich selbst?
2. Vergleicht die Haltung, die der Luftwaffenhelfer gegenüber Juden einnimmt, mit der von Himmler geforderten Haltung.
3. Überlegt, was der Satz «Man muß erst richtig dreckig sein, um zu Gott zu kommen, im Konfirmationsanzug geht das nicht so» bedeuten könnte.

Silvester 1944 in Auschwitz – Aus den Erinnerungen Elie A. Cohens

Das Herrschaftssystem in Auschwitz war sehr viel instabiler geworden, seitdem die Vergasungen eingestellt worden waren. Wir feierten Feste. Ich sehe noch vor meinen Augen, wie wir zum Jahreswechsel 1944/45 vor dem Block 28 antraten. Ein SS-Mann kam kurz zu uns, um uns zu zählen, ob wir auch alle da waren. Dann sagte er: «Ich wünsche euch für das kommende Jahr das Allerbeste. In diesem Jahr wird es wohl so kommen, daß ich an eurer Stelle und ihr an meiner Stelle stehen werdet.»

Todesmarsch, 18. Januar 1945 – Aus den Erinnerungen von Elie A. Cohen

Die Russen kamen immer näher, und am 18. Januar [1945] wurden wir «evakuiert». Die Magazine [in denen die SS die von den Gefangenen geraubten Besitztümer verwahrte] wurden geöffnet, und ich suchte mir gute Schuhe heraus. Im nachhinein war das sehr schlau, denn gute Schuhe waren auf dem anstehenden Marsch sehr wichtig, denn es lag Schnee. Wir marschierten die ersten fünf Tage und schliefen fünf Nächte im Freien. Wie war das nur möglich, bei 25 Grad minus? Viele Häftlinge starben auf dem

Todesmarsch nach Westen an Entkräftung oder durch gezielte Schüsse der Bewacher.

Befehl Heinrich Himmlers an die Kommandanten der Konzentrationslager Dachau und Flossenbürg, 4. April 1945
Die Übergabe kommt nicht in Frage. Das Lager ist sofort zu evakuieren. Kein Häftling darf lebendig in die Hände des Feindes fallen.

1945 und danach

Befreiung

Im Laufe des Winters 1944/45 und des Frühjahrs 1945 wurden nach und nach immer mehr Lager durch alliierte Truppen befreit. Nur ein Bruchteil der Juden in den von den Deutschen besetzten Gebieten erlebte diese Befreiung.

Das Ende der Nazi-Herrschaft, das die Befreiung aus der Unterdrückung mit sich brachte, bedeutete für viele jedoch den Beginn einer neuen schmerzlichen Zeit. Hatte viele die Hoffnung am Leben erhalten, sich nach der Befreiung auf die Suche nach Angehörigen und Freunden zu machen, die vielleicht auch überlebt hätten, kam für die meisten bald die bittere Ernüchterung. Viele der wenigen Überlebenden erfuhren, daß sie die einzigen ihrer Familie, ihres Dorfes, ihrer Stadt oder ihrer Gemeinde waren, die überlebt hatten. Auch deshalb zog es eine große Zahl der Überlebenden nicht zurück in ihre Heimatorte. Die Tage der Befreiung waren für die wenigsten Überlebenden die glücklichsten ihres Lebens – die lagen meist vor dem Holocaust.

Elie A. Cohen, den wir bereits kennengelernt hatten, erinnert sich (1971):
Ich dachte damals wirklich, ich könnte es nicht mehr lange aushalten. Diesen Punkt erreichte ich in Ebensee. [...] Dort kam das Ende in Sicht. Da rechnete ich mir aus, wieviele Kalorien ich benötigte und wieviel ich bekam. Und ich schätzte es bei mir selbst so ein, daß ich bis Mitte Mai durchhalten könnte. Nun, wir wur-

den am 6. Mai befreit, von General Pattons Third Army. Was tut man in einem solchen Moment? Ich umrundete den Appellplatz – ich konnte also noch laufen –, mit erhobenen Armen, und rief: «Freiheit! Freiheit!» Und dann stürmten wir die SS-Magazine. Und was nahm ich mir? Ich nahm nichts Eßbares. Ich nahm eine Schreibmaschine, Papier und Briefumschläge. Völlig verrückt... Einige Mitgefangene sahen mich ein so schweres Paket mit mir herumschleppen, und sie wollten wissen, was darin sei. Eine Schreibmaschine – sie konnten es nicht glauben. Sie dachten, ich trüge eine ganze Ladung Nahrung mit mir. Ich schrieb nicht, nein. Ich war wirklich am Ende.

Und heute? Man kann heute fast nicht mehr unbefangen leben. Das macht jeder mit diesen Erfahrungen durch. Die Erfahrungen haben uns geprägt. Das wächst sich nicht mehr aus. Das ist doch entsetzlich, grausam, daß Gott, Gott...

Nach Jahren im Versteck in Polen befreit: Marianna Adameczek (Jg. 1930)

Endlich kam der ersehnte Tag. Ich hörte auf dem Hof eine Stimme: «Mädchen, kommt raus, wir sind frei!» Den Augenblick vergesse ich nie. Es war ein schöner, sonniger Tag. Die Sonne blendete stark. Wie schön mir die Welt vorkam! Ich fuhr mit Dorka und ein paar anderen geretteten Juden auf einem Pferdewagen in die Siedlung Serokomsk in der Wojewodschaft Siedlce. Dort trafen wir noch eine Gruppe Juden. Ich sah Freudenausbrüche bei denen, die einen Angehörigen wiedertrafen, der überlebt hatte. Ich stand mutterseelenallein da. Ich hatte keinen, zu dem ich hinlaufen konnte, und keiner interessierte sich für mich. Damals dachte ich: Wozu brauche ich die Freiheit?[57]

Tödliche Bilanz

In diesem Abschnitt soll noch einmal versucht werden, eine knappe Strukturierung des Geschehens herauszuarbeiten. Die Schüler können überprüfen, wie tragfähig ihnen die formulierten Angebote und Einschätzungen erscheinen. Da die Textauswahl des Materialienteils dicht an dem Konzept Hilbergs ausgerichtet ist, wird nachträglich auch die Struktur des Lernprozesses noch einmal deutlich.

Diese enge Anlehnung birgt aber zugleich das Problem, daß die Schüler vielleicht nicht den Mut aufbringen, das Konzept insgesamt einer kritischen Betrachtung zu unterziehen.

So würde eine Plausibilität erzeugt, die sich gegen Diskussion abschließt. Die Schüler sollten jedoch dazu angeregt werden, sich über die Struktur des Geschehens *und* seine Darstellung in diesem Band Gedanken zu machen. Fallen ihnen alternative Möglichkeiten ein?

In der Auseinandersetzung mit diesen Fragen wird die Aneignung einer strukturierenden Sicht, die von der von uns formulierten Perspektive durchaus abweichen kann, verstärkt. Diesem Abschnitt kommt eine besondere Bedeutung zu, da ohne die Reflexion des Gesamtgeschehens die Einzelereignisse wie eine relativ beliebige Aneinanderreihung von Geschehnissen erscheinen. Deutung und Strukturierung werden hier als voneinander abhängig begreifbar, und zwar in einer für die Schüler nachvollziehbaren Weise, da es um den «Stoff» der letzten Stunden geht.

Raul Hilberg, Historiker

«Sie [die Nazis] haben sehr wenig erfunden, nicht einmal ihr Bild vom Juden, sie haben es aus Texten geborgt, die bis ins 16. Jahrhundert zurückreichen. So haben sie sich sogar in ihrer Propaganda, dem Reich der Vorstellungskraft und Erfindung, auffallend auf den Spuren ihrer Vorgänger bewegt, von Martin Luther bis ins 19. Jahrhundert. Auch da haben sie noch nichts erfunden. Mit der Endlösung wurden sie dagegen zu Erfindern. Das war ihre große Erfindung, und von da an unterscheidet sich die Entwicklung von allem, was es jemals vorher gegeben hatte.

Als die Endlösung beschlossen wurde oder, um es genauer zu sagen, als die Bürokratie sie zu ihrer Sache machte, war das ein Wendepunkt in der Geschichte. Selbst hier würde ich eine logische Entwicklung sehen, die ihre Steigerung erfuhr in dem, was man den Höhepunkt nennen könnte. Denn von den frühesten Zeiten, vom vierten, fünften oder sechsten Jahrhundert an, hatten die christlichen Missionare zu den Juden gesagt: «Ihr könnt unter uns nicht als Juden leben.» Die weltlichen Herrscher, die ihnen vom Spätmittelalter an folgten, entschieden: «Ihr dürft nicht unter uns leben.» Und die Nazis beschlossen: «Ihr dürft nicht leben.»[58]

Aus dieser Einschätzung läßt sich eine Entwicklungslinie entwickeln, die schematisch dargestellt werden kann:

Juden-Mission / Konversion
↓
Vertreibung / Gettoisierung
↓
Ermordung

Dazu noch einmal Raul Hilberg: «Die Endlösung ist, wie Sie sehen, wirklich endgültig; denn die Konvertierten können insgeheim immer Juden bleiben; die Vertriebenen können eines Tages zurückkehren, aber die Toten kommen nie wieder. [...] Das war etwas nie Dagewesenes und völlig neu.»[59]

Der Prozeß, der zur Ermordung der europäischen Juden führte, kann in Anlehnung an Raul Hilberg[60] in einem Schema dargestellt werden:

Definition
↓
Ausgrenzung / Enteignung
↓
Konzentration
↓
Deportation
↓
Ermordung

Wichtig ist, den Schülern zu vermitteln, daß bis zum Beginn der Deportationen die Emigration eine Möglichkeit war.

Die Zahl der Opfer in den deutschen Vernichtungslagern (Schätzungen)

Lager	Zeitraum	Ermordete Juden
Chelmno	Dez. 1941 – Juli 1944	150 000 – 152 000
Auschwitz	Jan. 1942 – Nov. 1944	ca. 1 000 000
Belzec	März 1942 – Dez. 1942	ca. 600 000
Sobibor	April 1942 – Okt. 1943	200 000 – 250 000
Treblinka	Juli 1942 – Okt. 1943	750 000 – 900 000
Majdanek	Sept. 1942 – Nov. 1943	50 000 – 60 000
Gesamtzahl der allein in Vernichtungslagern umgekommenen Juden		2 750 000 – 2 962 000

Die Gesamtzahl der Opfer des Holocaust wird von Historikern auf 5,29 Millionen Menschen geschätzt.

DIE ZWISCHEN DEM 1. SEPTEMBER 1939 UND DEM 8. MAI 1945 ERMORDETEN JUDEN: EINE SCHÄTZUNG

FINNLAND
11

NORWEGEN
728

Nordsee

ESTLAND
1.000

LETTLAND 80.000

DÄNEMARK
77

MEMELLAND
8.000

LITAUEN 135.000

HOLLAND
106.000

BELGIEN
24.387

FREIE STADT
DANZIG
1.000

DEUTSCHLAND
160.000

POLEN
3.000.000

östlichste deutsche
Frontlinie, 1942

WEISS-
RUSSLAND

WEST-
RUSSLAND

SOWJETUNION
1.000.000

WOLHYNIEN

GALIZIEN

PODOLIEN

UKRAINE

LUXEMBURG
700

TSCHECHOSLOWAKEI
217.000

KARPATENUKRAINE
60.000

BUKOWINA
124.632

BESSARABIEN

FRANKREICH
83.000

ÖSTERREICH
65.000

UNGARN
200.000

NORD-TRANSILVANIA
(Nord-Siebenbürgen)
105.000

200.000

KRIM

ITALIEN

RUMÄNIEN
40.000

Schwarzes
Meer

Adriatisches Meer

JUGOSLAWIEN
60.000

7.122

4.221

8.000

MAKEDONIEN

THRAKIEN

Ägäisches Meer

ALBANIEN
200

KOS
120

GRIECHENLAND
65.000

RHODOS
1.700

Kilometer   400

Mittelmeer

KRETA
260

Grenzen von 1937
(Nord-Transilvania von 1940)

LIBYEN
562

© Martin Gilbert 1982

313

Die Gesellschaft des Holocaust

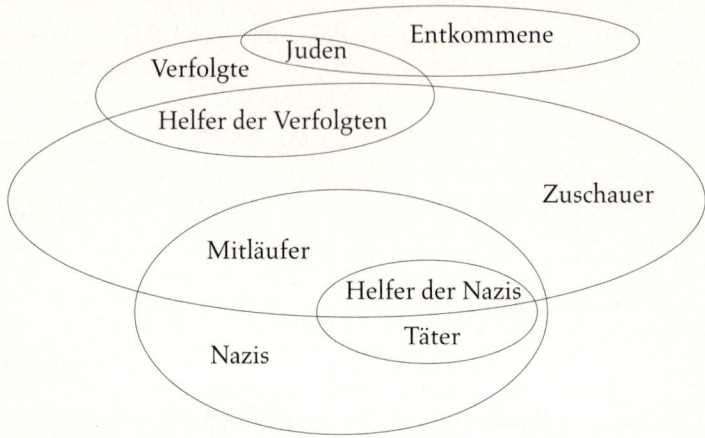

Täter: SS-Wachmannschaften in den Konzentrations- und Vernichtungslagern; Polizisten und Wehrmachtsangehörige, die an der Deportation und Ermordung von Juden beteiligt waren...

Nazis: Angehörige und Funktionäre der NSDAP und anderer NS-Organisationen (z. B. in den besetzten Gebieten)...

Helfer der Nazis: Menschen, die Juden verrieten, Kollaborateure...

Mitläufer: Menschen, die den Nazis folgten, ohne sich selbst als Nazi zu verstehen...

Zuschauer: Die «schweigende Mehrheit»

Helfer der Verfolgten: Die Retter, die Verfolgten halfen, unterzutauchen oder zu fliehen

Verfolgte: Juden; Roma und Sinti (sogenannte «Zigeuner»); politische Gegner der Nazis (Kommunisten, Sozialisten, Demokraten...); Homosexuelle; Behinderte; Zeugen Jehovas; Angehörige von Nationen, die nach den nationalsozialistischen Ideen als Angehörige sogenannter «minderwertiger Rassen» galten...

Raul Hilberg, Historiker:
Die deutsche Ausrottung der europäischen Juden war der erste vollendete Vernichtungsprozeß der Weltgeschichte. Zum ersten Mal in der Geschichte der westlichen Zivilisation hatten die Täter alle einer Tötungsoperation im Wege stehenden administrativen und moralischen Widerstände überwunden. [...] Als zu Beginn des Jahres 1933 erstmals ein Ministerialbeamter eine Definition der Bezeichnung «nichtarisch» in einen Richtlinienerlaß hineinschrieb, war das Schicksal des europäischen Judentums besiegelt.[61]

Nachbarn, Täter, Opfer

Daß die Verfolgung viele Juden überraschend traf, weil sie sich in der Gesellschaft ihrer nichtjüdischen Nachbarn, Kollegen, Kunden, Bekannten oder Freunde zu Hause fühlten, ist in den Erinnerungen von Überlebenden oft beschrieben worden. Seltener erfahren wir, wie aus Nichtjuden ganz allmählich Täter wurden. Am Beispiel der Lebensläufe zweier Deutscher während der Jahre 1933–1945 wollen wir beispielhaft zeigen, wo die Täterschaft ihren Ausgang nahm – nicht in den Vernichtungslagern, sondern vor der eigenen Haustür, mitten in Deutschland. Fritz Sarne ist Jude, Wilhelm Koppe nicht. Beide begegneten einander in ihrem Leben mehrfach. Zwei Begegnungen sind Fritz Sarne sehr gut im Gedächtnis geblieben.

■ **Harburger treffen sich – Fritz Sarne (Jg. 1906) erzählt in einem Interview:**
Ich wollte [am 1. April 1933] wie jeden Tag mit dem Dekorateur der inzwischen bereits an Göttsche verkauften Firma zum Mittagstisch ins Central-Hotel am Sand gehen. Ich sah vor den Geschäften jüdischer Inhaber die grölenden SA-Horden um Fritz Konerding, der ein Geschäft in der Wilstorfer Straße hatte und ein

Obernazi war. Sie standen vor dem Kaufhaus Horwitz, vor Steins Bettenhaus, vor M. M. Friedmann, die alle von der SA belagert waren. Und als ich zum Sand kam, versuchten die SS, die SA mich an dem Betreten des Central-Hotels zu hindern, an der Spitze ein Herr Wilhelm Koppe. Wilhelm Koppe war ein Kaffeegroßhändler, der auf der Westseite des Sandes sein Büro hatte und früher ein guter Kunde bei Bernhard Meier war. Ich habe ihm viele Maßanzüge verkauft, er trug nur englische Stoffe. Seine Eltern waren sehr gute Kunden. Er wollte mich verhaften, was von einem Schupohauptmann, den ich sehr gut kannte, verhindert wurde.

In dem Reichsbahn-Arbeitslager Posen-Gutenbrunn wurde [1942] eines Tages der Befehl ausgegeben, daß alle Insassen zum Appell anzutreten hätten, der durch Gauleiter Greiser und den Höheren SS-Polizeiführer Ost, SS-Obergruppenführer Wilhelm Koppe, abgenommen wurde. Mein Gefühl, das ich damals hatte, kann ich kaum schildern, als ich den SS-Standartenführer der SS-Standarte 17, den Harburger Kaffeegroßhändler Wilhelm Koppe, in seiner prachtvollen SS-Uniform mit weißen Aufschlägen an mir vorbeimarschieren sah, um unseren Elendshaufen zu besichtigen. Das war ein Zeichen dafür, wozu es ein Nazi in der Nazi-Hierarchie bringen konnte. Später wurde er, wie ich hörte, angeklagt, für den Tod von über 300 000 jüdischen Verfolgten verantwortlich zu sein.

■ **Biographische Notiz: Wilhelm Koppe, ein ehemaliger Harburger**

Geb. 15. Juni 1896 in Hildesheim, Teilnahme am Ersten Weltkrieg als Kriegsfreiwilliger, dann Kaufmann, Kaffeegroßhändler in Harburg / Elbe. 1930 Eintritt in die NSDAP, 1931 Eintritt in die SA, Januar 1932 Eintritt in die SS, 1932 Hauptsturmführer, 1933 Mitglied des Reichstages, Sturmbannführer, Ende 1933 Führer des SS-Abschnitts XVII in Münster, 1934 SS-Oberführer, SS-Brigadeführer, Herbst 1934 bis Herbst 1935 Führer des SS-Abschnittes XXVI in Danzig, 1936 SS-Gruppenführer und Inspekteur der

Sicherheitspolizei und des SD im Bereich des SS-Oberabschnittes Elbe und im SD-Hauptamt, Oktober 1939 Höherer SS- und Polizeiführer im «Warthegau» in Posen. Ab Ende 1939 verantwortlich für die Deportation, Gettoisierung und Ermordung der Juden im «Warthegau», also auch für die Errichtung des Gettos Lodz und des Vernichtungslagers Kulmhof / Chelmno. Dort starben auch zahlreiche Harburger Juden. Mit einem Schreiben vom 12. November 1939 legt Koppe die Zahl der zu deportierenden Juden für seinen Bereich auf 100 000 Personen fest. 1941 Generalleutnant der Polizei, 1942 General der Polizei, ab 1943 Höherer SS- und Polizeiführer und Staatssekretär für das Sicherheitswesen im Generalgouvernement, damit Chef der Polizei im Generalgouvernement. Juli 1944 Ernennung zum General der Waffen-SS und der Polizei. April 1945 Höherer SS- und Polizeiführer Süd (München). Nach Kriegsende unter dem Geburtsnamen seiner Frau, Lohmann, untergetaucht, Direktor der Trumph-Schokoladenfabrik in Bonn, 1960 verhaftet, 19. April 1962 gegen eine Kaution von DM 30 000 freigelassen, 1964 in Bonn u. a. wegen Beihilfe zum Mord an 145 000 Menschen angeklagt, Aussetzung des Verfahrens und 1966 endgültige Ablehnung der Eröffnung des Hauptverfahrens durch das Landgericht Bonn wegen Krankheit. 1975 verstorben.

Schreiben des SS-Obergruppenführers und Generals der Polizei Wilhelm Koppe an den Reichsführer SS, Heinrich Himmler, 5. Februar 1942

Mein Reichsführer! Melde gehorsamst, daß mich der Führer mit Wirkung vom 30. Januar 1942 zum SS-Obergruppenführer und General d. Polizei befördert hat! Über die mir von meinem Reichsführer zur Beförderung ausgesprochenen Glückwünsche habe ich mich ganz besonders gefreut und darf dafür recht herzlich danken. Nachdem ich nun durch die Güte und das Wohlwollen meines Reichsführers den höchsten Dienstgrad der SS und Polizei erreichen konnte, ist es mir immer ein Bedürfnis, meinem

Reichsführer für die einzigartige Förderung, die ich erfahren durfte, von Herzen zu danken. Der Aufstieg des höheren Führerkorps der Schutzstaffel ist so einmalig, daß jeder von uns sich immer wieder darüber Gedanken macht, wie der unserem Reichsführer geschuldete so große Dank in die erfolgreiche Tat umgesetzt werden kann! Auch für mich soll meine Beförderung immer die höchste Verpflichtung sein, alles stets darauf einzurichten, meine Leistungen und meinen Einsatz für die Schutzstaffel und Polizei noch erfolgreicher und schöpferischer zu gestalten. Gehorsamste Grüße u. Heil Hitler! Wilhelm Koppe, SS-Obergruppenführer u. General d. Polizei.

■ **Leben nach dem Überleben – Fritz Sarne**
Interview

1946 war ich Zeuge im Nürnberger I. G.-Farben-Prozeß. 1947 heiratete ich Margret Hoffmann, ebenfalls eine Verfolgte, in der Hamburger Kielerort-Synagoge. Am 11. Juni 1949 wurde unser Sohn geboren. In den Jahren 1946 bis 1950 arbeitete ich als Custodian für entzogenes und enteignetes jüdisches Vermögen durch den Hamburger Senat und als Property Control für drei Firmen. Am 15. Februar 1950 erhielten wir unser Affidavit für die USA. Unter Aufgabe meiner Positionen, die mir ein gutes Auskommen in Deutschland gesichert hätten, zogen wir es vor, mit unserem sechs Monate alten Sohn in eine ungewisse Zukunft in ein freies Land zu gehen, um nicht unter Mördern zu leben und um unserem Kind eine jüdische Erziehung zu geben. Hier angekommen, der Sprache nicht mächtig, nahm ich sofort einen Nachtjob als Reiniger bei Supermärkten an. Am Tage war ich als Gartenarbeiter beschäftigt. Meine Frau mußte Heimarbeit verrichten. Als alter Gewerkschafter erhielt ich ein Jahr später durch die amerikanische Gewerkschaft einen Job als Dekorateur in einer Herrenbekleidungs-Firma, der größten der USA, wo ich mich später zum Manager einer Abteilung hocharbeitete. 1972 ging ich in Rente. Damals begann das Gespräch über den Holocaust erst, und mir kam erst damals die ganze Brutalität und der Vernichtungswille der Nazis richtig zu Bewußtsein. Deshalb habe ich bis zum heutigen Tage versucht, in Wort und Schrift alles zu tun, um die Menschheit niemals vergessen zu lassen, damit es sich nie wiederhole.

Fritz Sarne lebt heute in den Vereinigten Staaten, wohin er mit seiner Frau Margret und seinem Sohn in den fünfziger Jahren emigrierte. Im Gegensatz zu Wilhelm Koppe mußte sich Sarne unter schwierigen materiellen Bedingungen «durchboxen». Gelegentlich kehrte er nach Harburg zurück, um dort mit Schülerinnen und Schülern über das Geschehene zu sprechen. Dabei erzählte er auch die Geschichte von Wilhelm Koppe, an den sich in Harburg sonst niemand weiter erinnern will.

Im Harburger Rathaus hängt heute eine Gedenktafel für die Opfer des Nationalsozialismus. Unter den über 200 Namen finden sich etwa 120 von Menschen, die als Juden verfolgt wurden. Man gedenkt ihrer, denn ihre Geschichte soll nicht vergessen werden. An Wilhelm Koppe und die anderen Täter erinnert an den Orten, von denen sie stammen, kaum etwas. Manchmal erscheint der Holocaust auch deshalb wie eine Tat ohne Täter.

Aufgaben

1. Sprecht über die Bedeutung der Worte «Erinnern» und «Gedenken» – beschreibt die Unterschiede.

2. Überlegt, welche Formen des Gedenkens ihr aus eurer Umgebung kennt.

3. Gibt es in eurer Stadt Gedenkorte für die Opfer des Holocaust?

4. Im Mittelalter gab es den Pranger, an dem Verbrecher ausgestellt wurden. Davon hat man mit gutem Grund Abstand genommen. Überlegt, welche Formen es geben könnte, trotzdem auch die Täter zu erinnern. Welche Probleme treten auf?

5. Im gesamten Deutschen Reich wurden nach und nach den jüdischen Eigentümern ihre Geschäfte weggenommen und an nichtjüdische Interessenten verkauft. Überlegt, was ihr tun würdet, wenn ihr erfahren würdet, daß z. B. der Schreibwarenladen um die Ecke, wo ihr eure Hefte kauft, bis 1935 einem Juden gehörte, dann von dem Vater des jetzigen Besitzers zu einem Spottpreis übernommen wurde.

Und die Welt schaute zu...

Viele der bedrängten und verfolgten Juden hofften, daß ihnen die Alliierten helfen würden. Immer wieder kursierten Gerüchte über Kriegserfolge der Anti-Hitler-Koalition und die baldige Niederlage Deutschlands. Für viele erfüllte sich die Hoffnung jedoch nicht, das Ende des Krieges zu erleben.

Nach der Befreiung fragten sich viele Überlebende, warum sie keine oder nur geringe Hilfe durch die Alliierten erhalten hatten. Sicher, die Befreiung wäre ohne ihren Einsatz im Krieg nicht denkbar gewesen. Aber wäre es nicht möglich gewesen, mehr Juden die Auswanderung aus Deutschland und Europa zu ermöglichen, indem man die Grenzen der «freien Welt» für sie geöffnet hätte? Und hätte nicht auch die Möglichkeit bestanden, später, während des Krieges, beispielsweise die Gleise nach Auschwitz oder die dortigen Krematorien aus der Luft zu bombardieren?

Diese Fragen sollten im Unterricht diskutiert werden. Die folgenden Materialien aus der Perspektive der damaligen Entscheidungsträger, des Beobachters, der den Juden helfen will, eines Historikers und eines amerikanischen Schulbuchs eröffnen die Diskussion über das Verhalten der USA. Die Diskussion sollte jedoch nicht dahin führen, daß die USA plötzlich als «mitschuldig» oder «-verantwortlich» dastehen und die deutsche Verantwortung nivelliert oder minimiert wird. Auch sollte deutlich gesagt werden, daß es in Amerika eine Debatte um diese Frage gibt und daß ähnliche Auseinandersetzungen nun auch verstärkt in anderen Ländern (etwa der Schweiz, Frankreich und den Niederlanden) beginnen oder bereits seit längerem geführt werden.

Notiz [a] aus dem Kriegsministerium mit Schreiben des amerikanischen Kriegsministers John McCloy an John Pehle [b], Chef des War Refugee Board, 3./4. Juli 1944

a) Memorandum für Mr. McCloy: Ich weiß, daß Sie mir gesagt haben, diese Angelegenheit abzuwürgen, aber seit dieser Angelegenheit haben wir den beiliegenden Brief von Mr. Pehle erhalten. Ich schlage vor, die beiliegende Antwort zu senden:

b) Ich komme auf Ihren Brief vom 29. Juni zurück, der ein Telegramm Ihres Vertreters in Bern, Schweiz, enthält, in dem vorgeschlagen wird, bestimmte Abschnitte der Eisenbahnlinien zwischen Ungarn und Polen zu bombardieren, um den Transport der Juden aus Ungarn zu unterbrechen. Das Kriegsministerium ist der Meinung, daß die vorgeschlagene Luftoperation nicht durchführbar ist. Sie könnte nur durchgeführt werden, wenn bedeutendere Luftunterstützung abgezweigt würde, die unabdingbar für den Erfolg unserer Streitkräfte in ihren jetzigen entscheidenden Operationen ist, und das wäre auf jeden Fall von so zweifelhaftem Wert, daß es nicht als durchführbares Projekt in Frage kommt. Das Kriegsministerium schätzt die humanitären Motive, die die vorgeschlagene Operation veranlaßt haben, aber aus obengenannten Gründen erscheint die vorgeschlagene Aktion nicht gerechtfertigt.[64]

Leon Kubowitzki, Vertreter des Jüdischen Weltkongresses, über ein Gespräch mit Kriegsminister McCloy, Dezember 1944

«Wir sind allein», sagte er zu mir, «sagen Sie mir die Wahrheit. Glauben Sie wirklich, daß alle diese schrecklichen Dinge geschehen sind?» Unnötig zu sagen, daß er über bessere Informationsquellen verfügte als ich. Aber dieses Ausmaß an Horror ging über sein Fassungsvermögen.[63]

Ein amerikanischer Historiker – David S. Wyman (1984)

Wie viele Amerikaner schon während der Kriegsjahre vom Völkermord Kenntnis hatten, läßt sich nicht mit letzter Gewißheit sagen. Von Ende 1942 an konnten sich alle, die die Tagespresse aufmerksam studierten oder aufgeschlossen für humanitäre Fragen oder die Probleme der Juden waren, ein Bild davon machen, was in Europa vorging. Darüber hinaus gab es sicherlich Millionen Amerikaner, die zumindest eine vage Vorstellung davon hatten, daß mit den europäischen Juden etwas Furchtbares geschah. Wahrscheinlich bildeten sie alle dennoch nur eine Minderheit.

Leider gab es in den Kriegsjahren dazu nur drei Meinungsumfragen; in einem einzigen Fall bezog sich die Frage direkt auf die Juden: Bei der ersten Umfrage, im Januar 1943, wurde nach den Berichten über die Ermordung von zwei Millionen Juden gefragt. 47 Prozent hielten die Meldungen für wahr, 29 Prozent hielten sie für unwahr, 27 äußerten keine Meinung. Mitte November 1944 und noch einmal im Mai 1945 wurde die Frage gestellt, ob die Berichte für wahr gehalten würden, denen zufolge die Deutschen «viele Menschen in Konzentrationslagern umgebracht» hätten. Bei der Novemberumfrage äußerten 76 Prozent die Überzeugung, die Nachrichten träfen zu. Als nach drei Wochen ständiger Berichterstattung über die befreiten Konzentrationslager in Deutschland die Umfrage Anfang Mai 1945 wiederholt wurde, stieg der Prozentsatz auf 84. Doch lieferten die beiden letzten Umfragen keine genauen Anhaltspunkte dafür, wie es mit dem

Wissen um die Judenvernichtung stand, denn nach den Juden war nicht ausdrücklich gefragt worden.[64]

Der Holocaust und der Zweite Weltkrieg – Eine Einschätzung eines amerikanischen Schulbuchs

Der Holocaust und der Zweite Weltkrieg sind nicht das gleiche. Hitlers erstes Ziel war es, «Lebensraum» zu erobern. Sein zweites Ziel war es, Deutschland «judenrein» zu machen. Hitler erlangte «Lebensraum», als sich das Dritte Reich im Zweiten Weltkrieg über Deutschland und Europa hinaus ausweitete. So erlangte er auch die Kontrolle über Millionen von Juden. Massenmord wurde Hitlers Ziel, weil er zu einer möglichen «Lösung» der Frage wurde, wie er die Juden los werden könnte. Der Mord an den Juden konnte geschehen, weil die Deutschen während des Zweiten Weltkriegs weite Teile Europas eroberten. Sie erhielten so freie Hand gegenüber 3 350 000 Juden in Polen, 600 000 Juden in Ungarn, 765 000 Juden in Rumänien, 90 000 Juden in der Slowakei, 140 000 Juden in den Niederlanden und 2 Millionen Juden in der Sowjetunion. Außerdem entschieden sie über das Los der Juden in Frankreich, Belgien, Luxemburg, Italien, Norwegen, Griechenland und so abseitigen Orten wie den Inseln Kreta und Rhodos.

Obwohl beide Ereignisse, der Holocaust und der Zweite Weltkrieg, geographisch zusammenfallen, sollte zwischen beiden getrennt werden. Z. B. gab es keinen militärischen oder politischen Grund, die Juden zu vernichten. Tatsächlich stellte es in militärischer Hinsicht eine Belastung dar, so viele Menschen und Züge für die «Endlösung» der Kriegsführung zu entziehen. Die offizielle Position der Regierungen der Alliierten (Großbritannien, Frankreich, UdSSR, USA) war, daß man aktive politische und/oder militärische Gegner der Deutschen unterstützen würde. Dies zu wissen ist eine notwendige Voraussetzung, die Politik der Alliierten im Hinblick auf die Ermordung der Juden zu verstehen. Die Juden waren keine Nation. Die Juden waren keine politische Kraft oder Partei. Die Juden waren kein geeinter, bewaffneter Feind der Deutschen. Deshalb halfen die Alliierten den Juden nicht.[65]

Aufgaben:

1. Vergleicht die Darstellungen und Bewertungen miteinander.
2. Überlegt, was amerikanische Schüler aus dem Schulbuch über den Holocaust erfahren.
3. Vergleicht die Darstellung des amerikanischen Schulbuchs mit der in euren Schulbüchern. Versucht, die Unterschiede zu erklären.

Die Deutschen und der Holocaust

Was haben die Deutschen jener Jahre über den Holocaust gewußt? Wie stellten sie sich im nachhinein zu dem Geschehen? Anhand der Stellungnahmen eines Historikers und von Zeitzeugen lassen sich diese Fragen im Unterricht diskutieren.

Ein Historiker – Volker Ullrich (1995)

Am 11. April 1945 erreichten amerikanische Truppen das Konzentrationslager Buchenwald. General Patton war über das, was er sah, so entsetzt, daß er der Militärpolizei befahl, tausend Bürger aus Weimar heranzuschaffen: Sie sollten mit eigenen Augen sehen, was sich in ihrer Nachbarschaft zugetragen hatte. Margaret Bourke-White, Korrespondentin der Illustrierten «Life», war unter den Beobachtern: «Frauen fielen in Ohnmacht oder weinten. Männer bedeckten ihr Gesicht oder drehten die Köpfe weg. Als die Zivilisten immer wieder riefen: ‹Wir haben nichts gewußt! Wir haben nichts gewußt!›, gerieten die Ex-Häftlinge außer sich vor Wut. ‹Ihr habt es gewußt›, schrien sie, ‹wir haben neben euch in den Fabriken gearbeitet. Wir haben es euch gesagt und dabei unser Leben riskiert. Aber ihr habt nichts getan!›»

Die Szene beschreibt beispielhaft, was sich im Frühjahr 1945 vielerorts im besiegten Land abspielte: Konfrontiert mit den Bildern des Grauens, behaupteten die meisten Deutschen, von den Untaten des Regimes, insbesondere von dem Massenmord an den Juden, nichts gewußt zu haben. «Wir alle» – erinnerte sich Margaret Bourke-White – «bekamen diese Worte so häufig und monoton zu hören, daß sie uns wie eine deutsche Nationalhymne vorkamen.» […] Es war eine Illusion zu meinen, ein Verbrechen von der Dimension des Holocaust ließe sich geheimhalten.

Um die «Endlösung» vorzubereiten und durchzuführen, bedurfte es der Mitwirkung zahlreicher Dienststellen, Organisationen und Unternehmen: der Vordenker der Vernichtung in den Planungsstäben, die das Germanische Reich vom Atlantik bis zum Ural auf dem Reißbrett entwarfen; der Wehrmacht, ohne deren Mitwirkung die Einsatzgruppen nicht hätten operieren können; der kommunalen Behörden und Polizeiverwaltungen, die die Deportationsbefehle ausstellten und ihre Durchführung überwachten; der Beamten der Reichsbahn, die Züge und Begleitpersonal bereitstellten; der Diplomaten im Auswärtigen Amt, die für die Vorbereitung der Deportationen in den besetzten Gebieten sorgten. Das Räderwerk der Tötungsmaschinerie erstreckte sich weit über die Vernichtungsstätten hinaus. Wie konnte man da annehmen, daß alle Beteiligten, alle Mitwisser nichts ausplaudern würden? […]

So ist es zwar richtig, daß nur wenige Deutsche alles über die «Endlösung» wußten, aber auch nur sehr wenige wußten nichts. Das Wissen bezog sich zumeist auf einzelne Aspekte des mörderischen Geschehens, etwa in Form von Berichten über Gettos und Massaker oder Gerüchten über Vergasungen. Teilinformationen, Einzelbeobachtungen und Gerüchte fügten sich jedoch nicht von selbst zu einem Gesamtbild. Das setzte vielmehr die Bereitschaft voraus, das Detail als Indikator des Ganzen zu sehen, wie das Beispiel des Gefreiten Erich Kuby zeigt. Er erblickte Anfang März 1942 auf der Reise an die Ostfront in der Nähe von Warschau einen Deportationszug und schrieb darüber an seine Frau: «Es war nicht mehr zu sehen als eine zusammengepferchte Menge mit gelben Sternen auf der Brust und Schulter, aber es war das Bild, in das sich nun alles Gewußte fügte.» Mit anderen Worten: Man mußte den Namen Auschwitz nicht gehört haben, um zu wissen, daß die Juden umgebracht wurden.[66]

Direkt nach der Befreiung wurden den Deutschen vielerorts Dokumentarfilme über die Konzentrationslager vor Verteilung der Essensmarken gezeigt. 1945 erlebte der Schriftsteller Stephan Hermlin eine solche Vorführung in Frankfurt (1985): Im halben Licht des Projektionsapparates sah ich, wie die meisten nach Beginn des Films das Gesicht abwandten und so bis zum Ende der Vorstellung verharrten. Heute scheint mir, das abgewandte Gesicht sei die Haltung von Millionen geworden und geblieben. Das unglückliche Volk, dem ich angehörte, war sentimental und verhärtet zugleich, sich erschüttern zu lassen, das Erkenne-dich-selbst war nicht sein Teil.[67]

Ein Überlebender in den Straßen Münchens, 1945 – Primo Levi

Wußten diese Menschen von Auschwitz, vom verschwiegenen täglichen Massenmord, direkt vor ihren Türen? Wenn ja, wie konnten sie auf der Straße gehen, in ihre Häuser zurückkehren, ihre Kinder ansehen, die Schwelle einer Kirche überschreiten? Wenn nicht, dann sollten sie eben, mußten sie zuhören, alles erfahren, von uns, von mir, alles und unverzüglich: Die tätowierte Zahl auf meinem Arm brannte, wie eine Wunde. Während ich durch Münchens trümmerübersäte Straßen irrte, in der Gegend des Bahnhofs, wo unser Zug wieder festlag, war mir, als bewege ich mich unter einer Schar zahlungsunfähiger Schuldner, als sei jeder einzelne mir etwas schuldig und weigere sich, zu bezahlen.

Ich war unter ihnen... unter dem Herrenvolk... Mir war, als müsse jeder uns Fragen stellen, uns an den Gesichtern ablesen, wer wir waren, demütig unseren Bericht anhören. Aber niemand sah uns in die Augen, niemand nahm die Herausforderung an: sie waren taub, blind und stumm, eingeschlossen in ihre Ruinen wie in eine Festung gewollter Unwissenheit, noch immer stark, noch immer fähig, zu hassen und zu verachten, noch immer gefangen und verstrickt in ein Gewirr von Überheblichkeit und Schuld.[68]

Die Geschichte geht weiter

In diesem Buch war schon oft von dem Verhältnis der ersten, zweiten und dritten Generation die Rede. Die Unterschiedlichkeit, die diese Bezeichnung für die Nachfahren von Opfern und von Tätern hat, kann anhand der folgenden Quellen erarbeitet werden.

Die «zweite Generation» – Aus einem Interview mit Henryk M. Broder (Jg. 1946)

Ich bin kein Überlebender, das zu sagen wäre anmaßend. Ich bin im Jahre 1946 geboren, ich habe sehr viel Glück gehabt. Aber in einer merkwürdigen Weise fühle ich mich schon als Belasteter. Ich weiß, und anderen jüdischen Kindern im selben Alter ist es genauso gegangen, daß ich nie auf meine Eltern richtig wütend sein konnte, nicht böse sein konnte, daß die ganze Wut, die sich natürlich aufstaut, weil die einen ständig an etwas hindern, was einem Spaß macht, ich nie ausdrücken konnte gegen die Eltern, weil ich immer diesen Satz gehört hatte: Wir haben deinetwegen überlebt! Oder: Denk an die Kinder, die nicht überlebt haben! Und dann die ganzen wahnwitzigen Geschichten, wie meine Eltern überlebt haben – bei einer Deportation aus dem Getto war meine

Mutter in einer ganz kleinen Mülltonne versteckt, und bei einer anderen Deportation stand mein Vater schon in der Reihe, und irgendein anderer junger Jude, der keine Familie und keine Kinder und keine Frau hatte, meldete sich an seiner Stelle. Das heißt, dieses Leben, das meine Eltern nach dem Krieg führten, war ihnen mehrfach geschenkt worden. Das machte es mir völlig unmöglich, mit ihnen zu streiten, auf sie böse zu sein. Ich habe meine Aggressionen, meine Wut immer herunterschlucken müssen. Das hat mich schon sehr belastet [...]. Meine Eltern sind psychisch und mental nie aus dem KZ herausgekommen. Ich habe lange gebraucht, um zu begreifen, daß das die prägende Erfahrung ihres Lebens gewesen ist, die sie nie mehr losließ.[69]

Der Sohn eines Täters – Niklas Frank, Sohn des Generalgouverneurs von Polen, Hans Frank

Das Knacken Deines Genicks ersparte mir ein verkorkstes Leben, wie hättest Du mir mit Deinem Gewäsch das Hirn vergiftet. Wie der schweigenden Mehrheit meiner Generation, die nicht das Glück hatte, den Vater gehängt zu bekommen. Deshalb bin ich froh, Dein Sohn zu sein. Wie arm sind Millionen anderer Kinder dran, deren Väter das gleiche Geschwätz voll Hinterlist und Feigheit, voll Mordlust und Unmenschlichkeit von sich gaben, aber nicht so prominent waren wie Du. Bei ihnen lohnte nicht die Aufzeichnung ihrer Tiraden. Ihre Tagebücher wurden nicht aufgelistet. Ich hab es gut, ich kann aus den Archiven Europas und den USA die Fleischfetzen Deines Lebens zusammenklauben, kann sie, unbehelligt vom lügenhaften, familiären Geschwätz, beäugen. Wie immer ich sie mit Skalpell oder Hammer bearbeite, es kommt ein typisch deutsches Monster raus. Kein Zweifel, Du verlierst auch den zweiten Nürnberger Prozeß in der kleinen Besetzung, da ist nur Dein Sohn Kläger, Richter, Henker zugleich, das entspricht nicht ganz der Gewaltenteilung, es ist schwer, die Rollen verteilt zu besetzen, fast alle, die mit mir über Dich sprachen, hatten diese merkwürdige Sucht, Dich zu verteidigen, schreckten zurück, wenn ich sagte: «Mein Vater war ein Verbrecher.» Sagten, das sei ja entsetzlich, pochten auf die Tugend der Vaterliebe, die offensichtlich auch in Öfen voller Juden nicht verbrennen darf, sagten zum unversöhnlichen Schluß, natürlich nach vorheriger Erwähnung der Bombardierung Dresdens durch die Alliierten: «Das verstehst du nicht, weil du nicht in dieser Zeit gelebt hast.»[70]

Anmerkungen zum Materialienteil

1 A. Rosenberg: Das Parteiprogramm – Wesen, Grundsätze und Ziele der NSDAP, München 1939, S. 15–59
2 Reichsgesetzblatt I, S. 175
3 Reichsgesetzblatt I, S. 195
4 J. Findling: A Survivor, Ein Überlebender, Jerusalem 1986, S. 46
5 M. Richarz (Hg.): Jüdisches Leben in Deutschland, Stuttgart 1982 (DVA), Band 3 (1918–1945), S. 104
6 G. L. Durchlacher: Ertrinken. Eine Kindheit im Dritten Reich, Hamburg 1993 (eva), S. 34–36
7 Reichsgesetzblatt I, S. 1146
8 Reichsgesetzblatt I, S. 1145
9 Reichsgesetzblatt I, S. 1333
10 J. Müller: «Hurra die Jüdde trecke fott», in: G. B. Ginzel: Jüdischer Alltag in Deutschland 1933–1945, Düsseldorf 1984 (Droste), S. 82
11 Reichsgesetzblatt I, S. 1044
12 Marek Edelman / H. Krall: Dem Herrgott zuvorgekommen, Frankfurt 1993 (Verlag Neue Kritik), S. 48 f.
13 Im Warschauer Getto – Das Tagebuch des Adam Czerniaków 1939–1942, München 1986 (C. H. Beck), S. 19
14 Kinder des Holocaust sprechen, Leipzig 1995 (Reclam), S. 12
15 W. Manoschek (Hg.): «Es gibt nur eines für das Judentum: Vernichtung» – Das Judenbild in deutschen Soldatenbriefen 1939–1944, Hamburg 1995 (Hamburger Edition), S. 18
16 W. Bartoszewski: Das Warschauer Ghetto – wie es wirklich war, Frankfurt 1983 (Fischer tb), S. 111 f.
17 G. Durlacher: Streifen am Himmel – Vom Anfang und Ende einer Reise, Hamburg 1994 (EVA), S. 29 f.
18 L. Poliakov / J. Wulf: Das Dritte Reich und die Juden, Frankfurt / Berlin / Wien 1983 (Ullstein), S. 443 f.

19 Fogelman, E.: «Wir waren keine Helden», Lebensretter im Angesicht des Holocaust – Motive, Geschichten, Hintergründe, Frankfurt/New York (Campus) 1995, S. 65

20 A. J. Herzberg: Kroniek der Jodenvervolging 1940–1945, Amsterdam 1985 (Querido), S. 83, 87

21 A. J. Herzberg: Kroniek der Jodenvervolging 1940–1945, Amsterdam 1985 (Querido), S. 142 f.

22 A. J. Herzberg: Kroniek der Jodenvervolging 1940–1945, Amsterdam 1985 (Querido), S. 145 ff.

23 Y. Schaaf: Dodelijke dilemma's in het Friese verzet, Franeker 1995 (Uitgeverij Van Wijnen), S. 62

24 A. J. Herzberg: Kroniek der Jodenvervolging – 1940–1945, Amsterdam 1985 (Querido), S. 137 f.

25 E. Silver: Sie waren stille Helden – Frauen und Männer, die Juden vor den Nazis retteten, München/Wien 1994 (Hanser), S. 196–202

26 O. Rosenfeld: Wozu noch Welt – Aufzeichnungen aus dem Getto Lodz, Frankfurt 1994 (Verlag Neue Kritik), S. 81 f.

27 Im Warschauer Getto – Das Tagebuch des Adam Czerniaków 1939–1942, München 1986 (C. H. Beck), S. 276

28 C. Lanzmann: Schoah, Düsseldorf 1986 (claasen), S. 248 f.

29 Im Warschauer Getto – Das Tagebuch des Adam Czerniaków 1939–1942, München 1986 (C. H. Beck), S. 285

30 O. Rosenfeld: Wozu noch Welt – Aufzeichnungen aus dem Getto Lodz, Frankfurt 1994 (Verlag Neue Kritik), S. 140

31 C. Lanzmann: Schoah, Düsseldorf 1986, S. 251 f.

32 C. Lanzmann: Schoah, Düsseldorf 1986, S. 252 ff.

33 J. Korczak: Das Recht des Kindes auf Achtung, Göttingen 1973 (Vandenhoeck & Ruprecht), S. 343, 345

34 J. Wulf: Vom Leben, Kampf und Tod im Ghetto Warschau, Hamburg 1979 (Verlag Erziehung und Wissenschaft), S. 73

35 W. Bartoszewski: Das Warschauer Ghetto – wie es wirklich war, Frankfurt 1983 (Fischer tb), S. 105

36 J. Wulf: Das Dritte Reich und seine Vollstrecker, Frankfurt/Berlin/Wien (Ullstein) 1984, S. 218 f.

37 O. Rosenfeld: Wozu noch Welt – Aufzeichnungen aus dem Getto Lodz, Frankfurt 1994 (Verlag Neue Kritik), S. 297 f.

38 I. Runge: Onkel Max war jüdisch – Neun Gespräche mit Deutschen, die Juden halfen, Berlin 1991 (Dietz Verlag), S. 110 f.

39 A. Hitler: Mein Kampf, München 1933 [7. Aufl.], S. 772

40 M. Domarus: Hitler – Reden und Proklamationen 1932–1945, Bd. II/1, Wiesbaden 1973 (Löwit-Verlag), S. 1057 f.

41 D. Czech: Kalendarium der Ereignisse im Konzentrationslager Auschwitz-Birkenau 1939–1945, Reinbek 1989 (Rowohlt), S. 31

42 P. Longerich (Hg.): Die Ermordung der europäischen Juden, München 1989 (Piper), S. 74

43 IMT, Band XXVI, S. 266 f.

44 L. Poliakov / J. Wulf: Das Dritte Reich und seine Diener, Frankfurt / Berlin 1983 (Ullstein), S. 353 f.

45 IMT, Bd. XXIX, S. 502 f.

46 Auschwitz in den Augen der SS, Katowice 1981 (Krajowa Agencja Wydawnicza), S. 210 f.

47 Auschwitz in den Augen der SS, Katowice 1981 (Krajowa Agencja Wydawnicza), S. 211

48 Auschwitz in den Augen der SS, Katowice 1981 (Krajowa Agencja Wydawnicza), S. 211 ff.

49 D. Czech: Kalendarium der Ereignisse im Konzentrationslager Auschwitz-Birkenau 1939–1945, Reinbek 1989 (Rowohlt), S. 295

50 Auschwitz in den Augen der SS, Katowice 1981 (Krajowa Agencja Wydawnicza), S. 213 f.

51 Auschwitz in den Augen der SS, Katowice 1981 (Krajowa Agencja Wydawnicza), S. 213

52 D. Czech: Kalendarium der Ereignisse im Konzentrationslager Auschwitz-Birkenau 1939–1945, Reinbek 1989 (Rowohlt), S. 335

53 Auschwitz in den Augen der SS, Katowice 1981 (Krajowa Agencja Wydawnicza), S. 227

54 E. A. Cohen: Beelden uit de nacht, Baarn 1992 (de Prom), S. 35, 37 f.

55 E. A. Cohen: Beelden uit de nacht, Baarn 1992 (de Prom), S. 37, 39–42

56 D. Czech: Kalendarium der Ereignisse im Konzentrationslager Auschwitz-Birkenau 1939–1945, Reinbek 1989 (Rowohlt), S. 608

57 Kinder des Holocaust sprechen, Leipzig 1995 (Reclam), S. 13

58 C. Lanzmann: Shoah, Düsseldorf 1986, S. 101

59 C. Lanzmann: Shoah, Düsseldorf 1986, S. 102

60 Nach R. Hilberg: Die Vernichtung der europäischen Juden, Berlin 1983 (Olle & Wolter), S. 42

61 R. Hilberg: Die Vernichtung der europäischen Juden, Berlin 1982 (Olle & Wolter), S. 709

62 P. Longerich (Hg.): Die Ermordung der europäischen Juden, München 1989 (Piper), S. 451

63 D. S. Wyman: Das unerwünschte Volk – Amerika und die Vernichtung der europäischen Juden, Frankfurt 1989 (Fischer tb), S. 366

64 D. S. Wyman: Das unerwünschte Volk – Amerika und die Vernichtung der europäischen Juden, Frankfurt 1989 (Fischer tb), S. 366

65 Life Unworthy of Life, Farmington / Michigan 1987, S. 153

66 V. Ullrich: Verdrängen – Weggesehen, weggehört, in: «Die Zeit», 21. April 1995, S. 52

67 S. Hermlin: Bestimmungsorte, Berlin 1985, S. 46

68 P. Levi: Atempause. Eine Nachkriegsodyssee, Frankfurt 1982, S. 198

69 E. Leiser: Leben nach dem Überleben, Königstein / Ts. (Athenäum), S. 163 ff.

70 N. Frank: Der Vater – Eine Abrechnung, München 1993 (Goldmann), S. 24

Margit Maronde-Heyl / Matthias Heyl

Service-Teil

Literatur

Wir haben uns bemüht, hier Titel von Büchern und Aufsätzen zusammenzutragen, die den Leserinnen und Lesern bei der eigenen Beschäftigung mit der Thematik und bei der pädagogischen Arbeit helfen können. Das Literaturverzeichnis ist gegliedert in

1. *Literatur für Lehrerinnen und Lehrer*; damit sind Bände gemeint, die zur Reflexion über die eigene Rolle als Erzieher anregen.
2. *Literatur für die Schulbibliothek*; hier finden sich Nachschlagewerke und Darstellungen, die einerseits eine reiche «Materialienausbeute» für den Unterricht verheißen, die auch in Projekten zum Thema von den Schülerinnen und Schülern benutzt werden können.
3. *Literatur für den Unterricht*; die genannten Titel sind überwiegend Werke der Jugendliteratur. In der Regel handelt es sich dabei um Taschenbuchausgaben [TB], deren Ankauf preislich zumutbar ist.

Die Literaturauswahl ist gewiß nicht vollständig, sondern pragmatisch darauf ausgerichtet, daß die genannten Bände im Unterricht, oder allgemeiner: in der pädagogischen Arbeit, sinnvoll einsetzbar sind. Für einen umfassenderen Überblick über die vorhandene Literatur empfehlen wir entsprechende Werke im Literaturverzeichnis unter 1.[1]

1. Literatur für Lehrerinnen und Lehrer

Adorno, T. W.: «Erziehung nach Auschwitz», in: *Stichworte. Kritische Modelle 2*, Frankfurt 1969 [TB, Suhrkamp], S. 85–101

ders.: «Was bedeutet Aufarbeitung der Vergangenheit», in: *Eingriffe. Neun kritische Modelle*, Frankfurt 1963 [TB, Suhrkamp], S. 125–146

– Diese beiden Beiträge Adornos gehören immer noch zu dem Wichtigsten, was im deutschen Sprachraum zum Thema veröffentlicht wurde.

Antisemitismus und Holocaust – Ihre Darstellung und Verarbeitung in der deutschen Kinder- und Jugendliteratur, Oldenburg 1988

– Ausstellungskatalog; thematisiert einerseits antisemitische Tendenzen in der Kinder- und Jugendliteratur vor 1933 und zwischen 1933 und 1945, andererseits die Bemühungen, Schwierigkeiten und Hindernisse bei der Bearbeitung des Themas im Kinder- und Jugendbuch nach 1945; bietet einen hervorragenden Überblick über die bis 1988 erschienenen Bücher für Kinder und Jugendliche zum Thema; besonders konstruktiv erscheinen uns die Beiträge von Malte Dahrendorf und Zohar Shavit.

Lange, T. (Hg.): *Judentum und jüdische Geschichte im Schulunterricht nach 1945. – Bestandsaufnahmen, Erfahrungen und Analysen aus Deutschland, Österreich, Frankreich und Israel*, Wien / Köln / Weimar 1994 [Böhlau]

– Sammelband; gibt einen recht guten Überblick über die Defizite bei der Wahrnehmung der jüdischen Geschichte im schulischen Bereich; insbesondere die Beiträge von Harald Freiling, Gottfried Kössler und Markus Müller-Henning tragen zu neuen konzeptionellen Überlegungen bei, die ihrer pädagogischen Praxis entstammen.

Morshäuser, B.: *Hauptsache Deutsch*, Frankfurt 1992 [TB, Suhrkamp]

– Ein provokanter Essay über die «einschnappenden Reflexe» beim Umgang mit deutscher Geschichte und Gegenwart im Angesicht von Auschwitz.

Rathenow, H.-F. / Weber, N. H. (Hg.): *Erziehung nach Auschwitz*, Pfaffenweiler 1990 [Centaurus]

– Sammelband; Bestandsaufnahme und Analysen von Wissenschaftlern und Praktikern aus vier Nationen.

Rommelspacher, B.: *Schuldlos – Schuldig? Wie junge Frauen sich mit Antisemitismus auseinandersetzen*, Hamburg o. J. [1994 oder 1995] [Konkret Literatur Verlag]
– Eine wichtige Studie. Viele unserer Beobachtungen decken sich mit denen der Autorin. Die Überlegungen zum geschlechtsspezifischen Umgang mit Antisemitismus und Holocaust sind sehr anregend, auch in Hinblick auf die Angebote, die wir für Schülerinnen und Schüler im Unterricht formulieren. Schnell werden die Mädchen bereits in den Vorgaben der Lehrer zu Ansprechpartnern in Sachen Empathie, während die Jungen auf der sachlichen Ebene angesprochen werden; wobei durch diese Studie diese eingespielte Perspektive jedoch erheblich in Frage gestellt wird.

Schreier, H./Heyl, M. (Hg.): *Das Echo des Holocaust. Pädagogische Aspekte des Erinnerns*, Hamburg 1992, 1994 [Dr. Krämer]

dies. (Hg.): *Die Gegenwart der Schoah. Zur Aktualität des Mordes an den europäischen Juden*, Hamburg 1994 [Dr. Krämer]
– Sammelbände; die Aufsätze haben mehrheitlich eine starke theoretische Ausrichtung. Auf Lehrerfortbildungen zum Thema zirkulieren immer einzelne Artikel daraus, d. h., die Bücher werden mehr kopiert als gekauft. Die Autoren gehören drei Generationen und sechs Nationen an; darin u. a. Beiträge der Autoren dieses Buches. Zur Reflexion über die eigene Position als Pädagogen nach Auschwitz.

dies. (Hg.): *Daß Auschwitz nicht noch einmal sei…*, Hamburg 1995 [Dr. Krämer]
– Tagungsband; hier wurden Vorträge einer internationalen Konferenz zu explizit pädagogischen Fragen des Umgangs mit dem Holocaust gesammelt; zu den Autoren gehören Vertreter der wichtigsten israelischen, amerikanischen und europäischen Einrichtungen, die sich mit den Fragen einer «Erziehung nach Auschwitz» beschäftigen – ein anregendes Buch, das von dem Zusammenspiel von Analyse und pädagogischen Konzepten lebt.

2. Literatur für die Schulbiliothek

Enzyklopädie des Holocaust. Die Verfolgung und Ermordung der europäischen Juden, München 1995 [TB, Piper]
– Das Nachschlagewerk.

Browning, C.: *Ganz normale Männer. Das Reservebataillon 101 und die «Endlösung» in Polen*, Reinbek 1993 [Rowohlt]
– Eine Innenansicht des Mordprozesses, in der die Täter und ihre Entscheidungen konkret dargestellt werden.

Gilbert, M.: *Endlösung. Ein Atlas*, Reinbek 1995 [TB, Rowohlt]
– Ein Kartenwerk zum Holocaust.

Hilberg, R.: *Täter, Opfer, Zuschauer. Die Vernichtung der Juden 1933–1945*, Frankfurt 1992 [Fischer]
– Ein Standardwerk für die Bearbeitung des Holocaust.

Longerich, P. (Hg.): *Die Ermordung der europäischen Juden. Eine umfassende Dokumentation des Holocaust 1941–1945*, München 1989 [TB, Piper]
– Hervorragende Quellensammlung.

Matz, R.: *Die unsichtbaren Lager. Das Verschwinden der Vergangenheit im Gedenken*, Reinbek 1993 [TB, Rowohlt]
– Ein Bildband über die Schwierigkeit, der Geschichte des Holocaust an den Orten der Vernichtung «gerecht» zu werden.

Paulus, M. u. a. (Hg.): *Ein Ort wie jeder andere. Bilder aus einer deutschen Kleinstadt 1923–1958*, Reinbek 1995 [TB, Rowohlt]
– Eine deutsche Stadt im Wandel der Zeit; wie in einem Brennglas werden die Zeitläufe hier gebündelt. In Fotos und Beiträgen wird die Kontinuität der Geschichte verdeutlicht – von der Inhaftierung Hitlers, dem Alltag und Mordgeschehen im Nationalsozialismus, dem Elend der Überlebenden des Holocaust bis zur Entsorgung der Geschichte. Gut auch als Anregung für die Spurensuche im eigenen Ort.

Rosh, L. / Jaeckel, E.: *«Der Tod ist ein Meister aus Deutschland». Deportation und Ermordung der Juden. Kollaboration und Verweigerung in Europa*, Hamburg 1990 [Hoffmann & Campe]
– Ein z. T. durch Interviews mit Überlebenden, Zeitzeugen und Experten illustriertes Überblickswerk.

Schoenberner, G.: *Der gelbe Stern. Die Judenverfolgung in Europa 1933–1945*, Frankfurt 1982 [TB, Fischer]

– Sammlung von Quellen und Bildern.

Schwarberg, G.: *Das Getto – Spaziergang in die Hölle*, Frankfurt 1991 [TB, Fischer]

– Der Feldwebel der deutschen Wehrmacht Heinrich Jöst ging am 19. September 1942 in das Warschauer Getto. 140 seiner Fotos, die er an jenem Tag aufnahm, sind in dem Buch wiedergegeben, ergänzt durch Anmerkungen und Beschreibungen des Journalisten Günther Schwarberg.

Spiegelman, Art: *Maus I + II*, Reinbek 1989f. [Rowohlt]

– Mit diesem Comic läßt sich – auch auszugsweise – gut im Unterricht in der Klassenstufe 10 und in der Oberstufe arbeiten; es eignet sich für den fächerübergreifenden Unterricht (Deutsch, Geschichte und Bildende Kunst). Das Werk ist ein Beispiel für den Umgang mit der Thematik in der zweiten Generation – Art Spiegelman ist Kind Überlebender. Inhalt und Darstellungsform können eingehend besprochen werden. Bei Systhema erscheint die deutsche Übersetzung einer CD-ROM, auf der die beiden Bände zu finden sind, ergänzt um Interviews von Art Spiegelman mit seinem Vater und Videofragmente von einer Reise zu den Orten der Handlung.

Wollenberg, J. (Hg.): «*Niemand war dabei und keiner hat's gewußt*». *Die deutsche Öffentlichkeit und die Judenverfolgung 1933–1945*, München 1989 [TB, Piper]

– Sammelband zu den Reaktionen der nichtjüdischen Deutschen auf den Holocaust.

3. Literatur für den Unterricht

Die Altersempfehlungen sind relativ unverbindlich gemeint, da die Eignung für den Unterricht sehr von der jeweiligen Lerngruppe abhängt.

Jugendliteratur

Auerbach, I.: *Ich bin ein Stern*, Weinheim/Basel 1990, 1992 [TB, Beltz & Gelberg]

– Autobiographische Erzählung über den jüdischen Alltag in einem schwäbischen Dorf und im Getto Theresienstadt [ab Klassenstufe 6/7].

Das Tagebuch des David Rubinowicz, Weinheim/Basel 1988 [TB, Beltz & Gelberg]

– Tagebuch des David Rubinowicz, der 1927 geboren und 1942 in Treblinka ermordet wurde. Der zeitliche Horizont umfaßt die Jahre 1940 bis 1942 [ab Klassenstufe 7].

Dick, Lutz van: *Der Attentäter. Herschel Grynszpan und die Vorgänge um die «Kristallnacht»*, Reinbek 1988 [TB, Rowohlt]

– Der Autor rekonstruiert sehr einfühlsam und lebendig die Geschichte des Herschel Grynszpan in einer Ich-Erzählung, die mit historisch belegten Fakten unterfüttert wird. Dieses Buch ist ein gelungener Versuch, einer Geschichte ihr Gesicht zu geben. Die Person Herschels bietet die Möglichkeit zur Identifikation, wird aber in seiner Individualität deutlich [ab Klassenstufe 8].

Dick, Lutz van: *Der Partisan. Das kurze Leben des Hirsch Glik*, Reinbek 1993 [TB, Rowohlt]

– Ebenfalls eine gelungene Biografie eines jüdischen Jugendlichen während des Holocaust von Lutz van Dick; Hirsch Glik schloß sich den Partisanen an, die gegen die deutsche Besatzungsmacht kämpften. Aus der Perspektive seiner Freundin Sonia wird die Geschichte des Heranwachsenden erzählt; es bieten sich zwei Identifikationsfiguren, Hirsch und Sonia [ab Klassenstufe 7].

Gutman, C.: *Das leere Haus*, Ravensburg 1992 [TB, Ravensburger]

ders.: *Hotel der Wiederkehr*, Ravensburg 1993 [TB, Ravensburger]

ders.: *Land der neuen Hoffnung*, Ravensburg 1995 [TB, Ravensburger]

– Diese Trilogie erzählt die Geschichte des jüdischen Jungen David, der als Kind polnischer Juden nach Frankreich kommt, sich dort unter der deutschen Besatzung durchschlägt, nach der Befreiung auf seine Eltern wartet und schließlich nach Israel geht. Mit dem ersten Buch als Lektüre beginnend, können sich interessierte Schülerinnen und Schüler, die wissen wollen, wie Davids Geschichte weitergeht, die Folgebände zum Geburtstag wünschen.

Kerr, J.: *Als Hitler das rosa Kaninchen stahl*, Ravensburg 1975 [Ravensburger]

dies.: *Warten bis Frieden kommt*, Ravensburg 1975 [Ravensburger]

dies.: *Eine Art Familientreffen*, Ravensburg 1979 [Ravensburger]

- Der erste Band dieser autobiographisch geprägten Trilogie wird in vielen Schulen bereits seit Jahren immer wieder gern gelesen. Judith Kerr erzählt hier aus der Sicht eines jüdischen Mädchens die Geschichte der Emigration ihrer Familie und die daraus folgenden Nöte. Die ersten beiden Bände können ab Klassenstufe 6 gelesen werden, der dritte wird von uns frühestens ab Klassenstufe 7 empfohlen. Die Schüler sollten auf jeden Fall auf die Folgebände hingewiesen werden.

Levoy, M.: *Der gelbe Vogel*, München 1987 (dtv)
- Naomi ist seltsam. Sie ist anders als andere Kinder in ihrem Alter. Sie hat überlebt. Erst allmählich durchbricht Alan, der sich ihrer – anfangs nur widerwillig – annimmt, ihr Schweigen und erfährt ihre Geschichte. Einfühlsam werden in diesem Buch die Folgen der Verfolgung beschrieben. Ein Buch ohne Happy-End [ab Klassenstufe 7/8].

Ossowski, L.: *Stern ohne Himmel*, Frankfurt 1988 (Fischer TB)
- Das erstmals 1958 in der DDR erschienene und seit 1978 in Westdeutschland zugängliche Buch thematisiert in einer stark typisierenden Weise moralische Dilemmata – Jugendliche einer ostdeutschen Kleinstadt finden einen jüdischen Jungen in seinem Versteck. Wie sollen sie sich verhalten? [ab Klassenstufe 7]

Pausewang, G.: *Reise im August*, Ravensburg 1992 [Ravensburger]
- Erzählerische Rekonstruktion der Deportation des Mädchens Alice nach Auschwitz; detaillierte Beschreibung der Umstände dieser Fahrt, zum Teil aufdringliche, stereotype Pädagogisierung. Die Geschichte endet ganz wörtlich in der Gaskammer – ein Schritt, vor dem Autoren in der Regel aus guten Gründen zurückschrecken. Dieses Buch sollte nur unter sorgfältiger Begleitung im Unterricht gelesen werden, um die emotionalen Reaktionen der Schülerinnen und Schüler auffangen zu können.

Reiss, J.: *Und im Fenster der Himmel*, München 1978, 1994 [TB, dtv]
- Die autobiographische Erzählung ist die Geschichte des jüdischen Mädchens Annie, die während der deutschen Besatzung der Niederlande im Versteck überlebt; die Geschichte zeigt die Probleme des Zusammenlebens im Versteck und die moralischen Entscheidungen, vor denen die Zuschauer und Retter standen; übersichtlich gegliedert und als Unterrichtslektüre bewährt [ab Klassenstufe 7/8].

Richter, H. P.: *Damals war es Friedrich*, München 1974, 1995 [TB, dtv]
- Ein «Longseller» unter den Büchern zum Thema; leider sehr stereotype Darstellung der jüdischen Protagonisten.[2]

Ross, C.: *... aber Steine reden nicht*, München 1991, 1994 [TB, dtv]
- Die Geschichte des jüdischen Jungen David im westfälischen Hagen; komplexe, vielschichtige und ansprechende Darstellung des jüdischen Alltags unter dem Nationalsozialismus und den Lebensbedingungen auch der nichtjüdischen Umwelt [ab Klassenstufe 8].

Roth, H. (Hg.): *Verachtet, verstoßen, vernichtet – Kinder- und Jugendjahre unterm Hakenkreuz*, Würzburg 1995 [Arena]
- Gelungene Zusammenstellung von autobiographischen Texten jüdischer Verfolgter und von Roma und Sinti, die den Bogen von der beginnenden Ausgrenzung über das Überleben in Gettos und Konzentrationslagern bis hin zum Leben nach dem Überleben schlägt [ab Klassenstufe 8].

Tellegen, A.: *Ich war fünfzehn und zum Glück groß für mein Alter*, Hamburg 1987 [Cecilie Dressler]
- Eine komplexe Erzählung über das Leben nach dem Überleben aus der Sicht eines Jungen [ab Klassenstufe 8 / 9].

Vos, I.: *Anna gibt es noch*, Aarau / Frankfurt / Salzburg 1988 [Sauerländer]
- Jedes Buch von Ida Vos, die selber die Zeit der deutschen Besatzung der Niederlande im Versteck überlebte, ist empfehlenswert, da sie ihre Geschichten wunderbar erzählt. Auch Anna war versteckt, und Anna gibt es noch! Die Autorin weckt Empathie durch eine leise, einfühlsame und genaue Erzählweise, die ohne Klischees auskommt, um plausibel zu wirken. Die Geschichte endet nicht 1945 mit der Befreiung, sondern geht weiter; daher erfahren wir auch von den Problemen Überlebender, sich nach dem Holocaust in dieser Welt wieder zurechtzufinden. In überschaubare Abschnitte gegliedert, ist es eine ideale Lektüre für den Deutschunterricht [ab Klassenstufe 6].

Yolen, J.: *Chaja heißt Leben*, Ravensburg 1992 [TB, Ravensburger]
- Hannah, ein junges jüdisches Mädchen aus Amerika, sitzt mit ihrer Familie am Tisch, um das Pessachfest zu feiern. Ihre Großeltern stammen aus Europa, ebenso wie Tanten und Onkel. Deren Erinnerungen an den Holocaust möchte Hannah eigentlich lieber entfliehen. Doch plötzlich verwandelt sich Hannah in Chaja, ein jüdisches

Mädchen im Polen des Jahres 1942. Mit dem Wissen Hannahs über den Ausgang des Geschehens erlebt Chaja die Wirklichkeit des Holocaust. Später wird aus Chaja wieder Hannah. Diese Verwandlung mutet seltsam an, und doch scheint die Konstruktion im Unterricht zu tragen. Es ist möglich, anhand dieses Buches darüber zu sprechen, warum man sich oft mit dieser Thematik nicht auseinandersetzen mag und warum es so schwer ist, mit unserem heutigen Wissen die damalige Situation zu begreifen [ab Klassenstufe 7/8].

Andere Lektüreempfehlungen

Brum, A./Heuberger, R./Levy, M./Staszewski, N./Volkersen, D. (Hg.): *Ich bin, was ich bin, ein Jude – Jüdische Kinder in Deutschland erzählen*, Köln 1995 [Kiepenheuer & Witsch]

– Gedichte, Geschichten und Reflexionen jüdischer Kinder und Jugendlicher, die heute in Deutschland leben, über ihre Erfahrungen, Ängste, Hoffnungen und Befürchtungen. Ein Teil der Beiträge verweist direkt auf den Holocaust. Für nichtjüdische Kinder und Jugendliche, die keine jüdischen Mitschüler oder Freunde haben, ist dies eine erste Möglichkeit, einen Eindruck über das Leben gleichaltriger Juden heute zu erhalten.

Fried, H.: *Nachschlag für eine Gestorbene – Ein Leben bis Auschwitz + Ein Leben danach*, Hamburg 1995 [Krämer]

– Ein autobiographisches Dokument vom Leben und Überleben.

Keilson, H.: *Komödie in Moll*, Frankfurt 1988 [TB, Fischer]

– Wim und Marie haben während der deutschen Besatzung der Niederlande einen Juden in ihrem Haus versteckt. Nico stirbt. Was sollen sie mit seinem Leichnam tun? Eine aberwitzige Geschichte, eine Komödie in Moll [Oberstufe].

Klüger, R.: *weiter leben. Eine Jugend*, München 1994 [TB, dtv]

– Eine der komplexesten autobiographischen Darstellungen des Überlebens [Oberstufe].

Manoschek, W.: *Es gibt nur eins für das Judentum: Vernichtung. Das Judenbild in deutschen Soldatenbriefen*. Hamburg 1995 [Hamburger Edition, 10,- DM].

– wichtige Materialsammlung, die Perspektive von Tätern und Zuschauern dokumentiert. Vergleiche auch unsere Einschätzung auf S. 167

Runge, I.: *Onkel Max ist jüdisch. Neun Gespräche mit Deutschen, die Juden halfen*, Berlin 1991 [TB, Dietz Berlin]
– Überaus lesbare Studie über Retter – wie aus Zuschauern Helfer wurden [Klassenstufe 10/Oberstufe].
Segev, T.: *Die Soldaten des Bösen. Zur Geschichte der KZ-Kommandanten*, Reinbek 1992 [TB, Rowohlt]
– Eine lesbare Untersuchung des israelischen Journalisten und Historikers Tom Segev, der einigen Biographien von KZ-Kommandanten nachgeht [Oberstufe, Leistungskurs Geschichte].
Sichrovsky, P.: *Schuldig geboren. Kinder aus Nazifamilien*, Köln 1987 [TB, Kiepenheuer & Witsch]
– Interviews mit Kindern und Enkeln von Tätern und Mitläufern [Oberstufe].

Anregungen zur Spurensuche

Die aktuellen Adressen der jüdischen Gemeinden sowie deutschsprachiger jüdischer Zeitungen und Zeitschriften im In- und Ausland finden sich in dem von Henryk M. Broder herausgegebenen, jährlich erscheinenden *Jüdischen Kalender*.[3]

Es gibt in Deutschland eine Reihe von jüdischen Museen und Sammlungen sowie ehemalige Synagogen, die für Exkursionen geeignet sind. Dort können die Schüler einiges über das jüdische Leben vor 1933, aber oft auch über die Zeit des Holocaust erfahren. Einige Adressen werden hier, soweit verfügbar wiedergegeben. Außerdem wurden einige der wichtigsten Mahn- und Gedenkstätten an den Orten ehemaliger Konzentrationslager mit aufgenommen. Sie sind alphabetisch nach Orten aufgeführt.

Zur Vorbereitung von Exkursionen empfehlen wir den *Reiseführer durch das jüdische Deutschland* von Peter Hirsch und Billie Ann Lopez.[4] Weitere Anregungen bieten lokal- und regionalgeschichtliche Studien und Darstellungen zur Geschichte der Juden, über die man sich bei den örtlichen Archiven, dem zuständigen Staatsarchiv, dem Bundesarchiv Koblenz, der Germania Judaica oder anderen Einrichtungen informieren kann (anschließend finden Sie die Adressen).

Jüdische Museen, Sammlungen, Mahn- und Gedenkstätten

Bitte bedenken Sie, daß sich Telefonnummern häufig ändern; zum Teil liegen uns abweichende Angaben vor. Diese Auflistung ist überdies unvollständig. Wir bitten daher die Leserinnen und Leser, uns für folgende Auflagen bei der Komplettierung zu helfen.

Affaltrach Ehemalige Synagoge, 74182 Obersulm-Affaltrach

Ahrweiler Altenbaustr. 2, 53474 Neuenahr-Ahrweiler,
c/o Bürgerverein Synagoge e. V., Peter-Develich-Str. 12, 53474 Neuenahr-Ahrweiler

Ansbach Museales Gotteshaus, Rosenbadstr. 3, 91552 Ansbach

Augsburg Jüdisches Kulturmuseum in der Synagoge, Halderstr. 8, 86150 Augsburg [Di, Do u. Fr 10–15 Uhr,
Mi 15–20 Uhr, So 10–17 Uhr], Telefon 08 21–51 79 85

Bergen-Belsen Gedenkstätte Belsen, Lohheide, 29303 Belsen [1. 2.–30. 9. 8–14 Uhr, 1. 10.–31. 1. 8–17 Uhr], Telefon 0 50 51–22 04 / 60 11

Berlin
  • Berlin Museum, Jüdische Abteilung, Lindenstr. 14, 10117 Berlin
  • Centrum Judaicum, Oranienburger Str. 28, 10117 Berlin
  • Wannsee-Villa, Großer Wannsee 56–58, 14109 Berlin [Di–Fr 11–18 Uhr, Sa–So 14–18 Uhr]
  • Topographie des Terrors, Stresemannstr. 110, 10963 Berlin

Bonn Verein an der Synagoge e. V., Franziskanerstr. 9, 53113 Bonn [Mo–Fr 9–15 Uhr], Telefon 02 28–69 52 40

Braunschweig Braunschweigisches Landesmuseum, Jüd. Abt., Hinter Aegidien, 38100 Braunschweig

Buchenwald 99427 Weimar [Di–So 9.–16.30 Uhr], Telefon 0 36 43–77 74 81 / 77 73 28

Büren-Wewelsburg Kreismuseum Wewelsburg, Burgwall 19, 33142 Büren-Wewelsburg [So 10–12, 13–18 Uhr, Di–Fr 10–12, 13–18 Uhr, Sa 13–18 Uhr], Telefon 0 29 55–61 08 / 71 20

Dachau KZ-Gedenkstätte Dachau, Alte Römerstr. 75, 85221 Dachau [Di–So 9–17 Uhr], Telefon 0 81 31–17 41

Deidesheim Bahnhofstr. 19, 67146 Deidesheim

Dorsten Jüdisches Museum Westfalen, Knappenweg 8, 46284 Dorsten

Dortmund Mahn- und Gedenkstätte Steinwache, Steinstr. 50, 44147
Dortmund [Di–So 10–17 Uhr], Telefon 0231–50–2 5002
Düsseldorf Mahn- und Gedenkstätte, Mühlenstr. 29, 40200 Düsseldorf
[Sa 13–17 Uhr, So, Di–Fr 11–17 Uhr]
Ermreuth Synagoge, 91077 Neunkirchen, OT Ermreuth
Essen Alte Synagoge, Steelerstr. 29, 45127 Essen
[Di–So 10–18 Uhr], Telefon 0201–88 53 27
Floss Synagoge, c/o Gemeindeverwaltung, Rathaus, 92685 Floss
Flossenbürg Gedenkstätte, 92696 Flossenbürg [1.4.–30.9.
tgl. 8–18 Uhr], Telefon 09603–1081
Frankfurt Jüdisches Museum, Untermainkai 14/15,
60311 Frankfurt [Di–So 10–17 Uhr, Mi 10–20 Uhr],
Telefon 069–212–3 5000
Freudental Synagoge, Pädagogisches Zentrum, Strombergstr. 19,
74392 Freudental, Telefon 07143–2 4151
Fürth Verein zur Förderung eines «Jüdischen Regionalmuseums
Mittelfranken», Blumenstr. 31, 90762 Fürth,
Telefon 0911–77 05 77
Gelnhausen Synagoge, Stätte der Kultur und Begegnung,
63571 Gelnhausen
Gelsenkirchen Dokumentationsstätte «Gelsenkirchen im
Nationalsozialismus», Cranger Str. 323, 45891 Gelsenkirchen
[Mi–So 11–18 Uhr], Telefon 0209–1692473
Georgensgmünd Synagoge, 91166 Georgensgmünd
Göppingen Jüdisches Museum, 73035 Göppingen-Jebenhausen,
Telefon 07161–65 02 57
Gröbzig Ehemalige Synagoge, Thälmannstr. 10, 06388 Gröbzig
Hechingen Verein Alte Synagoge Hechingen, Heiligkreuzstr. 55,
72379 Hechingen
Hamburg
  • Gedenk- und Bildungsstätte Israelitische Töchterschule, Karoli-
    nenstr. 35, 20357 Hamburg, Telefon 040–3497–2175, Frau Hirsch
  • Museum für Hamburgische Geschichte, Jüd. Abt.,
    Holstenwall 24, 20355 Hamburg
  • KZ-Gedenkstätte, Neuengammer Heerweg, 21039 Hamburg
    [Di–So 10–17 Uhr], Telefon 040–7 231031
  • Synagoge *Harburg*, Egelseestr. 8, 86655 Harburg

Hofgeismar Stadtmuseum, Jüd. Abt., Petriplatz 2, 34369 Hofgeismar

Ichenhausen Synagoge, Vordere Ostergasse 22,
89335 Ichenhausen [4. So im Monat 14–17 Uhr],
Telefon 082 21–952 72, Landratsamt Günzburg

Köln
- Stadtmuseum Köln, Jüd. Abt., Zeughausstr. 1–3, 50667 Köln
- NS-Dokumentationszentrum im EL-DE-Haus,
  Appellhofplatz 23–25, 50667 Köln [Di–Fr 10–16 Uhr,
  Sa–So 11–16 Uhr], Telefon 02 21/2 21-63 31/-63 61

Krefeld NS-Dokumentationszentrum Villa Merländer, Friedrich-
Ebert-Str. 42, 47799 Krefeld [Di–Do 14–17 Uhr],
Telefon 021 51–50 35 53

Laufersweiler Dokumentationszentrum für jüdische Geschichte,
Kirchengasse 6, 55487 Laufersweiler, c/o Förderkreis
Synagoge Laufersweiler, Hauptstr. 29, 55496 Holzbach

Mainz-Weisenau, Wormser Str. 30, 55130 Mainz, c/o B. Prinsen-
Eggert, Am Molkenborn 15, 55122 Mainz

Meisenheim Synagoge, Saarstr. 3, 55590 Meisenheim
[1. So im Monat 14–16 Uhr (April–September)],
Telefon 067 53–27 90/121 15

Michelbach a. d. Lücke Synagoge, 74599 Wallhausen-Michelbach

Michelstadt Synagoge, 64720 Michelstadt

München Jüdisches Museum, Maximilianstr. 36, 80539 München
[Di–Mi 14–18 Uhr, Do 14–21 Uhr]

Nürnberg Germanisches Nationalmuseum, Jüd. Abt.

Oberhausen Gedenkhalle Schloß Oberhausen, Konrad-Adenauer-
Allee 46, 46042 Oberhausen [Di–So 10–18 Uhr, Do 10–20 Uhr],
Telefon 02 08/20 24 52

Odenbach Synagoge, Kirchhofstr. 21, 67748 Odenbach

Papenburg Dokumentations- und Informationszentrum
Emslandlager, Wiek rechts 22, 26871 Papenburg [Mo–Fr 8–13 Uhr,
Di–Do 8–17 Uhr, So 14–18 Uhr], Telefon 049 61–49 71

Polch Synagoge, Ostergasse, 56751 Polch

Ravensbrück Mahn- u. Gedenkstätte Ravensbrück, 16798 Fürstenberg
[Di–So 8–17 Uhr], Telefon 03 30 93/20 25, Besucherbetreuung

Rendsburg Jüdisches Museum, Prinzessinnenstr. 7–8,
24768 Rendsburg, Telefon 043 31–2 52 62

Rostock Max-Samuel-Haus, Schillerplatz 10, 18055 Rostock

Rothenburg o. d. T. Reichsstadtmuseum, Jüd. Abt., 91541 Rothenburg

Rülzheim Synagoge, Kuntzengasse 3–5, 76761 Rülzheim

Sachsenhausen Gedenkstätte, 16515 Oranienburg [Winter 8–16 Uhr, Sommer 8–18 Uhr], Telefon 03301–3516

Saffig Synagoge, Neustr., 56648 Saffig

Schnaittach Jüdisches Museum / Synagoge, Museumsgasse 12–14, 91220 Schnaittach

Schwerin Gedenkstätte der jüdischen Landesgemeinde Mecklenburg, Schlachterstr. 3–5, 19055 Schwerin [Di–Fr 10–17 Uhr]

Speyer Judenbadgasse 5, 67346 Speyer [tgl. 10–12 u. 14–17 Uhr (Sommerhalbjahr)], Telefon 06232–143981

Sulzbach-Rosenberg Städtisches Heimatmuseum, 92237 Sulzbach-Rosenberg [Di–Do 9–12 u. 13.30–16.30 Uhr]

Sulzburg Synagoge, Gustav-Weil-Str., 79295 Sulzburg

Tüchersfeld Fränkische Schweiz Museum, Judenhof (Betsaal), 91278 Pottenstein [Sommer Di–So 10–17 Uhr]

Ulm Dokumentationszentrum Oberer Kuhberg e. V., c/o Postfach 2066, 89081 Ulm, Telefon 0731–153026

Veitshöchheim Synagoge, 9709 Veitshöchheim, c/o Landesamt für Denkmalpflege, Herrn Dr. Wamser, 97070 Würzburg

Wawern Saarburger Str. 14, 54441 Wawern, c/o Verbands-gemeindeverwaltung Konz, Postfach 1280, 54329 Konz

Weisenheim a. Berg Synagoge, Hauptstr. 30, 67273 Weisenheim

Windeck-Rosbach Gedenkstätte der Landjuden an der Sieg, Seeligmann-Haus, Bergstr. 9, 51570 Windeck

Wittlich Himmeroder Str. 44, 54516 Wittlich

Worms Raschi-Haus, Judengasse 6, 67547 Worms

Wuppertal Begegnungsstätte Alte Synagoge Wuppertal, Genügsamkeitstraße, 42105 Wuppertal (Elberfeld) [Di–Fr, So 14–17 Uhr], Telefon 0202–5632843

Museen, ehemalige Konzentrations- und Vernichtungslager und Mahn- und Gedenkstätten außerhalb Deutschlands (unvollständig)

Frankreich

Natzwiller (Natzweiler-Struthof): F-Natzwiller, Departement Bas-Rhin [Sommer: 8–12, 14–18 Uhr; Herbst: 9–12 Uhr; März: 14–17 Uhr]

Niederlande

Amsterdam: Het Anne Frank Huis, Prinsengracht 263–265, NL-1016 GV Amsterdam, Telefon 0031–20–5567100 [9/10–17 Uhr, Juli/August 9/10–19 Uhr]. Deutschsprachige Führungen sind möglich. Die Anne-Frank-Stiftung verfügt über eine pädagogische Abteilung.

Joods Historisch Museum, Jonas Daniel Meijerplein 2–4, NL-1011 RH Amsterdam, Telefon 0031–20–6269945 [11–17 Uhr]. Deutschsprachige Führungen sind möglich.

Verzetsmuseum (Widerstandsmuseum), Lekstraat 63, NL–1079 EM Amsterdam, Telefon 0031–20–6449797 [Sa–So 13–17 Uhr, Di–Fr 10–17 Uhr]

Vught: Nationaal Monument Kamp Vught, Lunettenlaan 600, Postbus 47, NL–5260 AA Vught, Telefon 0031–73–566764 [Sommer Di–So 10–17 Uhr, Mo 13–17 Uhr]

Westerbork: Herinneringscentrum Kamp Westerbork, Postbus 5, NL–9414 ZG Hooghalen, Oosthalen 8, Telefon 0031–5939–2600 [Sommer: Mo–Fr 9.30–17 Uhr]

Österreich

Mauthausen: Öffentliches Denkmal und Museum Mauthausen, Marbach 38, A–4310 Mauthausen, Telefon 0043–72–3822690 [Mo–So 8–16 Uhr, Sommer 8–18 Uhr]

Polen

Auschwitz/Oswiecim: Panstwowe Muzeum Oswiecim, ul. Wiezniow Oswiecima 20, PL–32–600 Oswiecim, Telefon 0048–381–31728

Belzec: Belzec, PL–Tomszów Lubelski

Kulmhof/Chelmno: Chelmno, PL–Dabie

Groß-Rosen / Rogoznica: Panstwowe Muzeum Groß-Rosen I
Pomnik-Mauzoleum, Skr.Pocz. 217, PL–58–300 Walbrzyh
[Winter 8–15 Uhr, Sommer 8–18 Uhr]
Majdanek / Lublin: Panstwowe Muzeum na Majdanku, Droga
Mczennikow Majdanka 67, PL–20–325 Lublin [Di–So 8–15 Uhr]
Sobibor: Sobibor, PL–Wlodawa
Stutthof / Sztutowo: Muzeum Stutthof w Sztutowie, PL–82–110
Sztutowo [Winter 8–15 Uhr, Sommer 8–18 Uhr]
Treblinka: Treblinka, PL–Kosów Lacki

Tschechien
Theresienstadt /Terezin: Památnik Terezin, CR–41155 Terezin / Okr.
Litomerice [Winter 8–16.30 Uhr, Sommer 8–18.30 Uhr]
Außerdem sei auf die pädagogischen Abteilungen von zwei weiteren
Einrichtungen hingewiesen, die in der Regel außerhalb der Reichweite
von Klassenreisen und Exkursionen stehen, jedoch hervorragende eng-
lischsprachige Materialien bereithalten:

Israel
Jerusalem: Yad VaShem, POB 3477, Jerusalem 91034

USA
Washington: U.S. Holocaust Memorial Museum,
100 Raoul Wallenberg Pl. SW, Washington D.C. 20624–2150

Andere wichtige Einrichtungen und Archive in Deutschland
Bundesarchiv Koblenz, Am Wöllershof 12, 56068 Koblenz,
Telefon 02 61 / 3 99–0
Germania Judaica, Kölner Bibliothek zur Geschichte des deutschen
Judentums e. V., Josef-Haubrich-Hof 1, 50676 Köln, Telefon
02 21 / 23 23 49
Hochschule für Jüdische Studien, Friedrichstr. 9, 69117 Heidelberg
Institut für die Geschichte der Juden in Deutschland,
Rothenbaumchaussee 7, 20146 Hamburg, Telefon 0 40 / 41 23–26 17
Fritz-Bauer-Institut, Studien- und Dokumentationszentrum zur
Geschichte und Wirkung des Holocaust, Rheinstraße 29,
60325 Frankfurt, Telefon 0 69–97 58 11–0.

- Dies ist wohl die wichtigste deutsche Anlaufstelle für pädagogische Fragestellungen im Zusammenhang mit dieser Thematik.

Moses-Mendelssohn-Zentrum für europäisch-jüdische Studien, Rembrandtstr. 27, 14669 Potsdam

Schülerwettbewerb Deutsche Geschichte, Kampchaussee 10, 21033 Hamburg

S. L. Steinheim Institut, Geibelstr. 41, 47047 Duisburg

Zentralrat der Juden in Deutschland, Rüngsdorfer Str. 6, 53173 Bonn, Telefon 02 28 / 35 70 23

Zentrum für Antisemitismusforschung, Ernst-Reuter-Platz 7, 10587 Berlin

Anmerkungen

1 Einen guten Überblick über die Jugendliteratur bietet der bereits erwähnte Katalog *Antisemitismus und Holocaust – Ihre Darstellung und Verarbeitung in der deutschen Kinder- und Jugendliteratur*, Oldenburg 1988, und der Beitrag «Kinder- und Jugendbücher im Unterricht über die Judenverfolgung und die Schoah» von Harald Freiling, in: Lange, T. (Hg.): *Judentum und jüdische Geschichte im Schulunterricht nach 1945*, Wien / Köln / Weimar 1994, S. 279–291

2 Vgl. Zohar Shavits Beitrag in: *Antisemitismus und Holocaust*, a. a. O. wie Anm. 1, insbesondere S. 99–106

3 Der Kalender ist über jede Buchhandlung oder direkt über den Verlag (Ölbaum-Verlag, Henisiusstr. 1, 86152 Augsburg, Telefon 08 21 / 51 09 87) zu beziehen.

4 Hirsch, P. / Lopez, B. A.: *Reiseführer durch das jüdische Deutschland*, München 1993 (ISBN 3–925845–35–6)

Quellen

Trotz sorgfältiger Recherchen ist es dem Verlag in einigen wenigen Fällen nicht gelungen, die Rechtsinhaber bzw. -nachfolger zu ermitteln und Abdruckgenehmigungen einzuholen. Der Verlag bittet um Verständnis und Benachrichtigung, falls Ansprüche geltend gemacht werden.

1. Texte

Die bibliographischen Fundorte der im Materialienteil abgedruckten Texte finden sich in den Anmerkungen auf den Seiten 329 bis 323. Bei den Texten, deren Nachdruck genehmigungspflichtig ist, liegen die Rechte im Regelfall bei den dort genannten Verlagen, Institutionen oder Personen. Hier sind die über die bibliographischen Angaben hinausgehenden Quellenhinweise zusammengestellt:

Wladyslaw Bartoszewski, *Das Warschauer Ghetto – wie es wirklich war* (S. 229, 273). © Fischer Taschenbuch Verlag GmbH, Frankfurt am Main 1983, 1986

Henryk M. Broder (S. 327) aus: E. Leiser, *Leben nach dem Überleben*. Mit freundlicher Genehmigung des Autors

Elie A. Cohen (S. 306, 308), *Erinnerungen*. Mit freundlicher Genehmigung von Ms. Cohen-Herrmann

Adam Czerniaków (S. 227, 264, 265) aus: *Im Warschauer Ghetto*. © C. H. Beck'-sche Verlagsbuchhandlung, München

Niklas Frank (S. 328) aus: *Der Vater – Eine Abrechnung*. Mit freundlicher Genehmigung von Franziska Frank

Stephan Hermlin (S. 326) aus: *Bestimmungsorte*. © Verlag Klaus Wagenbach, Berlin 1985

Raul Hilberg (S. 265, 266, 267, 310, 311) aus: C. Lanzmann, *Schoah*. © Claassen Verlag GmbH, Düsseldorf (jetzt Hildesheim)

Raul Hilberg (S. 315) aus: *Die Vernichtung der europäischen Juden*. Mit freundlicher Genehmigung des Autors

Janusz Korczak (S. 269) aus: *Das Recht des Kindes auf Achtung*, herausgegeben von Elisabeth Heimpel und Hans Roos. Aus dem Polnischen von Armin Dross. Vanderhoeck & Ruprecht, Göttingen 5. A. 1994

Primo Levi (S. 326) aus: *Ist das ein Mensch? Die Atempause*. © 1988 Carl Hanser Verlag, München, Wien

Notiz aus dem Kriegsministerium (S. 321) aus: John Mendelsohn (Hg.), *The Holocaust Selected Documents*, New York 1982, Band 14, S. 118 f.

B. A. Sijes (S.233) aus: L. Poliakov / J. Wulf, *Das Dritte Reich und die Juden*. Mit freundlicher Genehmigung des Arani Verlages, Berlin

Eric Silver, *Sie waren stille Helden* (S. 261). Aus dem Englischen von Verena Koch. © 1994 Carl Hanser Verlag, München, Wien

J. Wulf, *Vom Leben, Kampf und Tod im Ghetto Warschau*. Mit freundlicher Genehmigung des Curio Verlages, Hamburg

D. S. Wyman, *Das unerwünschte Volk – Amerika und die Vernichtung der europäischen Juden* (S. 322). © by F. A. Herbig Verlagsbuchhandlung GmbH, München

Samuel Mordecai (Artur) Zygelbojm (S. 273) aus: J. Wulf, *Das Dritte Reich und seine Vollstrecker*. Mit freundlicher Genehmigung des Arani Verlages, Berlin

2. Abbildungen

S. 144: Żydowski Instytut Histoyczny, Warschau
S. 171: Mit freundlicher Genehmigung des Stadtarchivs Kiel
S. 172, 197, 313: © Rowohlt Verlag, Reinbek
S. 177: © United States Holocaust Memorial Museum, Washington, D. C.
S. 187: Mit freundlicher Genehmigung des Stadtarchivs Hildesheim
S. 187: © Institute of Contemporary History and Wiener Library Limited, London
S. 189: © Stiftung Dokumentationsarchiv des Österreichischen Widerstands, Wien
S. 190: © Leo Baeck Institute, New York
S. 195: © Yad Vashem, Jerusalem
S. 217, 218, 226: © Bildarchiv Preussischer Kulturbesitz, Berlin

Danksagung

Dieses Buch wäre so nicht möglich geworden ohne die Hilfe von Prof. Dr. Helmut Schreier, Dr. Wolfgang Kraushaar, Dr. Dierk Juelich, Dr. Karin König, Dr. Lutz van Dijk (Anne-Frank-Stiftung), Gabriela Fenyes, Yaacov Lozowick (Yad Vashem Jerusalem), William S. Parsons (U.S. Holocaust Memorial Museum, Washington), Marc Weitzman (Simon-Wiesenthal-Center, New York) sowie den Freunden von Facing History and Ourselves und dem Fritz-Bauer-Institut, Frankfurt.

Für den Abschnitt zur Geschichte der Judenverfolgung in Harburg danken wir den Überlebenden der Harburger jüdischen Gemeinschaft, die von ihren Erlebnissen berichteten. Erwähnt seien namentlich insbesondere Reta Barsam (Goldberg), Julius Beer, Henny Ekyn (Goldberg), Jakob Findling, Erna Handler (Wellner), Peppi Lamm (Goldberg), Celia Lee (Horwitz), Dr. John Maidnek, Gershon Netzer (Gerd Pommerantz), Max und Judith Rotter sowie Fritz Sarne. Ebenso danken wir den nichtjüdischen Harburgerinnen und Harburgern, darunter Dr. Hans Drescher, Hermann Westphal, Claus Günther, Henny Gr. und Martha Mosbach, die mit ihren Erinnerungen zu einer Komplettierung des Bildes beitrugen. Für die Erlaubnis, aus ihrem Bericht über die Deportation zu zitieren, danken wir Irmgard O., geb. Heimbach.

Unser besonderer Dank gehört unserer geduldigen und engagierten Lektorin beim Rowohlt Verlag, Barbara Wenner.